FEDERAL WAY SCHOOL DISTRICT

¡Acción!

LEVEL 3

VICKI GALLOWAY
ANGELA LABARCA

GLENCOE

Macmillan/McGraw-Hill

New York, New York   Columbus, Ohio   Mission Hills, California   Peoria, Illinois

Acknowledgments

The authors and editors would like to express their deep appreciation to the Spanish teachers throughout the United States who advised us in the development of these teaching materials. Their suggestions and recommendations were invaluable. We wish to give special thanks to the educators whose names appear below.

Educational Reviewers

Milagros Cancel-Howarth
Frederick Douglas High School
Prince George's County, Maryland

Liliana Heller
Antelope Valley Unified High School
Lancaster, California

Charles Keortge
Antelope Valley Unified High School
Lancaster, California

María A. Leinenweber
Glendale Unified School District
Glendale, California

Leslie Lumpkin
Prince George's County Public Schools
Prince George's County, Maryland

Marilynn Pavlik
Lyons Twp. High School
La Grange, Illinois

Printed in the United States of America.

Send all inquiries to:
Glencoe Division, Macmillan/McGraw-Hill
15319 Chatsworth Street
P.O. Box 9609
Mission Hills, CA 91346-9609

ISBN 0-02-635358-X (Student Edition)
ISBN 0-02-635359-8 (Teacher's Annotated Edition)

1 2 3 4 5 6 7 8 9 RRC 98 97 96 95 94 93

Contenido

CAPÍTULO 1

Horas de ocio

CAPÍTULO 2

La vida estudiantil

CAPÍTULO 3

Amistades y amores

CAPÍTULO 4

Todo pasa y todo queda

C A P Í T U L O   5

La fantasía de hoy: ¿La realidad del futuro?

Lección 2

Lección 3

CAPÍTULO 6

¿Quién soy yo?

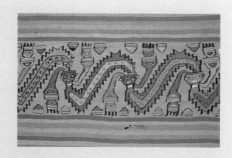

Lección 2

Lección 3

España

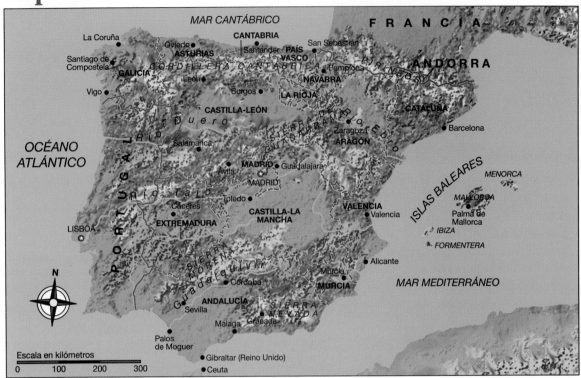

MAR CANTÁBRICO

FRANCIA

La Coruña
CANTABRIA
San Sebastián
ANDORRA

Oviedo
ASTURIAS
Santander
PAÍS
VASCO
Santiago de
Compostela
GALICIA
CORDILLERA CANTÁBRICA
Pamplona
NAVARRA

León
Burgos
LA RIOJA

Vigo

CASTILLA-LEÓN
Duero
CATALUÑA

SIERRA DE GUADARRAMA
Río Ebro
Zaragoza
Barcelona

OCÉANO
ATLÁNTICO
Salamanca
ARAGÓN

MADRID
Guadalajara
ISLAS BALEARES
MENORCA

Ávila
MADRID
MALLORCA

PORTUGAL
Río Tajo
Toledo
VALENCIA
Palma de
Mallorca

Cáceres
CASTILLA-LA
MANCHA
Valencia
IBIZA

LISBOA
EXTREMADURA
FORMENTERA

SIERRA
MORENA
Alicante

Guadalquivir
Murcia
MAR MEDITERRÁNEO

Córdoba
MURCIA

ANDALUCÍA
SIERRA
NEVADA

N

Sevilla

Málaga
Granada

Palos
de Moguer

Escala en kilómetros
Gibraltar (Reino Unido)

0   100   200   300
Ceuta

México y la América Central

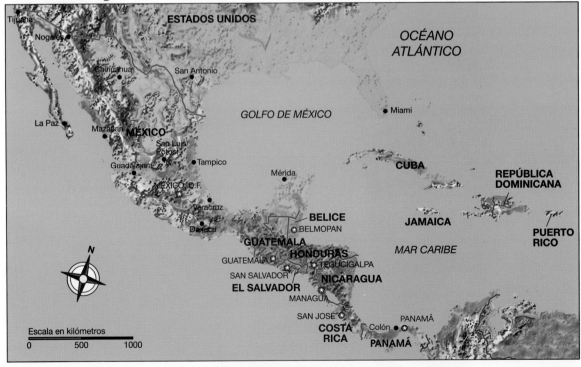

Tijuana
ESTADOS UNIDOS
OCÉANO
ATLÁNTICO

Nogales

Chihuahua
San Antonio

GOLFO DE MÉXICO
Miami

La Paz
Mazatlán
MÉXICO

San Luis
Potosí
CUBA

Guadalajara
Tampico
REPÚBLICA
DOMINICANA

MÉXICO, D.F.
Mérida

Veracruz
BELICE
JAMAICA
PUERTO
RICO

Oaxaca
BELMOPAN

GUATEMALA
HONDURAS
MAR CARIBE

GUATEMALA
TEGUCIGALPA

SAN SALVADOR
NICARAGUA

EL SALVADOR
MANAGUA

SAN JOSÉ
PANAMÁ

COSTA
RICA
Colón

PANAMÁ

N

Escala en kilómetros

0   500   1000

La América del Sur

MAR CARIBE

Barranquilla
CARACAS
Maracaíbo
GUYANA
VENEZUELA
SURINAME

COSTA
RICA
GEORGETOWN
GUAYANA FRANCESA
PANAMÁ
Médellín
PARAMARIBO
CAYENA
BOGOTÁ
Cali
COLOMBIA

QUITO
Ecuador
ECUADOR
Río Amazonas
Guayaquil

B R A S I L

PERÚ

LIMA
Cuzco

LA PAZ
BRASILIA
Arequipa
BOLIVIA

SUCRE

PARAGUAY

Río de Janeiro
Trópico De Capricornio
Antofagasta
San Miguel
de Tucumán
CHILE
ASUNCIÓN

OCÉANO
PACÍFICO
La Sirena
Córdoba

Rosario
URUGUAY
Valparaíso
BUENOS AIRES
MONTEVIDEO
SANTIAGO
OCÉANO
ATLÁNTICO
Concepción
ARGENTINA
Mar del Plata
Bahía Blanca

N

Puerto Montt
Chiloé

Escala en kilómetros
0   400   800   1200

Estrecho de
Magallanes
Tierra del Fuego
Cabo de
Hornos

CORDILLERA DE LOS ANDES

CAPÍTULO 1

Horas de ocio

T.V. Hoy

Radio Caracas TELEVISION

12:00 Emisión Matutina de El Observador
01:00 Mala mujer
02:00 Ana de negro
03:00 Cristal
04:00 Superagente Picapiedra
05:30 Tu hora Disney
06:00 Cine
07:30 Radio Rochela
09:00 El desprecio
10:00 Emisión Matutina de El Observador
11:00 ¡Cállate Sicilía!
12:00 Film de la noche

12:00 El Informador- Lo que pasa en el mundo
01:00 La Loba herida
02:00 Bellísma
03:00 Mujercita
04:00 Tardes felices
07:30 Noche de Comedias
09:00 Cara sucia
10:00 Las dos Dianas
11:00 El Informador- Estelar
11:30 Función final

12:00 La Noticia. Marilú Díaz Antonio Jo Maripili Hernández, y Apolinar Martínez

01:00 La Antártida
01:30 Todo sobre... Con Carolina Cerruti
02:30 Intermezzo Femenino
03:30 Ivanhoe
04:00 Mundo salvaje
04:30 Peter y su cajón de juguetes
05:00 Cómo funcionan las cosas
05:30 Contesta por Tío Simón con Simón Díaz
06:00 Los automóviles ...los hombres
06:55 ...
07:...
08:...

10:30 El ... deber

Cine

CINE NACIONAL
Tel. 12-05-46
"Desafiando a la muerte"
"Picardía nacional"
6:05 y 9:50
4:00 y 7:45
Adultos **Domingos desde las 10:00 a.m.**

CINE SONORA
Tel. 12-09-01
"La amante fogosa"
"Perversiones de Felicia"
6:05 y 9:45
4:10 y 7:50
Adultos. **Domingo desde las 10:00 a.m.**

CINEMA 70
Tel. 13-33-66
"Locos Addams"
"Karate Kid III"
6:00 y 9:25
4:00 y 7:30
Niños y adultos. **Domingo desde las 10:00 a.m.**

CINEMA GEMELO 1
Tel. 14-09-70
"La revancha"
"Loca academia de pilotos"
5:20 y 9:05
4:00 y 7:35
Próximo estreno: "Cool as ice". Con Vanilla Ice". Adolescentes y adultos. **Domingo desde las 11:30 a.m.**

CINEMA GEMELO 2
Tel. 14-09-70
"Deseo salvaje"
"Seducción de dos lunas"
5:55 y 9:25
4:00 y 7:35
Adolescentes y Adultos. Próximo estreno: "Cool as ice". Con Vanilla Ice". **Domingo desde las 11:30 a.m.**

En esta lección

Vocabulario

Esta película merece (*deserves*) un Oscar porque...

los protagonistas (*main characters*) son artistas destacados (*prominent actors*).

la producción es espectacular.

los efectos especiales son sensacionales.

la trama (*plot*) no es muy complicada.

el argumento (*story*) es tan entretenido.

la realización (*production*) es de primera (*first-rate*).

el tema (*theme*) es actual (*current*).

Para mí, lo más entretenido (*entertaining*) es ver la tele.

No soy muy exigente (*demanding*); me gustan...

los programas cómicos.

los concursos.

las telenovelas.

los vídeos musicales.

las series policiales.

las entrevistas a personajes famosos.

las comedias livianas (*light-hearted*).

algunos programas de aerobismo.

las películas antiguas.

algunos programas deportivos.

las noticias.

los dibujos animados.

Pero sólo me dan bostezos (*make me yawn*)...

los documentales sobre viajes.

los comentarios políticos.

los programas de cocina.

las continuaciones (*sequels*) de películas viejas.

las películas de terror.

las películas de guerra (*war*).

los programas de aventuras.

En una película, lo más importante para mí es...

el personaje (*character*) principal.

el/la artista que hace el papel (*plays the role*) principal.

la trama de la historia.

el desenlace (*ending*).

En la pantalla chica (*TV*), se pueden ver películas ambientadas en (*set in*)...

el pasado.	el oeste (*west*).
el presente.	el desierto.
el futuro.	la selva.
el extranjero (*abroad*).	la luna.
Europa.	el espacio (*outer space*).
África.	la Primera Guerra.
Asia.	la Segunda Guerra.
las islas del Pacífico.	la Guerra Civil.
el sur (*south*).	el mundo árabe.
el norte (*north*).	el mundo hispano.
el este (*east*).	el mundo oriental.

Todos los Programas de TV

Radio Caracas TELEVISION

06:00 Emisión matutina de El Observador
06:40 Lo que hoy es noticia
07:30 A puerta cerrada
09:00 Cazafantasmas
09:30 obotech
10:00 erdidos en el espacio
11:00 Chespirito
12:00 Emisión meridiana de El Observador
01:00 Mala mujer
02:00 Ana de negro
03:00 Cristal
04:00 ndo de Fantasía
06:00 abuelito
07:00 Playa Infernal
09:00 El desprecio
10:00 Emisión estelar de El Obser-
or Sicili

8:00 Tierra de Gracia
8:30 Curso de Inglés Práctico
8:45 El Mundo en Breves
9:00 Francia Hoy
9:30 Cita con la Historia
10:00 A media mañana con Mariela Capriles
11:00 Pintores de Venezuela
11:30 Voces y Raíces de nuestro pueblo.
12:00 La Noticia. Con Marilú Díaz, Antonio Jota, Maripili Hernández y Apolinar Martínez
01:00 Afán de volar
01:30 Todo sobre "El SIDA" con Carolina Cerruti.
2:30 Intermezzo Femenino "Desayuno Incluido" (Capítulo Final)
3:30 Robi
00

Dartañán
08:30 Series Animadas: Leoncio el León
09:00 Series animadas: Los autos locos
09:30 Desde mi cocina
10:30 Video clips
11:00 El show del Camaleón
12:00 El show de Fantástico
01:00 La reina de la chatarra
02:00 Semidiós
03:00 Series Animadas: Pixie y Dixie
03:30 Series Animadas: Don Gato y su pandilla
04:00 Programa infantil: Chamokrópolis
06:00 Series Animadas: El famoso Teddy "Z"
06.30 S l e d g e
mer

Vargas Llosa y el hipopótamo

Juan Rulfo
EL GALLO DE ORO
y otros textos para cine

Mario Vargas Llosa
El hablador
Novela

Seix Barral · Biblioteca Breve

Me interesa la lectura, sobre todo (*especially*)...

las biografías sobre personajes famosos o históricos.	**las novelas que tratan de (*are about*)...**
los poemas de amor.	espionaje.
los cuentos de hadas (*fairy tales*).	aventuras.
	ciencia ficción.
las historias de reyes y reinas (*kings and queens*).	misterio y suspenso.
las leyendas de personajes antiguos.	brujería (*witchcraft*).
	amor (*love*).
las historietas.	**los cuentos que tienen lugar (*take place*) en...**
las tiras cómicas.	otros tiempos.
	otros países.

También me encanta ir al cine.

Este año ya vi...	**Pero me irritan...**
todos los estrenos (*first-run films*) del verano.	las continuaciones tontas.
todas las películas ganadoras de Oscares.	los melodramas.
todas las películas exitosas.	las películas muy largas.
muchas películas extranjeras.	las películas sin trama.
	los anuncios comerciales.

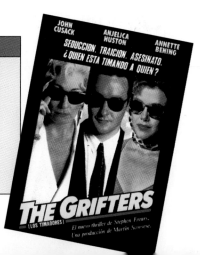

JOHN CUSACK   ANJELICA HUSTON   ANNETTE BENING
SEDUCCION. TRAICION. ASESINATO.
¿QUIEN ESTA TIMANDO A QUIEN?

THE GRIFTERS
(LOS TIMADORES)
El nuevo thriller de Stephen Frears.
Una producción de Martin Scorsese.

Asociaciones ....

A **El mundo de las estrellas.** Di qué te gusta y no te gusta de las siguientes categorías.

Por ejemplo: los concursos

> *Me gustan los concursos como, por ejemplo, "Jeopardy". No me gustan nada los concursos como "Wheel of Fortune".*

1. las películas
2. los programas de la televisión en general
3. los libros
4. las telenovelas
5. los/las artistas de cine
6. las series de televisión
7. los concursos
8. los dibujos animados

B **¿Cómo te sientes?** Di qué acciones y emociones asocias con cinco tipos de películas, obras y lecturas que te gustan. Usa las siguientes sugerencias.

Por ejemplo: morirse de miedo

> *Las películas de terror me hacen morirme de miedo y no puedo dormir.*

aburrirse
desear ser...
dormir
gritar
llorar
morirse de hambre
morirse de miedo
pensar en...
ponerse nervioso(a)
preocuparse
querer bailar
reír como loco(a)
sentirse deprimido(a)
sonreír

C **Papeles de la vida diaria.** Describe qué papeles haces en la vida diaria según el ambiente en que estés. Completa las frases de abajo. Usa las siguientes ideas o imagina tus propios papeles.

actor	campeón(-ona)	gracioso(a)	payaso	tonto(a)
actriz	diablo (devil)	héroe	príncipe	
angelito	genio	heroína	princesa	

Por ejemplo: En casa de mi abuela...

En casa de mi abuela hago el papel de angelito. Siempre me porto bien. Nunca pongo los pies en los muebles.

1. En casa ___ .
2. Los fines de semana ___ .
3. Con mi equipo deportivo ___ .
4. En mi club de ___ .
5. Cuando estoy solo(a) ___ .
6. Con mis hermanos (primos) ___ .
7. Cuando salgo con mi novio(a) ___ .
8. En casa de mis abuelos ___ .
9. Con los amigos de mis padres ___ .
10. En las fiestas ___ .

D **El mejor plan.** Pregúntale a tu compañero(a) qué es lo que más le gusta hacer en su tiempo libre. Tu compañero(a) te hace la misma pregunta a ti. Luego, denle a la clase un resumen de los gustos de Uds.

Por ejemplo:

ESTUDIANTE A:

(1) ¿Qué es lo que más te gusta hacer en tu tiempo libre?

ESTUDIANTE B:

(2) A mí me encanta ver una película y luego salir a bailar. ¿Y a ti?

ESTUDIANTE A:

(3) A mí también me encanta ver un vídeo por la noche. Pero después prefiero ir a comer pizza.

(A la clase:) A los (las) dos nos gustan mucho las películas, pero después nos gusta hacer cosas diferentes como, por ejemplo,...

Conversemos ···

A ¡**A que no sabes!** Describe un programa, película, vídeo o libro con respecto a su género (drama, comedia, de aventuras, etc.), trama y personajes. Tus compañeros(as) adivinan de qué se trata y te dan el nombre o los artistas que trabajan en él.

ESTUDIANTE A:

(1) Pienso en un programa antiguo cómico. Trata de una mujer muy divertida casada con un músico cubano...

(3) Sí, tienes razón.

ESTUDIANTE B:

(2) ¡Ya sé! El programa se llama "I Love Lucy" y la artista es Lucille Ball...

B ¡**Que se lo merece, digo yo!** Piensa en alguna película que tú crees que merece un Oscar, pero que nunca lo recibió. Prepara una defensa completa y explica claramente por qué crees que se lo merece. Incluye algunos de los siguientes detalles.

la actuación de los protagonistas	el maquillaje
el argumento	la música
la dirección	la producción
los efectos especiales	el vestuario

C ¡**Vuélvete loco(a)!** Con otra persona describe el programa más extraño que te puedas imaginar, combinando los elementos de las tres columnas. Describan el programa y digan cómo se llama y quiénes son los artistas.

aventura	antiguo(a)	de aerobismo
comedia	cómico(a)	de cocina
concurso	deportivo(a)	de dibujos animados
documental	musical	de personajes famosos
serie	policial	de terror
telenovela	romántico(a)	de viajes

Por ejemplo: Mi programa es un concurso musical de cocina. Aquí trabajan personas famosas como Madonna y Julia Child. Mientras la cocinera prepara un plato, la cantante tiene que cantar una canción sobre los ingredientes. El programa se llama "¡Pásame la salsa, por favor!"

Escribamos

A **Trivialidades del ocio.** Escribe un ejemplo de cada uno de los siguientes. Agrega *(Add)* otros que te interesen.

Por ejemplo: el libro mejor escrito
>   *Para mí, el libro mejor escrito es...*

1. la película más exitosa
2. la telenovela más melodramática
3. la lectura más aburrida
4. la comedia más entretenida
5. el libro mejor escrito
6. la película más larga
7. el concurso más cómico
8. la continuación más tonta
9. la obra más sensacional
10. el cuento de hadas más famoso

B **El mundo de la pantalla chica.** Expresa tus reacciones al mundo de la pantalla chica. Completa las frases que siguen.

Por ejemplo: Me irritan...
>   *Me irritan las series melodramáticas con muchas tragedias y problemas.*

1. Me encanta(n) ___ .
2. Me desagrada(n) ___ .
3. Me gusta(n) ___ .
4. Me irrita(n) ___ .
5. Me vuelve(n) loco(a) ___ .
6. Me molesta(n) ___ .

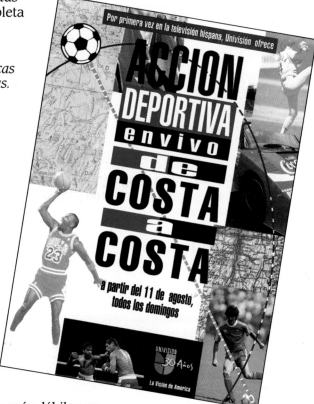

Por primera vez en la televisión hispana, Univisión ofrece

ACCIÓN DEPORTIVA en vivo de COSTA a COSTA

a partir del 11 de agosto, todos los domingos

UNIVISION
30 Años
La Visión de América

C **Estrenos de este verano.** Escribe una crítica de uno de los últimos estrenos. Incluye detalles sobre lo siguiente.

1. el argumento
2. los artistas
3. la ambientación
4. la realización
5. los efectos especiales
6. el desenlace de la historia

Explica por qué te gustó o no y qué aspectos son más débiles que otros.

Estructura

Gustos, intereses y molestias: Verbos como **gustar** *y los pronombres de objeto indirecto*

1 The verbs **gustar**, **encantar**, and **fascinar** are used to express the idea that something "is pleasing" or "is fascinating" to someone.

a. The form of the verb will depend on the subject, that is, what pleases or fascinates.

> **Me encanta esta biografía de Cristóbal Colón; me gusta leer biografías.**
>
> **Me gustan las novelas y me fascinan los poemas de amor.**

Notice in the above examples that if the subject is singular (**esta biografía**), the singular form of the verb is used. If the subject is plural (**las novelas, los poemas**), the plural form of the verb is used. Nouns are used with their articles (**el, la, los, las**).

b. If the subject is an infinitive (**me encanta leer**) or a series of infinitives (**me gusta leer, ir al cine, ver la tele**), use the singular form of the verb.

c. An indirect object pronoun that goes before the verb says who likes or dislikes something or to whom or for whom something is pleasing. These pronouns are: **me, te, le, nos, os*, les.**

> **¿Te interesa ver el documental sobre el Amazonas?**
>
> **No, no me interesa, pero a mi hermano le va a interesar mucho.**

d. Frequently, a prepositional phrase is added to clarify to whom one is referring or to express contrast. For example, *I* like it, but *she* doesn't.

> **a** + **mí, ti, él/ella, nosotros(as), vosotros(as)*, ellos(as)**, or **a** + name(s) of person(s)
>
> **A mí me interesan las películas modernas, pero a mi hermana mayor le gustan las películas antiguas. A ella le interesan todas las cosas viejas, también los libros antiguos.**

* This form is rarely used in the Spanish-speaking world, except for Spain.

Si su hijo estudia fuera de casa, esto les interesa a Vd. y a él.
Y si vive en casa, le interesará también.

DINERO JOVEN

2 To use these verbs in different tenses, follow these models.

Presente:	**Me gustan las obras de ficción.**
Futuro:	**Creo que me va a gustar esa novela.**
Imperfecto:	**Cuando era chico(a), no me gustaba leer.**
Presente perfecto:	**Pero siempre me ha gustado escuchar cuentos y leyendas.**
Pretérito:	**Un año mi abuelo me regaló** *La isla del tesoro.* **Me gustó muchísimo.**
Condicional:	**Me gustaría volver a leer esos libros de mi niñez.**

3 Here are some other verbs that belong to this family and will be used with indirect object pronouns to express reactions.

interesar	**Me interesan las chicas.**
parecer	**Me parece mal si ella come demasiado.**
importar	**¿No te importa si él no viene?**
caer	**¿No te cae bien ese chico? ¿Por qué?**
atraer*	**Le atraen los artistas viejos.**
molestar	**Me molesta la gente que habla en el cine.**
irritar	**Nos irritan los anuncios comerciales.**
sorprender	**¿Te sorprende esta música?**
volver loco(a)	**Me vuelven loco los vídeos de Madonna.**
apetecer	**A Eva no le apetece salir hoy.**
desagradar	**Me desagrada estudiar.**
faltar	**No podemos ir al cine. Nos falta dinero.**
dar igual	**A mis padres les da igual si hay tele o no.**

dar rabia	**Esa chica me da rabia cuando me habla así.**
dar pánico	**Me dan pánico los exámenes de inglés.**
dar pena	**Nos da pena ver a ese pobre niño.**
dar miedo	**Me dan miedo las películas de terror.**
dar risa	**Le dan risa los payasos.**
dar terror	**Me da terror pensar en ese accidente.**
dar asco	**Me dan asco las escenas grotescas.**

*Note the preterit forms of **atraer: atrajo, atrajeron.**

4 Although you are most accustomed to using these verbs to talk about reactions to things, they can also be used to express reactions to people.

Me gustas, me fascinas, me sorprendes.

5 Indirect object pronouns also have other uses, particularly that of replacing the names of those receiving something from someone else.

Le compré un libro de poemas a mi amigo. Y él me invitó a ver un vídeo nuevo.

Notice that these pronouns are placed before the verb, but that they can also be attached to present participles, commands, and infinitives.

Mamá, estoy hablándole a Marcia sobre algo muy importante.
Déjame hacer las tareas más tarde, por favor.
Voy a decirle a Joaquín que me espere en casa.

Conversemos

A **Me da tanta...** Da al menos un tipo de programa, película, libro o actividad que te produzcan las siguientes reacciones.

Por ejemplo: encantar

Me encantan las películas de amor.

1. fascinar
2. molestar
3. volver loco(a)
4. desagradar
5. dar rabia
6. dar pena
7. dar risa
8. dar asco

B **Gente.** Piensa en las siguientes personas y diles cuándo te gustan más. Ten cuidado con el sujeto: escoge entre *Ud., Uds.* o *tú.*

Por ejemplo: el/la director/a de tu escuela

Usted me gusta cuando cancela las clases porque hace mal tiempo.

1. tu maestro(a) de español
2. tu mejor amigo(a)
3. tu novio(a)
4. tus padres

C **Yo le gusto a todo el mundo.** Ahora di cuándo les caes mejor a las mismas personas de la actividad B.

Por ejemplo: a tus padres

A mis padres les caigo bien cuando hago los quehaceres de la casa.

D **¿Qué te da?** Di qué reacción te producen las siguientes cosas.

Por ejemplo: las películas antiguas

Las películas antiguas me dan bostezos.

1. un desenlace triste
2. un desenlace feliz
3. una trama complicada
4. una película sin argumento
5. una novela larguísima
6. un tema polémico (controversial)
7. los efectos especiales
8. un libro mal escrito

E **No soy de palo.** Completa las frases para explicar cuándo sientes lo siguiente.

Por ejemplo: Me da miedo cuando...

Me da miedo cuando veo una película de terror y estoy solo en casa.

1. Me da mucha alegría cuando ___ .
2. Me da pena cuando ___ .
3. Me da mucha risa cuando ___ .
4. Me da asco cuando ___ .
5. Me da una vergüenza terrible cuando ___ .
6. Me da rabia cuando ___ .
7. Me da verdadero pánico cuando ___ .
8. Me da tensión cuando ___ .

F **¿Qué te falta?** Completa las frases que siguen.

Por ejemplo: Para ser feliz, a mí...

Para ser feliz, a mí me falta un buen amigo.

1. Para ser feliz, a mi amigo(a) ___ .
2. Para tener mejores notas, a mí ___ .
3. Para tener una colección completa de ___ , a mí ___ .
4. Para estar más tranquilos, a mis padres ___ .
5. Para ser fenomenal, a mi colegio ___ .
6. Para comprarme un/a ___ , a mí ___ .

G **En pro y en contra.** Da tu opinión en pro y en contra de los siguientes temas.

Por ejemplo: los vecinos

Me encantan los vecinos que pagan bien cuando cuido a sus niños.

Pero me irritan los vecinos que dicen que no me porto bien.

1. las campañas
2. las películas de medianoche
3. los concursos de ortografía (spelling)
4. las continuaciones de películas

Escribamos

Mis propios pensamientos. El famoso poema Nº 15 del poeta chileno Pablo Neruda empieza así:

Me gustas cuando callas porque estás como ausente,
y me oyes desde lejos, y mi voz no te toca.
Parece que los ojos se te hubieran volado
y parece que un beso te cerrara la boca.

Usa el siguiente modelo (o inventa otro) para escribir tu propio poema. Dedícaselo a un buen amigo o a una buena amiga o a una persona en tu familia.

Me gustas cuando ___ .
(un verbo)

Eres ___ , ___ y ___ .
(tres adjetivos)

Te pareces a ___
(cosa y adjetivo)

___ , ___ y ___ .
(tres verbos)

Eres ___
(un símbolo de la amistad)

___ .
(nombre de la persona)

A ti, ¿te gusto yo?

Lectura

Antes de leer

Pensemos

A **Horas de ocio.** ¿Qué combinación de actividades describe lo que te gusta hacer para divertirte en tus horas libres? Di al menos diez. Si quieres, agrega más actividades que te gustan.

Por ejemplo: Me interesa dar paseos y practicar deportes. Me apetece ver la tele. Me vuelve loco(a) salir a bailar.

coleccionar cosas	jugar videojuegos
dar un paseo	leer libros
dormir	montar en bicicleta
entretenerse con un pasatiempo	pasear en coche
escribir cartas	practicar deportes
hacer ejercicio	salir a bailar
ir al cine	trabajar en la computadora
ir de compras	ver la tele
jugar ajedrez	viajar
jugar cartas	visitar amigos

B **Programas y películas.** ¿Cuáles son los tipos de películas, vídeos y programas de televisión que te gustan más? ¿Cuáles no te gustan? Da un ejemplo de cada tipo.

Por ejemplo: Me gustan más las películas de espionaje como, por ejemplo, las de James Bond porque son muy emocionantes.

No me gustan nada las telenovelas como, por ejemplo, "General Hospital" porque el argumento es tonto.

C **Tele guía.**

1. Escoge una tarde o una noche en que te gusta ver la tele.
2. Haz un horario de tres clases de programas que ves ese día, pero no digas los nombres de los programas. Usa el reloj de 24 horas.
3. Dale tu programación a tu compañero(a) para que él o ella se lo lea a la clase.
4. La clase debe adivinar de qué día de la semana se trata.

Por ejemplo:

ESTUDIANTE A (escribe):

Canal 3

19.00: noticias

20.00: programa cómico
sobre una familia loca

20.30: programa de dibujos
animados

ESTUDIANTE C:

Me parece que habla del jueves.

ESTUDIANTE B:

En el canal tres, a las siete
de la tarde, Sue ve las noticias.

A las ocho ve un programa cómico
sobre una familia loca y a las ocho
y media le gusta ver un programa
de dibujos animados.

Miremos

Guía de la semana. Mira el horario de televisión de las páginas 16 y
17 y ubica lo siguiente.

1. la película más reciente / más antigua
2. películas de guerra / vaqueros / espías / catástrofes / vampiros /
   criaturas fantásticas / médicos / humor
3. películas norteamericanas / europeas
4. películas de los años cuarenta / sesenta / setenta / ochenta
5. películas que se ven por la mañana / por la tarde / por la noche /
   por la madrugada (*middle of the night*)
6. película que es una continuación
7. el nombre del artista que hace el papel de vampiro / director de un
   hospital / protagonista de una comedia italiana

Al lector

● No te preocupes si
no entiendes todas las
palabras de la lectura.
Eso es normal.

● No es necesario usar
un diccionario. Trata de
adivinar las palabras
que no conoces.

● Confía en tu español;
¡ya sabes muchísimo!

El mejor cine de la semana

En la selección cinematográfica de esta semana predomina la aventura y hacen un papel importante el terror y el amor.

Acción. Aventuras en Telemadrid con *La costa de los mosquitos* (1986). Una adaptación del ya clásico contemporáneo de la novela de aventuras de Paul Theroux, podremos verla el sábado 29 a las 18.00 h.

También en Telemadrid, y a las 20.15 h. del mismo día, *Más allá del Poseidón*
5   (1972), una continuación de la exitosa *Aventura del Poseidón* (1972). La película se centra en el grupo que sobrevivió a la espectacular catástrofe del lujoso transatlántico.

Lobos marinos (1980), para la noche del sábado a las 22.05 h., es una realización de aventuras bélicas que, ambientada en la Segunda Guerra Mundial, combina
10 algo de espionaje y humor.

Terror. Parece ser que todas las televisiones han dado la importancia que se merece al a veces menospreciado cine de terror, dedicando al menos un espacio habitual al miedo, lo fantástico y la ciencia-ficción. En Antena-3, el domingo a las 23.00 h. destacamos *Drácula y las mellizas*
15 (1971), una excelente realización del director inglés John Hough, donde el mítico Peter Cushing hace su eterno papel de vampiro en un marco de brujería y misterio.

Otra lograda realización de terror de uno de los maestros del género, Joe Dante (*Los Gremlins*) es *Aullidos* (1980), donde Dante contemporiza la leyenda del
20 hombre-lobo. Mezcla de horror y algo de humor, la angustia no cesa de crecer a medida que se va descubriendo la aterradora verdad.

Risas. Dos divertidas comedias para la semana. En Tele-5 el miércoles, a las 11.00 h *El diablo enamorado* (1966) con Vittorio Gassman y Mickey Rooney. Ambientada en Roma y Florencia, en la segunda mitad del siglo XV, el malvado Belcebú aparecerá para implantar la discordia y el mal donde reina la calma.   5

Otra comedia interesante, aunque en tono dramático, es *Anatomía de un hospital* (1972). La acción transcurre en un hospital de Manhattan y George Scott es el desquiciado (*unstable*) director del centro, cuyos problemas personales son nimiedades, insignificantes ante los continuos asesinatos de médicos y   10
enfermeras.

Amor. *Los girasoles* (1969), un melodrama de una pareja de campesinos separada por la guerra. Domingo, en TV-3 a las 15.40 h.

Oeste. *Brandy* (1964), un western europeo en coproducción hispano-italiana que guarda los esquemas del clásico western americano. Martes en   15
Telemadrid a las 16.20 h.

Drama. *El chico de la bahía* (1984) relata un breve período en la vida de un adolescente, durante los años treinta. Tele-5 el martes a las 11.00 h.

Misterio. *Clandestino y caballero* (1946) con Gary Cooper y Lili Palmer en los principales papeles. Ambientada en el final de la Segunda Guerra   20
Mundial, la trama de gran suspenso se centra en los avances nucleares que tanto codician [desean] las potencias americana y alemana. TVE-2, el domingo a las 17.30 h.

Violencia. Una curiosa película es, sin duda, *Los chicos del maíz* (1984). En una ciudad agrícola de EE.UU., un grupo de jóvenes, aburridos, llegan a   25
asesinar a indefensos granjeros. En TVE-1, sábado a las 00.15 h.

Leamos

A **Los televidentes.** Sugiere un programa que crees que les gustaría a los siguientes tipos de espectadores y explica por qué les gustaría.

Por ejemplo: jóvenes activos

A estos televidentes les interesaría "Club MTV" porque les gusta bailar.

1. niños
2. adolescentes
3. adultos activos
4. adultos sedentarios
5. jóvenes activos
6. ancianos

B **Buscapalabras.** Lee el horario y haz una lista de las siguientes palabras.

1. todos los adjetivos que puedas encontrar
2. nombres de tipos de películas

C **Se estrena hoy.** Usa las expresiones de la lista que hiciste en la actividad B para describir dos películas que estén dando en tu ciudad actualmente. Tus compañeros(as) deben adivinar de qué películas se trata.

Por ejemplo:

ESTUDIANTE A:

Es una película de ciencia-ficción aterradora.

ESTUDIANTE B:

¿Hablas de...?

Después de leer ....

Derivaciones. En el horario de la tele, ubica palabras que sean derivadas de las que siguen. En cada caso, di si la palabra derivada es un sustantivo (*noun*), adjetivo o verbo.

Por ejemplo: agricultura

          "Agrícola" es una palabra derivada. Es un adjetivo.

Sustantivos	Adjetivos	Verbos
éxito	humorístico	asesinar
mal	aterradora	separar
ambiente	legendario	defender
cine	predominante	vivir
lujo	aventurero	
espía		
amor		

Apliquemos

A **El cine de la semana.** Escribe un resumen de una película que se da esta semana en tu área. Incluye lo siguiente.

1. el título de la película y la fecha de producción
2. el género (drama, comedia, del oeste, de aventuras, etc.)
3. los actores o intérpretes y sus papeles
4. el ambiente
5. una descripción de la trama
6. la duración (en minutos)
7. el día y la hora

B **No hay primera sin segunda.** Describe una continuación o segunda (tercera, cuarta, quinta... ¡décima!) parte imaginaria de una película que te gustó mucho. Incluye lo siguiente.

1. el título
2. el género
3. los artistas y sus papeles
4. el ambiente
5. una descripción de la trama o el argumento
6. algunas diferencias entre la continuación y la película original

Por ejemplo: "Pesadillas en la calle Elm: parte 10"

          Continuación de la exitosa película de terror...

¿Será el siglo XXI la edad del aburrimiento?

¿La sociedad de la tecnología y del ocio se convertirá en la de la mediocridad, la rutina y el bostezo? Afirma el escritor colombiano Álvaro Mutis:

> "En esta época, que es la más aburrida, me llama la atención que muchos jóvenes, por ejemplo, mis nietos, no lean. El único horizonte que tienen, el más chato, es la televisión. No tiene nada de raro que estos tiempos estén llenos de momias, de zombies y de robots".

Conversemos y escribamos ....

A **¿De acuerdo?** Pregúntale a cinco compañeros(as) cómo terminarían ellos(as) la siguiente frase. Luego, cuéntaselo a la clase.

Creo que el próximo siglo será el siglo del aburrimiento y del ocio porque...

B **¿Eres adicto a la tele?** Haz la siguiente encuesta entre tus compañeros(as). Según lo que contesten, di si eso confirma o niega las conclusiones de la actividad A.

1. ¿Cuántas horas te pasas viendo televisión todos los días?

   a. menos de una hora al día   **c.** más de tres horas al día

   b. de una a tres horas al día

2. ¿Cuándo ves la televisión?

   a. después de hacer las tareas   **c.** mientras haces las tareas

   b. antes de hacer las tareas

3. ¿En qué noticias o informaciones confías (*trust*) más?

   a. las noticias del periódico   **c.** lo que dicen en la
televisión

   b. lo que dicen los libros de texto

4. ¿Qué porcentaje de lo que sabes viene de la televisión?

   a. menos del 25 por ciento   **c.** 50 por ciento o más

   b. de 25 a 50 por ciento

5. ¿Qué piensas de lo que dicen en la televisión?

   a. No creo nada de lo que veo en la televisión.

   b. La televisión es más o menos creíble, más del 60 por ciento.

   c. Creo más del 85 por ciento de lo que veo en la televisión, porque
es contra la ley mentir en la televisión.

6. ¿Qué cosas lees?

   a. novelas y cuentos   **c.** sólo los libros de texto

   b. revistas y tiras cómicas   para hacer las tareas

7. ¿Cuántos libros lees al año?

   a. más de diez   **c.** menos de cinco

   b. de cinco a diez

C **En caso de apagón.** Escribe una lista de diez cosas que puedes
hacer si se corta la luz (electricidad).

Estructura: Un poco más

¿Cómo se dice "to become"?

To convey changes of character, condition, emotion, or to express physical transformation, Spanish uses several expressions for "to become," according to the context.

1 The verb **convertirse en** (**ie, i**) is used to imply chemical or physical transformation (to become something else).

> **En realidad los animales no se convierten en personas, pero en un cuento de hadas, la rana se convirtió en príncipe.**

2 The verbs **volverse** and **ponerse** indicate physical, mental, or emotional change. **Volverse** (often used with **loco[a]**) often implies a more sudden or violent change.

> **El gigante del cuento se volvió loco por los ataques del joven. La bruja se puso furiosa cuando se enteró de que la princesa se había despertado.**

3 The verbs **hacerse** and **llegar a ser** indicate change as a result of some effort, plan, or series of events.

> **Mi cuñado siempre quería hacerse ingeniero, pero en cambio llegó a ser arquitecto.**

4 Often the idea of "to become" is expressed in other ways.

envejecer	to become, grow old
enrojecerse	to become red (embarrassed)
palidecer	to become pale
adelgazar	to become thin
engordar	to become fat
enriquecerse	to become rich

Completa las siguientes frases de una manera personal.

1. Me llevo bien con muchos de mis compañeros de clase pero me vuelvo loco(a) cuando ___ .
2. Algún día me gustaría hacer una película de terror sobre un/a chico(a) ___ que se convierte en ___ .
3. Me pongo furioso(a) cuando mi amigo(a) (maestro[a], hermano[a], etc.) ___ .
4. Me gustaría llegar a ser ___ .
5. Creo que la mejor manera de enriquecerse es ___ .
6. Me enrojezco cuando ___ .

Diversiones

A **Las caricaturas.** Júntate con tres o cuatro compañeros(as). Cada miembro del grupo va a describir a un personaje de un dibujo animado que presentan en la tele. El resto del grupo tiene que adivinar qué personaje es. Cada persona debe describir a tres personajes.

Por ejemplo: Este personaje siempre está tratando de agarrar a un canario que está en una jaula.

Es el gato Silvestre.

B **En la tele.** Imagínate que tú y tres compañeros(as) viven en un país extranjero. Ustedes importan programas de televisión de los Estados Unidos para la televisión de su país.

1. Decidan qué programas van o no van a importar.

2. Hablen de cómo estos programas presentan la vida y la cultura de los Estados Unidos. ¿Presenta a los norteamericanos como estereotipos? ¿Presenta una sátira de la vida en los Estados Unidos? ¿Qué van a pensar las personas de su país de los Estados Unidos cuando vean los programas que ustedes han escogido?

Repaso de vocabulario

Cosas y conceptos

el aerobismo
el anuncio comercial
el argumento
la biografía
la brujería
la cocina (*cooking*)
el comentario
   político
la continuación
el cuento de hadas
el desenlace
el documental
los efectos especiales
el espacio
el espionaje
el este
el estreno
Europa
el futuro
la guerra (*civil*)
la historia (*story*)
la lectura
la leyenda
el melodrama
el misterio
el norte
el ocio
el oeste
el Oscar
el Pacífico
la pantalla chica
el pasado
el poema
el presente
la producción
la realización
la serie
el sur
el suspenso
el tema
la trama
el viaje

Personas

el/la artista
el personaje
el/la protagonista
la reina
el rey

Gustos y reacciones

apetecer (zc)
atraer
caer bien (mal)
dar asco
dar bostezos
dar igual
dar miedo
dar pena
dar rabia
dar risa
dar terror
desagradar
importar
irritar
parecer (zc)
sorprender
volver loco(a)

Descripciones

actual
ambientado(a)
árabe
chico(a)
complicado(a)
de primera
destacado(a)
entretenido(a)
espectacular
exigente
exitoso
famoso(a)
ganador/a
hispano(a)
histórico(a)
liviano(a)
oriental
principal
sensacional

Otras palabras y expresiones

en el extranjero
merecer (zc)
sobre todo
tener lugar
tratar(se) de

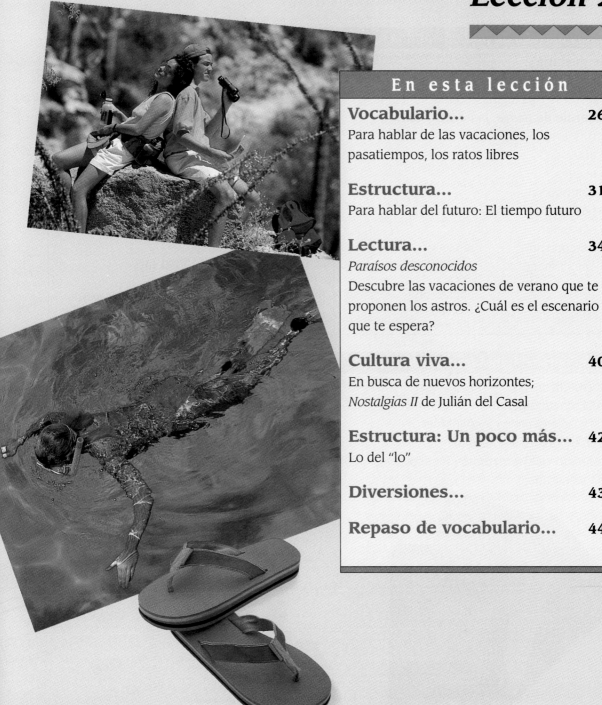

Lección 2

Vocabulario

¡Estoy harto(a) de *(fed up with)* la misma rutina! Quiero hacer el viaje de mi vida.

Me gustaría...
dejar atrás *(leave behind)* toda esta tensión.
recorrer tierras lejanas *(tour distant lands)*.
alejarme de *(leave, get away from)*
lo rutinario.
lo aburrido.
lo seguro.
lo cómodo.
experimentar *(experience, feel)*...
lo placentero *(pleasant)*.
lo desconocido.
lo emocionante.

descubrir *(discover)*...
nuevos horizontes.
nuevos sentimientos *(feelings)*.
otra gente, otra cultura, otras costumbres *(customs)*.
el mundo que nos rodea *(surrounds)*.
desarrollar *(develop)*...
mis ideas.
mis actitudes.
tener el valor *(courage)* **de...**
correr nuevos riesgos *(risks)*.
atreverme a *(dare to)* tomar mis propias decisiones.
poner a prueba *(test)* mi coraje *(courage)*.
rechazar el prejuicio *(resist, reject prejudice)*.

En mi paraíso habrá *(there will be)*...

mucha diversión.
un clima fenomenal.
un paisaje *(scenery)* inolvidable.
buen tiempo todos los días.
balnearios *(seaside resorts)* increíbles.
paz y descanso.

Allí la gente podrá *(will be able to)*...

subir cerros *(hills)* y laderas de montañas *(mountain sides)*.
saltar entre las peñas *(rocks)* y las grietas *(crevices)*.
caminar por las praderas *(fields)*, arboledas *(forests)* y quebradas *(ravines)*.

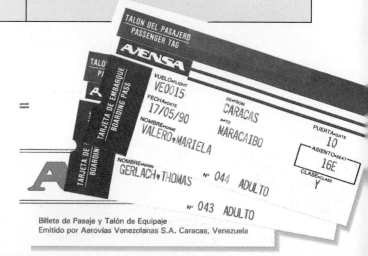

Billete de Pasaje y Talón de Equipaje
Emitido por Aerovías Venezolanas S.A. Caracas, Venezuela

A medida que (*As*) crezco me pongo más/menos...

arriesgado(a) (*bold*).	deportista.
intuitivo(a).	fuerte.
amistoso(a).	atrevido(a) (*daring*).
entusiasta.	gracioso(a).
independiente.	optimista.
malhumorado(a).	pesimista.
impulsivo(a).	entretenido(a).
curioso(a).	exitoso(a).
artístico(a).	emprendedor/a (*enterprising*).
valiente.	celoso(a) (*jealous*).
entremetido(a) (*nosy*).	soñador/a.
imaginativo(a).	orgulloso(a).
ambicioso(a).	cuidadoso(a).
gitano(a) (*gypsy*).	
hogareño(a) (*homebody*).	

Mi paraíso es un lugar...

extraño.	remoto.
exótico.	hermoso.
lejano.	atestado (*crowded*).
aislado (*isolated*).	lujoso.
tranquilo.	cosmopolita.

Quisiera probar la última novedad (*the latest fad*) en deportes. Tal vez (*Perhaps...*) / Quisiera hacerlo aunque es menos peligroso (*dangerous*)...

Quisiera probar la última novedad (*the latest fad*) en deportes. Tal vez (*Perhaps...*)	Quisiera hacerlo aunque es menos peligroso (*dangerous*)...
el senderismo (*hiking*).	quedarse en casa y no hacer nada.
el paracaidismo.	hacer muñecos (*figures*) de nieve.
el ecoturismo (*ecological vacation*).	tejer (*knit*).
el ciclismo a campo (*mountain biking*).	cultivar flores, frutas o verduras.
volar con alas delta (*hang gliding*).	tener animalitos exóticos.
el vuelo libre (*flying in a glider*).	coser (*sew*).
la aventura-supervivencia (*"Outward Bound"*).	trabajar por la ecología.
	diseñar ropa.
	hacer arreglos (*arrangements*) florales.
	alquilar un vídeo.

Asociaciones ....

A **Lo conocido.** Anota al menos tres actividades que asocias con lo siguiente.

Por ejemplo: lo desconocido
Hacer paracaidismo, volar con alas delta, visitar un país lejano...

1. lo aburrido
2. lo rutinario
3. lo peligroso
4. lo exótico

5. lo placentero
6. lo emocionante
7. lo desconocido
8. lo extraño

9. lo turístico
10. lo imaginativo
11. lo remoto
12. lo arriesgado

B **¡Qué entretenido!** Anota todas las actividades que se puedan asociar con los siguientes lugares.

1. puente
2. sendero
3. sierra

4. playa o lago
5. jardín

6. sala de tu casa
7. peñas o praderas

C **Tipos y arquetipos.** Da dos características más de cada uno de lo siguiente.

Por ejemplo: una persona artística
Una persona artística también es imaginativa y curiosa.

1. una persona ambiciosa
2. un lugar exótico
3. una persona aventurera
4. una persona gitana
5. una persona entremetida

6. un lugar aislado
7. un lugar bucólico
8. una persona intrépida
9. un lugar hermoso

D **Lugares para todos los gustos.** Da dos lugares estupendos para cada uno de los siguientes tipos de personas.

Por ejemplo: deportivos
Para los deportivos los mejores lugares son el gimnasio y el... porque...

1. intrépidos
2. tranquilos
3. impulsivos
4. gitanos

5. aventureros
6. entusiastas
7. deportivos
8. curiosos

9. emprendedores
10. amistosos
11. hogareños
12. arriesgados

B E L I C
La Costa de la Aventu...

E **El viaje de mi vida.** Completa las siguientes frases con lo que quieres para ti en tu vida o en tu paraíso.

1. Estoy harto(a) de ___ .
2. Quisiera alejarme de ___ .
3. Me encantaría recorrer ___ .
4. Me interesaría descubrir ___ .
5. Me daría miedo probar ___ .
6. Me gustaría correr el riesgo de ___ .
7. Me atraen mucho los lugares ___ .
8. Me parece muy atrevido ___ .
9. No me apetece ___ .
10. No me molestaría tomar mis propias decisiones, como ___ .

F **A veces me toca.** Di cuándo te toca hacer las siguientes cosas. Explica por qué.

Por ejemplo: probar algo nuevo

> *Cuando mi tía me invita a comer a un restaurante muchas veces pruebo platos nuevos, porque a mi tía le fascina comer en restaurantes extranjeros.*

1. tomar decisiones
2. arriesgarme
3. alejarme de mis estudios
4. probar algo nuevo
5. poner a prueba mi coraje
6. ser entremetido(a)
7. rechazar una idea
8. dejar atrás la tensión

G **Mi paraíso imaginario.** Inventa tu propio paraíso. En las columnas que siguen, pon las palabras que mejor lo describan. ¿Cómo será? ¿Qué habrá allí ? ¿Qué podrá hacer la gente allí?

Será...	Habrá...	Allí la gente podrá...
exótico.	animales extraños y desconocidos.	aprender algo de la naturaleza.

Conversemos ....

A **Tu lugar preferido.** Pregúntale a tu compañero(a) cuál es su lugar preferido y cómo es. Luego, tú le describes el tuyo a él o ella.

Por ejemplo: Mi lugar preferido está en la costa del norte. El mar es muy azul y frío y hay una cabaña en la ladera de la montaña.

B **Tú, entrevistador/a.** Haz una lista de cinco preguntas que puedas usar para averiguar los gustos, las actitudes y preferencias de tus compañeros(as). Luego, usa tus preguntas para entrevistar a tu compañero(a).

Por ejemplo: **1.** ¿Qué te gusta más, descubrir nuevos horizontes o quedarte en casa?
   2. ¿Eres cuidadoso(a) o impulsivo(a)?
   3. Para ti, ¿qué es el riesgo?

C **Tú, agente de viajes.** Usa lo que descubriste en la actividad B para recomendarle un paraíso a tu compañero(a). Completa las frases que siguen.

1. Mi compañero(a) es ___ . Tiene ___ .
2. Le gusta ___ . Le interesa ___ . Le molesta ___ .
3. Prefiere ___ . Le da miedo ___ . No se atreve a ___ . Le da(n) asco ___ .
4. Mi compañero(a) irá a ___ porque es un lugar ___ .
5. Allí habrá ___ .
6. Allí mi compañero(a) podrá ___ .

Escribamos ....

A **Tu lugar de veraneo.** Escribe una descripción muy detallada de tu lugar de veraneo ideal o real. Incluye una descripción de lo siguiente.

1. el lugar   **3.** las actividades que se puede hacer allí
2. la gente   **4.** los problemas que existen allí

B **Un folleto.** Diseña un folleto para atraer turistas a tu paraíso. Describe lo siguiente.

1. el lugar   **3.** el tipo de gente que va a este paraíso
2. las actividades   **4.** cualquier otro detalle interesante

Estructura

El tiempo futuro

In the Vocabulario section you used sentences such as **En mi paraíso habrá un clima fenomenal** and **Allí la gente podrá subir cerros**. The verbs **habrá** and **podrá** are in the future tense.

1 To form the future tense, add the following endings to the infinitive of the verb. To the right is the future tense of **ir**.

To say:	use:	ir
what I will do	-é	iré
you (**tú**) will do	-ás	irás
he, she, it, you (**Ud**.) will do	-á	irá
we will do	-emos	iremos
you (**vosotros***) will do	-éis	iréis
they, you (**Uds.**) will do	-án	irán

Según mi horóscopo, iré a un lugar exótico. ¿Y tú, adónde irás?

Con mi amiga viajaremos por Bolivia en tren. ¿Será posible?

2 Of course, some common verbs are irregular.

hacer:	haré, harás, hará, haremos, haréis*, harán
decir:	diré, dirás, dirá, diremos, diréis*, dirán
querer:	querré, querrás, querrá, querremos, querréis*, querrán
haber (hay):	**habrá**
saber:	sabré, sabrás, sabrá, sabremos, sabréis*, sabrán
poder:	podré, podrás, podrá, podremos, podréis*, podrán
salir:	saldré, saldrás, saldrá, saldremos, saldréis*, saldrán
poner:	pondré, pondrás, pondrá, pondremos, pondréis*, pondrán
tener:	tendré, tendrás, tendrá, tendremos, tendréis*, tendrán
venir:	vendré, vendrás, vendrá, vendremos, vendréis*, vendrán

*This form is rarely used in the Spanish-speaking world, except for Spain.

3 The future tense is used when you want to say what will happen or occur, or what someone will do or be. Normally, it is used to express a more distant future than what will happen tomorrow or the next day. To express plans or intentions for the immediate future, you may simply use the present tense.

Esta tarde tengo que estudiar con mis amigos y mañana voy a una reunión del club de ajedrez.

4 You may also use **ir** + **a** + infinitive to express future plans.

El verano que viene voy a quedarme en casa porque estoy harta de tanto viajar.

5 The future tense is also used to express probability. In other words, by using a verb in the future tense you may convey the idea of **probablemente**. Study the following examples.

Tengo que irme. Serán las dos de la madrugada.
I have to go. It must be (probably is) two in the morning.

¿Será suficiente llevar unos doscientos dólares para el viaje?
I wonder if 200 dollars is enough for the trip?

Conversemos ....

A **Curioso.** Prepara cinco preguntas para hacerle a tu compañero(a) sobre lo que piensa hacer el verano que viene.

Por ejemplo: ¿Crees que trabajarás o que...?
                   ¿Irás al lago o...? ¿Con quién...?

B **Los más comunes.** En un grupo de cuatro personas comparen sus respuestas a las preguntas de la actividad A y luego háganle un resumen a toda la clase.

Por ejemplo: Todos nosotros trabajaremos por un tiempo, pero después...

C **La experiencia de mi vida.** Escoge dos de los temas que siguen y descríbelos con detalles usando el futuro.

   la salida de mi vida
   el viaje de mi vida
   la fiesta de mi vida

Por ejemplo: La fiesta de mi vida será... Habrá... Invitaré a...
                   Tendremos... Tendrá lugar en...

D **Así será también.** Agrega otra frase a cada una de las descripciones que siguen, según las características de la persona.

Por ejemplo: Si le apetece viajar...

Si le apetece viajar, también le apetecerá experimentar lo desconocido y descubrir nuevos horizontes.

1. Si sabe hacer paracaidismo ___ .
2. Si le gustan las aventuras peligrosas, ___ .
3. Si se atreve a correr nuevos riesgos ___ .
4. Si es tímido(a) y le gusta el pedestrismo ___ .
5. Si quiere dejar atrás toda la tensión ___ .
6. Si está harto(a) de la rutina y quiere tomar sus propias decisiones ___ .

E **Arquitectos del futuro.** Imagínate que puedes planificar el mundo perfecto del futuro. Descríbelo en ocho o diez frases y compáralo con el mundo actual.

Por ejemplo: Ahora hay muchas guerras pero en el futuro habrá paz.

Actualmente hay gente que no come bien pero en el futuro todos tendrán qué comer.

Escribamos ....

A **Predicciones.** Como ya conoces bien a tu compañero(a), escríbele una predicción de ésas que se ponen en las galletitas chinas de la fortuna.

Por ejemplo: Eres una persona emprendedora. Algún día serás dueño(a) de una compañía internacional grande. Serás millonario(a).

B **El paraíso de los jóvenes.** Describe el paraíso de los jóvenes, ese lugar ideal donde habrá de todo lo que les gusta a los jóvenes como tú. Incluye lo siguiente:

1. el lugar y el tiempo que hará
2. las cosas especiales que habrá allí
3. todas las actividades que podrán hacer los jóvenes

Lectura

Antes de leer

Pensemos

A **Estados de ánimo.** Di cuáles de los siguientes aspectos de la personalidad y estados de ánimo corresponden a tu propia personalidad. Luego, di qué tipo de gente te atrae.

Por ejemplo: Generalmente, soy...
A veces soy un poco...
A mí me atrae la gente... porque...

amistoso(a)	divertido(a)	introvertido(a)
artístico(a)	extrovertido(a)	intuitivo(a)
aventurero(a)	generoso(a)	negativo(a)
cariñoso(a)	gracioso(a)	nervioso(a)
celoso(a)	imaginativo(a)	orgulloso(a)
confiado(a)	impulsivo(a)	positivo(a)
cuidadoso(a)	inquieto(a)	práctico(a)
curioso(a)	inseguro(a)	supersticioso(a)
	intrépido(a)	tímido(a)
		tranquilo(a)
alegre	inflexible	sociable
arrogante	leal	
feliz	sensible	
egoísta	idealista	pesimista
entusiasta	optimista	realista

PARAPENTE
SOBRE KENYA
Vuelo salvaje

Dos expertos aventureros acaban de realizar el safari más original llevado a cabo en las legendarias llanuras de Kenya. Colgados de un parapente con motor, ambos han sobrevolado las cumbres del Kilimanjaro para, después dejarse caer junto a los elefantes a las manadas de gacelas asustadas por los sorprendentes visitantes que llegaban del cielo.

B **¿Cuál es tu pareja?** Lee las frases que siguen y con otra persona digan a qué tipo de gente le gustarían los siguientes tipos de vacaciones.

Por ejemplo: viajar a un lugar distante, desconocido y peligroso
A una persona intrépida le gustaría viajar a un lugar distante, desconocido y peligroso.

1. visitar los pueblos de sus abuelos o antepasados
2. viajar a una tierra lejana, exótica, misteriosa
3. acampar como nómada o gitano con carpa

4. buscar la aventura, el peligro y el riesgo

5. pasar días tranquilos, llenos de paz y equilibrio

6. buscar un ambiente bucólico con aire fresco y aguas cristalinas

7. pasar tiempo con sus familiares, rodeado(a) de gente maravillosa

Miremos

A **O sea...** Lee el título y el primer párrafo del artículo de las páginas 36 y 37 para tener una idea general de qué se trata. En seguida, completa el siguiente resumen con palabras del primer párrafo del artículo.

1. El tema de este artículo es el paraíso que no conocemos, o sea, el paraíso ___ .

2. Este artículo trata de las vacaciones que te sugiere tu signo del zodíaco, o sea, ___ .

3. Si te lo dicta tu destino, vas a hacer un viaje, o sea, ___ por donde vivieron tus abuelos, bisabuelos y tatarabuelos, o sea, tus ___ .

4. O quizás te espera un período de descanso, una ___ en tu residencia habitual.

B **¿Cuál es tu signo?** Ubica tu signo del zodíaco en el artículo que sigue y copia las palabras que te describen según este artículo. Después, compara esta descripción con las palabras que escogiste tú mismo(a) para describir tu personalidad (de la actividad A , p. 34). ¿Te describe bien este artículo?

Por ejemplo: Según mi signo soy cuidadoso, pero no es cierto porque yo creo que soy impulsivo (tiene razón porque soy así).

C **La verdad es que...** Lee lo que dice el artículo sobre tus vacaciones de verano y copia las palabras que contesten las siguientes preguntas.

1. ¿Adónde vas, según este artículo?

2. ¿Cómo es el lugar?

3. ¿Qué vas a hacer allí?

Ahora, compara la descripción del artículo con lo que realmente hiciste el verano pasado.

Por ejemplo: El artículo dice que... Pero en realidad, fui a.. Pasé las vacaciones en... con... Viajé en... con... Me quedé en... con... y nosotros...

Al lector

- No te preocupes si no entiendes todas las palabras de la lectura. Eso es normal.

- No es necesario usar un diccionario. Trata de adivinar las palabras que no conoces.

- Confía en tu español; ¡ya sabes muchísimo!

Paraísos desconocidos

Descubre las vacaciones que te proponen los astros que rigen tu destino para este año: un viaje a un lugar desconocido con todos sus atractivos, un recorrido por los pueblos de tus antepasados, o bien una estancia tranquila y relajada en tu residencia habitual.

Aries: Romances y aventuras

5 *Estado de ánimo:* Inquieto, curioso y dispuesto a todo. Alegre y emprendedor, buscarás lo nuevo y diferente.

Escenario: Impulsado por la
10 intuición, has escogido un lugar desconocido y poco habitual. El destino, sin embargo, cambiará alguno de tus planes, poniendo ante ti rutas y situaciones
15 extrañas. Arriésgate y haz el negocio de tu vida. La fortuna te vendrá en forma de dinero, regalos o invitaciones.

20

Cáncer: Insólitas vivencias

Estado de ánimo: Hedonista y con buen humor, sabrás sacar el mejor
25 partido de todas las situaciones. Un nuevo impulso te empujará a crecer y a alejarte de lo rutinario. Aprenderás cosas nuevas, prácticas y divertidas. Las
30 actividades sacarán a luz tus mejores talentos.

Escenario: Tu alma de nómada e instinto de gitano te llevarán tras un teatro ambulante, siguiendo las
35 fiestas de pueblo en pueblo o bien practicando la pesca submarina y descubriendo el secreto de las profundidades del mar, espejo de tu propia naturaleza. Irás al pueblo
40 de tus antepasados o llevarás tu casa a cuestas como buen caracol, instalando tu tienda de campaña (carpa) allí donde la intuición te guíe.

Tauro: Jornadas inolvidables

Estado de ánimo: El entusiasmo que tienes es mayor que la claridad de lo que persigues. Eres como un toro en la plaza con mil capotes agitándose a un tiempo. Todo te estimula y te atrae. Disfrutas de los placeres de la vida plenamente.

Escenario: Buscarás un paraje bucólico para estar a gusto y sin problemas. El destino implacable te exige, sin embargo, riesgo y aventura. En todo caso será una experiencia inolvidable que pondrá a prueba tus recursos. Si viajas en septiembre, todo será como un cuento de hadas.

Leo: Rutas misteriosas

Estado de ánimo: Positivo y entusiasta. A tu paso se abren las puertas del éxito, la fortuna y el amor. Ganarás si eres generoso y flexible; perderás si caes en la ostentación y el orgullo.

Escenario: El espíritu de Marco Polo te llevará por rutas misteriosas y llenas de encanto. Conocerás el paraíso en la tierra, sintiéndote tan exuberante como la naturaleza que te rodea. Lugares de moda y exóticos serán el regalo que el destino te ofrece. Correr riesgos y vivir aventuras no supondrá para ti peligro alguno. Saldrás de cada avatar con más confianza en ti mismo.

Géminis: Movimiento continuo

Estado de ánimo: Alegre y feliz a la vez que intrépido y confiado. El mal humor desaparecerá con la rapidez del relámpago. Enamoradizo y amistoso sabrás llegar al corazón de todos aquéllos que te conozcan.

Escenario: La brújula de tu ruta no tendrá puntos cardinales suficientes para marcar tantos itinerarios. Coches, trenes, barcos, aviones y platillos voladores. Todo es posible. Tus vacaciones serán un continuo movimiento y trasiego.

Virgo: Pasiones encendidas

Estado de ánimo: Comienzas el verano un tanto confuso e inquieto. Estás esperando un cambio, algo nuevo y verdaderamente estimulante, pero nada de lo que ves atrae tu interés. Más que nunca necesitas paz y equilibrio. Tras las dudas, un horizonte nuevo se descubrirá ante ti.

Escenario: Julio y agosto no te darán la tranquilidad que buscas pero no te desesperes. Septiembre te ofrecerá la oportunidad de hacer el viaje de tu vida. Dejarás atrás las tensiones y harás que tus planes se cumplan mucho mejor de lo que tenías previsto.

Libra: Imprevistos complicados

Estado de ánimo: Vas a tomar una decisión importante.
¡Enhorabuena! Actúa sin vacilar y sin pérdida de tiempo. Las circunstancias piden firmeza.

Escenario: ¿El mar o la montaña? Allí donde vayas encontrarás gente maravillosa que te acompañe. Sabrás escabullirte de los problemas y liberarte de las ataduras para pasar unas cuantas noches en tus ambientes favoritos.

Capricornio: Cambios súbitos

Estado de ánimo: Sucede que la vida quiere poner a prueba tu carácter y coraje. Así que evita el miedo al futuro, la preocupación por el presente y el dolor por el pasado. Todos y cada uno de los asuntos de tu vida prometen grandes cambios.

Escenario: Has alquilado una casa teniendo en cuenta los gustos y manías de todos los miembros del clan familiar. "Juntos pero no revueltos", ése es tu lema. El verano que al principio presagia nubarrones y cierto caos, terminará en unas vacaciones espléndidas y maravillosas.

Escorpio: Libertad en armonía

Estado de ánimo: Deseas imperiosamente la más absoluta libertad. No te importa resolver las relaciones difíciles y las situaciones emocionales complicadas. Enfréntate con honestidad al enemigo y con valentía y coraje a la adversidad.

Escenario: Aléjate de los pantanos, de los volcanes y de las grutas. Busca lagos alpinos y las más altas montañas; allí donde el aire sea limpio y fresco.

Sagitario: Desarrollo personal

Estado de ánimo: No te faltará buen humor, cierta chifladura y bastante imaginación. Tienes suerte, resultas tan simpático y gracioso que nadie se enfada contigo. Tu buena disposición a la hora de trabajar, de organizar y de ayudar es tal que todo será para ti pura diversión.

Escenario: Tu espíritu buscará nuevos horizontes. El viaje más importante de tu vida se hará realidad si así lo deseas. No es necesario que te vayas muy lejos, porque ahí donde estés encontrarás gente maravillosa. Tu entusiasmo te hará recorrer los confines del mundo de un modo u otro.

Acuario: Profundas transformaciones

Estado de ánimo: Intuición y fuerza. En la dificultad encontrarás la oportunidad. Si eliges utilizar el poder a tu favor, conseguirás la victoria que anhelas. Si, por el contrario, decides utilizarla en tu contra, obtendrás el fracaso que tanto temes.

Escenario: Como tienes amigos en todas partes, podrás ir donde te apetezca. Elige un sitio tranquilo que favorezca el encuentro contigo mismo y la intimidad con los demás. Este verano sabrás lo que es el amor, el placer, el dolor y también la suerte.

Piscis: Talento creativo

Estado de ánimo: Podrás fortalecer tus debilidades y desarrollar tu talento creativo. No mires hacia atrás, sabes que el pasado no tiene futuro. De lo que se trata es de convertir el futuro en presente.

Escenario: Escalar las montañas de la Luna, descansar en el país de Nunca Jamás, recorrer a lomos del dragón de San Jorge los anillos de Saturno o desayunar con el fantasma del paraíso, están a tu alcance. Podrás viajar al lugar soñado. Si vas a lo ya conocido, no te preocupes, te sucederán cosas felices y tú las harás muy diferentes.

Leamos

A **Las mejores vacaciones.** En grupos de tres, conversen de las descripciones de sus vacaciones según el signo de cada uno de Uds. Luego, escojan las mejores vacaciones de las tres que analizaron y expliquen por qué les gustan.

B **¡Envidia!** Busca las vacaciones que se le predicen a tus amigos o familiares y decide con quién te conviene hacerte amigo(a) para que te lleve de vacaciones con él o ella.

Por ejemplo: Le voy a pedir a papá (a mi amigo[a]) que me lleve de vacaciones con él (ella) porque...

Después de leer

Analicemos

A **Palabras conocidas y desconocidas.** Ubica palabras en el artículo que sean derivadas de las palabras que siguen.

Por ejemplo: soñar
soñado

1. amistad
2. alegría
3. intuición
4. entusiasmo
5. felicidad
6. confusión
7. conocer
8. olvidar
9. estimular
10. limpiar
11. placentero
12. doloroso
13. tranquilidad
14. libre
15. peligroso
16. estar
17. recorrer

B **Categorías.** Ubica una palabra en el artículo que pueda agregarse a cada una de las siguientes categorías.

1. coraje, peligro, fracaso
2. viajar, irse de vacaciones, alejarse
3. coches, trenes, barcos, aviones
4. tienda de campaña, brújula, correr riesgos
5. equilibrio, tranquilidad, libertad, sitio tranquilo
6. confines, nuevos horizontes, paraje bucólico
7. decidir, esperar un cambio, actuar
8. abuelos, bisabuelos, tatarabuelos

A **Mi propio paraíso.** Usa las expresiones que has aprendido en esta lección para describir tu paraíso desconocido. Incluye lo siguiente.

1. una descripción del lugar (la naturaleza o el paisaje, la gente, la transportación, etc.)
2. tus sentimientos y reacciones
3. las actividades que puedes desarrollar allí

Por ejemplo: Mi paraíso está en la sierra y sólo se puede llegar allí en coche. El paisaje es fenomenal: un río torrentoso y...

B **Los riesgos.** Escoge tres de las actividades que más te gustan y luego describe los riesgos que tendrás que correr para desarrollar cada una de ellas.

Por ejemplo: Me encanta recorrer tierras lejanas pero tendré que correr varios riesgos. Por ejemplo, necesitaré saber algo de la cultura del país para no ofender a la gente...

C **Una encuesta.** Prepara un cuestionario para descubrir si a tus compañeros(as) les fascina la aventura o no.

1. Haz una lista de actividades para los que buscan la aventura.
2. Luego haz otra lista de actividades para los que no les gusta correr riesgos.
3. Finalmente, entrevista a tus compañeros(as) para ver qué actividades prefieren.

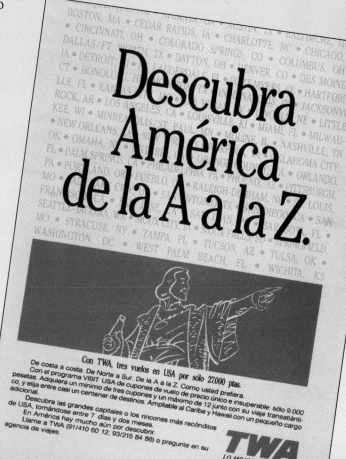

En busca de nuevos horizontes

A muchos jóvenes les interesa recorrer nuevos sitios y vivir nuevas emociones. Lee el siguiente anuncio y completa las actividades que siguen.

Navegante sin barco busca aventura
Quisiera navegar este verano a vela, pero me falta algo importante, el barco, así que escribo esta carta con la esperanza de que algún aventurero esté buscando gente para acompañarle. Estoy dispuesto a correr cualquier aventura (bueno, sin pasarse). Por otra parte, tengo algo de experiencia y conozco algo la costa norte, sobre todo la asturiana. También estudio náutica, por si te da algo de tranquilidad... Si te interesa, llámame al 94/463 43 42, de 20.00 a 20.30. Preguntar por Enrique.

Conversemos y escribamos ....

A Escribe tu propio anuncio en el cual indicas qué aventura quieres correr y qué necesitas para llevarla a cabo. Sigue el modelo y el anuncio original.

Título: ___

Quisiera ___ este verano, pero me falta(n) ___ . Escribo este anuncio porque ___ . Estoy dispuesto(a) a ___ . Por otra parte, tengo algo de experiencia en ___ , sobre todo ___ . También ___ . Si te interesa, ___ . Preguntar por ___ .

Tarjeta Oro de Bancomer

Nunca lo dejará viajar solo.

Lee el poema que sigue.

Nostalgias II

Julián del Casal (cubano, 1863–1893)

	... Otras veces sólo ansío*	deseo
	bogar* en firme navío	remar
	a existir	
	en algún país remoto	
5	sin pensar en el ignoto*	desconocido
	porvenir*	futuro
	Ver otro cielo, otro monte,	
	otra playa, otro horizonte,	
	otro mar,	
10	otros pueblos, otras gentes	
	de maneras diferentes	
	de pensar.	
	¡Ah!, si yo un día pudiera,	
	con qué júbilo* partiera	alegría
15	para Argel*	capital de Argelia (*Algeria*)
	donde tiene la hermosura	
	el color y la frescura	
	de un clavel.	
	Después fuera en caravana	
20	por la llanura africana	
	bajo el Sol	
	que, con sus vivos destellos*	rayos
	pone un tinte* a los camellos	color, pigmento
	tornasol*	cambiante

B Decide cuáles de los siguientes estados de ánimo son los del poeta. Cita el verso (*line*) que te lo indique.

1. preocupado
2. alegre
3. tímido
4. inseguro
5. aventurero
6. curioso
7. pesimista
8. intrépido
9. deprimido
10. sociable
11. extrovertido
12. supersticioso
13. soñador
14. entusiasta
15. imaginativo
16. pasivo
17. romántico
18. práctico
19. sedentario
20. activo

C Lee otra vez el poema y copia las palabras que indiquen qué es el paraíso desde el punto de vista del poeta.

Estructura: Un poco más

Lo del "lo"

1 In this lesson you used expressions such as: **lo rutinario, lo aburrido,** and **lo cómodo.** Study the following.

Lo gracioso de...	What is amusing about...
Lo curioso del asunto...	The curious part of the matter...
Lo bueno es que...	The good part is that...
Lo malo es que...	What is bad is that...
Lo hecho, lo dicho	what is done, what has been said

2 The word **lo** is also commonly combined with **que** to express the idea "that which..." or "what." Study the examples:

Gracias. Es exactamente lo que quiero.
Thanks. It's just what I want.

Lo que me molesta más es...
What bothers me most is...

3 **Lo** is used with **de** to express "the matter of...", "the issue of...", "the question of..." . Study the following examples:

Lo del uso de esa palabra es bastante complicado.
The question of the use of that word is quite complicated.

Es lo de siempre.
It's the same (matter) as always

No quiero pensar más en lo del dinero perdido.
I don't want to think any more about (the issue of) the lost money.

Completa las siguientes frases sobre tu vida este año.

1. Lo que me gusta mucho ___ .
2. Lo que me molesta mucho ___ .
3. Lo bueno es ___ .
4. Lo malo es ___ .
5. Lo extraño es ___ .
6. Lo que me aburre mucho es ___ .
7. Lo de (un evento) ___ fue ___ (una reacción o descripción).
8. Lo divertido de la clase de ___ es ___ .
9. Lo mejor de este año es ___ .
10. Lo que no entiendo es ___ .
11. Lo que me falta es ___ .

Diversions

A **Las diversiones del futuro.** Con tres compañeros(as) habla sobre cómo van a ser las diversiones del futuro. ¿Veremos la tele tranquilamente o podremos controlar lo que pasa en la pantalla? ¿Podremos hacer lo mismo con las películas? ¿las revistas de historietas ilustradas? ¿los deportes? Después que acaben de hablar, escojan a un/a compañero(a) para que le describa a la clase una de las predicciones que ustedes han hecho.

B **¿Tú eres paracaidista?**

1. En un papel escribe una actividad o un pasatiempo que te gusta y uno que no te gusta.
2. En otro papel escribe algo que te gustaría hacer y algo que no te gustaría hacer.
3. Reúnete con tres o más compañeros(as) y pongan todos los papeles juntos. Cada persona saca un papel del montón, lo lee y trata de adivinar quien lo escribió. Si tu sacas tu propio papel, ponlo de nuevo en el montón y escoge otro.

C **Juntos construiremos el futuro.**

1. Siéntate en un círculo con tres o cuatro compañeros(as) para describir el futuro una palabra a la vez.
2. Una persona comienza la oración con una palabra. La persona que está a la izquierda agrega otra palabra a la primera.
3. Continúen de esta manera hasta que todos hayan agregado una palabra. Traten de hacer una frase muy larga o varias sobre el mismo tema.
4. Elijan a una persona del grupo para que escriba la frase completa.

Por ejemplo:

ESTUDIANTE A:	En...	ESTUDIANTE A:	todos...
ESTUDIANTE B:	el...	ESTUDIANTE B:	seremos...
ESTUDIANTE C:	año...	ESTUDIANTE C:	millonarios...
ESTUDIANTE D:	2010...	ESTUDIANTE D:	y...

Viva una espectacular aventura

En entretenidas expediciones, venga a vivir una sensacional e inédita experiencia. Conozca hermosos rincones de Chile con nuestros fascinantes programas de Turismo Aventura. Espectaculares raids conduciendo modernos jeeps y motos four trax en la inmensidad de maravillosas dunas y desconocidos parajes; disfrute toda la emoción saltando olas y navegando veloces motos acuáticas; sienta la inigualable sensación de volar paracaídas de arrastre y, todo esto contemplando fabulosos atardeceres marinos.

ADVENTURE EXPEDITIONS

Reservas e informaciones:
Santiago (02) - 338822 - 2121385 - 2513755
Viña del Mar (032) - 832572

Repaso de vocabulario

Cosas y conceptos

la actitud
el animalito
la arboleda
el arreglo floral
la aventura-supervivencia
el balneario
el cerro
el ciclismo a campo
el clima
el coraje
la costumbre
la cultura
el descanso
la diversión
la ecología
el ecoturismo
la grieta
el horizonte
el hoyo
la idea
la ladera
el muñeco
la novedad
el paraíso
la peña
la pradera
el prejuicio
la quebrada
la rutina
el senderismo
el sentimiento
la tensión
la tierra
el vuelo libre

Descripciones

aislado(a)
ambicioso(a)
amistoso(a)
arriesgado(a)
artístico(a)
atestado(a)
atrevido(a)
celoso(a)
cosmopolita
cuidadoso(a)
curioso(a)
deportista
desconocido(a)
emprendedor/a
entremetido(a)
entusiasta
exótico(a)
fenomenal
fuerte
gitano(a)
harto(a)
hermoso(a)
hogareño(a)
imaginativo(a)
impulsivo(a)
independiente
inolvidable
intuitivo(a)
lejano(a)
lujoso(a)
malhumorado(a)
optimista
orgulloso(a)
peligroso(a)
placentero(a)
propio(a)
remoto(a)
rutinario(a)
soñador/a
último(a)
valiente

Actividades

alejarse
atreverse (a)
correr riesgos
coser
cultivar
dejar atrás
desarrollar
descubrir
diseñar
experimentar
hacer un viaje
poner a prueba
rechazar
recorrer
rodear
tejer
volar (ue) con alas delta

Otras expresiones

a medida que
tal vez

Lección 3

Vocabulario

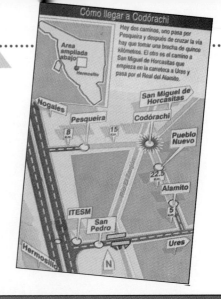

Cómo llegar a Codórachi

Hay dos caminos, uno pasa por Pesqueira y después de cruzar la vía hay que tomar una brecha de quince kilómetros. El otro es el camino a San Miguel de Horcasitas que empieza en la carretera a Ures y pasa por el Real del Alamito.

Consejos a un/a amigo(a) antes de emprender *(undertake)* viaje:

Pon en marcha *(Begin)* los preparativos.
Ahorra dinero.
Haz...
un presupuesto *(budget)*.
las reservaciones.

Revisa *(Check)*....

el coche.	las bujías.
los frenos *(brakes)*.	los niveles *(levels)* de los líquidos.
los neumáticos *(tires)*.	la calefacción.
la rueda de repuesto *(spare)*.	el agua.
las presiones.	el aire acondicionado.
las luces.	el refrigerante *(coolant)*.
los filtros.	el aceite.
la batería.	la gasolina.

Si algo está descompuesto *(broken)* o no funciona bien.....

lleva el coche al taller *(shop)* mecánico.
haz las reparaciones.
Carga la batería.
Llena el tanque de gasolina.
Planifica el viaje de ida y vuelta *(round trip)*...
hacia *(toward)* el norte por la autopista *(highway)* número 95.
hacia el sur por la carretera 41.
hacia el este por el camino *(road)* 25A.

Lleva...

el carnet de conducir *(driver's license)*.
dinero en efectivo *(cash)*.
herramientas *(tools)*, como...
   el destornillador *(screwdriver)*.
   los alicates *(pliers)*.
   la llave inglesa *(wrench)*.

En ruta hacia las vacaciones, evita...

pinchazos *(blowouts)* o neumáticos
   desinflados.
averías *(breakdowns)*.
multas.
choques o accidentes.
embotellamientos *(traffic jams)*.
percances *(mishaps)* en el camino.

Respeta...

las reglas del tránsito.
las señales *(signs)* del tránsito.
a los peatones.
los límites de velocidad.

Sigue...

la circulación *(traffic)*.
los consejos.
por el carril *(lane)*
  derecho.

Disminuye la velocidad en los pueblos.
Aumenta la velocidad en las autopistas.
Cede el paso *(Yield)* en los cruces de caminos
  (intersections).

¿Para qué sirve...?

¿Para qué sirve...?	Claro, es para...
el limpiaparabrisas *(windshield wiper)*	limpiar el parabrisas.
la llave	arrancar *(start)* el motor.
el gato *(jack)*	poner la rueda de repuesto.
el volante *(steering wheel)*	conducir o manejar el coche.
el acelerador	disminuir o aumentar la velocidad.
el freno	frenar o parar el coche.
el maletero *(trunk)*	guardar el equipaje.
el cinturón de seguridad	proteger a los pasajeros.
las señales *(signals)* de dirección	doblar, adelantar *(pass)* o cambiar de carril.
la placa *(license plate)*	identificar el coche.
el radiador	enfriar el motor.

MEXICO
MAPA TURISTICO DE CARRETERA
TOURIST ROAD MAP
Elaborado por la
SECRETARIA DE COMUNICACIONES Y TRANSPORTES
GOLFO
DE
MEXICO
VERACRUZ

Asociaciones ·····························

A **Partes por todas partes.** Da al menos tres ejemplos de las siguientes categorías.

1. partes del coche donde hay que poner un líquido
2. partes que son eléctricas
3. partes del coche que les dan comodidad a los ocupantes
4. partes que están relacionadas con las ruedas

B **Definiciones.** Conecta la definición con la palabra correspondiente.

1. Aquí se pone el número del coche.
2. Se produce cuando hay muchos coches en un lugar.
3. Sirve para poner maletas y paquetes.
4. El neumático se pincha y pierde el aire.
5. Lo puedes conseguir cuando cumples 16 años.
6. Tienes una cuando el coche no funciona bien.
7. Es el dinero que pagas por no respetar las reglas.
8. Te sirven para parar o detener el coche.
9. Con éstas puedes reparar cualquier cosa.

a. una avería
b. los frenos
c. las herramientas
d. una multa
e. la placa
f. el maletero
g. un embotellamiento
h. un pinchazo
i. el carnet de conducir

C **Reparaciones.** Di qué cosas puedes hacer tú y cuáles tiene que reparar el mecánico.

Por ejemplo: Una rueda está un poco desinflada.
Yo puedo ir a la estación de servicio y le puedo echar aire al neumático. No necesito un mecánico.

1. La temperatura está muy alta.
2. Se descargó la batería.
3. El nivel del aceite está bajo.
4. Hay un cortocircuito en un faro (*headlight*).
5. Parece que el radiador está sucio.
6. El aire acondicionado necesita refrigerante.
7. El motor tiene un ruido muy raro.
8. Las bujías están sucias.
9. El coche no quiere arrancar.
10. No hay más refrigerante.
11. Está sucio el parabrisas.
12. Está roto el cinturón de seguridad.

Siempre use luces direccionáles antes de voltear, antes de cambiar hileras o cuando se mueva de un lado del camino al otro. Usted debe hacer la señal no menos de cien (100) pies antes de empezar el movimiento.

VUELTA A LA IZQUIERDA

VUELTA A LA IZQUIERDA:
La mano y el brazo extendidos horizontalmente.

VUELTA A LA DERECHA:
La mano y el brazo extendidos hacia arriba.

VUELTA A LA DERECHA

PARAR O DESMINUIR LA VELOCIDAD:
La mano y el brazo extendidos hacia abajo.

DESPACIO O ALTO

D **Todo lo necesario.** Haz una lista de todo lo que sea necesario para hacer lo siguiente.

Por ejemplo: para arrancar el motor

Se necesitan una llave y un acelerador.

1. para reparar un neumático desinflado
2. para evitar un embotellamiento
3. para parar el coche
4. para ver mientras conduces
5. para evitar multas
6. para doblar
7. para hacer reparaciones
8. para evitar averías
9. para evitar choques o accidentes

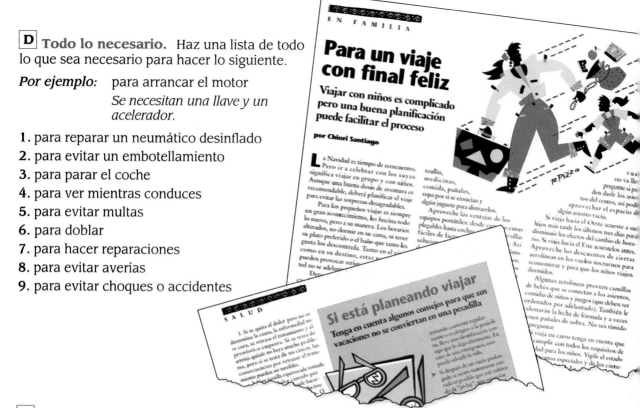

EN FAMILIA

Para un viaje con final feliz

Viajar con niños es complicado pero una buena planificación puede facilitar el proceso

por Chiori Santiago

Si está planeando viajar

Tenga en cuenta algunos consejos para que sus vacaciones no se conviertan en una pesadilla

E **Malos conductores.** Dale consejos a los siguientes malos conductores.

Por ejemplo: Le dieron una multa por estacionar en un lugar prohibido.

Hay que respetar las reglas del tránsito. Debe pensar en los otros conductores.

1. Produjo un accidente en una esquina por no mirar a los dos lados.
2. La policía le quitó el carnet por tomar una bebida alcohólica y luego conducir.
3. Le dieron una multa por correr a 85 millas por hora.
4. Siguió conduciendo aunque el nivel del aceite estaba a 0.
5. Nunca le pone el freno de mano al coche cuando está en una colina (*hill*).
6. Siempre va de prisa y adelanta por la derecha.

F **Pasaje al cielo.** Con otra persona, haz una lista de tres cosas que son muy peligrosas para los conductores. Expliquen por qué son peligrosas.

Por ejemplo: Es peligroso hacer un viaje largo solo, porque el conductor puede dormirse y causar un accidente.

Conversemos ....

A **Consecuencias.** Explícales a tus compañeros cuáles serían las consecuencias de cada una de las siguientes acciones. Usa el tiempo futuro.

Por ejemplo: Si conduces a una velocidad excesiva...

Si conduces a una velocidad excesiva, la policía te dará una multa.

1. Si conduces el coche mientras tienes sueño, ___ .
2. Si no revisas el coche antes de hacer un viaje largo, ___ .
3. Si no señalas la dirección antes de doblar, ___ .
4. Si no cedes el paso a los demás conductores antes de entrar en la autopista, ___ .
5. Si no revisas la presión de los neumáticos de vez en cuando, ___ .
6. Si no cambias el aceite después de unas siete mil millas, ___ .
7. Si no circulas por el carril derecho, ___ .
8. Si no llevas rueda de repuesto, ___ .
9. Si pierdes las llaves, ___ .

B **¿Adónde van?** Di qué estación es y hacia dónde va esta gente, según el equipaje que llevan.

Por ejemplo: Llevan trajes de baño y muchas bebidas frescas. Van hacia el oeste (el este, la playa, el lago, la costa) y es verano.

Escribamos ....

A **Para mi comunidad.** Toda comunidad tiene necesidades especiales. Escribe cinco reglas que reducirán los accidentes en tu comunidad.

Por ejemplo: En la calle Figueroa se debe respetar el límite de velocidad porque hay dos escuelas en esa calle.

B **Para sacar el carnet.** Todos los conductores tienen que tomar un examen para sacar el carnet de conducir. Usa los siguientes temas para hacer un examen escrito de cinco preguntas para tus compañeros.

- límites de velocidad en ciertas calles específicas
- ciertas reglas específicas según el tiempo en tu área
- días en que ciertas condiciones de tráfico o los embotellamientos son peores
- reglas específicas para las horas en que hay más escolares en la calle
- el significado de ciertos letreros
- las reglas de estacionamiento en ciertas áreas de la ciudad
- las reglas que dictan cuándo hay que ceder paso a otro conductor
- las reglas que gobiernan cuándo y cómo adelantar otro coche
- las reglas que tienen que ver con el uso de los cinturones, las luces o señales
- las distancias de seguridad apropiadas en ciertos casos

C **¿Qué pasó?** Observa bien los dibujos que muestran cómo ocurrió este accidente y después escribe el informe policial con los siguientes detalles.

1. Describe qué pasó, quién tiene la culpa y por qué.
2. Agrega otros comentarios como, por ejemplo, el estado de la calle y las condiciones del tiempo, la inexperiencia de los conductores, etc.

Cómo usar los mandatos familiares para dar consejos

In the Vocabulario section you were given the following advice regarding travel plans.

Pon en marcha los preparativos.

Haz un presupuesto.

Revisa el coche.

Sigue por el carril derecho.

Disminuye la velocidad en los pueblos.

Cede el paso en los cruces de caminos.

The verbs in these statements are the familiar **tú** command forms, the forms you use to tell someone (such as a friend, family member, or someone you address casually) what to do. For those whom you address as **usted**, another form is used. This will be presented in Chapter 2.

1 To form familiar affirmative commands, drop the *s* from the present tense **tú** form of the verb (in other words, use the **él/ella** form). If a pronoun is needed, attach it to the command. Notice how this is done in the following examples.

To describe...	To order or recommend...
Llenas el tanque.	**Llena el tanque de gasolina, por favor.**
Emprendes el viaje.	**Emprende el viaje antes de los embotellamientos.**
Sigues la circulación.	**Sigue la circulación**
Sacas el carnet.	**Saca el carnet cuando cumplas 16 años.**
Te cuidas.	**Cuídate de los conductores locos.**
Te olvidas de todo.	**Olvídate de las tensiones y conduce tranquilo.**
Conduces con cuidado.	**Conduce con cuidado y respeta las reglas.**

2 Many common verbs have irregular familiar commands.

poner	pon	**venir**	ven
hacer	haz	**tener**	ten
ir	ve	**decir**	di
ser	sé	**salir**	sal
saber	sé		

Again, if a pronoun is needed, attach it to the command.

Sal antes de las seis y ponte el cinturón de seguridad.

Si necesitas revisar los niveles, hazlo ahora mismo.

3 If the command form is more than one syllable, attaching a pronoun will require also writing in an accent to maintain the correct stress.

Si haces un viaje largo, *acuérdate* **de revisar el coche,** *acuéstate* **temprano la noche anterior y** *olvídate* **del reloj.**

Conversemos ··

A **Señales de la carretera.** Dile a un/a compañero(a) que obedezca cada uno de los siguientes letreros. En cada caso, tu compañero(a) te dirá a cuál letrero te refieres.

Por ejemplo: Para aquí.

1.

2.

3.

4.

5.

B **Hazlo así.** Explícale a un/a compañero(a) cómo hacer dos de las siguientes cosas, dándole una serie de mandatos. Tu compañero(a) adivinará lo que le estás explicando.

ahorrar dinero	leer un mapa
arrancar el motor	llenar el tanque de gasolina
aumentar la velocidad	conducir un coche
ceder el paso	poner la rueda de repuesto
doblar a la derecha	preparar un presupuesto
evitar embotellamientos	recibir una multa
hacer una reservación	usar una tarjeta de crédito

Por ejemplo:

ESTUDIANTE A:

Primero pon los frenos.
Para el coche, saca la llave,
baja del coche y cierra
la puerta con llave.

ESTUDIANTE B:

Me dices cómo estacionar
el coche, ¿verdad?

C **Embotellamientos.** Imagina que tú y un/a amigo(a) están en un embotellamiento y el tránsito está completamente parado. Dile a tu amigo(a) que haga al menos cinco cosas para que Uds. puedan divertirse.

Por ejemplo: Pon tu casete nuevo. Mira al chico que está en el coche detrás de nosotras...

D **Un consejo de amigo.** Piensa en tres personas de la clase y prepara un consejo para cada una. Luego, dile los consejos a toda la clase. La clase adivina quiénes son las personas que escogiste.

Por ejemplo: (A veces ella no trae el libro a clase).

ESTUDIANTE A:

Trae el libro a todas las clases.

ESTUDIANTE B:

Escogiste a Gina, ¿verdad?

E **¿Adónde vas?** Pregúntale a un/a compañero(a) adónde va de paseo frecuentemente. Luego, dale un consejo para ese viaje.

Por ejemplo:

ESTUDIANTE A:

(1) ¿Adónde vas los fines
de semana?

(3) Si vas al lago, toma la
carretera 5 hacia el sur y luego
toma el camino 126 hacia el
este. Así es más rápido.

ESTUDIANTE B:

(2) A veces, voy al lago con...

F **Juguemos a ser papás.** Dile a tu compañero(a) las órdenes que siempre te da tu papá o tu mamá. Luego comparen las órdenes y vean si son similares o no.

Por ejemplo: Mi mamá siempre me dice: "Ordena tu habitación y cuelga tu ropa".

Escribamos ··

A **Una cosa con la otra.** Todos tenemos nuestros estilos de conducir, pero todos podemos tener más cuidado también. Escribe reglas para los siguientes jóvenes.

Por ejemplo: Le gusta salir temprano cuando viaja.
Si te gusta salir temprano cuando viajas, acuéstate temprano y descansa bien.

1. Le gusta escuchar música cuando viaja.
2. Le gusta conducir con exceso de velocidad.
3. Le fascina ir a las carreras de autos.
4. Le molesta que otros toquen la bocina *(horn)*.
5. No quiere que le adelanten por la derecha.
6. Quiere mantener su coche limpio.

B **¿Y para la bici?** Escribe cinco reglas para los chicos(as) que montan en bicicleta.

Por ejemplo: Ponle un espejo a tu bicicleta para poder mirar hacia atrás.

C **Buenos amigos.** Escribe cinco reglas de oro para conservar a los buenos amigos.

Por ejemplo: Hay que darles una tarjeta cariñosa de vez en cuando.
Regla: Dales una tarjeta cariñosa de vez en cuando.

Lectura

Antes de leer

Pensemos

A Medios de transporte. ¿Con qué medio(s) de transporte asocias las siguientes palabras —con un viaje en autobús, barco, coche o avión?

1. el aeropuerto
2. el mar
3. las maletas
4. el cinturón de seguridad
5. el aterrizaje
6. el crucero
7. el pasaje de ida y vuelta
8. el pasaporte
9. el semáforo
10. el piloto y los auxiliares de vuelo
11. el equipaje de mano
12. el conductor
13. la carretera
14. la tarjeta de embarque
15. los pasajeros
16. las escalas
17. el carnet de conducir
18. aceite y gasolina
19. el taller

B Consejos para viajeros. Clasifica las frases que siguen en dos grupos: lo que tú recomiendas y lo que no recomiendas para un viaje en coche.

Es buena idea...
No es buena idea...

1. planificar la ruta
2. hacer las reservaciones
3. comprar gasolina
4. tomar mucho café
5. comer en cada parada
6. fumar bastante
7. lavar el coche
8. inspeccionar el coche
9. estudiar el mapa
10. conducir sin parar
11. conducir lentamente
12. levantarse a las cuatro de la mañana
13. cambiar de conductores cada dos horas
14. conversar para distraerse un poco
15. perder el carnet de conducir
16. escuchar la radio para no dormirse
17. llegar rápido y después dormir
18. abrocharse el cinturón de seguridad
19. conducir muy rápido para llegar pronto

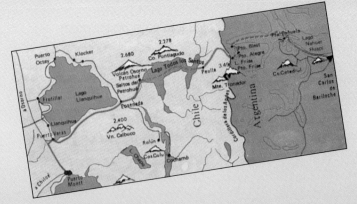

A **Preguntas básicas.** Mira sólo el primer párrafo del artículo. Ubica y anota la siguiente información. Luego, escribe una frase que resuma bien el tema de este artículo.

1. ¿Qué?
2. ¿Quiénes?
3. ¿Dónde?
4. ¿Cómo?
5. ¿Cuándo?
6. ¿Por qué?

B **Ubica la información.** Ahora mira todo el artículo y ubica dónde se habla de los temas que siguen. Algunos de estos temas no están en el artículo.

1. para preparar el coche
2. cuando vas conduciendo
3. en caso de accidente
4. si el coche no funciona
5. cómo reparar el coche
6. a qué hora salir
7. Revisa el sistema eléctrico.
8. Lleva algunas provisiones.
9. Revisa todos los fluidos.
10. Lleva agua y aceite para el coche.

**Tarjeta Europ Assistance 4B.
Este verano, no salga sin ella.**

europ assistance
91-597.21.25
BANCO EMISOR
5858 L2 3456 1891230

Por tranquilidad

Este verano viaje a cubierto. Siéntase seguro. Y además disfrute de todas las ventajas. Con su tarjeta Europ Assistance-4B. Con ella podrá pagar en hoteles y gasolineras. Y sacar dinero de más...

Treinta consejos de seguridad vial en las vacaciones

Como todos los años, la mayoría de los españoles ha comenzado la cuenta atrás, esperando el día de partida de sus ansiadas vacaciones y, también como todos los años, la carretera se convertirá por unos días en uno de los mayores peligros para los conductores y sus familias. Y es que más del 60 por ciento de los españoles se desplaza (se viaja) en su propio vehículo durante los meses de julio y agosto. E igualmente como todos los años, los agentes de Tráfico pondrán en marcha su ya famosa operación salida-retorno en un desesperado intento de reducir el número de accidentes de circulación, pues gran parte de estos siniestros se podrían evitar tomando las precauciones necesarias.

Revisión del automóvil. Generalmente, nuestro vehículo no suele (acostumbra a) estar preparado para realizar trayectos muy largos, bajo temperaturas excesivamente altas, y cargado hasta los topes. Antes de emprender el viaje conviene realizar una completa inspección del coche y ponerlo a punto. Existen una serie de elementos cuya revisión es obligada:

5

- **Aceite** El calor aumenta su consumo. Vigila su nivel y cambia los filtros siempre que hayas recorrido el kilometraje advertido (recomendado) por el fabricante.

10

- **Agua** Comprueba los niveles de agua o del líquido de refrigeración. Conviene llevar siempre un recipiente lleno.

- **Bujías** De su buen estado dependerá el encendido y la combustión. Es aconsejable cambiar las bujías cada 15.000 kilómetros aproximadamente.

15

- **Sistema de dirección** Es uno de los elementos más importantes, en cuanto a la seguridad del vehículo y sus ocupantes.

- **Amortiguadores** Un muelle defectuoso supone un grave peligro para la estabilidad del coche. En una curva tomada a alta velocidad y con el maletero cargado, ese amortiguador puede ser el causante de un

20

accidente.

- **Frenos** La eficacia de la frenada es fundamental. Comprueba el líquido de frenos, las pastillas y las zapatas.

- **Neumáticos** Si no quieres exponerte a un pinchazo, atiende al estado de las ruedas. Verifica la presión y no olvides la rueda de repuesto.

25

- **Luces** Revisa los faros, sobre todo si viajas de noche.

Últimos momentos. Ya tienes el coche a punto para realizar el viaje, ahora conviene que lo planifiques todo, sin olvidar nada.

- ¿Has pensado en qué itinerario es el mejor para llegar a tu punto de destino? Intenta evitar los grandes atascos; millones de conductores

30

salen en las mismas fechas que tú. Infórmate de las horas más adecuadas para partir o volver, el estado de las vías públicas, los caminos alternativos y los desvíos que existen.

- Haz una lista de los objetos necesarios que no debes olvidar en casa: documentación del vehículo, tarjeta de las asociaciones de ayuda al automovilista, documentación personal (pasaporte, agenda, tarjetas de crédito, cartilla de Seguridad Social, carnet de conducir, etc.), gafas de
5 sol, botiquín de primeros auxilios, medicinas necesarias, mapas, etc.

- Prevé las condiciones metereológicas que te vas a encontrar durante el trayecto.

- Tanto a la ida como al regreso, descansa convenientemente. La fatiga y la falta de reflejos es una de las causas más frecuentes de los
10 accidentes en carretera.

- No se debe ingerir alcohol ni bebidas estimulantes como, por ejemplo, té, café o refrescos con cafeína.

- Por último, llena el depósito de gasolina antes de ponerte en ruta.

Y en carretera. Llegó el momento de salir. Ármate de paciencia y buen
15 humor y piensa en los días tan maravillosos que vas a disfrutar. Lo conseguirás si prestas atención a nuestros últimos consejos:

- Ajusta bien los cinturones de seguridad.

- Mantén en todo momento los límites de velocidad señalados y, sobre todo, la velocidad adecuada a las condiciones de la carretera o las
20 circunstancias del tráfico.

- Ten cuidado cuando atravieses algún pueblo. Inesperadamente pueden surgir un peatón o un motociclista sin darte tiempo a reaccionar y frenar.

- Respeta las distancias de seguridad; amplíala si circulas en autopista o
25 si las condiciones meteorológicas son adversas.

- Circula siempre por el carril derecho usando los restantes para adelantar. En las autopistas, advierte a los demás conductores de la intención de adelantar mediante destellos luminosos, sin olvidar dar la señal de maniobrar para cambiar de carril.

30 - Realiza frecuentes paradas para descansar, al menos unos 15 minutos cada 200 kilómetros.

- Si sufres una avería o si te detienes a auxiliar a otro conductor, estaciona el coche donde no moleste al resto del tráfico y enciende los intermitentes o luces de avería.

35 - Por último, atiende siempre a las indicaciones que realicen los agentes de tráfico. Como ves, se trata de tomar las precauciones necesarias para evitar cualquier percance en la carretera que pueda amargar tus vacaciones o las de otros. Lo importante es que todos pasemos unos felices días de descanso.

Leamos ....

¿Sí o no? Di si las siguientes frases son verdaderas o falsas de acuerdo con lo que leíste. Si son verdaderas, da la frase del artículo que lo confirma. Si son falsas, corrígelas y cita la frase del artículo que contiene la información correcta.

1. Las familias españolas están esperando las ansiadas vacaciones.
2. Las carreteras son muy peligrosas en julio y agosto.
3. Como siempre, la dirección del tráfico producirá muchos accidentes.
4. Hay más accidentes de ida que de regreso.
5. Sesenta por ciento de los españoles tienen coche y esto es muy peligroso.
6. Es una buena idea preparar el coche para los viajes largos con mucha carga.
7. Los accidentes no se pueden evitar.
8. Entre las cosas que hay que revisar están: los niveles de los líquidos, los neumáticos, los frenos, la dirección, los amortiguadores y el sistema eléctrico.
9. Para evitar problemas en el camino, es mejor salir junto con todas las otras familias. Así pueden acompañarse.
10. Entre las cosas personales que tienes que llevar están el pasaporte, el carnet de conducir, el botiquín y la cartilla de la seguridad social.
11. Si estás cansado(a), tus reflejos son muy malos y lentos.
12. Muchas carreteras pasan por el centro de los pueblos en España.
13. Respeta el límite de velocidad que dicen las señales y mantente en el carril derecho si no vas a adelantar otro vehículo.

Después de leer ....

Analicemos

A **Mis consejos.** Combina estos verbos con todas las expresiones que puedas para formar frases verdaderas sobre los viajes en coche.

Por ejemplo: Revisamos...
el aceite, la gasolina y los frenos.

adelantar	inflar	poner(se)
ajustar	informarse de	reducir
aumentar	llevar	respetar
cambiar	mantenerse	revisar
conducir en	no olvidarse de	vigilar
evitar	planificar	

B **En otras palabras.** Conecta las expresiones idiomáticas de la lista con las frases que explican su significado. Luego, escribe tú mismo(a) una frase con la expresión que aprendiste.

a. cargar hasta los topes   **d.** sufrir una avería

b. empezar la cuenta atrás   **e.** evitar cualquier percance

c. poner el motor a punto   **f.** poner en marcha un plan/el motor

1. Tengo que conducir con mucho cuidado para evitar cualquier complicación o problema en el viaje.

2. Como éramos cuatro personas, el coche, el maletero y el techo del automóvil iban absolutamente llenos de maletas y paquetes.

3. ¡Me muero de ganas de irme de vacaciones! Ya empecé a contar los días que faltan para irnos: 12, 11, 10, 9...

4. Cuando fuimos a la Florida hacía mucho calor y el auto sufrió una avería en el motor porque se recalentó mucho.

5. Mi papá llevó el auto al garaje para que le afinaran el motor.

6. La policía tomó varias medidas para controlar la circulación y disminuir los riesgos de accidentes en carretera en las vacaciones.

Apliquemos

A **¡Ahora me toca a mí!** Prepara una prueba (de al menos ocho preguntas) para ver si tus compañeros aprendieron las reglas de seguridad del tráfico.

B **Encuesta.** Prepara una encuesta acerca de las vacaciones de tus compañeros y de sus familias.

1. Prepara al menos cuatro preguntas para recoger información sobre la temporada de vacaciones.

2. Después de entrevistar a cinco compañeros o más, escribe un resumen de tus datos.

Por ejemplo: 1. ¿Revisas el aceite antes de emprender un viaje largo?

                     2. ¿Prefieres emprender viaje por la noche?

C **Mi propio artículo.** Escribe tu propio artículo. Dale recomendaciones a los lectores sobre algo que tú sepas hacer muy bien. Puedes usar las siguientes sugerencias, si quieres.

cómo preparar un examen	cómo no hacer nada
cómo aceptar una invitación	cómo hacer paracaidismo
cómo reparar...	cómo hacer un viaje fenomenal
cómo divertirse en...	cómo hacer el papel de...
cómo tener éxito en...	cómo viajar gratis a...

Las vacaciones y los puentes

Aunque en España el número de coches ha aumentado significativamente últimamente, todavía la gente usa la transportación pública para muchos de sus viajes dentro de la ciudad. En España hay 263 coches por cada 1.000 habitantes, mientras que en Estados Unidos hay 559 autos por cada 1.000 habitantes. Sin embargo, cuando llegan las vacaciones o los feriados, la mayoría de los españoles viaja en coche en vez de autobús, avión o tren. Los meses de vacaciones son julio y agosto y muy poca gente sale fuera de estas fechas. Por eso, muchos negocios y tiendas cierran por dos o tres semanas en estos meses, porque todos salen a vacaciones en la misma fecha. En general, los españoles tienen 22 días de vacaciones pagadas en cuanto llevan un año de servicio en un trabajo. Y si Ud. tiene más años de servicio, sus días de vacaciones aumentan.

También disfrutan de los días feriados y los puentes. Los puentes son los días que juntan o conectan el fin de semana con un día festivo. Para los españoles, las vacaciones, los días feriados y los puentes son tan importantes como los días laborales.

Conversemos y escribamos

A Haz una lista de los puentes de este año, o sea todos los feriados que se prestan para salir en un viaje corto de tres o cuatro días, como, por ejemplo, el día de los Veteranos o el día del Trabajo.

B Prepara un anuncio sobre unas vacaciones estupendas para un puente popular como el día de Memorial o el día del Trabajo. Incluye la fecha, el lugar, el precio, las actividades y el tipo de alojamiento.

Por ejemplo: Sensacional idea para el próximo puente: Preparo vacaciones cortas en... y...

C Escribe un titular para el periódico de tu colegio que exprese los sentimientos al comienzo de las vacaciones o de un puente.

La Sierra de Alhama,
en el sur de España.

El Alcázar de Segovia,
España.

Estructura: Un poco más

Los pronombres de objeto directo e indirecto

1 Often, you will want to use both direct and indirect pronouns together (for example, I gave *them* to *her*). Remember the following when using both of them together.

a. Indirect object pronouns come before direct object pronouns.

¿Raúl te va a prestar su coche?
Sí, dice que me lo va a prestar.

b. If the indirect object pronouns is **le** or **les**, it will change to **se** when used with a direct object pronoun.

¿Quién le dio ese televisor?
Sus padres se lo dieron.

2 Both pronouns go before the verb form except in the following circumstances.

a. Pronouns must be attached to an infinitive if the infinitive stands alone.

Me dicen que acabas de comprar un Porsche nuevo.
¿Comprarlo? ¡Qué va! Lo alquilé para el fin de semana.

b. Pronouns must be attached to a present participle if the present participle stands alone.

Estoy hablando con Julio. Lo estoy invitando a la fiesta.
¿Invitándolo? ¿Estás loca? Es tan desagradable.

c. Pronouns must be attached to affirmative commands.

Miguelito, ¿todavía no has llamado a tu tía? Llámala ahora mismo y dale las gracias por el regalo tan lindo que te mandó.

Contesta las siguientes preguntas.

1. ¿Quién es tu mejor amigo(a)? ¿Qué favores te hace? Di tres o cuatro.
2. ¿Qué favores le haces tú a él o a ella?
3. ¿Con qué frecuencia lo (la) ves? ¿Qué les gusta hacer juntos(as)?
4. ¿Te acuerdas del cumpleaños de tu amigo(a) todos los años? ¿Qué regalo le diste el año pasado? ¿Qué piensas darle este año?

Diversions

A *"C" es de coche.* Comprueba si tu memoria es buena jugando este juego con dos o tres compañeros(as).

1. Una persona escoge una letra.
2. Después cada persona del grupo tiene que decir una palabra que tiene que ver con los coches o con viajes en coches que comience con la letra que se escogió.
3. Cuando a uno(a) de los(as) compañeros(as) le es imposible decir una palabra porque no se acuerda, esa persona tiene que escoger una nueva letra y decir dos palabras que empiecen con esa letra.

B *¿Ahora qué hago?* Con tres compañeros(as) vas a inventar un videojuego para manejar un coche.

1. Dos compañeros(as) se sientan juntos(as) como si estuvieran conduciendo un coche.
2. La persona que está sentada a la izquierda es el conductor y la de la derecha es el pasajero.
3. La tercera persona se sienta detrás de ellos(as) y les dice adónde va el coche, por ejemplo, dónde hay que doblar, si hay un accidente, si el coche tiene una llanta desinflada, etc.
4. Cada vez que le dice al conductor qué tiene que hacer, el conductor le pregunta al pasajero qué le aconseja que haga. El pasajero se lo dice.
5. El juego termina cuando todos hayan tenido la oportunidad de ser conductor.

C *¡Qué lío!* Con otros compañeros mira el dibujo y contesten las siguientes preguntas.

1. ¿Qué pasa?
2. ¿Qué ha causado el embotellamiento?
3. ¿Cómo se resolverá el problema?

Explíquenle el problema y la solución de Uds. a la clase.

Cosas

el accidente
el aceite
el acelerador
los alicates
la autopista
la avería
la batería
la bujía
el camino
el carnet de conducir
el carril
la circulación
el cruce de caminos
el destornillador
el dinero en efectivo
el embotellamiento
el filtro
los frenos
el gato
la herramienta
el límite de velocidad
el limpiaparabrisas
el líquido
la llave inglesa
el maletero
el neumático
el nivel
el parabrisas
el percance
el pinchazo
la placa
los preparativos
la presión
el radiador
el refrigerante
la rueda de repuesto
la señal del tránsito
las señales de dirección
la senda

el taller mecánico
el tanque
el volante

Actividades

adelantar
arrancar el motor
cargar
ceder el paso
conducir (zc)
disminuir (y)
emprender viaje
enfriar
frenar
hacer reparaciones
hacer reservaciones
hacer un presupuesto
identificar
llenar
planificar
poner en marcha

Otras palabras y expresiones

descompuesto(a)
desinflado(a)
en ruta
turístico(a)

Capítulo 1 *Un paso más*

A **Sólo para jóvenes.** Escribe un folleto para jóvenes turistas como tú que quieren visitar tu ciudad o región. Indícales qué deben hacer, qué deben visitar, qué ropa deben traer, qué deben hacer en la carretera o en ciertas calles, etc. Usa los mandatos que aprendiste en esta leccíon.

Por ejemplo: Si vienes en otoño, trae tu cámara porque las hojas de algunos árboles cambian de color.

B **Ideas para conductores locos.** Escribe cinco reglas para que los conductores locos tengan accidentes o averías en la carretera, o para que les den multas por infracciones del tránsito. Usa órdenes y el futuro.

Por ejemplo: Acelera en un cruce; por seguro te darán una multa.

C **Itinerario.** Planifica dos viajes y escribe dos folletos para publicarlos. Escoge de los viajes de las listas.

Viajes para... gente hogareña gente intrépida gente que se interesa en sus antepasados gente joven a quien le gustan los deportes gente artística	Un viaje... aburrido entretenido con aventuras con sorpresas

D **Un viaje irreal.** Describe un viaje irreal que harás solamente en sueños. Puede ser un viaje a otro planeta, a otro mundo o a otra parte que sólo existe en tu imaginación. Describe el lugar y su gente, las actividades que harás allí, las reglas más comunes y los problemas que puedes tener. Usa el futuro y las órdenes y el vocabulario de esta lección.

E **Un viaje de aventuras.** Describe un viaje de aventuras de un libro o de una película que hayas visto. Describe el tipo de viajeros de que se trata, hacia dónde van, qué cosas prefieren o buscan y qué pasa.

F **¡Qué experiencia!** Dales a tus compañeros una descripción detallada de una de las siguientes experiencias. Los compañeros te darán un título para tu descripción.

> **el accidente de mi vida**
>
> **la fiesta de mi vida**
>
> **el examen de mi vida**
>
> **el desastre de mi vida**

G **Paraísos cercanos.** Dirige a un/a compañero(a) a uno de tus lugares preferidos, sin indicar dónde lo(la) diriges. Tu compañero(a) adivinará a qué lugar lo(la) diriges.

Por ejemplo: Toma la autopista 75. Sigue derecho hasta llegar a...
Dobla a la izquierda. Sigue dos cuadras hasta...

H **El loco del volante.** Lee este poema de la carretera de un poeta español y busca la siguiente información. Luego, completa las actividades que siguen.

1. El tema es ＿ .
2. El protagonista es ＿ .
3. Está ambientado en ＿ .
4. La trama es ＿ .
5. El desenlace se encuentra en los versos ＿ .

El loco del volante
por Miguel Castell

Con ojos de idiota perdido
por el vacío, el sonido y las caderas,
salió de la discoteca
imbécil de whisky, de cola y de ginebra.

De un portazo se sentó al bólido*,   auto deportivo
y con ojos ausentes de beodo*   uno que ha bebido demasiado
se agarrotó en el diminuto volante.
Puso la primera* en marcha   *first gear*
saltándose un disco rojo;
con la segunda a toda rabia
sorteó el pitido del guardia*;   *whistle of the policeman*
y con la potente tercera
se encontró en plena carretera.

Con ojos de idiota perdido
por el vacío, el sonido y las caderas,
pisó la cuarta, pisó la quinta:

ciento veinte* ciento ochenta   *120 km/h*
y luego doscientos cuarenta*.   *240 km/h*
Aullaban* los ocho cilindros   gritaban
reventando* pistones, sus juntas, válvulas.   *bursting*

     ....

Ya no daba el pobre bólido
más de lo que el beodo pedía.

     ...

recto enfiló* el volante   puso
yendo a su encuentro maldito
a ciento veinte por hora.
Y en el quebrado* farol   destruido
quedó allí, empotrado*,   *wrapped*
entre hierros, humo y chatarra*;   *scrap metal*
abierta la boca...
fijo y quieto el mirar,
preso en la nada, en el olvido,
imbécil de whisky, de cola y de ginebra,
y con ojos de idiota perdido.

I **Yo soy testigo(a).** Haz el papel de testigo (*witness*) del accidente descrito en el poema y dale a la policía todos los detalles que puedas.

1. Describe el coche con detalles. Di de qué tipo, qué color, qué modelo y marca era y cuántas puertas y asientos tenía. ¿Era un coche automático o con cambios? Describe el motor y todas las características técnicas que puedas. Explica por qué occurió el accidente.

2. Describe al conductor en cuanto a su personalidad y características físicas. ¿Cómo era? ¿Lo conocías bien? ¿Frecuentaba este lugar?

3. Describe la escena al salir el conductor de la discoteca.

Por ejemplo: Lo vi salir a las 2 de la madrugada.

4. Anota en forma de horario los puntos importantes.
Por ejemplo: 02.00: salir de la discoteca
             02.03: abrir la puerta del coche

J **La moraleja.** Escribe la moraleja de este poema.

La vida estudiantil

Lección 1

Vocabulario

Algunas cosas típicas del colegio son...

los diagramas.

los exámenes (*final exams*).

los repasos (*reviews*).

los teoremas.

las preguntas.

los esquemas (*outlines*).

los horarios.

las aulas (*classrooms*).

los temas (*themes, topics*).

los asientos (*seats*).

las pistas (*clues*).

las pruebas o los controles (*tests*).

los apuntes (*notes*).

las adivinanzas (*guesses*).

los problemas.

las respuestas (*answers*).

los resúmenes (*summaries*).

los trucos (*strategies, tricks*).

las notas.

las lecturas.

Algunas cosas no muy típicas son...

la sorpresa (*surprise*).

la relajación.

las pesadillas (*nightmares*).

Antes de una prueba bimestral *(midterm)* es importante que...

repases todo.

dediques tiempo al estudio.

hagas preguntas.

También es conveniente que...

adivines las preguntas.

evites comer mucho.

consultes al maestro (a la maestra).

recuerdes las clases.

Además, es necesario que...

trates de *(try to)* dormir bien.

intentes *(make an effort to)* mantener la calma.

disminuyas la ansiedad *(lower your anxiety level)*.

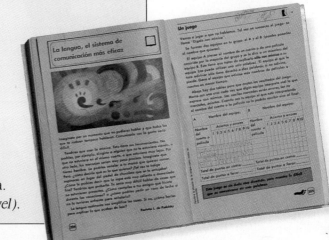

Para los exámenes semestrales o finales suelo *(I usually)*...

acudir a *(turn to, rely on)* los repasos.

padecer *(suffer)* muchísimo.

cambiar mi rutina.

comprobar *(check)* mis respuestas de las pruebas.

confundir *(confuse)* conceptos difíciles.

familiarizarme con exámenes viejos.

dejar de *(stop)* dormir bien.

cometer errores tontos.

estudiar a última hora *(the last minute)* o calentar *(cram for)* el examen.

¡Felicitaciones!

Cuando no sé una respuesta me quedo...

atónito(a) *(aghast)*.

sorprendido(a) *(surprised)*.

confundido(a).

desconcertado(a) *(bewildered)*.

nervioso(a).

enfadado(a) *(angry)*.

furioso(a) conmigo mismo(a) *(at myself)*.

SECTOR ACADEMICO	LAPSO 1		LAPSO 2		LAPSO 3		PREVIA	TOTAL. INAS.
ASIGNATURAS	Calif.	Inas.	Calif.	Inas.	Calif.	Inas.		
Castellano y Literatura								
Matemáticas								
Historia Contemporánea de Venezuela								
Inglés								
Educación Física								
Geografía de Venezuela								
Física								
Química								
Biología								
Ciencias de la Tierra								
Dibujo								
Filosofía								
Filosofía								
Francés								
Historia del Arte								
Sociología								
Latín y Griego								

MENCIÓN HUMANIDADES

Cuando hay una prueba, a menudo padezco *(I often feel, suffer from)*...

desconcierto.

tensión.

confusión.

mal ánimo *(mood)*.

nerviosismo.

cansancio.

bloqueo mental.

ansiedad.

irritación.

frustración.

impaciencia.

desesperación.

Asociaciones ....

A **¡Estoy harto!** Explícales a tus compañeros(as) de qué aspectos de la vida estudiantil estás harto(a) y lo que mereces, en cambio.

Por ejemplo: Estoy harta de todas las pruebas de esta semana. Merezco un día de descanso.

B **Ánimo.** Escoge cinco de las palabras o expresiones que siguen. En cada caso, escribe dos actividades o ideas (no relacionadas con el colegio) que asocies con ellas.

Por ejemplo: de mal ánimo
Estoy en cama enfermo(a). Perdí mi reloj.

ansiedad	enfadado(a)	predecir
atónito(a)	entusiasmo	relajación
cansancio	furioso(a)	sorprendido(a)
de buen ánimo	conmigo	
dedicar tiempo	mismo(a)	
desconcierto	hacer preguntas	

C **Mi horario.** Describe de una manera detallada un horario típico para **a)** un día de clases y **b)** un fin de semana. En cada caso, di lo que sueles hacer.

Por ejemplo: Los fines de semana suelo...
Los lunes y viernes suelo... pero los miércoles...

D **Basta de caos.** Escribe tres cosas que vas a evitar (o dejar de hacer) para salir bien en la prueba.

Por ejemplo: **1.** Voy a dejar de ver la tele la noche antes de una prueba.
2. También voy a evitar...

E **Trucos.** Dale consejos para antes o después de una prueba a tu compañero(a), formando una palabra clave. Intenta usar el vocabulario nuevo.

Por ejemplo: DEDO = Deja de perder el tiempo en el teléfono.
Evita las comidas copiosas.
Disminuye los dulces y las grasas.
Ordena tus apuntes y tareas.

F **Y más trucos.** Diles a tus compañeros qué trucos usas en los siguientes casos.

Por ejemplo: para evitar errores tontos

Para evitar errores tontos, suelo tratar de mantener la calma y trabajar con cuidado.

1. para repasar el vocabulario en mi clase de español
2. para disminuir la ansiedad antes de una prueba
3. para dormir bien
4. para evitar pesadillas
5. para estudiar para una prueba oral en español
6. para adivinar el significado de una palabra en español
7. para comprobar mis respuestas de las pruebas
8. para evitar errores tontos

Conversemos

A **Pesadilla.** ¿Qué cosas ves en tus pesadillas que están relacionadas con el colegio? Describe un sueño que hayas tenido.

Por ejemplo: En mi pesadilla llego a clase y estoy sorprendido porque tenemos prueba. Entonces, el maestro entra y me da un examen de la universidad, no del colegio. Siento pánico.

B **Calentando...** Di cinco cosas que haces para calentar una prueba.

Por ejemplo: Cada vez que caliento una prueba no duermo en toda la noche, copio los apuntes de un amigo, tomo muchos refrescos...

C **Resoluciones.** ¿Has hecho algunas resoluciones para el nuevo año escolar? Di lo que sueles hacer y cómo piensas cambiar.

Por ejemplo: Suelo calentar las pruebas. Sin embargo, este año voy a dejar de esperar hasta última hora para prepararlas. Voy a tratar de estudiar un poco todas las tardes.

D **Tentaciones.** Dile a tu compañero(a) lo que debe evitar y tratar de hacer en los siguientes casos.

Por ejemplo: No quiere engordar.

> *Evita la comida rica en grasas, como hamburguesas y papas fritas. Trata de comer más verduras y frutas, como zanahorias, espinacas, manzanas y naranjas.*

1. No quiere estar de mal ánimo.
2. Quiere dormir bien.
3. Quiere dejar de calentar exámenes.
4. Quiere cambiar su rutina.
5. No quiere engordar.
6. Quiere subir las notas.

Escribamos ······························

Colegios del futuro. Describe el colegio del futuro en cuanto a lo siguiente.

Por ejemplo: los libros

> *En los colegios del futuro no habrá libros. Todos trabajarán con computadoras.*

1. los exámenes y pruebas
2. el horario de los estudiantes
3. los maestros
4. las aulas y los asientos o pupitres
5. los apuntes
6. el estado de ánimo de los estudiantes, los maestros, los padres
7. las notas
8. los deportes y actividades
9. el transporte

Estructura

Para hacer descripciones y para expresar deseos, reacciones, emociones y duda: El presente del subjuntivo

In the Vocabulario section you saw the following sentences.

Antes de una prueba es importante que hagas preguntas.

Es conveniente que evites comer mucho.

Es necesario que disminuyas la ansiedad.

In the above examples, the action that is being suggested or advised is expressed in the present subjunctive tense.

A | How to Form the Present Subjunctive

1. The present subjunctive is based on the present tense **yo** form. Verbs ending in -**ar** take endings with **e**. Verbs ending in -**er** and -**ir** take endings with **a**. If the **yo** form has a stem change or is irregular, the irregularity will occur in the subjunctive. For example:

pensar	piense, pienses, piense, pensemos, penséis*, piensen
hacer	haga, hagas, haga, hagamos, hagáis*, hagan
padecer	padezca, padezcas, padezca, padezcamos, padezcáis*, padezcan
pedir	pida, pidas, pida, pidamos, pidáis*, pidan
disminuir	disminuya, disminuyas, disminuya, disminuyamos, disminuyáis*, disminuyan

2. Stem-changing -**ir** verbs also have a change in the **nosotros** form.

dormir	duerma, duermas, duerma, durmamos, durmáis*, duerman
divertirse	me divierta, te diviertas, se divierta, nos divirtamos, os divirtáis*, se diviertan

* This form is rarely used in the Spanish speaking world, except for Spain.

3. Some verbs have spelling changes in the present subjunctive. These changes are necessary to represent the language as it is spoken.

    a. verbs in -**car** will change to -**que**: sacar ⟶ **saque**

    b. verbs in -**gar** will change to -**gue**: pagar ⟶ **pague**

    c. verbs in -**ger** or -**gir** will change to -**ja**: corregir ⟶ **corrija**

    d. verbs in -**zar** will change to -**ce**: analizar ⟶ **analice**

4. Some verbs are completely irregular, notably those ending in **-oy** in the present **yo** form.

ir	vaya, vayas, vaya, vayamos, vayáis*, vayan
ser	sea, seas, sea, seamos, seáis*, sean
dar	dé, des, dé, demos, deis*, den
estar	esté, estés, esté, estemos, estéis*, estén
haber	haya, hayas, haya, hayamos, hayáis*, hayan
saber	sepa, sepas, sepa, sepamos, sepáis*, sepan

* This form is rarely used in the Spanish speaking world, except for Spain.

B | When to Use the Present Subjunctive

1. To tell a friend or someone you address with **tú** to do something (familiar affirmative commands), you do not use the subjunctive. However, the negative **tú** commands do require the subjunctive.

Mira, niño, si quieres mejorarte, *toma* **estas pastillas y** *acuéstate.* **No** *te preocupes* **por las pruebas.**

Notice in the examples above that pronouns are attached to affirmative commands, but are placed before negative commands. The same applies to the **Ud.** and **Uds.** commands, which also are subjunctive forms.

	tú	Ud.	Uds.
Affirmative	ponte dímelo	póngase dígamelo	pónganse díganmelo
Negative	no te pongas no me lo digas	no se ponga no me lo diga	no se pongan no me lo digan

2. To express wants, needs, expectations, doubts, or hopes about someone else, or to express a reaction or emotion.

querer/esperar que...	aconsejar/mandar que...
pedir/exigir que...	recomendar/preferir que...
ojalá...	es importante/mejor/conveniente que...
es preferible/necesario que...	
dudar que...	alegrarse de que...
es (im)posible que...	lástima que...
no creer que...	(no) me gusta que...

El maestro quiere que evitemos calentar las pruebas.

Es importante que cuides el aspecto físico antes del examen.

¡Ojalá que tengas suerte mañana en la prueba!

Dudo que estudiemos porque tenemos una fiesta también.

However, you do not use the subjunctive when there is no change of subject as in the first part of the following sentence.

Quiero irme pero no quiero que tú te vayas.

3. When you describe the characteristics of a non-specific person, place, idea, or thing that may or may not exist, you use the subjunctive. However, if you are describing something or someone specific, you do not use the subjunctive. Notice the difference.

Specific	**Conozco a varios alumnos que saben química.**
Non-specific	**Por eso, necesito ubicar un alumno de química que sepa estas fórmulas que no entiendo.**
Specific	**Tengo un maestro que siempre me ayuda.**
Non-specific	**Sin embargo, hoy busco un maestro que dé pistas para las pruebas.**

Conversemos ....

A **Detective.** Averigua quién de tu clase hace las siguientes cosas. Cuando encuentres una persona, anota su nombre en un papel y luego pídele evidencia de que lo que dice es verdad. Si no encuentras a nadie en alguna categoría, dile a la clase *"No hay nadie que..."*.

Por ejemplo: una persona que tenga su carnet de conducir

ESTUDIANTE A:

(1) ¿Tienes tu carnet de conducir?

(3) A ver, enséñamelo.

ESTUDIANTE B:

(2) Claro que sí.

Buscas una persona que...

1. sepa de memoria un poema en español.
2. preste servicios a la comunidad.
3. ayude a otros a estudiar.
4. tenga un horario pesado.
5. lea al menos un libro al mes.
6. sea miembro de un equipo deportivo.

B **Yo sé cómo te sientes.** Reacciona a cada uno de los siguientes problemas y después ofrece dos soluciones, según tu experiencia.

Por ejemplo: Conoces a un/a compañero(a) que se pone nerviosísimo(a) después de una prueba, hasta que sabe su nota.

Lástima que te pongas nervioso(a) después de las pruebas. Te aconsejo que salgas con tus amigos, que te diviertas y que te olvides de la prueba.

Conoces a un/a compañero(a) que...

1. comete errores tontos.
2. no sabe ningún truco.
3. nunca ha sacado un sobresaliente.
4. siempre anda despistado(a) porque no pone atención.
5. suele calentar pruebas y exámenes.
6. siempre le pide los apuntes a otra gente a última hora.

C **Metas.** ¿Qué recomendaciones das para alcanzar las metas *(goals)* de abajo? Da dos recomendaciones en cada caso y usa las siguientes frases introductorias.

Es aconsejable que...
Es bueno/malo/mejor que...
Es preciso/conveniente que...

Por ejemplo: hablar español perfectamente

Es necesario que pongamos atención y que practiquemos mucho. Es preciso que dejemos de calentar las pruebas de vocabulario.

1. ahorrar dinero
2. conocer gente de otras regiones y otros países
3. llevarse bien con los padres/otros estudiantes
4. sacar buenas notas
5. aprender a estudiar en grupos
6. mantenerse tranquilo(a) durante una prueba

D **Lo más lejos posible del colegio.** Completa las siguientes frases para describir tus vacaciones perfectas.

1. Quiero ir a un lugar donde ___ y donde no ___ .
2. Necesito ir en un coche (autobús, avión, tren) que ___ y que no ___ .
3. Prefiero alojarme en un hotel que ___ y que no ___ .

4. Me interesa conocer a gente que __ y que no __ .

5. Mientras esté allí, quiero que todos __ y que nadie __ .

E **Gustos y molestias.** Completa las siguientes frases para dar tu opinión de la vida estudiantil.

1. Me gusta que mis maestros __ pero no me gusta que __ .

2. Me irrita que __ pero me alegra que __ .

3. Me da risa que __ pero me da pena que __ .

4. Me sorprende que __ pero me encanta que __ .

Escribamos ....

A **Letreros.** Di qué letreros pondrías en los siguientes lugares para aconsejar a la gente.

Por ejemplo: en la puerta de la clase de español

ENTREN. NO HABLEN INGLÉS. ESCÁPENSE DE LA RUTINA.

1. en la puerta de tu dormitorio

2. en la puerta de tu clase de...

3. en tu parque preferido

4. en el refrigerador

5. en tu cuaderno/tu pupitre

6. en el gimnasio

B **Carta abierta.** Completa las frases que siguen. Luego, úsalas en cualquier orden para escribirle una carta a tus maestros sobre algunos cambios que te gustaría introducir en el colegio.

1. Me alegro de que __ .

2. Busco maestros que __ .

3. Es mejor que los maestros __ .

4. Dudo que los estudiantes __ .

5. Prefiero aulas que __ .

6. Les aconsejo que __ .

7. Necesito un horario que __ .

8. Siento que __ .

FELICITACIONES!

Lectura

Antes de leer

A **Lo que suelo hacer.** Mira las actividades que siguen y anota las asignaturas con que asocias cada una de ellas.

Por ejemplo: analizar
Suelo analizar en mis clases de inglés y álgebra.

1. adivinar
2. analizar
3. compartir apuntes
4. competir
5. confundirse
6. conversar con amigos
7. dibujar
8. enfadarse
9. estudiar en grupos o equipos
10. hacer diagramas
11. hacer investigaciones
12. pedir ayuda
13. quejarse
14. recitar
15. relajarse
16. repasar o releer
17. saber de memoria
18. sorprenderse
19. tomar apuntes

B **Comparaciones.** ¿Cómo estudian tus compañeros(as)?

1. Usa las siguientes preguntas para entrevistar a cinco personas. Luego, haz un resumen de lo que contestaron.
   a. ¿Cómo te preparas para las pruebas de ___ ?
   b. ¿A qué hora ___ ?
   c. ¿Cuánto tiempo ___ ?
   d. ¿Con quién ___ ?
   e. ¿Dónde ___ ?
   f. ¿Lees (haces, escribes) ___ ?
   g. ¿Haces resúmenes, diagramas, esquemas o ___ ?

2. Dile a la clase qué métodos usan tus compañeros(as) y qué métodos usas tú.

C **Sentimientos.** Di qué sientes antes, durante y después de una prueba o de un examen.

Por ejemplo: Antes de la prueba, siento pánico, pero después estoy relajado. Y durante la prueba, generalmente siento calma si sé las respuestas. Siento terror si no las sé.

A **El sobresaliente.** El título de la lectura de las páginas 84 y 85 se refiere al "sobresaliente", que es la nota más alta que puede sacar un alumno.

1. Haz una lista de otras palabras que expresen la misma idea.

Por ejemplo: Fenomenal...

2. Luego, di tres cosas que para ti son sobresalientes.

Por ejemplo: Nuestro equipo de baloncesto, la comida de mi tía Mónica...

3. ¿Qué idea nos da el autor con las palabras "sobresaliente perdido"?

   a. Ya no hay sobresalientes.

   b. Nadie estudia nada.

   c. Los maestros no usan sobresalientes.

   d. Las notas están perdidas.

B **A simple vista.** Mira los primeros párrafos, hasta la sección "El repaso, paso a paso".

1. Mientras lees, haz una lista de las palabras que describen cómo se siente el alumno.

2. Luego, decide si el incidente que se describe en el artículo ocurrió antes, durante o después del examen.

C **El propósito.** Ahora mira el resto del artículo para formarte una idea general del tema. ¿Cuál es el propósito *(purpose)* del artículo?

   a. describir el sistema educativo en España

   b. describir los tipos de exámenes que hay en España

   c. analizar los problemas típicos de los estudiantes

   d. ayudarte a preparar exámenes y pruebas

Al lector
● No te preocupes si no entiendes todas las palabras de la lectura. Eso es normal.
● No es necesario usar un diccionario. Trata de adivinar las palabras que no conoces.
● Confía en tu español; ¡ya sabes muchísimo!

En busca del sobresaliente perdido

Es el día del examen y allí estás tú, sentado en tu pupitre, esperando impaciente las preguntas. El profesor se levanta y comienza a leer de un trozo de papel:

—"1er. tema: !@#$%&*+~"ñ&-¿¡".

5 —"Pero ¿qué dice?, no he entendido nada".

Miras a los lados buscando otros gestos de desconcierto, confusión, irritación y te quedas atónito cuando compruebas que todos, absolutamente todos, tus compañeros están escribiendo.

—"Pero si no se le ha entendido nada. Oye, ¿qué ha preguntado?",
10 comentas nervioso al compañero sentado a tu derecha. Éste te mira con cara entre sorprendido y enfadado, pero te contesta "!@#$%&*+"ñ&-¿¡". Esto es demasiado, te levantas de la silla y gritas:

—"No entiendo la pregunta, no puedo comprender lo que dice, no…"

¡Ah, otro sueño! Otro de esos terribles sueños que han estado
15 acompañándote durante la última semana. En realidad, estás en tu cama con el libro y todos los apuntes desparramados sobre la colcha. Te has vuelto a quedar dormido estudiando y toda tu ansiedad acumulada se ha transformado en una horrible pesadilla.

Y es que la tensión y el nerviosismo son algunos de los problemas
20 más comunes que padecen los estudiantes durante los exámenes. Pero puedes dominar buena parte de ese nerviosismo y presentarte con buen ánimo a los exámenes si sigues un proceso adecuado de preparación.

Todos experimentamos pesadillas antes de una prueba o examen. Pero no hay que ponerse nervioso si se sigue un proceso adecuado de preparación.

El repaso, paso a paso

Al repasar para un examen, debes limitar al mínimo la relectura y dedicar la mayor parte de tu tiempo a la recitación de los temas. Al repasar una lección trata, primero, de recordar las ideas principales sin consultar tus notas. Luego, para comprobar si las recuerdas adecuadamente, acude a los esquemas. Si hay algo que recuerdas con dificultad o que no comprendes del todo, consulta el libro y vuelve a leer esa parte. 5

Un ejercicio que puedes realizar (hacer) también durante el repaso es la simulación del examen. Esta actividad te ayudará a familiarizarte con la situación (hazlo con el reloj delante, como si fuera el examen 10 de verdad). Otra actividad que puedes realizar en este momento es intentar predecir las preguntas que te pueden hacer en el examen. Piensa un poco, recuerda las clases, pues la mayoría de los profesores suelen dar pistas, directa o indirectamente, de las posibles preguntas de examen. Pero no dejes de estudiar el resto de los temas ya que 15 algunos profesores, conociendo este truco de las adivinanzas, cambian siempre las preguntas.

Además de esta preparación exclusivamente mental, es conveniente que cuides también el aspecto físico. Por lo que respecta a tu alimentación, evita comidas ricas en grasas, azúcares (*sugar*), 20 dulces y alimentos en conserva. No hagas comidas copiosas; es mejor poca cantidad de alimentos. Tampoco es conveniente que estudies inmediatamente después de las comidas porque esto dificultará tu concentración.

El ejercicio físico aumentará tu relajación, disminuirá tu ansiedad y 25 te ayudará a concentrarte mejor en el estudio. No uses anfetaminas ni estimulantes; estas drogas son peligrosas para el cerebro. Una de las facultades más afectadas es la memoria, ya que el uso de estos fármacos hace que se confunda lo real con lo imaginario. Y, en contra de la creencia generalizada, durante estos días no debes cambiar tus 30 hábitos de sueño. El tiempo que se roba al sueño se paga en el examen con nerviosismo, confusión, cansancio e incluso bloqueo mental.

El ejercicio físico aumentará tu relajación, disminuirá tu ansiedad y te ayudará a concentrarte mejor en el estudio.

El tiempo que se roba al sueño se paga en el examen con nerviosismo, confusión, cansancio e incluso bloqueo mental.

Leamos

A **Buenos consejos.** Lee todo el artículo y ubica los consejos que se ofrecen. Haz listas de lo que se debe y no se debe hacer al prepararse para un examen.

Se debe...   **No se debe...**

B **A clasificar.** Después de leer el artículo, con otra persona clasifiquen los tipos de consejos que encontraron en la actividad A en dos grupos grandes. Luego, agreguen dos consejos más a cada grupo.

Después de leer

Analicemos

A **En busca de palabras derivadas.** Lee de nuevo y busca las palabras derivadas de las siguientes. Escríbelas en la columna apropiada para indicar si son adjetivos o sustantivos (*nouns*).

Por ejemplo: cansarse

Adjetivos	**Sustantivos**
cansado	*cansancio*

1. sentarse
2. dormirse
3. sorprenderse
4. enfadarse
5. confundirse
6. concentrarse
7. relajarse
8. creer
9. releer
10. preparar
11. repasar
12. adivinar
13. perder
14. soñar

B **Palabras y más palabras.** Busca palabras relacionadas a las siguientes.

Por ejemplo: pago
                 pagar
                 concentración
                 concentrarse

1. sorpresa
2. difícil
3. predicción
4. búsqueda
5. comentario
6. compañía
7. recuerdo
8. relectura
9. dedicado
10. comprobación
11. aumento
12. disminución
13. cambio
14. uso

A **Mi horario.** Escribe un horario de estudio para dos cursos diferentes. Uno de los cursos debe ser español. Decide lo siguiente.

1. cuándo vas a empezar
2. de qué manera vas a estudiar
3. con quién vas a trabajar
4. qué comida vas a evitar
5. qué trucos vas a usar
6. qué pistas suelen dar los maestros

B **Mis propios consejos.** Dale consejos a un/a compañero(a) con respecto a lo siguiente.

Por ejemplo: para adivinar el significado de una palabra de la lectura

Mira las demás palabras de la frase.

1. para sacar un sobresaliente en la clase de...
2. para poner a prueba tu español
3. para reducir la tensión antes de una prueba
4. para adivinar el significado de palabras no conocidas
5. para recordar palabras en español
6. para repasar rápidamente la lección
7. para volverte loco(a) en la clase de...
8. para relajarte durante un examen

El sistema educativo español

A los alumnos de los colegios españoles les da terror cuando alguien dice "junio" o "septiembre". La razón es muy sencilla: en junio son los exámenes anuales de curso y, si el alumno no aprueba en junio o saca un "suspenso", tiene que repetir el examen en septiembre. Si sale mal en septiembre otra vez, a veces hay que repetir el curso.

En España las notas van de 1 a 10. Si sacas entre un 1 y un 4, sacas un suspenso y no apruebas; por el contrario, si sacas entre un 9 y un 10, tu nota es un "sobresaliente". Si tus notas son más bajas, entre 7 y 8, sacas un "notable" y, entre 5 y 6, un "aprobado".

La educación primaria es obligatoria y dura ocho años, como en los Estados Unidos. Luego empieza la educación secundaria, que también es obligatoria y dura cuatro años. Finalmente, los alumnos que desean postular (*apply*) a la universidad estudian dos años más y ese curso se llama el Bachillerato. Terminado el Bachillerato, todos toman un examen de selectividad para poder entrar en la universidad.

Conversemos y escribamos ....

A Tus notas de "A", "B", "C", "D" y "F" no tienen nombre en palabras. Con un/a compañero(a), pónganles nombre con palabras.

Por ejemplo: A
                 ¡Genial!

B Completa la tabla que sigue para comparar las etapas del sistema educativo en España con las del sistema estadounidense.

En España   **En Estados Unidos**
1. La educación primaria dura ___ .
2. Luego empieza ___ , que dura ___ .
3. Finalmente hay ___ , que dura ___ .
4. Los que postulan a la universidad toman ___ .

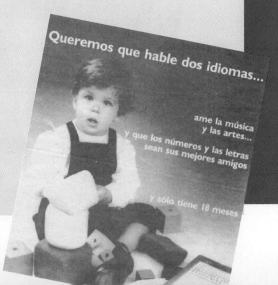

Queremos que hable dos idiomas...

ame la música y las artes...

y que los números y las letras sean sus mejores amigos

y sólo tiene 18 meses

En prácticamente todos los países hispanos se exige estudiar idiomas extranjeros. Los más populares son el inglés y el francés, y un alumno común y corriente estudia ambos idiomas al menos seis años. Si a veces te parece un poco difícil el español, piensa en la confusión que pueden padecer los hispanohablantes que estudian inglés.

Lecciones de inglés (fragmentos)
Germán Arciniegas (colombiano, 1900)

Un inglés que en algo se estima se presenta de esta manera: "Soy Mr. John Nielsen, Ene-i-e-ele-ese-e-ene". Esto es porque en inglés se supone que una palabra se pronuncia de un modo —cosa que no es exacta— pero que en todo caso puede escribirse de mil maneras... Para ofrecer al lector un caso práctico, he aquí lo que ayer me ocurrió. Debía llamar por teléfono al profesor Nielsen, que se pronuncia "nilson", y que se deletrea como dejo escrito. En la guía de teléfonos busco su nombre y leo: *"Nielsen (si usted no encuentra aquí el nombre que busca, vea Nealson, Neilsen, Neilson, Nilsen, o Nilson"*. Éstas son todas las maneras que hay para decir *"nilson"*.

Las confusiones no quedan limitadas a los apellidos. Yo tengo un libro que, en la edición española, se llama *El caballero de El Dorado*. Pero como en inglés "noche" y "caballero" se pronuncian de un mismo modo, cuando estoy hablando de mi libro nadie sabe si he escrito un nocturno o una obra de caballería.

La dificultad del inglés está, de un lado, en la emisión de los sonidos que nosotros no podemos producir como los "místeres". El esfuerzo que uno realiza para producir "eres" o "eses" no sólo causa gran fatiga a quienes estamos acostumbrados al español, sino que deja en el rostro (la cara) una impresión de dolor o de gran torpeza. El único consuelo es ver que los místeres tienen, con nuestra lengua, los mismos problemas que nosotros tenemos con la suya.

C Según el señor Arciniegas, ¿qué problemas padecen los hispanohablantes cuando hablan inglés? ¿Cuál es la mayor dificultad que tienes tú cuando hablas español?

D El autor ha notado que en inglés muchas veces es necesario deletrear *(spell out)* los apellidos. ¿Por qué se hace esto? ¿Puedes deletrear tu apellido en español?

Estructura: *Un poco más*

Otros usos del subjuntivo

1 In this book you have seen sections of activities labeled **Conversemos**, **Escribamos**, **Pensemos**, **Miremos**, **Leamos**, **Apliquemos**, and **Analicemos**. Notice that in each of these, the present subjunctive form of the verb is used. When the **nosotros** form stands alone in the present subjunctive, the meaning is much like that of the English "Let's..."

Leamos.	Let's read.
Pongamos la mesa.	Let's set the table.

2 Often these verbs will be used with pronouns. When pronouns are used, they will (as with all direct commands) be attached to affirmative forms and placed before negative forms.

Hagámoslo ahora mismo. No lo pospongamos más.

3 The use of the reflexive pronoun **nos** will result in a minor change in the verb form: The **s** of the verb ending -**mos** will be dropped.

Sentémonos aquí. Hablémonos un poco más.

4 The subjunctive is also used to express an indirect command. This type of command implies an expression of desire about the actions of someone else.

No lo hagas tú. Es demasiado difícil.	Don't do it yourself; it's too hard.
Que lo haga Juan.	Let John do it.
Que sepa lo que es trabajar duro.	Let him know what it is to work hard.

Notice in the examples that pronouns are not attached to indirect commands, regardless of whether they are affirmative or negative.

A Invita a tu compañero(a) a pasar el sábado o el domingo contigo. Sugiere tres o cuatro actividades que puedan hacer juntos(as).

Por ejemplo: No nos quedemos en casa. Salgamos a...

B Piensa en tres o cuatro de tus quehaceres y di que quieres que otra persona te los haga.

Por ejemplo: Estoy harto de limpiar mi habitación. Que la limpie mi hermana.

Diversiones

A **Concurso de oraciones.**

1. Forma grupos de tres personas o más y escoge a una persona que será el maestro o la maestra de ceremonias.
2. El maestro de ceremonias escoge uno de los temas de abajo y les da a los concursantes la primera parte de una oración que trata ese tema.
3. El primer concursante que complete la oración gana.
4. Si un/a concursante gana tres veces será el campeón o la campeona y compite con los ganadores de los otros grupos.

Temas: **las cosas típicas del colegio**   **las maneras de estudiar**
  las pruebas   **el horario**
  los trucos académicos   **el colegio del futuro**

B **Un lugar encantado.** Ésta es una habitación en la "Posada Encantada", donde pasan cosas que nunca pasan en otros lugares.

1. Formen grupos de cuatro personas. Una persona del grupo va a ser el/la reportero(a).
2. El/la reportero(a) va a apuntar en un papel lo que el grupo encuentra mal en el dibujo. Los miembros del grupo deben decir lo que está mal usando expresiones como *No creo que...*, *Dudo que...*, *Es imposible que...*, etc.

Por ejemplo: No creo que los perros sepan bucear.

Repaso de vocabulario

Cosas

el concepto
el control
el diagrama
el error
el esquema
el examen (semestral, final)
la pesadilla
la pista
la prueba (bimestral)
el repaso
la respuesta
el resumen (*pl.* los resúmenes)
el teorema
el truco

Estados de ánimo

el bloqueo mental
la calma
el cansancio
la confusión
el desconcierto
la desesperación
la frustración
la impaciencia
la irritación
el mal ánimo
el nerviosismo
la relajación
la sorpresa
la tensión

Actividades

calentar (ie) el examen
cometer errores
comprobar (ue)
confundir
consultar
dedicar tiempo
dejar de + *inf.*
estudiar a última hora
familiarizarse
intentar

mantener la calma
padecer (zc)
repasar
soler (ue)

Descripciones

confundido(a)
desconcertado(a)
enfadado(a)
furioso(a) conmigo mismo(a)
sorprendido(a)

Expresión

a menudo

Lección 2

Vocabulario

Antes de una prueba no me queda más remedio que (*I have no choice but to*)...	
(metas [*goals*])	**(realidades)**
aprender las partes difíciles.	Sin embargo, nunca tengo tiempo.
enviarle *(send)* un SOS a mis amigos(as).	No obstante *(However)*, algunos no saben nada.
analizar las opciones que tengo.	En primer lugar, puedo "enfermarme".
usar diversas técnicas.	En cambio *(On the other hand)*, mi amiga siempre lo sabe todo.
apagar el televisor y estudiar...	según *(according to)* mi mamá.
conseguir apuntes y leer.	Ambas *(Both)* cosas no me gustan.
meterme en *(put in)* la cabeza todo lo que pueda caber *(fit)* ahí...	aunque no quepa mucho.

Los alumnos tenemos cosas con dos caras *(sides)* como...	Por eso cuesta *(it's difficult)*
derechos *(rights)* y deberes *(obligations)*	ser responsable.
privilegios y riesgos	decidirse.
ventajas *(advantages)* e inconvenientes	elegir *(choose)*.
libertades y restricciones	compartir.
opciones y limitaciones	darse cuenta de los detalles *(details)*, esfuerzos *(efforts)* y resultados.

En cuanto a (*Regarding*)...	opto por...
la educación...	la escuela que sea gratis (*free*) / pagada.
la coeducación...	estar juntos (*together*) / separados.
al ambiente...	el ambiente competitivo / formativo.
puntos de vista...	amigos que tengan diferentes/los mismos.
la universidad...	conseguir una beca de estudios.
mi propia vida...	la libertad de elegir.

Me doy cuenta que vale la pena (*it's worthwhile*)...	No vale la pena...
someterse (*obey*) a algunas reglas (*rules*).	disfrutar (*enjoy*) un poco y después pagar.
compartir opiniones.	enfadarse por todo.
realizar encuestas de opinión (*take, do opinion polls*).	volver a cometer los mismos (*same*) errores.

Estoy de acuerdo con, es decir, a favor de...	Estoy en desacuerdo con, es decir, en contra de...
mejores instalaciones (*facilities*) deportivas.	usar uniforme.
laboratorios mejor equipados.	almorzar con los alumnos principiantes (*freshmen*).
computadoras más modernas.	ir a la despedida de los graduados (*graduation party*) con los padres.
impresoras (*printers*) de rayos láser a colores.	realizar encuestas de opinión entre los alumnos (*students*).

Asociaciones ···

A **Mis metas.** Haz una lista de al menos cinco de tus metas personales. Díselas a la clase.

Por ejemplo: Una de mis metas es graduarme del colegio. Otra es que algún día quisiera ser ingeniero. En cambio, también me gustaría ser político.

B **No les queda más remedio.** Dile a la clase qué remedio le queda a esta gente en las siguientes situaciones.

Por ejemplo: Hay prueba mañana y no sé nada de nada.
No te queda más remedio que calentar la prueba.

1. Son las diez de la noche y tu amigo se da cuenta que hay prueba mañana.
2. Una amiga se enferma por fumar tantos cigarrillos.
3. Un amigo quiere matricularse en la universidad pero le falta dinero.
4. Un grupo de cinco personas quiere ir juntos a la fiesta pero en el coche sólo caben cuatro personas.
5. Quieres invitar a un amigo a tu fiesta pero ya lo has llamado muchas veces y no ha contestado el teléfono.

C **Polos opuestos.** Da el opuesto de los siguientes términos y escribe una frase.

Por ejemplo: desacuerdo
acuerdo
Estoy en total desacuerdo con las ideas de algunos políticos de mi ciudad.

1. opciones
2. derechos
3. coeducación
4. restricciones
5. inconvenientes
6. pagado
7. separados
8. riesgos
9. mismos

colegios mixtos vs. colegios unisex

La relación interpersonal entre hombres y mujeres es definitivamente parte del aprendizaje que se extrae de los colegios mixtos. Le pierdes el miedo al sexo contrario, y todo lo ves mucho más natural. No te da pena que te vean sin maquillar, si eres mujer, o caerte estrepitosamente en medio del patio, si eres hombre. Aprendes a identificar cómo es la persona, independientemente de su sexo, y esto hace que se te despierte un instinto que después resulta muy útil para la vida adulta. Y si hablamos del mundo de la persona...

sabe cómo competir y cómo relacionarse con toda la gente que le rodea. Claro que los colegios mixtos también tienen sus desventajas, concretamente en el hecho de que si tú te lanzas al noviazgo con alguien de la misma escuela y luego truenas, es espantoso tener que seguirlo (o seguirla) viendo todos los días, además de que haces unos corajes olímpicos cuando ves que le echa el perro precisamente a la persona que peor te cae de toda la escuela.

¿MIXTO O UNISEX?

las colegiaturas, tienen voz y voto en el asunto, pero tú puedes influir muchísimo en la decisión.
Ambos tipos de colegios tienen sus ventajas y sus desventajas. Yo me inclino hacia los colegios mixtos porque fui a uno de ellos toda mi vida y me diveOrtí como enana, pero la gente que ha estado en colegios unisex no habla nada mal de ellos.
Lo verdaderamente importante es aprender una lección vital: la relación entre hombres y mujeres debe ser natural, y... es absolutamente posible la amistad genuina entre dos personas del mismo sexo, sin que tengan que cla... todo el chiste!

... instancia, de

D **A mí me toca.** Completa las siguientes frases con una descripción para expresar tus ideas.

Por ejemplo: Quiero conseguir... que...

Quiero conseguir una beca que pague mis estudios en la universidad.

1. Un día de estos quisiera volver a ___ .
2. Siempre es difícil elegir ___ .
3. Espero que todos disfruten ___ .
4. ¿No hay nadie que me pueda enseñar a ___ ?
5. Quisiera realizar una encuesta para saber ___ .
6. Quiero conseguir ___ que ___ .
7. Mis padres quieren que decida si ___ .
8. Nunca voy a someterme a ___ .
9. Mi amigo(a) debe darse cuenta que ___ .
10. No creo que valga la pena ___ sin ___ .

E **¿Qué te parece?** Di con cuáles de las siguientes cosas estás de acuerdo. Explica por qué.

Por ejemplo: hacer deportes juntos

Estoy de acuerdo, porque así hay más competencia. Me gusta jugar fútbol con mis compañeros.

1. hacer viajes a otras partes durante las vacaciones
2. organizar una campaña de reciclaje en el colegio
3. aprender a manejar un coche a los quince años
4. usar uniforme para venir al colegio
5. preocuparse de una prueba sólo la noche anterior para no ponerse nervioso(a)

F **A favor y en contra.** Da dos inconvenientes y dos ventajas de lo siguiente. Luego, realiza una encuesta en la clase para ver en qué está de acuerdo la mayoría de tus compañeros(as).

1. asistir a clase o estudiar en casa con computadora
2. almorzar en la cafetería o almorzar en casa o en la calle
3. pagar los libros o recibir los libros gratis
4. compartir o competir
5. recibir notas o no recibir notas

Conversemos ....

A **Mis derechos y deberes.**

1. Haz una lista de tres derechos y tres deberes que tienes en casa.

2. Luego, en grupos de tres o cuatro personas, comparen sus listas: ¿Cuáles derechos y deberes tienen en común? ¿Cuáles son diferentes?

3. Finalmente, clasifiquen los derechos y deberes en grupos grandes.

B **En mi opinión.** Elige uno de los temas que siguen y, con otra persona, haz una lista de derechos y deberes. Díganle a la clase sus ideas.

Por ejemplo: asistir a la universidad

Derechos	Deberes
1. tomar nuestras propias decisiones	1. sacar buenas notas
2. elegir las asignaturas que quiero	2. dormir y comer bien

(A la clase:) En cuanto a la universidad, tenemos el derecho de tomar nuestras propias decisiones y elegir la universidad. En cambio, tenemos que sacar buenas notas. Además...

1. conseguir un trabajo de tiempo parcial
2. conseguir una beca
3. participar en los equipos deportivos del colegio
4. hacerse miembro del club de...
5. asistir a la universidad

ESTUDIAR ES TU DERECHO

BECAS 91·92

Este año, las becas y ayudas (libros, transporte, residencia, compensatoria y matrícula gratuita) para enseñanzas medias y universitarias son de mayor cuantía y para más alumnos.
Solicita la tuya hasta el 31 de Julio si has aprobado en Junio y hasta el 31 de Octubre si terminas el curso en Septiembre.
Becas 91/92. Porque estudiar es tu derecho.

Infórmate en tu centro o en el libro **BECAS 91·92** Ya a la venta en tu quiosco o librería

Ministerio de Educación y Ciencia

C **Ventajas e inconvenientes.** Di con cuál idea estás de acuerdo. Luego, da dos ventajas y dos inconvenientes en cada caso. Finalmente, compara tus ideas con las de otra persona.

Por ejemplo: almuerzo en casa / almuerzo en la cafetería

> *Opto por el almuerzo en casa porque como lo que me gusta y además puedo... El inconveniente es que no hablo con mis amigos ni...*

1. coche / autobús
2. pruebas escritas / pruebas orales
3. amigos / novios
4. hermanos adolescentes / hermanos menores
5. verano / invierno
6. ciudad / campo o playa
7. uniforme / ropa de calle
8. libertades / restricciones

Escribamos ···

A **El uniforme de mi colegio.** Describe el tipo de uniforme que te gustaría para tu colegio. El uniforme tiene que expresar las tendencias de los alumnos, además del espíritu y las metas del colegio.

Por ejemplo: Para los muchachos, quiero que el uniforme sea... y que tenga...

   Para las muchachas, quiero un uniforme que...

B **Arquitectos municipales.** Con otra persona, imagínense que Uds. son los arquitectos municipales que han venido a inspeccionar el edificio del colegio y sus instalaciones.

1. Hagan una lista de las instalaciones.
2. Describan el estado en que se encuentran las instalaciones.
3. Den recomendaciones para mejorar aquéllas que lo necesiten.
4. Comuniquen sus recomendaciones a la clase.

Por ejemplo: El estadio: Recomendamos que se construya un nuevo estadio porque el estadio actual es muy viejo y muy pequeño. El equipo de fútbol americano de nuestro colegio es el mejor del estado y es necesario que el estadio sea el mejor también.

Estructura

Para conectar tus ideas: El presente del subjuntivo con ciertas expresiones

1 In English, you use certain words or expressions to connect your thoughts and to show relationships between one part of a sentence and another. In Spanish you have practiced using many "connectors" as well: **y**, **pero**, **porque**, **por eso**, **además**, **en cambio**, **en cuanto a**, **sin embargo**, and so on.

2 Some of these "connectors" will often or always require the use of the subjunctive. Use of the subjunctive with certain connectors can be divided into three categories:

a. connectors that always require the subjunctive

b. connectors that require the subjunctive only when referring to the future

c. connectors that require the subjunctive when there is doubt

3 The following expressions will always require that the verb that follows be in the subjunctive.

para que	in order that
antes (de) que	before
a menos que	unless
con tal (de) que	provided that

Antes de que saques una "F", tienes que estudiar más para que te admitan en una buena universidad.

No se puede sacar una buena nota en inglés a menos que leas las obras de Shakespeare.

4 Some connectors may or may not be used with the subjunctive. If you wish to express a factual, or routine, or past action, you will not use the subjunctive. If the action has not yet occurred, the subjunctive is required.

cuando	when
hasta que	until
tan pronto como	as soon as

Cuando hay una encuesta sobre los alumnos, todos opinan.

Cuando haya una encuesta sobre los maestros, voy a opinar yo también.

5 The word **aunque** (*although*) will be used with the subjunctive when you are expressing doubt or want to communicate the idea that something may or may not be true.

> **Aunque no hay evidencia científica...**
> Although there is no scientific evidence... (*It is a fact.*)
>
> **Aunque no haya evidencia científica...**
> Although there may not be scientific evidence... (*There is doubt.*)
>
> **Aunque el teléfono suena todo el día, yo puedo concentrarme sin problemas.**
>
> **Aunque no vengan el domingo, podemos estudiar para la prueba el lunes.**

Conversemos ....

A ¿**Para qué?** Explica para qué quieres o intentas hacer las siguientes cosas.

Por ejemplo: sacar buenas notas
> *Para que me den una beca intento sacar buenas notas.*

1. hablar bien el español
2. realizar una encuesta
3. ahorrar dinero
4. escuchar otro punto de vista
5. hacer ejercicio
6. recorrer tierras lejanas
7. llevarse bien con todos
8. respetar las reglas

B **Me decidí.** Hay ciertas cosas que no te gusta hacer, pero que harías con ciertas condiciones. Completa las frases.

Por ejemplo: Le ayudaré a mi hermano(a) en su proyecto con tal de que...
> *Le ayudaré a mi hermano(a) en su proyecto con tal de que él (ella) me ayude a mí después.*

1. Ayudaré con los quehaceres de la casa con tal de que ___ .
2. Pero no pienso hacer lo que debe hacer (*nombre de una persona*) a menos que ___ .
3. No me queda más remedio que estudiar ___ con tal de que ___ .
4. Pero no pienso hacer el trabajo de (*nombre de una persona*) a menos que ___ .
5. Tengo que ___ con tal de que ___ .
6. Pero no quiero ___ a menos que ___ .

C **Ni por nada.** Completa con condiciones imposibles para que no tengas que hacer las siguientes cosas.

Por ejemplo: Voy a estudiar la materia de biología...
Voy a estudiar la materia de biología cuando no sea Navidad en diciembre.

1. Por supuesto que voy a ordenar mis apuntes tan pronto como ___ .
2. No tema Ud., voy a devolver los libros de la biblioteca cuando ___ .
3. No quiero llamar a ___ hasta que ___ .
4. No pienso devolverte los cinco dólares que me prestaste hasta que ___ .
5. Cuando ___ , prometo que no voy a ver televisión por seis horas seguidas nunca más.
6. Cuando mis papás ___ , creo que voy a ___ .
7. Voy a someterme a las reglas del colegio aunque ___ .
8. No voy a realizar mis metas hasta que ___ .

D **Seamos realistas.** A veces es bueno tratar de realizar metas difíciles para saber cuánto podemos hacer.

Por ejemplo: Aunque no me den el dinero suficiente....
Aunque no me den el dinero suficiente, voy a tratar de encontrar pantalones de marca mañana.

1. Aunque no tenga bastante tiempo ___ .
2. Aunque no me guste la idea ___ .
3. Aunque ahora no entienda nada ___ .
4. Pienso terminar mi trabajo de ___ , aunque ___ .
5. Voy a tener que trabajar en ___ , aunque ___ .
6. Creo que voy a comer un poco más ___ , aunque ___ .

E **Tan pronto como...** Di cuándo te va a ocurrir lo siguiente.

Por ejemplo: postular a la universidad
Voy a postular a la universidad tan pronto como me gradúe del colegio.

1. conseguir un trabajo de tiempo completo
2. comprarme un coche
3. tener hijos
4. viajar a un país hispano
5. matricularme en la universidad
6. casarme con el chico (la chica) de mis sueños

Escribamos ....

A **Mis propias reglas.** Escribe cinco reglas de tu colegio, usando expresiones conectivas y el subjuntivo. Luego, agrégale un comentario personal a cada una.

Por ejemplo: En mi colegio cierran las puertas con llave a las cinco de la tarde para que nadie entre durante la noche.

Es mejor que las cierren a las ocho, cuando termina la reunión del club de debate.

B **Buenas intenciones.** Di cuándo vas a hacer las siguientes cosas. Usa las expresiones conectivas necesarias y el subjuntivo.

Por ejemplo: hablar con la maestra de música

Voy a hablar con la maestra de música después que termine la clase de biología.

1. hacer los problemas de álgebra
2. hablar con...
3. repasar los apuntes de historia
4. escribir el trabajo de inglés
5. hacer ejercicio y correr
6. ayudar a...
7. buscar datos en la biblioteca
8. limpiar mi gaveta
9. limpiar mis zapatos de tenis
10. contestar una pregunta en la clase de...
11. volver a casa

C **Privilegios y responsabilidades.** Por escrito, explica qué condiciones te ponen las siguientes personas antes de darte ciertos privilegios. Usa las expresiones *con tal de que* y *a menos que*.

Por ejemplo: tus padres

Mis padres me dan dinero con tal de que saque la basura todos los días. No me dejan salir a menos que haya hecho las tareas.

1. tus padres
2. el/la entrenador/a de...
3. el/la maestro(a) de...
4. el/la director/a del colegio
5. tus amigos(as)
6. tu vecino(a)

D **Pensando en el futuro.** Se toman ciertos cursos en el colegio para prepararse para el futuro. En grupos de tres, intenten hacer una lista de los objetivos y cursos y su propósito para el futuro.

Por ejemplo: Se ofrecen clases de salud para que los alumnos sepan cuidarse, no se enfermen y siempre disfruten de buena salud.

Hacemos todo perfectamente para que usted haga perfectamente nada.

Extraordinaria arquitectura y cocina francesa. Atención y facilidades legendarias. El arte de vacacionar conlleva hacerlo todo y nada exquisitamente. Para reservaciones para La Belle Creole, St. Martin, F.W.I. llame a su agente de viajes al Servicio de Reservaciones Hilton al 1-800-HILTONS. Ofertas de 4 días y 3 noches empezando en $255.00 por persona, en ocupación doble.

LA BELLE CREOLE
A CONRAD HOTEL

Lectura

Antes de leer

Pensemos

A **Colegios norteamericanos.** Di cuáles de las siguientes características existen en los colegios de Estados Unidos.

1. La educación es gratis, o sea que los padres no tienen que pagarla.
2. Todos los colegios y escuelas tienen instalaciones deportivas como canchas de fútbol, pistas atléticas, gimnasios y piscinas.
3. Los alumnos pueden elegir lo que quieren estudiar.
4. Los alumnos pueden elegir su propio horario de clases.
5. Todos los colegios de los Estados Unidos tienen normas estrictas de cómo vestirse.
6. Todos los alumnos, chicos y chicas, tienen los mismos derechos o privilegios para educarse.
7. La educación es obligatoria hasta la edad de 18 años.
8. Los padres pueden elegir el colegio de sus hijos.

B **Propongamos cambios.** Con dos compañeros(as) elijan una de las frases de la actividad A y cámbienla según sus deseos. Luego, expliquen por qué la cambiaron.

Por ejemplo: 7. La educación es obligatoria hasta la edad de 18 años.

Creemos que la educación debe ser obligatoria sólo hasta los 17 años, porque así podemos...

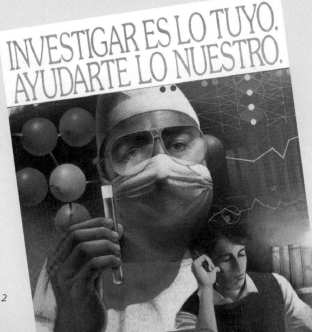

A **El tema.** Lee el título y el primer párrafo del artículo de las páginas 106–107. ¿De qué tema trata el artículo? Cita la frase del primer párrafo o las palabras del título que te lo indiquen.

B **¿Sí o no?** ¿Cuáles de las siguientes conclusiones puedes sacar del primer párrafo?

1. En España no existe la coeducación.

2. Ambos sistemas tienen ventajas e inconvenientes.

3. En España, los padres eligen la escuela secundaria de sus hijos.

4. En España, juntos o separados es una opción.

5. Se sabe que la coeducación es un sistema superior.

C **Según mi parecer.** Di si prefieres la coeducación o la educación separada y explica por qué. Clasifica tus preferencias según las siguientes razones.

de estudio	legales	psicológicas
económicas	morales o religiosas	sociales
físicas	personales	tradicionales

Por ejemplo: Prefiero la coeducación. La prefiero por razones sociales.

D **A favor o en contra.** Ahora mira el resto del artículo y ubica las dos partes donde hay opiniones sobre la coeducación y la educación separada. ¿Cómo se llama la persona que está a favor de la coeducación? ¿y la que está en contra de la coeducación?

El examen más selectivo
Los madrileños estudiaron hasta ocho horas diarias para optar a la Universidad

Al lector

● No te preocupes si no entiendes todas las palabras de la lectura. Eso es normal.

● No es necesario usar un diccionario. Es mejor que trates de adivinar las palabras usando pistas.

● Confía en tu español; ¡ya sabes muchísimo!

Al colegio, ¿juntos o separados?

No cabe la menor duda de que la educación es un derecho que se debe garantizar a todos y que, además, se ha de ejercer como una opción en libertad. Pero la pregunta que se les plantea a los padres cuando comienzan a cavilar sobre el colegio al que van a enviar a sus
5 hijos es la siguiente:

¿Qué será mejor, un centro de coeducación donde niñas y niños se instruyan codo a codo (juntos), o un colegio en el que tengan alumnado de un solo sexo, impartiendo educación exclusivamente
10 masculina o femenina?

En primer lugar, antes de empezar a meditar, no existe evidencia científica suficiente para afirmar que la coeducación sea superior a la enseñanza separada o viceversa. Estas mismas preguntas se las hemos planteado (hecho) a dos expertos en educación, directores de
15 colegios, que han realizado un análisis lo más objetivo posible de las ventajas e inconvenientes de ambos tipos de enseñanza. Y que cada uno saque sus propias conclusiones.

Punto de vista N° 1: Juntos pero no revueltos

Juan García Gómez, pedagogo y educador familiar, ha dirigido
20 durante 27 años centros en donde chicos y chicas estudian en las mismas aulas.

"Sí, yo soy partidario de este tipo de enseñanza porque es la vida misma. Entre padres y hermanos también hay un ambiente de coeducación y el colegio debe ser una prolongación de la familia. Sin
25 embargo, es muy importante diferenciar entre colegios mixtos y centros escolares en donde se imparte coeducación. En estos últimos, aunque niños y niñas compartan las mismas aulas, se plantean de antemano una serie de objetivos diferenciados para unos y otros en el área educativa, especialmente en la segunda etapa de enseñanza, que
30 es la más conflictiva. En la primera adolescencia, entre los 11 y 16 años, niños y niñas plantean (tienen) intereses diferentes y hay una maduración más rápida en el sexo femenino. Uno de nuestros objetivos es que las niñas crezcan en femineidad y los niños en virilidad, evitando machismos y feminismos. En cambio, en la segunda
35 adolescencia —a los 16 y 17 años— chicos y chicas coinciden en muchas cosas y la educación vuelve a ser muy similar".

Entre las ventajas que ven los expertos en los centros de coeducación, podemos señalar varias:

• Un mayor conocimiento chico-chica libre de fantasías erróneas. Se
40 fomenta el respeto y la consideración entre ambos sexos. Las relaciones entre unas y otros resultan más espontáneas y naturales.

• La coeducación favorece un mayor compañerismo y respeto entre niños y niñas a nivel de pandillas (grupos), aunque la amistad íntima (entre los 12 y 15 años) sólo se da entre miembros de un mismo
45 sexo.

Entre padres y hermanos también hay un ambiente de coeducación y el colegio debe ser una prolongación de la familia.

- Se genera un ambiente más competitivo y estimulante en el colegio.

- Cuando en las familias sólo hay hermanas o hermanos puede ser recomendable acudir a un centro de coeducación para aprender a tratar al otro sexo.

Para Juan García Gómez es muy importante que un centro de coeducación tenga planteamientos (metas) educativos muy definidos que tengan en cuenta (respeten) la diversidad, con objetivos separados en el área formativa y comunes en el área de la enseñanza. Pero, de todas maneras, no cree que existan diferencias tan esenciales entre uno y otro sistema, mientras los centros sean educativos y no sólo instructivos.

Punto de vista Nº 2: Cuidar la necesaria intimidad

Sara Valdés, ingeniera agrónoma, casada, madre de cinco hijos, es directora de un colegio femenino donde imparte enseñanza desde hace 20 años.

"Entre las razones que se dan en pro de la educación separada, una muy curiosa y desconocida es de tipo económico: en los centros donde hay personas de un solo sexo las instalaciones son más sencillas, especialmente las sanitarias y deportivas. De todas maneras, los argumentos más importantes son el psicológico y el ético, sobre todo el primero. Las niñas necesitan un tiempo para que, como personas, no estén siempre sometidas al ritmo de los varones (hombres), que es lo que suele ocurrir. En el centro escolar, el niño y la niña encuentran su identidad como hombre y mujer y, si nosotros entendemos la enseñanza como una educación integral, tendremos que reforzar las cualidades propiamente femeninas como la ternura, la delicadeza, etc... La mujer tiene una sensibilidad distinta a la del hombre en el área de humanidades, literatura, música, etc., que es necesario estimular para que disfrute con un buen libro o una película. En los colegios mixtos, aunque no se quiera, hay mayores riesgos de promiscuidad, besuqueos y experiencias sexuales precoces. Además, las mujeres se ven obligadas a esforzarse para quedar bien ante los varones, a mostrarse más guapas, lo que perjudica sus estudios y educación. Los hombres y mujeres tienen áreas de interés y modos de enfrentarse a la realidad muy diferentes, lo que sugiere métodos pedagógicos distintos. También son diferentes en cuanto al aprendizaje. No siguen el mismo ritmo".

Como conclusión, se puede estar a favor de la coeducación o de la enseñanza separada, pero, en cualquier caso, hay que optar por la libertad. Imponer uno u otro tipo de educación es atropellar el derecho de los padres a elegir el sistema que les parezca más recomendable.

5

10

15

20

25

30

35

40

Los hombres y las mujeres tienen áreas de interés y modos de enfrentarse a la realidad muy diferentes, lo que sugiere métodos pedagógicos distintos.

Leamos ....

A **Puntos de vista.** Lee el artículo y busca qué razones se dan para la coeducación y la educación separada dentro de las siguientes categorías. En cada caso, en un papel copia el fragmento del artículo donde se dan las razones.

	Punto de vista 1	Punto de vista 2

1. económicas
2. de estudios
3. legales
4. morales
5. sociales
6. psicológicas
7. tradicionales

B **Verdad o mentira.** Lee cada afirmación y di si es verdadera o falsa. Luego, escribe una frase de comparación entre lo que piensan el Sr. García y la Sra. Valdés al respecto.

Por ejemplo: Se cree que no hay bastantes diferencias entre chicos y chicas.

No es verdad. El Sr. García dice que... En cambio, la Sra. Valdés piensa que...

1. La educación es un derecho que se debe garantizar a todos.
2. Los hombres y las mujeres aprenden de modos diferentes.
3. La competencia no es un aspecto importante de la educación.
4. Hay que tomar en cuenta las razones económicas al seleccionar un sistema de educación.
5. El sistema educativo puede permitir que los chicos y las chicas se conozcan mejor.
6. Los intereses de niños y niñas no cambian a lo largo de sus años en el colegio.
7. Los expertos han determinado que la educación separada es inferior a la coeducación.

C **De acuerdo.** Di en qué ideas están de acuerdo ambos. Agrega tu propia opinión.

Por ejemplo: El Sr. García piensa que... La Sra. Valdés también dice que... A mí me parece que...

D **En resumen.** Lee el último párrafo y decide cuál de las siguientes ideas resume mejor lo que está tratando de enfatizar el autor.

1. Hay que analizar los dos sistemas para determinar cuál es superior.
2. Los padres, por lo general, toman sus decisiones ignorando las razones científicas.
3. Los partidarios de los dos sistemas nunca van a ponerse de acuerdo.
4. Es importante que haya opciones y que ningún sistema sea obligatorio.

Después de leer ....

Analicemos

Derivaciones En el artículo, ubica palabras derivadas de las que aparecen en la lista. La lista está organizada por secciones del artículo.

1. diverso
2. sentir
3. optar
4. libre
5. alumno
6. conocer
7. favor
8. compañero
9. amigo
10. educativos
11. enseñar
12. deporte
13. partido
14. escuela
15. maduro
16. estudiar
17. aprender
18. elección

Apliquemos

Encuesta de opinión. Con otros(as) dos compañeros(as), encuesten a cinco personas de otros cursos de español para averiguar qué piensan de una de las siguientes normas aprobadas por el Consejo Local de Educación (*school board*) de la ciudad.

Normas aprobadas

- **Habrá deportes juntos o coeducacionales en el distrito.**
- **Los alumnos de colegio usarán uniforme de ahora en adelante.**
- **Se construirán instalaciones y gimnasios separados.**

1. Elijan el tema.
2. Inventen cinco preguntas de la encuesta.
3. Encuesten a cinco alumnos.
4. Escriban un informe en el que comparan las opiniones de los alumnos que están a favor y de los que están en contra.
5. Presenten los resultados en una tabla o gráfico, expresando los resultados en porcentajes.

La educación y la coeducación: Historia y filosofía

La coeducación o enseñanza mixta, como se suele decir en España, se inicia en Estados Unidos en 1784 por motivos estrictamente económicos: escasez de edificios y maestros. En Europa, su expansión se produce a finales del siglo XIX, coincidiendo con la progresiva universalización de la cultura. A los motivos económicos se unieron, después de la Primera Guerra Mundial, las peticiones del movimiento feminista que exigía para las mujeres idénticos derechos educativos que los que poseía el hombre. En España, la Institución Libre de Enseñanza realizó la primera experiencia en 1918. La Ley de Educación Primaria de 1945 prescribía la separación de sexos "por razones de orden moral y de eficacia pedagógica", lo que se mantiene en la Ley de Enseñanza Media de 1953. La coeducación se admite a partir de una orden de transformación de centros de 1971, y se establece de modo obligatorio en los institutos o colegios públicos en el año 1985–1986.

Conversemos y escribamos ....

A Para ver si comprendiste bien, marca la alternativa que mejor completa cada frase.

1. En los Estados Unidos, se crearon las escuelas coeducacionales porque...
   a. no había edificios ni personal.
   b. había un gran movimiento feminista.
   c. la Constitución del país declaró la libertad de educación para todos.
2. En España, se estableció la coeducación en...
   a. 1918.
   b. 1985.
   c. 1953.
3. La historia de la coeducación en España y en los Estados Unidos se diferencia en que...
   a. en España se estableció la coeducación por medio de una ley o reglamento.
   b. en Estados Unidos la coeducación se estableció por una guerra.

c. en Estados Unidos la coeducación se creó para mejorar la educación.

En el siguiente ensayo, el autor, Ernesto Sábato (argentino,1911), nos da su opinión de lo que debe ser el sistema educativo.

Edad

¿Qué se puede hacer en ochenta años? Probablemente, empezar a darse cuenta de cómo habría que vivir y cuáles son las tres o cuatro cosas que valen la pena.

Un programa honesto requiere ochocientos años. Los primeros cien serían dedicados a los juegos propios de la edad, dirigidos por ayos (tutores o maestros particulares) de quinientos años; a los cuatrocientos años, terminada la educación superior, se podría hacer algo de provecho (algo útil, trabajo); el casamiento no debería hacerse antes de los quinientos; los últimos años de vida podrían dedicarse a la sabiduría (*wisdom*).

Y al cabo de (después de) los ochocientos años quizá se empezase a saber cómo habría que vivir y cuáles son las tres o cuatro cosas que valen la pena.

B Escribe con números las cantidades que se mencionan. Además, di qué sugiere el autor para cada edad.

C Completa las siguientes frases para resumir el mensaje del autor.

1. Según Ernesto Sábato, es mejor que ___ .
2. El autor duda que ___ .
3. Es imposible que ___ .
4. El autor prefiere un sistema educativo que ___ .
5. El autor nos aconseja que ___ .
6. También recomienda que ___ .
7. No debemos ___ hasta que tengamos 400 años.

D Con otra persona, propongan su propio sistema educativo. ¿Qué debe ocurrir en cada época de la vida?

Estructura: Un poco más

"Lo que pasa es que..." Los usos de la palabra "que"

1 The word **que** is similar to the English "that," "which," "who," and sometimes "whom," although in Spanish **que** is used much more frequently.

> **Mis padres me dicen que si saco buenas notas es posible que me paguen la matrícula de la universidad.**
>
> *My parents tell me (that) if I get good grades it's possible (that) they'll pay my tuition at college.*

Notice in the above example that while in conversational English, the word "that" may not be used, it must be used in Spanish.

2 **Que** is used to begin a clause that describes or in some way refers to persons or things.

> **La encuesta *que realizamos ayer* nos dio datos muy interesantes.**
>
> **Los derechos *que tienen los estudiantes* son pocos, en general.**
>
> **La maestra *que enseña* esa clase exige mucho.**

3 If the verb that follows **que** requires a preposition, the preposition will come before **que**. In Spanish, statements cannot end in a preposition.

> **Los estudios *a que dedico tantas horas* me darán una beca después.**
>
> **El tema *de que hablamos ayer* me fascina.**
>
> **La ciudad *en que vivo* no les ofrece mucho a los jóvenes.**

4 The word "whose" translates as **cuyo(a)**, **cuyos(as)** in Spanish and must agree with the noun it modifies.

> **Mi amigo José, *cuyas ideas* no comparto, es muy decidido.**
>
> **La educación secundaria, *cuyos objetivos* son preparar al estudiante para la universidad, no funciona muy bien para los estudiantes que van a trabajar cuando se gradúen.**

Escribe una o dos frases sobre cada uno de los siguientes temas.

1. las actividades que te gustaría hacer el verano que viene
2. los temas más interesantes de que hablan tú y tus amigos
3. las cosas que quisieras comprar si tuvieras suficiente dinero
4. el lugar en que te gustaría vivir algún día
5. la persona cuyo coche te gustaría poder manejar

Diversiones

A **Juntos y revueltos.**

1. En grupos de cinco describan la escuela ideal.
2. Incluyan también cuáles serían las ventajas y los inconvenientes de la escuela.
3. Una persona del grupo escribe las opiniones de todos.
4. Compartan sus opiniones con el resto de la clase.

Por ejemplo: Busco una escuela donde los alumnos estudien lo que quieren.

B **En cambio...** ¡Es hora de perfeccionar tu manera de debatir!

1. En un papel anota una opinión que tengas. Por ejemplo, piensas que los estudiantes tienen derecho a elegir al director de la escuela.
2. Júntate con cinco compañeros(as) de clase y junten sus papeles.
3. En parejas, escojan un papel y léanlo en voz alta.
4. Una persona tiene que decir varias cosas a favor de la opinión y la otra dice varias cosas en contra.
5. Después que las parejas debatan por unos cinco minutos, los demás miembros del grupo tienen que decidir quién ganó el debate o si quedaron empatados.
6. Sigue la próxima pareja.

PRIMER ENCUENTRO NACIONAL DE LA JUVENTUD LA SONRISA DEL FUTURO

DIF

Repaso de vocabulario

Cosas y conceptos

el ambiente
la cara (*side*)
la coeducación
el derecho
el detalle
la educación
la encuesta de opinión
el esfuerzo
la impresora de rayos láser
el inconveniente
la instalación deportiva
la despedida
el laboratorio
la libertad
la limitación
la meta
la opción
la parte
el privilegio
el punto de vista
la realidad
la regla
la restricción
el resultado
el riesgo
la técnica
el uniforme
la universidad
la ventaja

Personas

el/la alumno
el/la graduado(a)

Descripciones

a colores
ambos(as)
competitivo(a)
diversos(as)
equipado(a)

formativo(a)
gratis
juntos(as)
mismo(a)
pagado(a)
principiante
separado(a)

Actividades

almorzar (ue)
caber (quepo, cabes, etc.)
costar (ue) (*to be difficult*)
decidirse
disfrutar
elegir (i)
enfadarse
enfermarse
enviar
optar por
realizar
someterse a
usar (*wear*)

Otras palabras y expresiones

aunque
en cambio
en cuanto a
en primer lugar
es decir
estar a favor (de)
estar de acuerdo (con)
estar en contra (de)
estar en desacuerdo (con)
meterse en la cabeza
no obstante
no quedar más remedio
según
valer la pena

Vocabulario

El aspirante (*applicant*) que quiere conseguir el puesto debe...

conocerse bien.

saber trabajar en equipo.

comunicarse bien con la gente.

presentarse a la entrevista.

tener ganas (*have a desire to, feel like*) de superarse.

disponer del (*have available*) tiempo necesario.

estar dispuesto (*willing*) a aprender.

entregar una solicitud.

Cuando te toca preguntar a ti
(*When it's your turn to ask questions*)...

infórmate de tus obligaciones en detalle.

pídele detalles al jefe sobre la empresa (*company*).

averigua (*find out*) qué quieren que hagas.

En la entrevista...

es buena idea...	no es buena idea...
responder a las preguntas con madurez.	perder el hilo (*go off on a tangent*).
estarse tranquilo(a).	perder la calma.
mantener la imagen.	bajar la guardia.
desarrollar una buena conversación.	contestar con monosílabos.
ser tú mismo(a).	mentir.
llegar a tiempo.	atrasarse (*be late*).
demostrar interés en la empresa.	demostrar impaciencia.
enterarse de la empresa.	preguntar por el sueldo.
hacer preguntas inteligentes.	hablar mal del jefe.
asistir a la entrevista.	posponer la entrevista.
cuidar tu imagen.	estropear (*ruin*) tu imagen.
tomarlo en serio.	tomarlo en broma (*as a joke*).

Los temas de una entrevista son:

la empresa	los plazos (*deadlines*)
la puntualidad	las obligaciones
la seriedad	el sueldo
la madurez	las metas y aspiraciones
las aficiones (*hobbies*)	la experiencia
el horario	el título
las virtudes	las becas
los defectos	el puesto

Asociaciones

A **Combinaciones.** Haz frases con los siguientes verbos para indicar qué haces en estos tres lugares: en el colegio, en la biblioteca, en la tienda.

Por ejemplo: demostrar interés en...
En el colegio demuestro interés en...
En la biblioteca demuestro interés en...
En la tienda demuestro interés en...

1. entregar...
2. atreverse a...
3. informarse de...
4. preguntar por...
5. tener ganas de...
6. pedir...
7. enterarse de...
8. demostrar interés en...

B **Dime cuándo...** Describe las circunstancias en que sueles hacer lo siguiente.

Por ejemplo: posponer algo
A menudo pospongo las visitas al dentista.

1. perder el hilo
2. perder la calma
3. mentir
4. atrasarte
5. posponer algo
6. demostrar impaciencia
7. hablar mal de alguien
8. hacer preguntas inteligentes

C **Uno nunca sabe.** Da una idea de cómo solucionar cada uno de estos problemas.

Por ejemplo: El aspirante se atrasa.
Si el aspirante se atrasa, es preferible que llame al director y pida otra cita.

1. No puede ir a la entrevista.
2. No tiene interés en la empresa.
3. No trabaja bien en equipo.
4. Pierde la calma a menudo.
5. Tiene más defectos que virtudes.
6. No tiene título.
7. No consigue el puesto.
8. No tiene experiencia.
9. No se conoce a sí mismo(a).
10. No se está tranquilo.
11. No es él/ella mismo(a).
12. Pierde el hilo de lo que está diciendo.

D **Lo principal.** Elige las cinco cosas más importantes del Vocabulario y explica por qué te parecen que son lo principal en una entrevista.

Por ejemplo: **1.** conocerse a sí mismo(a)

Es necesario que te conozcas a ti mismo(a) para que otros te conozcan.

E **Aconseja, por favor.** ¿Qué consejos puedes dar en cuanto a lo siguiente a una persona que anda buscando trabajo?

Por ejemplo: en cuanto a la manera de presentarse

En cuanto a la manera de presentarse, aconsejo que se ponga un traje oscuro, corbata elegante y que limpie muy bien sus zapatos.

1. en cuanto a los documentos
2. en cuanto a la puntualidad
3. en cuanto a la madurez
4. en cuanto a la conversación
5. en cuanto a la ropa
6. en cuanto a la paciencia
7. en cuanto a las preguntas
8. en cuanto a la imagen
9. en cuanto al trabajo en equipo
10. en cuanto a sus defectos

F **Buenos consejos.** Usa las siguientes palabras para darles buenos consejos a los aspirantes.

Por ejemplo: vestirse bien / aunque

Es preciso que se vistan bien aunque la ropa no sea nueva.

1. no mentir / cuando
2. decir la verdad / aunque
3. no posponer la entrevista / a menos que
4. expresar sus virtudes / con tal de que
5. desarrollar una buena conversación / para que
6. no pedir una comida copiosa / aunque
7. arreglarse bien / antes de que
8. demostrar interés en la empresa / aunque
9. sentarse y esperar con paciencia / cuando
10. estarse tranquilo / aunque

Conversemos ··

A **¿En broma o en serio?** Dale a la clase una descripción completa de ti mismo(a) que incluya algunas mentiras. Di si tus compañeros pueden identificar las mentiras.

Por ejemplo:

ESTUDIANTE A:

Me comunico bien con la gente, sé desarrollar una buena conversación y nunca pierdo la calma.

ESTUDIANTE B:

Mientes cuando dices que nunca pierdes la calma.

B **"Tres virtudes, tres defectos".** Dile a la clase tres de tus virtudes y tres de tus defectos. Trata de describir los defectos de una manera positiva, como si fueran virtudes.

Por ejemplo: No trabajo muy bien en equipo. Es que soy muy independiente.

C **Lo que busco yo.** Describe lo ideal en los siguientes casos.

Por ejemplo: compañeros
Quiero compañeros que se comuniquen bien, que no mientan y que no hablen mal de nadie.

1. un/a jefe(a)
2. una oficina
3. un horario
4. un sueldo
5. un equipo
6. compañeros
7. deberes
8. un puesto

D **Qué trabajo es trabajar.** Haz una lista de al menos tres quejas que suele hacer la gente que trabaja.

Por ejemplo: Lástima que no paguen un buen sueldo.
Me da pena que nadie tenga ganas de superarse.
Siento que no disponga del tiempo necesario.
Siento que el jefe no demuestre interés en sus empleados.

E **La entrevista.** Entrevista a tu compañero(a) como si tú fueras supervisor/a y tu compañero(a) fuera aspirante. Hazle al menos diez preguntas y toma apuntes sobre lo siguiente.

1. su experiencia
2. sus habilidades
3. sus aficiones
4. sus deseos
5. su horario

A base de esta información, describe el trabajo que le convenga.

Escribamos ....

A **Para superarse.** Escribe tu propio artículo para darles consejos a tus compañeros sobre cómo llevarse bien con los maestros. Escribe al menos diez frases.

B **Se busca.** Escribe un anuncio como los que siguen para describir lo que buscas. Puede ser un/a compañero(a), un/a novio(a), un/a tutor/a, un/a coleccionista (de casetes, carteles, etc.) o alguien que te pueda ayudar a hacer algo (limpiar tu habitación o tu gaveta, hacer tu tarea, etc.).

CLUB DE AMIGOS

● Tengo 17 años. Busco todo sobre Hammer. Escribid **superfanáticos(as).** Elena Rodríguez. Plaza de Lérida, 2–2.º D. 22913 Gerona.

● Mándame fotos, Pósters, reportajes de A-ha y a cambio **recibirás una amistad.** Olga Jaime Muñoz. Lope de Vega, 41–3.º, 1.º 08205 Santander.

● ¡Hola! Soy una chica de 19 años a la que le gustaría recibir correspondencia. Prometo **contestar pronto.** Vasco Núñez de Balboa, 177. Coc. Industrial, Querétaro México. 78172.

● Quisiera ayudar a personas que tengan el problema de **complejo de delgadez.** Me gusta ayudar. Necesito amistades también. Tengo 18 años. Maribel. Barcelona, 66–2.º 28034 Vitoria.

● Soy un chico de 15 años y me gustaría que alguien me enviase **la dirección de Madonna.** También me gustaría cartearme con chicos(as) de todo el mundo entre 13-16 años. Escribid a: Juan Carlos Monroy. Isabel la Católica, 111–2.º B. 28931 Madrid.

● Compro el primer episodio de la serie «**Twin Peaks**». ¡Es urgente! Raúl Pablo Zúñiga. Toledo, 19. 58013 Sevilla.

● Vendo fotos de vuestros artistas favoritos. Heavy, Pop, Rock, **grandes conciertos,** hasta 60. Infórmate y manda sello. Toni Martínez 15–5.º C. 91553 Benidorm.

● Soy un chico agradable que desea amistad con chicas de 16 a 20 años. **Enviad foto, por favor.** Escribid en catalán o castellano. Apartado de Correos 311. 79400 Huelva.

● Grabo cassettes: conciertos, Madonna, Turín 87-Japón 90. **1.100 pesetas, cada una.** Ramón. Federico Anaya, 302. 73004 Salamanca.

● Intercambio y/o compro LP's, Maxis y singles **de cualquier Jackson.** También material videográfico de ellos. Enviad sello respuesta. A. P. C . Sueca, 790, 2.º 64040 Cádiz.

● Me gustaría mantener correspondencia con chicas(os) de **Latinoamérica.** Vicky L. General Molina 37, 0–2.º A. 51120 Lugo.

C **Referencias.** Tu compañero(a) busca trabajo y te pide que le escribas una carta al jefe (a la jefa) de la empresa. Esta carta debe servir para darle información al jefe (a la jefa) sobre tu amigo(a). Usa las preguntas de abajo como guía y trata de usar las siguientes palabras en tu carta.

en primer lugar	aunque	no obstante
además	en cambio	según

1. ¿Cuánto tiempo hace que conoces a tu amigo(a)?
2. ¿Cómo es, realmente?
3. ¿Qué habilidades y experiencia tiene?
4. ¿Se lleva bien con los demás?

Estructura

Para hacer descripciones: Usos más comunes de **ser** *y* **estar**

In the Vocabulario you used the verbs **ser** and **estar** to give advice on job interviewing.

> **El aspirante que quiere conseguir el puesto debe** *estar* **dispuesto a aprender.**

> **En la entrevista** *es* **buena idea** *estarse* **tranquilo(a) y** *ser* **tú mismo(a).**

The verb **ser** is most commonly used to do the following:

1 Identify persons and things in terms of name, nationality, profession, origin, or material.

> **Mi jefe es el señor Bach; es un arquitecto estupendo. No es americano, es alemán.**

2 Indicate ownership.

> **¿De quiénes son estos documentos?**
> **Esta solicitud es de la alumna que quiere ser ayudante de biblioteca.**
> **Esta otra es de un señor que quiere ser bibliotecario.**

3 Provide essential or inherent characteristics in terms of personality or physical attributes or properties.

> **Es un jefe estupendo, realmente genial. Es divertido, paciente y generoso. A veces, es un poco tímido, pero por lo general, con nosotros es muy bueno. Es ese señor que está allá, ¿ves? Es bajo y moreno; ése que es un poco gordo.**

4 Give the time (hour and day).

> **¡Me llamaron para que hable con el jefe! La entrevista es la próxima semana. Es el miércoles a las cinco de la tarde en punto. No creo que sea muy larga.**

The verb **estar** is used most commonly to do the following:

5 Indicate physical location.

> **Los supervisores están con los aspirantes ahora. Están todos en el salón de reuniones. No los molesten.**

6 Describe emotional or physical states.

Mi prima está muy deprimida porque no consiguió el trabajo que quería en la fábrica. Mi tío dice que está bien, que no importa. La pobre está preocupada porque necesita dinero.

7 Used with the past participle, it describes conditions which result from some action.

Fíjate, mamá, que estoy invitado a una cena con la jefa. Estaba parado en el pasillo cuando me invitó.

8 Express reactions or perceptions of how something looks, feels, or appears.

¡Qué guapo estás para la entrevista! ¡Ay!, pero tus manos están heladas. ¡Anímate!; estás muy pálido.

9 While the verb **estar** is used to indicate physical location, the verb **ser** is used to indicate where an event takes place, such as a party, a meeting, or an interview.

La entrevista *es* en la oficina del jefe de personal que *está* en el séptimo piso del edificio.

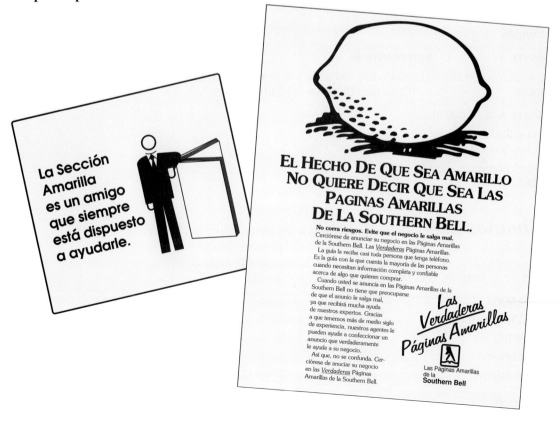

La Sección Amarilla es un amigo que siempre está dispuesto a ayudarle.

EL HECHO DE QUE SEA AMARILLO NO QUIERE DECIR QUE SEA LAS PÁGINAS AMARILLAS DE LA SOUTHERN BELL.

No corra riesgos. Evite que el negocio le salga mal.
Cerciórese de anunciar su negocio en las Páginas Amarillas de la Southern Bell. Las *Verdaderas* Páginas Amarillas.
La guía la recibe casi toda persona que tenga teléfono. Es la guía con la que cuenta la mayoría de las personas cuando necesitan información completa y confiable acerca de algo que quieren comprar.
Cuando usted se anuncia en las Páginas Amarillas de la Southern Bell no tiene que preocuparse de que el anuncio le salga mal, ya que recibirá mucha ayuda de nuestros expertos. Gracias a que tenemos más de medio siglo de experiencia, nuestros agentes le pueden ayude a confeccionar un anuncio que verdaderamente le ayude a su negocio.
Así que, no se confunda. Cerciórese de anunciar su negocio en las *Verdaderas* Páginas Amarillas de la Southern Bell.

Las Verdaderas Páginas Amarillas

Las Páginas Amarillas de la **Southern Bell**

Conversemos ....

A **Perfección absoluta.** Describe las características ideales que tú deseas en las siguientes personas y cosas.

Por ejemplo: una bicicleta

> *Es roja, no es pesada, tiene un asiento muy cómodo, es de 18 velocidades y además...*

1. un/a novio(a)
2. mi mejor amigo(a)
3. un/a maestro(a)
4. un curso
5. un examen
6. un coche
7. un trabajo de tiempo parcial
8. una fiesta

Lamborghini Diablo. Reemplazante del Countach. Lo más logrado de todos los Lamborghini. Con 12 válvulas, 5,7 litros, doble árbol y cuatro válvulas por cilindro de 492 CV a 7 mil vueltas es el auto de calle con vocación deportiva más rápido del mundo. 325 km/h. Un km más que el fabuloso Ferrari F40.

B **Verdades y mentiras.** Prepara una lista de cinco frases verdaderas y falsas, utilizando los verbos *ser* y *estar*. Después, dile las frases a un/a compañero(a). Tu compañero(a) tiene que expresar su opinión sobre cada frase. Apunta lo que dice para compartirlo con la clase después.

Por ejemplo:

ESTUDIANTE A:
(1) Mis abuelos son de Francia.

ESTUDIANTE B:
(2) Dudo que tus abuelos sean de Francia. (Creo que dices la verdad).

ESTUDIANTE A (a la clase):
(3) Marcos duda que mis abuelos sean de Francia.

(Marcos cree que digo la verdad).

Escribamos ....

A **Descripciones.** Escribe descripciones de tres amigos(as) o personas de tu familia. Usa las siguientes preguntas como guía.

1. ¿Cómo son?
2. ¿De dónde son?
3. ¿Qué son?
4. ¿Cómo están?
5. ¿Dónde están?

B **Se busca...** Imagínate que andas buscando a una persona. Elige una de las siguientes y escribe un anuncio para un periódico o una revista. Describe a la persona cuidadosamente con *ser* y *estar*.

- una persona para un puesto específico: cuidar un bebé, enseñar natación, atender las mesas en un restaurante, etc.
- un/a amigo(a) extranjero(a) para mantener correspondencia o intercambiar algo (sellos, carteles, postales, etc.)
- un instructor o profesor particular (*private*) de matemáticas (violín, danza, esquí, tenis, etc.)

C **Futuros trabajos.** Escribe un párrafo de al menos cinco frases sobre lo que deseas en tu futuro trabajo. Describe la empresa, el jefe (la jefa) y los compañeros de trabajo que quieres tener.

Por ejemplo: Quiero que la empresa esté en Nueva York y que esté muy cerca de mi casa porque no tengo coche. Pienso ahorrar dinero para comprar un coche que sea barato. Es importante que algunos compañeros de oficina sean de países hispanos para que a veces podamos hablar un poco de español. No creo que sea difícil aprender con ellos.

D **El siglo XXI.** Escribe una composición sobre el tema de los trabajos del futuro. Usa las siguientes preguntas como guía.

1. ¿Qué trabajos necesitaremos en el futuro?
2. ¿Cómo será el trabajo en cuanto al ambiente, las condiciones, el sueldo y el horario?

Lectura

Antes de leer

Pensemos

A **Trabajos de todos tipos.** En el verano o cuando termines tus estudios es posible que busques trabajo. ¿Vas a trabajar tiempo parcial o tiempo completo? Da tres ejemplos de los trabajos que puedes encontrar en cada caso.

Por ejemplo: **de tiempo parcial**   **de tiempo completo**

mecánico de bicicletas   recepcionista

B **Preguntas de la entrevista.** A menudo, antes de darte el trabajo, el/la supervisor/a te llama para entrevistarte. Con un/a compañero(a) piensen en cinco preguntas que el supervisor puede hacer y cinco que tú puedes hacer durante la entrevista.

Por ejemplo: **Yo quisiera saber...**

¿A qué hora tengo
que estar en la oficina?

El/La supervisor/a quisiera saber...

¿Cuántos años tiene?

C **Temas de la entrevista.** Indica si los siguientes temas de conversación deben darse o no en una entrevista.

1. datos biográficos   **7.** las obligaciones del trabajo

2. aficiones y pasatiempos   **8.** tu personalidad

3. derechos y privilegios   **9.** el horario de trabajo

4. el trabajo ideal   **10.** tu familia

5. el dinero o sueldo   **11.** tus amigos y conocidos

6. tus aspiraciones o metas   **12.** tu coche

PASELA FELIZ ESTE FIN DE AÑO CON UN BUEN EMPLEO

BIMBO

Solicita

AYUDANTES DE VENDEDOR

Requisitos:
* De 21 a 22 años de edad
* 1.70 mts. de estatura
* Buena presentación
* Precartilla del SMN
* Sepan manejar

Ofrecemos:
• $6000,000.00 inicial menual
• IMSS e Infonavit desde el primer día de trabajo
• Buen futuro en el área a corto plazo

Interesados favor de presentarse únicamente martes 5 y miércoles 6 de 9 a 12 horas en **LOS REYES LA PAZ**, en el km. 18.2 Carretera Federal México-Puebla (a media cuadra del Hotel La Paz).

DORMIMUNDO

¿ **TIENES ESPIRITU DE TRIUNFADOR?**

IMPORTANTE EMPRESA EN EXPANSION, SOLICITA

V E N D E D O R E S (A S

REQUISITOS:
-Experiencia en ventas no indispensable.
-Secundaria terminada.
-Excelente presentación.
-Mayores de 20 años.

OFRECEMOS:
* Atractivas comisiones. (más de $1 millón)
* Excelente ambiente de trabajo.
* Prestaciones superiores a las de ley.
* Capacitación y desarrollo.
* Premios, viajes y concursos.

Interesados favor de presentarse de lunes a viernes en **PIURA Nº 815**, Col. Lindavista o llamar a los tels.
765 89 56 ó **675 45 98**
con el **LIC. DAVID GARCIA** de lunes a viernes de 9 a 13 horas.

D **Consejos.** Separa las cosas que es conveniente hacer de las que no es conveniente hacer durante una entrevista.

Por ejemplo: llegar a tiempo / llegar tarde

Es conveniente que llegues a tiempo.

No es conveniente que llegues tarde.

1. contestar las preguntas que te hacen / hablar y hablar como loco(a)
2. vestirse cuidadosamente / usar jeans (vaqueros) y camiseta
3. decir mentiras / decir la verdad
4. tener buenos modales / ser descortés
5. mantenerse serio / reírse mucho
6. responder a todas las preguntas / evitar algunas preguntas
7. demostrar tu personalidad / portarse de una manera artificial
8. fumar / no fumar
9. ponerse nervioso / mantener la calma
10. enfadarse / tener paciencia

Al lector

- No te preocupes si no entiendes todas las palabras de la lectura. Eso es normal.

- No es necesario usar un diccionario. Trata de adivinar las palabras que no conoces.

- Confía en tu español; ¡ya sabes muchísimo!

Miremos

¿Acertaste? Ahora, mira el artículo de las páginas 128–129 y ve si contiene los consejos que escribiste en la actividad D. Marca los consejos que sí aparecen.

La entrevista de trabajo

Es en el caso de la entrevista de trabajo cuando se hace más real que nunca el tópico de que "una imagen vale más que mil palabras". Primero, en tu puntualidad. Si vas a llegar tarde, avisa o pospón la entrevista; no pasa nada. Segundo, en tu vestimenta y arreglo
5 personal. El traje con corbata es imprescindible para los hombres. Mejor oscuro, da seriedad. Nunca vaqueros y chaqueta. Si no dispones de traje, mejor chaqueta azul y pantalón gris. Para las mujeres, falda mejor que pantalón. Y siempre elegante y arreglada.

En la conversación, primordial y primero: demostrar ganas de
10 trabajar. La entrevista busca fundamentalmente sacar una fotografía real de tu personalidad. De las preguntas que te irán formulando surgirán diversas caras de tu persona. Así, pues, ¡sé tú mismo! Demuestra que te conoces. Trata de no mentir nunca, aunque a veces no digas exactamente toda la verdad. ¡Ten cuidado con los
15 estereotipos! Lo que se busca casi siempre son personas que sepan trabajar en equipo.

En la conversación, primordial y primero: demostrar ganas de trabajar.

¿Cuáles son las preguntas típicas? Te pueden preguntar por donde menos te lo esperes: aficiones, familia, relaciones personales, cualquier cosa de tu vida privada. Una pregunta casi obligada es: "Tres
20 virtudes y tres defectos". Lo de menos es la respuesta; lo importante, el modo de responder.

También te pueden preguntar sobre tu trabajo ideal. Da una respuesta realista: entre la verdad de lo que piensas y el contexto real. Otra pregunta: ¿cómo te gustaría que fuera tu jefe? Da una respuesta
25 general, pero nunca hables mal de un superior (tampoco del anterior si ya has trabajado, ni de tus padres). Piensa que tu selección depende de un ejecutivo de la empresa.

En la entrevista, también te tocará el turno de preguntar. Interésate por la empresa. Si la conoces, interésate por su marcha en el mercado;
30 si no tienes datos, pregunta por el puesto de trabajo, las funciones que vas a desarrollar, el plazo para demostrar tus aptitudes, el horario (¡sin parecer un funcionario!), de quién vas a depender, a quién acudirás en caso de duda... Sobre el tema del dinero, mejor no preguntar. Deja la iniciativa a la empresa. Si te interrogan, lleva una idea lógica en la
35 cabeza para responder de tus pretensiones económicas. Si te dan una cifra en bruto, no te importe pedir que te desglosen los conceptos y que te den lo que cobrarás en sueldo neto. Mejor dejarlo claro para que no haya disgustos después.

En la entrevista, también te tocará el turno de preguntar. Interésate por la empresa.

Sobre el tema del dinero, mejor no preguntar. Deja la iniciativa a la empresa.

En general, estáte tranquilo. ¡Muchas entrevistas se definen en los
40 primeros cinco minutos! Sé preciso en tus respuestas. Mantén un tono de seriedad en la conversación. Una broma, aunque te parezca que disminuye la tensión, puede estropear tu imagen. Éste es un primer contacto donde aún no hay confianza. ¡Cuidado con los finales! La entrevista no termina hasta que no estés en la calle. La secretaria
45 puede informar de ti mientras esperas. No demuestres impaciencia.

Últimamente está de moda celebrar la entrevista durante una comida o una cena. Se trata de una excusa para conocerte personalmente; no es una comida entre amigos. ¡Mantén el tipo! Pide un menú sencillo y ligero —nada de darte un banquete. ¡Estás invitado, y la pesadez puede hacerte bajar la guardia! En la mesa valorarán desde tu cultura personal a la hora de mantener una conversación, hasta tus modales y forma de comer. Comunica una imagen de madurez.

5

Leamos

A **En resumen.** Vuelve a leer el artículo. Lee cada párrafo en orden y haz un esquema de la información que se puede encontrar allí. Para cada párrafo, escribe sólo una frase que exprese la idea principal.

Por ejemplo: La idea principal del primer párrafo es que es importante que seas puntual y que te vistas bien cuando tienes una entrevista.

B **¿Cómo es el aspirante perfecto?** Con otra persona, revisa los consejos del texto y escribe una descripción del aspirante perfecto.

Por ejemplo: El aspirante perfecto siempre..., sin embargo nunca...
El aspirante perfecto..., aunque...

C **Buenos empleados.** Según lo que leíste, ¿qué tipo de empleado desean encontrar los patrones o empleadores?

Por ejemplo: Buscan empleados que puedan... y que sepan...

D **Preguntas y respuestas.** Según lo leído, indica si las siguientes respuestas son apropiadas o no. Explica por qué citando la frase correspondiente del artículo.

Por ejemplo: Quisiera saber quién va a ser mi jefe.
Es una pregunta apropiada. El artículo dice que debes preguntar de quién vas a depender.

1. Me desagradaba mi supervisor porque gritaba mucho.
2. He leído en el periódico que las nuevas oficinas de la empresa andan muy bien.
3. Espero que aquí me paguen bastante. Necesito dinero para comprarme ropa.
4. Dejé de trabajar porque no me quedaba bastante tiempo para estudiar.
5. Me fascina todo lo relacionado con negocios y computación.
6. Lo que más me interesa es la experiencia; si Uds. quieren, no me paguen nada.

Mecánico, oficial de primera, apra taller de automótiles de todas las marcas. Imprescindible seriedad. Llamar de 12 a 1. Señor Carranza. ☎ 9543371

Se necesita persona joven. Varón servicio militar cumplido, con carnet conducir para venta productos de artes gráficas. No se precisa experiencia. Formación a cargo de la empresa. Sueldo fijo más comisiones. Interesados, llamar a los **teléfonos 4639345-4638917**, después de las 17:30 horas

Necesítase personal sin experiencía para restaurante MC Donald's en Hiper Continente (Alcobendas). Media jornada. Interesante para estudiante o amas de casa. Llamar, ☎ 226 04 38. De 10-12. Departamento hostelería.
Pizzero maestro. Pizza Piedra, cocina italiana. Preferencia argentinos, uruguayos. Trabajo en Marbella. Contactar ☎ 333 82 79 79, 82 25 92.

Después de leer ....

En otras palabras. Las frases que siguen expresan ideas del artículo, pero en otras palabras. En cada caso ubica la línea del artículo donde se dice algo similar. Luego, intercala (*insert*) la nueva frase en el texto y haz los cambios necesarios.

Por ejemplo: Línea 3: Si sabes que vas a llegar tarde, debes *hacer otra cita.*

Si sabes que vas a llegar tarde, debes avisar.

1. Línea 5: El traje con corbata es *esencial* para los hombres, pero si *no tienes* traje, usa chaqueta oscura y pantalón.

2. Línea 9: Es importante que demuestres *deseos* de trabajar.

3. Línea 11: De las preguntas que te hagan, van a *salir (revelarse) diferentes aspectos* de tu personalidad.

4. Línea 12: Es importante que *no seas artificial (que te portes de una manera natural).*

5. Línea 15: Los jefes buscan personas que sepan trabajar *con otros.*

6. Línea 17: Te pueden hacer preguntas *inesperadas.*

7. Línea 20: *Algo muy* importante es la manera de responder; *menos importante* es la respuesta misma.

8. Línea 28: En la entrevista *tú tambien tendrás la oportunidad* de preguntar.

9. Línea 30: Si no tienes *información* sobre la compañía, pregunta por el puesto que te interesa, *lo que vas a hacer*, y el *período de tiempo* que tendrás para demostrar tus aptitudes.

10. Línea 36: Si te mencionan el dinero, pide que te den *números exactos* de lo que *ganarás* de *salario.*

11. Línea 40: En general, *no te pongas nervioso.* Pero no digas bromas tampoco porque éstas pueden *arruinar* tu imagen.

12. Línea 4: Si te invitan a comer, es mejor pide una comida copiosa porque *la barriga llena* puede hacerte *descuidar tu imagen.*

13. Línea 7: Da una imagen de *adulto.*

Una entrevista fracasada. Con un/a compañero(a) prepara, ensaya (*rehearse*) y representa una conversación entre un/a aspirante y un/a jefe(a). En esta conversación Uds. tienen que mostrar claramente lo que *no* debe hacerse en una entrevista para un trabajo. ¡Sean originales!

¿A qué edad se puede comenzar a trabajar?

Lo que sigue explica qué jóvenes pueden trabajar en España.

- Se prohíbe el trabajo a los menores de 16 años. Con una sola excepción, la del trabajo en espectáculos públicos, que debe ser autorizado, en cada caso, por la autoridad laboral y "siempre que no suponga un peligro para la salud física ni para la formación profesional y humana del menor".

- Los menores de 18 años no pueden realizar trabajos nocturnos, insalubres, penosos, nocivos o peligrosos.

- Los menores de 18 años tampoco pueden realizar horas extraordinarias. Y además... Recuerda que hay dos clases de salarios mínimos. Para los mayores de 18, este año está fijado en 53.250 pesetas[1]. Pero, para los menores de 18 años, la cantidad mínima que se debe exigir es de 35.160 pesetas[2].

[1] $450 aproximadamente

[2] $300 aproximadamente

Conversemos y escribamos

A ¿En qué se parecen y se diferencian el sistema español y el estadounidense en cuanto al trabajo de los menores? ¿Estás de acuerdo o no con estas leyes?

B Con un/a compañero(a), da al menos un trabajo de cada tipo.

Por ejemplo: trabajos peligrosos
obrero de fábrica

1. trabajos peligrosos
2. trabajos nocturnos
3. trabajos que exigen horas extraordinarias
4. trabajos en espectáculos públicos

Currículum vitae

Datos personales

Nombre: Hortensia Rodríguez Pérez
Nacionalidad: española
Dirección: Avda. Bruselas, 81
          28000 Madrid
Teléfono: 787–84–76
Lugar de nacimiento: San Sebastián
Fecha de nacimiento: 4 de junio de 1977
Nombre del padre: Pedro
Profesión: abogado
Nombre de la madre: María
Profesión: su casa (sus labores)

Ocupación actual

Realizo estudios en el Colegio San Juan. Mi horario de clase es de 9,00 a 14,00. Tengo las tardes libres y puedo trabajar de 16,00 a 20,00 horas.

Preparación académica

1. Actualmente estudio 2º en el colegio.
2. EGB, colegio Arturo Soria.
3. Estudio piano en el Conservatorio Serrano.
   Idiomas: español, inglés, alemán.

Puesto que desea: auxiliar de biblioteca

Experiencia profesional

1. No tengo, pero he sido segundo premio en el concurso de cuentos organizado por la revista "Nueva Ola" de Cáceres, abril de 1992, y colaboro en el periódico de mi colegio.
2. Sé mecanografía (diploma que lo acredita).
3. He ayudado en el trabajo de organización de la biblioteca de mi colegio. Sé llevar un fichero bibliográfico.

C Contesta las siguientes preguntas.

1. ¿Qué cosas no se ponen en los currículums de los Estados Unidos que, sin embargo, aparecen en este currículum de una chica española?

2. ¿Qué cosas faltan en este currículum que, según tu parecer, podrían ayudar a la aspirante?

3. Si fueras consejero vocacional, ¿qué tipo de trabajo le sugerirías a esta chica? ¿Por qué? Explica bien.

D Haz tu propio currículum vitae usando el de Hortensia como modelo.

Estructura: Un poco más

¿Eres aburrido(a) o estás aburrido(a)?
Otras diferencias entre ser y estar

Some adjectives convey different meanings, depending on whether they are used with the verb **ser** or **estar**. The following is a list of some of these.

	ser	estar
aburrido(a)	boring	bored
callado(a)	quiet (by nature)	silent
cansado(a)	tiresome	fatigued
divertido(a)	amusing	amused
listo(a)	smart, clever	ready
malo(a)	bad	in poor health
nuevo(a)	newly made	unused
rico(a)	wealthy	delicious
seguro(a)	safe	sure, certain
verde	green	unripe
vivo(a)	lively	alive

Completa las siguientes frases de una manera original.

1. La alumna es lista porque ___ .
2. La alumna está lista porque ___ .
3. El político es aburrido porque ___ .
4. Estamos aburridos porque ___ .
5. David es muy callado porque ___ .
6. Yolanda está callada porque ___ .
7. Mis tíos son muy divertidos porque ___ .
8. Enrique está divertido porque ___ .
9. El niño es malo porque ___ .
10. La niña está mala porque ___ .

Una nueva manera de pensar nunca está fuera de lugar

Para Empezar, una nueva manera de pensar nunca está fuera de lugar con los sucesos más sobresalientes del deporte, en el primer noticiero en vivo de la FM.

Diariamente transmitimos la información más completa y oportuna del mundo deportivo nacional e internacional.

Pedro Ferriz de Con, Alfredo Domínguez Muro y el mejor equipo de reporteros y comentaristas de la FM, cada día listos... Para Empezar.

De lunes a viernes de 7:00 a 9:50, de 13:30 a 15:00 y de 18:30 a 20:00 hrs.* Vía Satélite y en Cobertura Nacional.

* Hora del Centro

Una nueva manera de pensar en el deporte.

para empezar

stereorey
102.5 MHZ.

Diversiones

A **Cinco preguntas.** Piensa en un objeto que sea difícil de descubrir. Tus compañeros(as) te hacen preguntas para adivinar cuál es el objeto. Pero sólo te pueden hacer cinco preguntas y es obligatorio hacer al menos una pregunta con *ser* y una con *estar*.

Por ejemplo: ¿Es grande o pequeño? ¿Está en el aula? ¿De qué color es?

B **La entrevista.** ¿Cómo te comportas en una entrevista? Tus compañeros te van a entrevistar, pero no sabes para qué.

1. Júntate con tres compañeros(as).
2. Cada persona escribe en un papel el nombre de una ocupación.
3. Doblen (*Fold*) los papeles y pónganlos todos juntos.
4. Escojan a una persona del grupo para que sea el entrevistador.
5. El entrevistador toma un papel y entrevista a un miembro del grupo según lo que dice el papel. Por ejemplo, si el papel dice "dentista", el entrevistador va a hacer preguntas que tienen que ver con esa ocupación.
6. La persona a la que entrevistan tiene que adivinar la ocupación.

C **¡Esto sí que es divertido!**

1. En grupos de cinco personas, escojan a una persona para que tome apuntes. El que toma apuntes escribe las siguientes categorías en un papel.

es aburrido(a)	**está aburrido(a)**
es callado(a)	**es rico(a)**
es divertido(a)	**está malo(a)**
es listo(a)	**está callado(a)**
es malo(a)	**está divertido(a)**

2. Ahora, traten de completar todas las categorías con nombres de personas como amigos o familiares, artistas de cine o atletas que quepan en una u otra categoría.

Repaso de vocabulario

Cosas y conceptos

la afición
la aspiración
el defecto
la empresa
la imagen
la madurez
el monosílabo
la obligación
el plazo
la puntualidad
la virtud

Actividades

atrasarse
averiguar
bajar la guardia
demostrar (ue)
desarrollar
disponer de
estar dispuesto(a) a
estropear
mentir (ie, i)
perder (ie) el hilo
posponer
preguntar por
presentarse a
tener ganas de
tomar en broma (en serio)
trabajar en equipo

Otras palabras y expresiones

a tiempo
el/la aspirante
el/la jefe(a)
sobre
tocarle a uno

Capítulo 2 Un paso más

A **En pedir no hay engaño.** Escribe cuatro deseos que tienes para tu escuela. Dáselos a un/a compañero(a). Esta persona debe intentar darte la condición necesaria para que tu deseo se realice.

Por ejemplo:

ESTUDIANTE A: **ESTUDIANTE B:**

Van a construir   Van a construir un nuevo gimnasio
un nuevo gimnasio.   con tal de que haya dinero.

B **Hagamos otro papel.** Con otras dos personas imagínense que son padres y no alumnos del colegio. Expresen sus deseos, emociones y dudas en cuanto a los maestros, estudiantes, equipos deportivos y actividades de la escuela. Agreguen (*Add*) un comentario. Di al menos cuatro cosas.

Por ejemplo: Espero que gane el equipo de fútbol de los chicos este viernes. Si pierden, los muchachos van a estar muy enfadados.

C **Declaración de independencia.** A veces la gente nos hace hacer cosas que no nos gustan. Explica qué tienes que hacer aunque no te guste.

Por ejemplo: Aunque a mí no me gusta la música, mi mamá quiere que yo tome lecciones para que algún día sea músico profesional. Yo creo que todos tenemos derecho a hacer lo que nos gusta.

D **Entrevista.** Con otra persona, prepara una conversación entre un consejero (o un jefe) y un aspirante.

E **Se crean imágenes.** Tú trabajas en una oficina donde le hacen el currículum vitae a gente que lo necesite muy rápido. Prepara una lista de preguntas para hacerle al aspirante (tu compañero[a]) y después entrégale el currículum. Usa el currículum vitae de la página 133 como guía.

F Mi colegio. Si tuvieras que describirle tu escuela a un/a alumno(a) de un país hispano, ¿qué le dirías? ¿Cuáles son las ventajas y los inconvenientes de tu colegio?

1. Haz una lista de lo malo y otra de lo bueno; ordena las cosas en orden de importancia. Luego, toma las tres o cuatro ideas más importantes de cada lista y escribe tus opiniones acerca de ellas.
2. Compara tus listas y opiniones con las de tus compañeros(as). ¿Qué diferencias hay? Defiende tus puntos de vista.

G Querida Abby. A veces le escribimos a "Abby" o a alguien así, cuando tenemos problemas.

1. Escribe una carta en que describes un problema tuyo, fírmala con un nombre falso (por ejemplo, "Estudiante confuso") y ponla en un sobre.
2. Todas las cartas del grupo irán en una bolsa y después cada estudiante sacará una carta de otra persona para responderla como lo hace Abby.
3. Dale recomendaciones apropiadas a la otra persona.
4. Pon tu contestación en un sobre con el nombre falso de la persona y pon la carta en la bolsa otra vez.

H Cuando termines. Habla con tres personas y averigua sus planes para el futuro. ¿Qué piensan hacer? Escribe un resumen de lo que dijo cada persona. En cada resumen, incluye una descripción de su personalidad y un párrafo sobre sus planes.

I Los futuros trabajos. En grupos de tres, cada persona debe dar dos trabajos que le gustaría conseguir en el futuro. Luego, cada uno debe sugerirles a los demás los cursos que deben tomar y la experiencia que deben tener para que consigan los trabajos.

J Los polos opuestos se atraen. Si los polos opuestos se atraen, ¿cómo es tu amigo(a) ideal? Descríbete a ti mismo(a) y a la otra persona usando *en cuanto a...* (personalidad, apariencia física, aficiones, deseos, experiencias, intereses, etc.). Usa el subjuntivo para describir a esta persona y compárate con la persona usando expresiones como *sin embargo*, *en cambio*, *aunque*.

K **Un artículo para la revista.**

1. Todos juntos hagan una lista de problemas o cuestiones importantes que haya en este momento; pueden ser cosas del colegio, de la comunidad, de trabajo, de las pruebas y exámenes, etc.

2. Elijan una cuestión y divídanse en dos grupos: un grupo escribirá sobre un aspecto de la cuestión y el otro sobre otro.

3. Cada grupo debe desarrollar al menos tres ideas para defender su posición.

4. Luego, los dos grupos deben unirse para escribir la introducción y las conclusiones del artículo.

5. Manden el artículo a otra clase de español para que los estudiantes lo lean y expresen sus propias opiniones.

L **Tengo mis razones.** Imagínate que no has podido estudiar para una prueba. Escribe una nota para conseguir que tu maestro(a) te dé una prueba de recuperación. Explica bien por qué no estudiaste y sé amable.

M **¿Cómo será mejor?** Decide según el contexto si las siguientes recomendaciones deben ser para *Ud.*, *tú* o *Uds.*, afirmativas o negativas. Escribe las palabras apropiadas.

Por ejemplo: en la biblioteca: conversar como locos
(Uds., negativa) No conversen como locos.

1. en el cine: hablar durante la película
2. en la sala de biología: tener cuidado con el microscopio
3. en la sala de geografía: perder los mapas
4. en el gimnasio: caminar con tacos altos *(high heels)*
5. en la cafetería: tirarse comida como locos
6. en el baño: dejar las llaves abiertas *(the water running)*
7. en la cocina: poner los platos sucios en el lavaplatos

CAPÍTULO 3
Amistades y amores

En esta lección

Vocabulario

Para que las amistades duren *(friendships last)...*

los amigos deben...

conocerse bien el uno al otro.

llevarse bien el uno con el otro.

quererse *(love, care for)* con sinceridad.

guardar los secretos.

deshacerse de *(get rid of)* los egoísmos.

juntarse *(get together)* a menudo.

compartirlo todo.

apoyarse en todo.

ayudarse en el colegio.

pasarlo bien *(have a good time)* juntos.

mantenerse en contacto.

y no deben...

escuchar los rumores de los demás.

pelearse el uno con el otro.

ignorarse cuando les conviene.

meter la pata *(put one's foot in one's mouth)* y contar un secreto.

ser egoístas.

olvidarse el uno del otro.

ocultarle *(conceal)* nada al otro.

abandonarse por miedo.

competir el uno contra el otro.

pasarlo bien solos.

dejar de hablarse.

Para que dure el noviazgo *(courtship)...*

los enamorados deben...

amarse *(love)* el uno al otro.

abrazarse *(hug)* y besarse *(kiss)* mucho.

ser fieles *(faithful)*.

respetarse el uno al otro.

y no deben...

tener celos *(be jealous)*.

pelearse.

ser infieles.

faltarse el respeto el uno al otro.

Antes de casarse los novios...

se enrollan *(get involved)*.

se enamoran.

se comprometen.

Pero también, a veces...

se dejan.

rompen *(break up)* el uno con el otro.

son infieles.

A los diez años es normal...	y a los quince...
obsesionarse con... los videojuegos.	los novios.
deshacerse de... los amigos no aventureros.	los novios infieles.
enterarse de... los secretos de un amigo.	los secretos del amor.
contar con... *(rely on)* el perro y el gato.	el/la amigo(a) del alma *(soul mate, best friend).*
tener éxito en... las carreras de bicis.	los concursos deportivos.
confiar en... *(trust)* los padres.	sí mismo(a).
llevarse bien... con todos.	sólo con algunos.
avergonzarse por... *(be embarrassed about)* olvidar la tarea.	olvidar el cumpleaños del amigo.

A una *Bella Quinceañera*
¡MUY FELIZ CUMPLEAÑOS!

TE QUIERO!
TE AMO!
TE ADORO!
ERES TODO
ARA MÍ!

Boynton

Andrés Durazo
Mercedes Castro de Durazo

Lucia Maria
Torres Hernández

Tienen el gusto de invitarle (s) a la unión eclesiástica
de sus hijos:

Milagros y Carlos

Acto que se efectuará en la Iglesia San Francisco de Asis,
El Café, Edo. Miranda,
el día 18 de Diciembre de 1993. Hora 7:00 p.m.

Recepción: Calle El Jabillar, lateral a la Iglesia, El Café, Edo. Miranda.

Asociaciones

A **Nos conocemos bien.** Describe tu relación con tu amigo(a) y di con qué frecuencia hacen cada cosa juntos.

(casi) siempre   muchas veces   de vez en cuando
(casi) nunca

Por ejemplo: llevarse bien
                 Nos llevamos bien casi siempre.

1. pelearse
2. ayudarse
3. compartirlo todo
4. contarse los secretos

5. confiar el uno en el otro
6. comprenderse
7. juntarse
8. pasarlo bien juntos

B **La verdad de las cosas.** Completa las siguientes frases para describir a tus amigos(as).

Por ejemplo: Lo paso bien con mis amigos cuando... pero no cuando...
                 Lo paso bien con mis amigos cuando salimos por la noche pero no cuando tenemos que hacer tareas.

1. Cuento con amigos que ___ pero no con amigos que ___ .
2. Me llevo bien con la gente que ___ pero no con la gente que ___ .
3. Me obsesiono con chicos (chicas) que ___ pero no con los (las) que ___ .
4. Siempre confío en los (las) amigos(as) que ___ pero desconfío de los (las) que ___ .
5. Me avergüenza cuando mis amigos(as) ___ pero me encanta cuando ___ .
6. No me enrollo con ___ pero sí me enrollo con ___ .
7. Comparto todo con ___ pero no con ___ .
8. Me enfada mucho cuando mis amigos ___ pero no cuando ___ .

C **Consejos entre amigos.** Completa las siguientes frases para dar consejos a tus amigos(as). No hay necesidad de que des el nombre si no quieres.

Por ejemplo: A ___ le recomiendo que ([no] deshacerse) de ___ .
                 A mi amiga Ann le recomiendo que se deshaga de los egoísmos.

1. A ___ le aconsejo que ___ ([no] romper) con ___ .
2. A ___ le recomiendo que ___ ([no] obsesionarse) tanto con ___ .
3. A ___ le digo que ___ ([no] casarse) con ___ .

Antes que te cases
mira lo que haces.

4. Espero que ___ ([no] enterarse) de que ___ .

5. Me molesta que ___ (perder) tanto tiempo con ___ .

6. Quiero que ___ (enamorarse) de ___ .

7. Siento que ___ (ocultarle) todo a ___ .

8. Me avergüenza que ___ (enrollarse) con ___ .

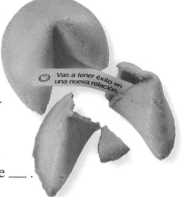

Vas a tener éxito en una nueva relación.

D **Galletitas de la fortuna.** Con otra persona, completa los siguientes mensajes para poner en una galletita de la fortuna para otras personas de la clase.

1. Conocerás a ___ .

2. Vas a enamorarte de ___ .

3. Te casarás con ___ .

4. Tendrás éxito si ___ .

5. Vas a enterarte de (que) ___ .

6. Puedes contar con ___ .

7. Vas a enrollarte con ___ .

8. No debes pelearte con ___ .

9. Te van a contar ___ .

10. Te desharás de ___ .

11. Te vas a enamorar de ___ .

12. Te vas a avergonzar porque ___ .

E **¿Qué significa "tener éxito"?**

1. Haz una lista de las palabras que asocias con la palabra "éxito".

2. Luego, pregúntales a varios(as) alumnos(as) qué significa "tener éxito" para ellos(as).

3. Anota las respuestas y después identifica lo que tienen en común. Preséntale los resultados a la clase.

Por ejemplo: Desde mi punto de vista, tener éxito significa llevarse bien con los amigos.

Según mis amigos, es tener un buen trabajo y ganar mucho dinero.

TUS EXITOS DE SIEMPRE

CADENA ESTEREOTEMPO

CALIDAD DE MUSICA, CALIDAD DE VIDA

WIDA 99.9 San Juan / WIOB 97.5 Mayagüez / WIOC 105.1 Ponce

Conversemos ....

A **Los estereotipos.** Como los estereotipos son malos, es mejor analizarlos.

1. Con otra persona, escriban cinco estereotipos que la gente tiene de las mujeres y otros cinco asociados con los hombres.

2. Conversen con otras dos personas para ver si Uds. comparten los estereotipos o no.

3. Si no están de acuerdo, deben explicar por qué.

Por ejemplo: Por lo general, la gente cree que a las chicas sólo les interesa la moda y que a los chicos sólo les interesan los deportes.

ESTUDIANTE A:

Estoy de acuerdo porque...

ESTUDIANTE B:

No estoy de acuerdo porque...

B **No somos perfectos.** Cuando uno tiene un/a amigo(a) del alma, uno acepta los puntos negativos que pueda tener. Sin decir los nombres, piensa en dos amigos(as) y da un punto negativo y uno bueno de ellos(as).

Por ejemplo: Siento que mi amigo sea un poco despistado, pero me alegro de que yo pueda confiar en él. Siento que mi amiga siempre meta la pata, pero me alegro de que no preste ninguna atención a los rumores.

C **Éxito.** De las siguientes condiciones para una vida feliz, elige tres que sean importantes para ti. Luego, di al menos dos cosas que puedes hacer para convertirlas en realidad.

Por ejemplo: Mis padres y yo nos llevamos bien.
Para que mis padres y yo nos llevemos bien, ayudo en casa y salgo con mi novio sólo los sábados y los domingos.

1. Me enrollo sólo con chicos(as) que valen la pena.

2. Mis amigos y yo nos llevamos bien.

3. Nunca tengo que estar solo(a).

4. Mis amigos(as) no hablan de mí cuando no estoy con ellos(as).

5. Mis amigos(as) me respetan.

6. No me obsesiono con los novios.

D **Sueños y esperanzas.** Expresa tus sueños y esperanzas en cuanto a lo siguiente.

Por ejemplo: En cuanto al noviazgo,...
En cuanto al noviazgo, quiero que sea largo y que mi novio me dé un anillo de diamantes.

1. En cuanto al noviazgo, ___ .

2. En cuanto al casamiento, ___ .

3. En cuanto a los hijos, ___ .

4. En cuanto a los aniversarios de matrimonio, ___ .

Escribamos

A **Consultorio sentimental.** Imagínate que tienes un consultorio sentimental y que has recibido muchas cartas pidiendo consejos. Escríbele una carta a una de las personas de la lista que sigue, dándole consejos y soluciones para su problema. Sé amable y trata de incluir las siguientes expresiones.

| Me alegro de que... | ¡Qué bueno que...! | Es preciso que... |
| Siento que... | ¡Lástima que...! | No creo que... |

- Un chico está saliendo con dos o tres chicas y no puede decidirse por ninguna.
- La novia de un chico pasa más tiempo con sus amigas que con él.
- Una chica no quiere romper con su novio, aunque ya no lo ama, porque no quiere quedarse sola.
- Una chica de 13 años quiere salir con un chico pero sus padres no le dan permiso.
- Un chico acaba de enterarse de que su novia le ha sido infiel. ¿Debe creer los rumores o creer que son mentiras de gente envidiosa?
- Una chica está enojada porque está enamorada de un chico y a la madre de ella no le gusta que él la visite en casa.

B Asuntos amorosos

1. Con otra persona, haz una lista de cinco preguntas interesantes que puedan usar para entrevistar a sus compañeros(as) sobre temas del corazón.
2. Usen las preguntas para entrevistar a cinco personas.
3. Luego, escriban un resumen de lo que averiguaron. Usen porcentajes (%) para expresar las cantidades.

Por ejemplo: Pregunta: ¿Qué debe hacer una chica si descubre que su novio le ha sido infiel?

Resumen: Un diez por ciento de los entrevistados cree que... Según un cincuenta por ciento... Casi todos dicen que...

C No pierdan la confianza.

Para mantener buenas relaciones con la gente es necesario reconocer lo que hemos hecho y pedir excusas cuando todo salió mal. Escribe una excusa por cada una de las siguientes cosas.

Por ejemplo: Has llegado tarde a una cita con un amigo.

Siento haber llegado tarde. Es que había mucho tránsito en la carretera.

1. Has metido la pata.
2. Has creído un rumor falso.
3. No has confiado en tu amigo.
4. Has peleado con un/a amigo(a).
5. Has roto con un/a amigo(a) que quieres mucho.
6. Has salido con el novio (la novia) de tu amiga (amigo).
7. Todavía no le has devuelto el dinero que te prestó tu amigo.

Si quieres tener enemigos, presta dinero a tus amigos.

Estructura

Para decir lo que has hecho, lo que debes haber hecho y lo que otros esperan que hayas hecho: Los tiempos perfectos

You have practiced apologizing and expressing gratitude for things that have happened.

Siento no haber sido más amable.

Gracias por haberme dicho la verdad.

1 To express both of these, you used the verb **haber** and the past participle of the verb that indicated what was or was not done. To form the past participles of verbs, use the following endings.

-*ar* verbs: *-ado* **enrollado, enamorado, casado**
-*er* and -*ir* verbs: *-ido* **compartido, metido, querido, sido, ido**

2 Any pronouns used (reflexive, direct, or indirect object), will be attached to the end of the verb **haber**.

Siento haberme enrollado con ese chico.

Gracias por haberme contado la verdad sobre sus amores.

3 The perfect tenses are formed by using the forms of the verb **haber** plus the past participle of the verb. The following are forms of **haber** in the present tense and the present subjunctive tense.

Present perfect	
he	hemos
has	habéis*
ha	han

Present perfect subjunctive	
haya	hayamos
hayas	hayáis*
haya	hayan

* This form is rarely used in the Spanish-speaking world, except for Spain.

4 Some past participles are irregular. Can you give the infinitives corresponding to each of the following?

abierto
cubierto / descubierto
escrito / suscrito / descrito / inscrito
vuelto / devuelto / revuelto / envuelto
visto / previsto
puesto / dispuesto / repuesto
muerto
roto
dicho / predicho
hecho / deshecho

Querida Maricarmen:
    Nunca he tenido una amiga tan buena como tú. Ojalá que yo también haya sido buena amiga para ti. Si te he ofendido, no creo que haya sido a propósito.

        Te quiere
        María Cecilia

5 Use the perfect tenses when you wish to do the following.

a. You wish to summarize the past in terms of what has or has not happened. In this case, you will use the present perfect indicative.

Ya he salido con él tres veces.

Ella me ha prometido salir conmigo este viernes.

b. You wish to express a desire, need, doubt, hope, reaction, or emotion about what has (not) been done, or you are describing the characteristics of something non-specific. In this case, you will use the present perfect subjunctive.

Espero que mi novio haya encontrado mi mensaje.

No creo que este chico haya tenido mucha confianza en sí mismo.

¡Me alegro de que finalmente se haya casado!

Necesito hablar con una persona que ya se haya enrollado.

Notice in the last two sentences that when you are using pronouns with a non-infinitive form of **haber (haya)**, these pronouns will be placed before the form of **haber**.

6 The following are some expressions that will often be used with the perfect tenses.

alguna vez	**nunca**	**ya**
por fin	**todavía no**	

Papá, desde que he madurado, me doy cuenta de todas las cosas que tú has hecho por mí...

Un regalo en tus 15 Años

Conversemos

A **Ya he hecho mucho.** Impresiona bien a tus compañeros(as) contándoles tres cosas que has hecho que tú crees que ellos(as) no han hecho nunca.

Por ejemplo: He acampado en Machu Picchu. No creo que nadie haya hecho eso.

B **Me queda un pozo.**

1. Haz una lista de cinco cosas que no has hecho nunca y que quieres hacer algún día.

2. Luego, pregúntale a tus compañeros(as) si ellos(as) las han hecho. Toma apuntes de quién ha hecho qué cosa.

3. Sigue preguntando hasta que encuentres al menos una persona por cada cosa.

4. Finalmente, hazle un resumen a la clase. Si hay algo que nadie ha hecho, di: "Nadie lo ha hecho".

Por ejemplo: esquiar

ESTUDIANTE A:
Siento no haber esquiado todavía. ¿Has esquiado alguna vez?

ESTUDIANTE B:
Sí, claro.

ESTUDIANTE A:
(A la clase:) No he esquiado todavía, pero Raquel lo ha hecho.

C **Nuevas amistades.** Acabas de conocer a alguien. ¿Qué preguntas le puedes hacer para saber qué ha hecho en su vida? Apunta dos preguntas para cada una de las siguientes categorías.

1. sus amistades   3. sus colegios   5. sus pasatiempos
2. sus aventuras   4. sus obsesiones

D **Me he portado bien.** Di cinco cosas que (no) has hecho últimamente que hicieron muy feliz a una persona importante para ti.

Por ejemplo: Mi novio se alegra de que no le haya hecho preguntas sobre sus actividades. Está muy feliz.

E **¡Qué esperanza!** Ahora di qué cosas esperas que tres personas diferentes hayan hecho para hacerte feliz a ti.

Por ejemplo: Espero que Miguel haya roto con su novia porque quiero salir con él.

Amor sin celos
no lo dan los cielos.

F **¿Compatibles?** ¿Qué buscas en un amigo (una amiga) o un novio (una novia) en cuanto a sus experiencias? Diles a tus compañeros si las siguientes experiencias te importan o no. Explica por qué.

Por ejemplo: viajar mucho

Busco una novia que haya viajado mucho. No me importa que no haya vivido en esta ciudad por mucho tiempo. Yo he viajado mucho y quiero que mi novia tenga las mismas experiencias.

1. sacar buenas notas
2. leer muchos libros
3. practicar muchos deportes
4. conseguir su licencia de manejar
5. enrollarse con muchos(as) chicos(as)
6. vivir aquí por mucho tiempo
7. deshacerse de...

Dime con quién andas
y te diré quién eres.

G **Planes.** Pregúntale a dos personas cuándo piensan hacer lo siguiente. Luego, anota cuáles son tus propios planes.

Por ejemplo: casarse

Jane piensa casarse cuando haya... Jeff cree que no va a casarse hasta que haya... Yo pienso que no me caso a menos que...

1. tener éxito en la vida
2. enamorarse de alguien
3. casarse
4. decirle "te quiero" a alguien
5. comprometerse
6. tener novio(a) en serio
7. aprender a hacer algo atrevido
8. deshacerse de un/a novio(a)
9. irse a otra ciudad

Escribamos ....

A **Mi vida es un poema.** Usa el poema que está a la derecha para describir tu propia vida, en términos de lo que ya has hecho y de lo que todavía te queda por hacer. Completa lo siguiente.

1. En la vida ya he hecho un poco. Por ejemplo, ___ .
2. Pero me queda mucho. Por ejemplo, ___ .
3. En el amor, ya he hecho mucho. Por ejemplo, ya ___ .
4. Pero me queda un pozo. Por ejemplo, ___ .

En la vida
Ya he hecho un poco,
pero me queda mucho.
En el amor
Ya he hecho mucho,
pero me queda un pozo.
Gloria Fuertes

B **Amigos de tu propia familia.** A veces nos olvidamos que algunos parientes son nuestros mejores amigos. Escríbele una carta a uno(a) de ellos. Describe las cosas que él o ella ha hecho por ti. Dale las gracias por los favores que te ha hecho y excúsate por lo malo que le hayas hecho.

Lectura

Antes de leer

Pensemos

A **¿Por qué me importan tanto?** Haz una lista de las cinco personas más importantes en tu vida. Después, explica por qué te importa tanto cada una de ellas.

Por ejemplo: mi padre

Mi padre me importa mucho porque es la única persona que me comprende (que me da...).

B **No siempre es miel sobre hojuelas.** No siempre nos resulta la amistad con alguien. Con otra persona haz una lista de razones de por qué las cosas salen mal a veces.

Por ejemplo: A veces es difícil hacer amigos porque estudiamos mucho (en casa no nos permiten que hablemos mucho por teléfono, no tenemos dinero, etc.).

C **Lado bueno, lado malo.** Con otra persona, lee la siguiente lista y luego separa las cualidades en dos grupos: **a)** cualidades que ayudan a conocer gente y **b)** cualidades que impiden conocer gente. Luego, numera las cualidades de cada lista según su importancia (el número 1 es lo más importante).

Ayudan a conocer gente...   **Impiden conocer gente...**

la arrogancia	la envidia	la sensibilidad
la avaricia	el esnobismo	el silencio
la competencia	la extroversión	la sinceridad
la confianza	la imaginación	la sociabilidad
la cooperación	la introversión	la timidez
el egoísmo	el miedo	

En el Parque del Retiro, Madrid.

A **¿De qué se trata?** Estudia el formato del artículo de las páginas 154 y 155 y lee el título y el párrafo de introducción. ¿Cuál de las siguientes ideas representa mejor qué tipo de artículo es? ¿Por qué piensas así?

1. Es una entrevista entre un psicólogo y una paciente.

2. Es una sección de un capítulo de un texto de psicología.

3. Es una sección de consejos de una revista.

B **La pregunta principal.** Lee el primer párrafo del artículo.

1. Con otra persona, hagan una lista de los problemas que menciona la chica.

2. Intenten identificar su pregunta principal. Escriban la pregunta con sus propias palabras.

C **Los puntos importantes.** Ahora, lee el último párrafo.

1. Con otra persona, ubiquen y hagan una lista de los consejos que el autor le sugiere a la chica.

2. Identifiquen el consejo más importante y escríbanlo con sus propias palabras.

Al lector
● No te preocupes si no entiendes todas las palabras de la lectura. Eso es normal.
● No es necesario usar un diccionario. Trata de adivinar las palabras que no conoces.
● Confía en tu español; ¡ya sabes muchísimo!

Consultorio de psicología:
Por timidez todavía no tengo novio

Bernabé Tierno, asesor del consultorio de psicología de *Mía* está a tu disposición cada semana en esta página. En ningún caso *Mía* revelará tu identidad.

Tengo 22 años y, como se dice ahora, no me he "enrollado" nunca y al ver que alguna de mis amigas lo ha conseguido y yo no, estoy un tanto acomplejada y obsesionada. La verdad es que no tengo problemas para relacionarme con la gente y cuento con buenos amigos y amigas, aunque me llevo mejor con los chicos que con las chicas. Tengo dos buenos amigos con novia que me cuentan sus problemas. Ellos se las arreglan muy bien, pero ¿y yo? De todos los chicos que me han gustado, que han sido tres, no he conseguido nada más que hablar con ellos, pero sin que se enterasen de que me gustaban, pues me hubiera muerto de vergüenza.

¡Aconséjame!

5

10

Son bastantes las cartas que recibo como la tuya y en muchas me piden que no la publique, lo cual es un tremendo error. Este problema que nos ocupa es bastante frecuente. Siempre hay chicas que, antes incluso de los veinte años, ya se angustian porque algunas de sus amigas ya se han "enrollado" y ellas no. En el 95 por ciento de los casos todo se debe a la timidez, a los complejos y a la falta de decisión y confianza en sí mismas. Dices que si alguno de esos tres chicos que te gustaban se hubiera enterado del interés que sentías por ellos, "te hubieras muerto de vergüenza". Nadie que se avergüence de sentirse atraído por otro y de amarlo, puede tener éxito en el amor. Tú misma, mi querida amiga, te estás cerrando las puertas. Amar es, sobre todo, dar, salir de uno mismo e ir al encuentro del otro con naturalidad, espontaneidad y confianza. Cultiva estas virtudes, estos valores, y verás que no tardas en encontrarte saliendo como amiga y después como "algo más" con alguno de esos chicos que te gustan o con otros que vendrán. Confía en ti y en tu capacidad de darte, de querer y de necesitar ser feliz haciendo feliz a otra persona. Procura deshacerte de ese complejo de timidez que te impide abrirte a los demás. Descubre lo maravilloso que es amar y ser amado.

En el 95 por ciento de los casos todo se debe a la timidez, a los complejos y a la falta de decisión y confianza en sí mismas.

Nadie que se avergüence de sentirse atraído por otro y de amarlo, puede tener éxito en el amor.

Leamos

A **En resumen.** Con otra persona, lean otra vez la carta que escribió la chica y completen las siguientes frases para resumir su problema.

1. Su problema es que nunca ha tenido ___ .
2. Pero ha tenido buenos amigos. Por ejemplo, dice que ___ .
3. Sus mejores amigos siempre han sido ___ .
4. Por ejemplo, dice que ___ .
5. A ella, le han gustado mucho ___ , pero tan tímida era que no ha hecho nada más que ___ .
6. A causa de su timidez, ella no quiere que los chicos sepan que ___ porque dice que ___ .

B **Analizando la respuesta.** Con otra persona, lean otra vez la respuesta que le da el psicólogo. Lean el párrafo de consejos y completen las siguientes frases con palabras apropiadas de la lista.

cerrar confianza decisión impedir salir

1. Para Tierno, la timidez es la falta de ___ y de ___ en sí mismo.
2. La timidez es como ___ las puertas del alma.
3. Es necesario ___ de uno mismo.
4. La timidez le ___ abrirse a los demás.

C **¿Cierto o falso?** Di si las siguientes frases son ciertas o falsas según la información del artículo. Respalda tu decisión en cada caso y, si la frase es falsa, cámbiala para que sea verdadera.

1. La chica ha tenido muchos novios.
2. Esta chica tiene problemas graves, especialmente para hacerse amiga de otras personas.
3. Según Tierno, tener veintidós años y nunca haberse enrollado es normal.
4. Ella habla con los chicos de los problemas con sus novias.
5. Hay que tener confianza en otras personas y en sí mismo para amar de verdad.

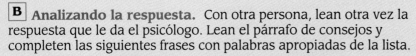

Y tú... ¿QUIÉN ERES?

¡Cuates del alma! Ahí les va otra parte de las cartas que nos
siguen llegando de todos los que quieren tener amigos por

Después de leer ....

Analicemos

A **Derivaciones.** En las listas que siguen hay palabras asociadas entre sí. Lee el artículo otra vez y busca las palabras apropiadas para completar lo siguiente oralmente.

Sustantivo	Verbo	Adjetivo
1. complejo	acomplejar	_____
2. amor	_____	_____
3. angustia	_____	angustiado
4. atracción	atraer	_____
5. _____	avergonzarse	avergonzado
6. obsesión	obsesionar	_____
7. confianza	_____	confiado
8. _____	valorar	valioso

B **Causa y efecto.** Completa las siguientes frases con tus propias ideas, ejemplos o sentimientos.

Por ejemplo: Por vergüenza (no)...
   Por vergüenza no puedo hablar enfrente de un grupo.

1. Por timidez (no) ___ .
2. Por vergüenza (no) ___ .
3. Por confiar en mis amigos (no) ___ .
4. Por desconfiar de mis amigos (no) ___ .
5. Por ganas de enrollarme (no) ___ .
6. Por atracción a ___ (no) ___ .
7. Por ser querido por ___ (no) ___ .
8. Por no llevarme bien con ___ (no) ___ .

Apliquemos

A **Novios ideales.** Describe las cualidades que buscas en un/a novio(a). Escribe tres frases sobre el/la novio(a) de tus sueños.

Por ejemplo: Busco una novia que pueda comprender a mi familia.

B **Ventajas y desventajas.** En grupos de tres personas, piensen en lo bueno y lo malo de enrollarse. Luego, escojan las cinco mejores razones de cada lista y preséntenselas a la clase.

Razones para enrollarse   **Razones para no enrollarse**

¿Qué es la amistad?

Amistad es...
- una puerta que se abre.
- una mano que se extiende hacia ti.
- una sonrisa que te alienta.
- una mirada que te comprende.
- una lágrima que se une a tu dolor.
- una palabra que te anima.
- una crítica que te mejora.
- un abrazo de perdón.
- un esperar sin cansancio.

Dyna Ponce, México

Conversemos y escribamos ....

A ¿Cuál de los versos del poema de Dyna describe la amistad de mejor manera, según tu parecer? Explica por qué.

Por ejemplo: **Para mí, la amistad es una crítica que te mejora porque cuando sigo los consejos de mis amigos, me va mejor.**

B La lista que sigue contiene palabras que la gente hispana asocia con la palabra "amistad". Estúdiala y contesta las siguientes preguntas.

comida	hablar	prima	reunión familiar
conversación	hijos	regalos	secretos
escribir cartas	hombres	risa	salir
fiesta	mi cumpleaños	recuerdos del pasado	té

1. ¿En qué categorías puedes clasificar estas palabras?

2. ¿En qué se parecen y en qué se diferencian estas categorías cuando las comparas con tus propias asociaciones?

3. ¿Qué revelan estas categorías en cuanto a las nociones de amistad que tienen los hispanos?

Las que siguen son notitas escritas por dos jóvenes para sus novios.
Léelas y decide cuál de ellas podrías haber escrito tú.

Ramiro:

Jamás me cansaré de repetirte que yo no me fui a pasear con Carlos en su automóvil. ¡Sería incapaz de serte infiel! La chica que se subió era Maritza.

Pero si tú no me crees, ¿qué podemos esperar de nuestra relación? La base del noviazgo es el amor, y del amor, la confianza. Piensa bien esta situación. Tal vez sea mejor que cada uno siga su camino.

Gioconda M., Colombia

Karla:

Por los rumores que llegarán a ti, sabrás lo que nunca me atreví a decirte... ¡que te amo!

Si algún día nos volvemos a encontrar, podré mirarte frente a frente, y te preguntaré si acaso tú también me amaste, o si sólo me viste como a tu mejor amigo.

Mario R., Venezuela

C Di cuáles de los siguientes sentimientos o problemas se encuentran en las cartas mencionadas abajo.

la amistad	**la infidelidad**
el amor	**el miedo**
los celos	**los rumores**
la confianza	**la separación**
la desconfianza	**la timidez**
la desilusiónla	**la vergüenza**

1. la carta de Mario a Karla
2. la carta de Gioconda a Ramiro
3. las dos cartas
4. ninguna de las dos cartas

Estructura: *Un poco más*

Para hablar de sí mismo y del uno al otro

1 To express the notion of "oneself" or to clarify that you are referring to yourself, himself, and so on, use the following.

To say:	*Use:*
"myself"	**mí mismo(a)**
"yourself" informally	**ti mismo(a)**
"yourself" respectfully	**sí mismo(a)**
"himself / herself"	**sí mismo(a)**
"themselves" / "yourselves"	**sí mismos(as)**
"ourselves"	**nosotros(as) mismos(as)**

El concepto que yo tenga de mí misma afecta la manera en que amo a mi novio.

2 To express the notion of "each other" ("they love each other," "we depend on each other"), study the following.

a. Some verbs use the reflexive pronouns **se** and **nos**.

Nos saludamos.

Nos besamos.

b. With other verbs you will add the expression **el uno... el otro (la una... la otra)** for clarity.

Los novios se obsesionan el uno con el otro.
Para llevarse bien el uno con el otro, las claves son:
comunicarse, amarse y saber respetarse el uno al otro.

3 Some verbs are not made reflexive, but use the construction **el uno** + preposition + **el otro**.

confiar el uno en el otro

desconfiar el uno del otro

depender el uno del otro

contar el uno con el otro

competir el uno contra el otro

Di tres cosas que tú y un/a amigo(a) siempre hacen el uno por el otro o la una por la otra.

Por ejemplo: Dependemos el uno del otro.

Diversiones

A **(In)fiel hasta la muerte.** Secretos, rumores, fidelidad, infidelidad—¡todo eso se encuentra en las telenovelas! Con tres compañeros(as), inventen una escena muy dramática para el último episodio de *(In)fiel hasta la muerte.* Deben incluir los elementos típicos de las telenovelas: peleas, sorpresas, celos, obsesiones, etc. Luego, preséntenle su escena a la clase.

Jeannette Rodríguez
y el mundo
mágico de las
telenovelas

B **¡Ayúdeme, por favor!** En tres papelitos escribe una pregunta sobre asuntos de amor, los novios, los complejos, problemas con los padres, etc. Pon tus preguntas en una bolsa con las de tres de tus compañeros. Luego, túrnense sacando una pregunta, leyéndola en voz alta y dando una respuesta o solución. Continúen contestándolas hasta que cada persona haya contestado dos preguntas.

© Joaquín Salvador Lavado (QUINO)

Repaso de vocabulario

Conceptos

el alma (f.)
la amistad
el egoísmo
el respeto
el noviazgo
el rumor
la sinceridad

Actividades

abandonar
abrazar
amar
avergonzarse (por) (ue)
besar
confiar en
contar con
convenir (ie)
deshacerse de
durar
enrollarse
faltar el respeto
ignorar
juntarse
mantenerse en contacto
meter la pata
ocultar
pasarlo bien
pelearse
querer (ie) *(to love)*
respetar
romper *(to break up)*
tener celos

Descripciones

aventurero(a)
fiel
infiel
solo(a)

Otras palabras y expresiones

a los... años
a menudo
el/la amigo(a) del alma
por fin
sí mismo(a)
sólo
tener celos
el uno al otro (la una a la otra)

POLICIA AMIGO

En todo momento usted podrá contar con un POLICIA AMIGO sobre todo en aquellos en que peligra su Persona, su Familia y su Patrimonio

Estamos traba... para ser p... dignos de serv... Familia Son... con nuestro ... y su ... ¡CUMPLI...

POLICIA AMIGO
...s de una autoridad, soy un Servidor P...
...DAD DE DEMO...

Lección 2

Vocabulario

Mi primer amor era...

un príncipe.
una princesa.
un rey.
una reina.
un tesoro *(treasure)*.
una diosa *(goddess)*.

En su presencia había...	En su ausencia había...
sol.	sombra *(shadow)*.
claridad *(light)*.	oscuridad *(darkness)*.
risas *(laughter)*.	lágrimas *(tears)*.
llamas *(flames)*.	cenizas *(ashes)*.

Pero a veces...	mientras *(while)* yo...
se burlaba de mí *(made fun of me)*	fingía *(pretended)* que no me importaba.
me tomaba el pelo *(teased)*	lo(la) ignoraba.
me asustaba con sus ideas	disimulaba *(pretended, hid my feelings)*.
se fijaba en *(noticed)* otras personas	no le hacía caso *(paid no attention)*.
se alejaba de mí	me acercaba *(grew closer)* a él (ella).
se reía de mí a carcajadas *(laughed at me uncontrollably)*	lloraba a gritos *(cried my eyes out)*.
coqueteaba *(flirted)* con los(as) chicos(as)	le era fiel.
decía chismes *(gossiped)*	me callaba.
sospechaba de mí *(was suspicious of me)*	confiaba en él (ella).

Era tan bonita; tenía...	Era tan guapo; tenía...
la piel como de seda *(silk)*. los ojos llenos de luz. el rostro *(face)* dulce. el cabello *(hair)* precioso. un corazón de oro.	ojos de gato. hombros de atleta. una cara tan varonil *(virile)*. manos grandes y bellas.

El amor es ciego *(blind)*. Para mí, él (ella) era...	Pero entonces me rompió el corazón. Ahora lo (la) considero...
misterioso(a) como una persona distante. travieso(a) *(mischievous)* como un mono. dulce como un ángel. cómico(a) como un payaso *(clown)*. fuerte como un caballo. grande como un gigante. callado(a) como un ratón. listo(a) como un zorro *(fox)*. trabajador/a como una hormiga *(ant)*.	feo(a) como un gusano *(worm)*. ... un cuervo *(crow)*. lento(a) como una tortuga. ... un caracol *(snail)*. cruel como un monstruo. tonto(a) como una gallina *(hen)*. engañoso(a) *(deceptive)* como una culebra *(snake)*. ... un tiburón *(shark)*. gordo(a) como una ballena. ... un cerdo *(pig)*. flojo(a) *(lazy)* como un gato. chismoso(a) *(gossipy)* como un loro *(parrot)*.

Asociaciones ···

A **Los dos polos.** Ordena las palabras del Vocabulario en dos grupos: las positivas y las negativas.

B **Defensor de animales.** Con los siguientes animales muchas veces asociamos características negativas. Piensa en un aspecto positivo que puedes asociar con cuatro de ellos.

el caracol	el gusano
el cerdo	el ratón
el cuervo	la tortuga
la culebra	el zorro

Por ejemplo: el mono

Aunque es un poco feo y chilla mucho, es muy inteligente y divertido.

C **Así son mis amigos.** Piensa en cinco de tus amigos(as) y di tres cosas buenas y tres no muy buenas que hace cada uno(a) de ellos(as) por ti.

Por ejemplo: Jenny guarda los secretos y también…
En cambio, Arnie se ríe a carcajadas de mí cuando…

D **¿Qué hago yo por ellos(as)?** Completa las siguientes frases para describir cómo te portas tú con tus amigos.

Por ejemplo: No le hago caso a… cuando…
No le hago caso a Bill cuando cuenta rumores.

1. Cuando oigo chismes, ___ .
2. Lloro a gritos cuando ___ pero sólo finjo llorar cuando ___ .
3. Me burlo de ___ cuando ___ pero cuando me toman el pelo a mí, yo ___ .
4. Se burlan de mí cuando ___ . Y yo reacciono así: ___ .
5. Me callo cuando ___ pero no me callo cuando ___ .
6. Cuando tengo celos de ___ o sospecho algo, yo ___ .
7. Me río a carcajadas cuando ___ .
8. No le hago caso a ___ cuando ___ .

E **Por eso nos peleamos.** Haz una lista de las razones por las que te peleaste con un/a amigo(a).

Por ejemplo: Me peleé con Dawn porque decía chismes de mí y también…

F **El príncipe azul.** Nombra las características que te atraen en una persona y también las que te desagradan.

Por ejemplo: Me acerco a los príncipes azules (las princesas) que...
Pero me alejo de los gusanos que...

G **¡Hazme caso!** Nombra cinco cosas que harás para que te haga caso cierto chico o chica que te gusta.

Por ejemplo: Le prestaré mis apuntes en la clase de historia.

Conversemos ....

A **Consejos sabios.** ¿Qué consejos les puedes dar a los siguientes tipos?

Por ejemplo: el entremetido
Déjame en paz. No me molestes más.

1. el engañoso   **3.** el travieso   **5.** el flojo
2. el cómico   **4.** el chismoso   **6.** la coqueta

B **Para describir la amistad.** Prepara cinco preguntas para entrevistar a tus compañeros(as) sobre las características de una buena amistad o un buen amor.

Por ejemplo: ¿Cuándo es más importante tener a tu amigo(a) o novio(a) contigo? ¿Por qué?
¿Qué tipo de secretos compartes con él (ella)?

C **Así es una buena amistad.** Dale a la clase un resumen de lo que dijeron tus amigos(as) en la actividad B acerca de una buena amistad.

Por ejemplo: La mayoría dijo que un buen amigo comparte los problemas contigo, te ayuda a... y también...

D **Cada loco con su tema.** Elige dos de los siguientes tipos de animales y describe qué persona representan y por qué.

Por ejemplo: la culebra
Es una persona engañosa. No se puede confiar en este tipo de persona porque dice una cosa y hace otra.

la ballena	el gusano	el ratón
el caracol	la hormiga	el tiburón
la gallina	el loro	la tortuga

Escribamos ···

A **Malas reacciones.** Tienes un/a amigo(a) que siempre reacciona mal. Di lo que hace en cada una de estas situaciones. Luego di lo que (no) debe hacer.

Por ejemplo: en cuanto a los rumores

> *Tengo una amiga que no reacciona bien cuando le traen rumores. Es muy chismosa y siempre pide que le cuenten más chismes. Ella debe tener más confianza en sus amigos y no permitir que otra gente le hable mal de ellos.*

1. en cuanto a los secretos
2. en cuanto a los rumores
3. en cuanto a la fidelidad o lealtad
4. en cuanto a la confianza
5. en cuanto a los celos

B **Imágenes.** ¿Cómo quieres que te vean las siguientes personas? ¿Cómo quieres que no te vean?

Por ejemplo: tus amigos(as)

> *Quiero que mis amigos(as) me consideren amable.*
> *No quiero que me consideren ni chismoso(a) ni engañoso(a).*

1. tus padres
2. tus compañeros(as)
3. tus maestros
4. el/la entrenador/a
5. tu novio(a)
6. un/a chico(a) que quieres conocer porque es muy guapo(a)
7. tu jefe(a)

Tres hermanos en Panamá.

Estructura

Para describir el pasado: El tiempo pasado imperfecto

In the Vocabulario section you used verbs in the imperfect tense to describe a period in the past, to talk about your routine activities.

Mi primer amor era una princesa.

En su presencia había sol.

Era tan bonita; tenía la piel como de seda.

Pero a veces coqueteaba con los chicos.

1 To form the imperfect tense, substitute the -**ar**, -**er**, and -**ir** with the following endings. Notice that -**er** and -**ir** verbs share the same endings.

disimular	
disimulaba	disimulábamos
disimulabas	disimulabais*
disimulaba	disimulaban

romper	
rompía	rompíamos
rompías	rompíais*
rompía	rompían

fingir	
fingía	fingíamos
fingías	fingíais*
fingía	fingían

2 Only three verbs have irregular imperfect forms.

ser	era, eras, era, éramos, erais*, eran
ver	veía, veías, veía, veíamos, veíais*, veían
ir	iba, ibas, iba, íbamos, ibais*, iban

3 You will use the imperfect tense when you want to do the following.

a. describe a scene or picture of the past

Cuando tenía ocho años vivía en una casa que estaba en el campo.

*This form is rarely used in the Spanish-speaking world, except for Spain.

b. describe the past in terms of routine, customary, regular activities that you or somebody else used to do

En el verano íbamos al río y al bosque que estaban a la salida del pueblo. Allí pescábamos y nadábamos.

c. describe qualities or states, using verbs such as **ser**, **estar**, **tener**, **haber**, **conocer**, **poder**, **saber**

Había una niñita morena en mi barrio. Su casa estaba cerca de la mía y éramos buenos amigos. Me gustaba jugar con ella.

Tenía un perro que no sabía hacer nada, excepto dormir.

d. describe the weather

Hacía buen tiempo; no llovía mucho.

e. give the time

Eran las tres de la tarde.

4 The following are some words and phrases commonly used with the imperfect to describe these scenes of the past.

	Siempre	A veces	Nunca
Caminaba a la escuela.	√		
Veía las noticias en la televisión.			√
Visitaba a mis abuelos.		√	

a menudo
a veces
antes
de costumbre
de vez en cuando
en aquel entonces
en aquella época

en ese tiempo
muchas veces
por lo general
raras veces
siempre
todos los días (años)

5 The following are words used to compare the past to the present.

ya no   todavía   todavía no

Antes me acostaba a medianoche, pero ya no me acuesto tan tarde. Todavía no me gusta levantarme temprano.

Conversemos ....

A **Las delicias de mi niñez.** Cuéntale a otra persona dos o tres cosas que hacías cuando eras niño(a) que te gustaban mucho. Luego, comparen sus preferencias y háganle un resumen a la clase.

Por ejemplo:

ESTUDIANTE A:

Siempre me escapaba de casa con una manzana y un sándwich grande y me iba a la playa...

ESTUDIANTE B:

A mí me gustaba jugar béisbol con los chicos del barrio...

(A la clase:) A Toni le gustaba escaparse de casa para ir a la playa pero a mí me gustaba jugar...

B **Ya no soy como antes.** Haz una comparación de cómo eres tú ahora y cómo eras antes cuando eras pequeñito(a). Completa lo siguiente.

1. Era ___ pero ahora soy ___ .
2. Tenía ___ . Todavía (Ya no) ___ .
3. Me gustaba ___ . Ahora que soy mayor ___ .
4. Mis amigos ___ .
5. Todos los días ___ .
6. Para ganar dinero ___ .
7. En cuanto a mis estudios ___ .
8. Si buscaba la aventura, ___ . Todavía (Ya no) voy a ___ .

C **Así me sentía.** Di cuándo te sentías de las siguientes maneras de niño(a).

Por ejemplo: cansado(a)

   Siempre me sentía cansado cuando esquiábamos todo el día.

1. atrevido(a)
2. sorprendido(a)
3. furioso(a) conmigo mismo(a)
4. sospechoso(a)

5. orgulloso(a)
6. avergonzado(a)
7. flojo(a)
8. confundido(a)

D **Amigos de antes.** Piensa en dos o tres de tus amigos(as) de antes. Describe los(las) usando comparaciones. Usa las siguientes preguntas como guía.

1. ¿Cómo eran? Da un ejemplo.
2. ¿Qué hacían ustedes juntos para entretenerse?

Por ejemplo: Mi amiga era lista como un zorro. Siempre tenía una buena excusa cuando su mamá estaba enojada con ella.

   Siempre jugábamos a las muñecas, nos maquillábamos y nos vestíamos como mamá.

E **Mis conocidos.** De las siguientes características elige una que describa a alguien que tú conocías cuando eras pequeño(a). Descríbelo(la).

Por ejemplo: engañoso(a)

> *Conocía a un chico engañoso. Siempre copiaba nuestros exámenes. También inventaba chismes de nosotros porque no le gustábamos. Nunca decía la verdad.*

cómico(a)	**sospechoso(a)**
distante	**tonto(a)**
flojo(a)	**travieso(a)**
engañoso(a)	**valiente**

F **En los días feriados.** Pregúntale a tu compañero(a) qué hacía antes para los siguientes días feriados (u otros que celebraba). Luego haz una comparación con lo que hacías tú.

1. la Navidad o Chanukah   **4.** el día del Trabajo

2. el día de las brujas   **5.** el día de Acción de Gracias

3. el 4 de julio

Escribamos ....

A **Mi niñez.** Piensa cómo eras tú cuando eras un/a niño(a) de diez u once años. Descríbete a ti mismo(a) y también tus actividades completando lo siguiente.

1. Físicamente yo era ___ . Y tenía ___ y el pelo ___ .

2. En cuanto a mi personalidad, era ___ .

3. En cuanto a mis pasatiempos favoritos, siempre me gustaba ___ .
    Pero no me interesaba nada ___ .

B **Y no estabas tú.** Describe cómo cambiaba tu ambiente cuando tu amigo(a) o tu novio(a) no estaba. Luego contrasta cómo era cuando tu amigo(a) te dejó. Completa las siguientes frases.

1. Cuando mi amigo(a) [novio(a)] estaba conmigo, todo era ___ .
2. Me gustaba ___ .
3. En mi habitación ___ .
4. Afuera, en el campo ___ .
5. Pero él (ella) me dejó y me puse ___ .
6. Me sentía ___ .
7. Todo era ___ .

C **Escenas de mi juventud.** Elige de lo siguiente y escribe una descripción detallada de una escena de tu juventud. Incluye el tiempo, el ambiente, la hora, la gente, las actividades y los sentimientos.

> los domingos por la mañana
> los sábados por la noche
> las noches de invierno
> las tardes de verano
> las tardes de otoño

Amigos en
Barcelona, España.

D **Una persona inolvidable.** Describe con detalles una persona que fue muy importante para ti cuando eras pequeño(a). Usa el vocabulario que aprendiste en este capítulo. Explica bien por qué era tan importante para ti y lo que sentías por él o ella.

Lectura

Antes de leer ···

Los amigos de mi niñez. Explica qué tipo de amigos te atraía cuando tenías 10 u 11 años. Compara con el presente.

Por ejemplo: Siempre me atraían los chicos... y las chicas...
           Pero ya me atraen los chicos... y las chicas...

Miremos

A **Datos importantes.** En las páginas 175–177 hay fragmentos de una novela española. Lee los dos primeros párrafos y ubica la siguiente información.

1. Los personajes y sus apodos *(nicknames)* son ___ .
2. El relato está ambientado en (el presente / el pasado / el futuro).
3. Los lugares favoritos de los personajes son ___ .
4. Los pasatiempos de los personajes son ___ .
5. Algunas características de los tres amigos son ___ .
6. Algunas características de la niña son ___ .
7. De la madre de la niña sabemos que ___ .

B **A simple vista.** Con un/a compañero(a), lean la segunda parte ("La Mariuca-uca"), enfocándose en el diálogo de los episodios. Luego, contesten las preguntas que siguen.

1. ¿De quiénes se habla en estos episodios?
2. ¿Qué opina la niña de Daniel?
3. ¿Por qué se ríen los amigos de Daniel?
4. ¿Por qué se ríe Daniel de la niña?
5. ¿Quién(es) está(n) enamorado(s) de quién(es)?

Ahora, lean la tercera parte ("La Mica") y contesten las siguientes preguntas.

6. ¿Quién es la Mica?
7. ¿Cómo es la Mica?
8. ¿Qué sentía Daniel por la Mica?
9. ¿Cuántos años tiene Daniel? ¿Y la Mica?

Ahora, lean la última parte ("Las lágrimas de la Uca-uca").
10. ¿Por qué llora la Mariuca?

Al lector

- No te preocupes si no entiendes todas las palabras de la lectura. Eso es normal.

- No es necesario usar un diccionario. Trata de adivinar las palabras que no conoces.

- Confía en tu español; ¡ya sabes muchísimo!

El camino (fragmentos)
de Miguel Delibes (español, 1920)

En las tardes dominicales y durante las vacaciones veraniegas los tres amigos (Daniel—el Mochuelo, Roque—el Moñigo, y Germán—el Tiñoso) frecuentaban los prados y los montes y la bolera (donde juegan bolos) y el río. Sus entretenimientos eran variados, cambiantes
5 y un poco salvajes y elementales. Es difícil hallar (encontrar) diversión, a esa edad, en cualquier parte.

Había también una niña, huérfana. En el pueblo la llamaban Mariuca-uca o la Uca-uca, para indicar que era una consecuencia de la Mariuca difunta (muerta). La querían todos a excepción de Daniel, el Mochuelo.
10 Era una niña de ojos azules, con los cabellos dorados y la parte superior del rostro tachonado de pecas *(freckles)*.

La Mariuca-uca

—Mochuelo, ¿adónde vas a ir hoy?

—Al demonio. ¿Quieres venir?

15 —Sí—afirmaba la niña, sin pensar lo que decía.

Roque, el Moñigo, y Germán, el Tiñoso, se reían y le mortificaban, diciéndole que la Uca-uca estaba enamorada de él.

Un día, Daniel, el Mochuelo, para zafarse (escaparse) de la niña, le dio una moneda y le dijo:

20 —Uca-uca, toma diez y vete a la botica (farmacia) a pesarme.

Ellos se fueron al monte y, al regresar, ya de noche, la Mariuca-uca les aguardaba (esperaba) pacientemente, sentada a la puerta de la quesería. Se levantó al verles, se acercó a Daniel y le devolvió la moneda.

25 —Mochuelo—dijo—, dice el boticario que para pesarte has de ir tú.

Los tres amigos se reían espasmódicamente y ella les miraba con sus intensos ojos azules, probablemente sin comprenderles.

Uca-uca, en ocasiones, había de echar mano de toda su astucia (necesitaba mucha imaginación) para poder ir donde el Mochuelo.

30 Una tarde, se encontraron los dos solos en la carretera.

—Mochuelo—dijo la niña—. Sé donde hay un nido *(nest)* de rendajos (pájaros) con pollos *(fledgelings)* emplumados.

—Dime dónde está—dijo él.

—Ven conmigo y te lo enseño—dijo ella.

35 Y esa vez, se fue con la Uca-uca. La niña no le quitaba ojo en todo el camino. Entonces sólo tenía nueve años. Daniel, el Mochuelo, sintió la impresión de sus pupilas en la carne, como si le escarbasen con un punzón *(needle)*.

—Uca-uca, ¿por qué demonios me miras así?—preguntó. Ella se avergonzó, pero no desvió la mirada.

—Me gusta mirarte—dijo.

—No me mires, ¿oyes?

5   Pero la niña no le oyó o no le hizo caso.

—Te dije que no me mirases, ¿no me oíste?—insistió él.

Entonces ella bajó los ojos.

—Mochuelo—dijo—¿Es verdad que te gusta la Mica?

Daniel, el Mochuelo, se puso encarnado (rojo). Dudó un momento,
10 notando como un extraño burbujeo en la cabeza. Ignoraba (No sabía)
si en estos casos procedía enfadarse o si, por el contrario, debía
sonreír. Pero la sangre continuaba acumulándose en la cabeza y, para
abreviar, se indignó. Disimuló, no obstante, fingiendo dificultades para
saltar la cerca *(fence)* de un prado.

15 —A ti no te importa si me gusta la Mica o no—dijo.

Uca-uca insinuó débilmente:

—Es más vieja que tú; te lleva diez años.

Se enfadaron. El Mochuelo la dejó sola en un prado y él se volvió al
pueblo...

20 **La Mica**

Una tarde los tres amigos hablaron de la Mica...

—¿Os fijasteis..., os fijasteis (¿vieron Uds?)—preguntó de pronto
Germán, el Tiñoso—en la piel de la Mica? Parece como que la tiene de
seda.

25 —Eso se llama cutis (piel fina)... tiene cutis—aclaró Roque, el
Moñigo, y añadió—De todo el pueblo, es la Mica la única que tiene
cutis.

El río Miño en Galicia, España.

El pueblo de Olvera en Andalucía, España.

Daniel, el Mochuelo, experimentó un gran gozo (placer) al saber que la Mica era la única persona del pueblo que tenía cutis.

—Tiene la piel como una manzana con lustre—aventuró tímidamente. [Entonces tenía él diez años].

5   Daniel, el Mochuelo, comprendió que la Mica era muy hermosa, pero además, que la hermosura de la Mica había encendido en su pecho una viva llama desconocida. Una llama que le abrasaba (quemaba) materialmente el rostro cuando alguien mentaba (mencionaba) a la Mica en su presencia... Si la Mica se ausentaba del
10   pueblo, el valle se ensombrecía a los ojos de Daniel, el Mochuelo, y parecía que el cielo y la tierra se tornasen yermos (desiertos), amedrentadores (aterradores) y grises. Pero cuando ella regresaba, todo tomaba otro aspecto y otro color, se hacían más dulces y cadenciosos (rítmicos) los mugidos de las vacas, más incitante el verde
15   de los prados (campos) y hasta el canto de los mirlos (pájaros) adquiría, entre los bardales (plantas silvestres), una sonoridad más matizada (rica) y cristalina. Acontecía, entonces, como un portentoso renacimiento del valle, una acentuación exhaustiva de sus posibilidades, aromas, tonalidades y rumores peculiares. En una
20   palabra, como si para el valle no hubiera ya en el mundo otro sol que los ojos de la Mica y otra brisa que el viento de sus palabras.

Daniel, el Mochuelo, guardaba su ferviente admiración por la Mica como el único secreto no compartido. No obstante, algo en sus ojos, quizá en su voz, revelaba una excitación interior muy difícil de acallar.

25 **Las lágrimas de la Uca-uca**

Era ya de noche. Daniel, el Mochuelo, pensó que era grato (agradable) pensar en la oscuridad. Casi se asustó al sentir la presión de unos dedos en la carne de su brazo. Era la Uca-uca.

Le tembló la voz a la Uca-uca al indagar:

30   —¿Es que te gusta más la Mica que yo?

El Mochuelo soltó una carcajada. Se aproximó mucho a la niña para gritarle:

—¡Óyeme! La Mica es la chica más guapa del valle y tiene cutis y tú eres fea como un cuco de luz (gusano) y tienes la cara llena de pecas.
35   ¿No ves la diferencia?

Reanudó la marcha hacia su casa. La Mariuca-uca ya no le seguía. Se había sentado en la cuneta derecha del camino y, ocultando la pecosa carita entre las manos, lloraba con un hipo atroz.

Leamos ....

A **En otras palabras.** Con un/a compañero(a) lean otra vez el cuento. Busquen dónde se dice lo siguiente y copien las palabras para expresar estas ideas de otra forma.

Introducción

1. Los domingos y en el verano los amigos iban a menudo al prado o al río... pero no siempre hacían las mismas cosas.
2. Había también una niña sin padres... todo el pueblo la amaba, menos Daniel.

Segunda parte

3. "Quiero que vayas a la farmacia a ver cuánto peso yo".
4. Cuando los niños volvieron del monte, la Mariuca estaba allí esperándolos.
5. La Mariuca le dio la moneda a Daniel... y le dijo "si quieres saber tu peso, tú mismo tienes que ir a la farmacia".
6. La Mariuca, a veces, necesitaba usar toda su imaginación para poder ir adonde estaba Daniel.
7. La niña lo miró todo el camino... y Daniel sintió la mirada sobre sí mismo de una manera muy fuerte.
8. Ella se puso roja pero no dejó de mirarlo.
9. No le oyó o no le puso atención.
10. Daniel se puso rojo... No sabía si era mejor enojarse o sonreír.
11. No demostró lo que sentía, haciendo como que era muy difícil saltar una cerca.
12. Ella es mayor; tiene diez años más que tú.
13. El Mochuelo la abandonó y regresó al pueblo.

Tercera parte

14. La piel de la Mica es tan tersa, tan delicada que es suave y lustrosa como la seda.
15. Cada vez que alguien hablaba de la Mica, Daniel, el Mochuelo, se ponía rojo de vergüenza.
16. Cuando la Mica iba a otra parte, el sol se iba con ella. Todo se ponía gris y feo.
17. Cuando la Mica estaba en el pueblo, sin embargo, todo estaba hermoso y hasta las vacas y los pájaros parecían más contentos.
18. La única cosa de la que Daniel no hablaba con sus amigos era su secreto amor por la Mica; era algo muy personal, muy suyo.

Cuarta parte

19. En la noche, Daniel trataba de pensar en la Mica cuando la Uca-uca le preguntó si le gustaba más la Mica que ella.
20. Cuando él le dijo que sí, la Uca-uca se puso a llorar.

B **Las caras de los personajes.** Cita un ejemplo de cada uno de los siguientes aspectos de los personajes.

1. La Mariuca-uca como una chica...
   a. enamorada **c.** paciente **e.** triste
   b. siempre presente **d.** celosa **f.** solitaria

2. Daniel como un pilluelo *(rascal)*...
   a. gracioso **c.** avergonzado **e.** poeta
   b. burlesco *(mocking)* **d.** enamorado **f.** furioso

3. La Mica como símbolo de...
   a. diosa hermosa **c.** naturaleza
   b. oscuridad y claridad **d.** música o sonido

Después de leer ....

Analicemos

Palabras. Ubica palabras o frases en el cuento que estén relacionadas con las siguientes. Pueden expresar lo mismo, una variación de lo que dice el cuento o pueden describir cómo se hizo algo.

Por ejemplo: reírse
                 a carcajadas

1. mirar   4. decir   7. cambiar de apariencia
2. no mirar   5. amar   8. llorar
3. avergonzarse   6. ver   9. reírse

Apliquemos

A **Así se hablaban.** Elige una de las siguientes parejas y escribe un diálogo típico entre ellos: **1.** Daniel y la Mica; **2.** La Mica y la Mariuca-uca.

B **Un amor imposible.** Cuenta la historia (verdadera o imaginaria) de dos personas como el Mochuelo y la Mariuca-uca. Una estaba muy enamorada, pero la otra quería a otra persona. Puedes escribir un cuento o un diálogo.

C **A esa edad.** Cuando el autor describe las travesuras de Daniel y sus amigos, dice que "es difícil hallar diversión a esa edad en cualquier parte". ¿Estás de acuerdo? Di qué hacías tú para divertirte cuando tenías diez u once años.

El amor y los novios

Hay muchas palabras relacionadas con el amor y los novios que están formadas por un verbo y sustantivo. Por ejemplo, "una robanovios" es una chica que roba novios, o sea, se roba los novios de otras chicas. Un "métetentodo" es una persona que es muy entremetida, que se mete en los asuntos de los demás. ¿Puedes adivinar los significados de las siguientes palabras compuestas?

1. síguemeguapo
2. espantamujeres
3. quitanovios
4. rompecorazones
5. atrapanovios
6. aguafiestas
7. sábelotodo
8. atraenovios

Conversemos y escribamos ....

A Describe cómo es cada persona de la lista anterior.

B Inventa un nombre compuesto para dos de tus amigos(as).

En la siguiente obra de Pedro de Alarcón, puedes ver el verbo "amar" usado en una gran variedad de tiempos verbales. Lee y ve cuántos tiempos puedes identificar. En seguida, di a qué tiempo se refiere cada uno de los personajes: al presente, al pasado o al futuro.

Sinfonía: Conjugación del verbo "amar"
Pedro de Alarcón (español, 1833–1891)

Coro de adolescentes: Yo amo, tú amas, aquél ama; nosotros amamos vosotros amáis, ¡todos aman!

Coro de niñas: (a media voz) Yo amaré, tú amarás, aquélla amará; ¡nosotras amaremos!, ¡vosotras amaréis!, ¡todas amarán!

Una coqueta: ¡Ama tú! ¡Ame usted! ¡Amen ustedes!

Un romántico: (desaliñándose el cabello) ¡Yo amaba!

Un anciano: (indiferentemente) Yo amé.

Una bailarina: (trenzando delante de un banquero) Yo amara, amaría... y amase.

Dos esposos: (en la menguante de la luna de miel) Nosotros habíamos amado.

Una mujer hermosísima: (al tiempo de morir) ¿Habré yo amado?

Un pollo (un joven): Es imposible que yo ame, aunque me amen.

El mismo pollo: Mujer amada, sea usted amable, y permítame ser su amante.

Un necio (tonto): ¡Yo soy amado!

Un rico: ¡Yo seré amado!

Un pobre: ¡Yo sería amado!

Un solterón: (al hacer testamento) ¿Habré yo sido amado?

Una lectora de novelas: ¡Si yo fuese amada de este modo!

Una pecadora: (en el hospital) ¡Yo hubiera sido amada!

El autor: (pensativo) ¡AMAR! ¡SER AMADO!

C Da la conjugación del verbo "amar" que darían los siguientes personajes.

1. un aguafiestas
2. una quitanovios
3. un síguemeguapo
4. un rompecorazones
5. una atrapanovios
6. un espantamujeres

Estructura: Un poco más

Sufijos aumentativos y diminutivos

As you have seen, one of the characters in *El camino* is called la Mariuca. Endings attached to nouns and adjectives commonly indicate intensity ("very") or size (large or small). They can also communicate certain traits or attitudes such as ugliness, coarseness, or affection.

Simply attach the suffixes to words ending in consonants. For words ending in a vowel, remove the vowel before attaching the suffix. Make any spelling changes necessary, such as **poco (poquito)**.

Diminutives. The following endings convey the idea of smallness, as well as other notions.

1 -**ito(a)**, -**cito(a)**, -**ecito(a)** [or -**ico(a)** in Caribbean Spanish] can indicate pet names or phrases of affection.

>   **Ven acá, Miguelito.**

2 -**illo(a)**, -**cillo(a)**/-**ecillo(a)** indicate small or weaker, without affection or malice.

mesa	mesilla de noche
bolso	bolsillo
chico(a)	chiquillo(a)
ventana	ventanilla del banco
pan	panecillo

Augmentatives. Augmentatives generally convey largeness, but sometimes other meanings are attached as well.

1 -**ón**, -**ona**, or -**azo(a)**: Indicate large, sometimes clumsy, grotesque or viewed as negative. It is also used to create new meanings.

hombre	hombrón
zapatos	zapatones
soltero(a)	solterón(-ona) (old bachelor/old maid)
perro	perrazo

2 -**ote**/-**ota**: This ending has a negative connotation.

palabra	palabrota (dirty word)
feo(a)	feote(a) (a fright)
gordo(a)	gordote(a) (heavy, but not goodlooking, since heavy is not negative)

Con otra persona, ve cuántas palabras puedes formar en base a las siguientes: **libro, viejo(a), hombre, gordo(a), rico(a), casa, chico(a), grande, guapo(a).**

Diversiones

A **Juguemos al teléfono.** Divídanse en grupos de seis.

1. Escojan a una persona para que en un papelito escriba un secreto.
2. Luego esa misma persona le susurra (le dice el chisme o secreto en voz muy baja) a la persona que está sentada a su derecha.
3. Esta persona le hace lo mismo a la persona que está sentada a su derecha, etc., etc.
4. La última persona dice el secreto en voz alta y lo compara con lo que está escrito en el papelito.

B **¡A improvisar!** Con otra persona escriban y representen una conversación entre dos de las personas de la lista que sigue. La clase tiene que adivinar quiénes son Uds.

aguafiestas	espantamujeres	sábelotodo
atraenovios	quitanovios	síguemeguapo
atrapanovios	rompecorazones	

C **Flechazo.** Escribe un poema para describir el rostro o la persona de alguien que conozcas bien o que te guste mucho. Usa comparaciones como las que se usan en *El camino* ("ojos como el sol", "brisa como su voz") o cualquier otro tipo de estructura como: el sol de sus ojos, la brisa de su voz.

Por ejemplo: Piel como un durazno
                 Voz de miel
                 Ojos brillantes como las esmeraldas
                 Dulces labios y una sonrisa que viene del alma.

CUANDO EL TE DICE "QUIERO SALIR CON OTRAS..." ¿QUE HACER?

Repaso de vocabulario

Cosas y conceptos

la ausencia
el cabello
el caracol
la ceniza
el chisme
la claridad
la lágrima
la llama
la oscuridad
la presencia
la risa
el rostro
la seda
la sombra
el tesoro

Personas y animales

el ángel
el/la atleta
el cerdo
la culebra
la diosa
la gallina
el gigante
el gusano
la hormiga
el loro
el monstruo
el payaso
la princesa
el príncipe
el ratón
el tiburón
el zorro

Actividades

asustar
burlarse de
callarse
considerar
coquetear
disimular
fijarse
fingir (j)
hacer caso
reírse a carcajadas
sospechar
tomar el pelo

Descripciones

bello(a)
chismoso(a)
ciego(a)
cruel
distante
engañoso(a)
flojo(a)
lento(a)
precioso(a)
travieso(a)
varonil

Otras palabras y expresiones

a gritos
de costumbre
de vez en cuando
en aquel entonces
en ese tiempo
mientras
por lo general
raras veces
todavía no
ya no

Lección 3

Vocabulario

El poeta dice...

el aire está lleno de voces, pero vacío *(empty, void)* de palabras.

el mundo *(world)* está sordo *(deaf)* y ciego; no ve su destrucción.

tu mirada es como un beso de aquella nube *(cloud)* que pasa.

el mes más corto es el de tu visita; el más largo, el de tu olvido.

No creo que haya...

cuerpo sin alma.

sonrisa *(smile)* sin boca.

cabeza sin corazón.

brazos sin amor.

labios *(lips)* sin tentación.

voz sin canción *(song)*.

cielo sin paz.

silencio sin dolor *(pain)*.

muerte sin sueños.

oído sin palabras.

tacto *(touch)* sin piel.

amor sin celos.

recuerdo sin olvido.

Tú me recuerdas *(remind)*...

a una mariposa en suave *(soft, gentle)* vuelo.

a una estrella, distante y fría.

a la brisa, fresca y olorosa.

al arroyo *(brook)* que canta.

al rocío *(dew)* de una mañana de octubre.

a la risa de los niños en la escuela.

a los árboles que me abrazan por la noche.

a las hojas doradas *(golden)* del otoño.

a la luna llena, generosa de luz.

al sol después de una tormenta.

al arco iris *(rainbow)* que aparece hacia *(toward)* el sur.

Cuando me callo un largo rato *(time, while)*...

pienso en ti.
me acerco a Dios.
alcanzo (*reach*) tus propios pensamientos (*thoughts*).
le envío mensajes (*messages*) al mundo.
contemplo mi vida desde la ventana.

Asociaciones ....

A **Categorías.** Con un/a compañero(a), clasifica las palabras del Vocabulario en las siguientes categorías.

1. la naturaleza
2. partes del cuerpo
3. aromas

4. ruidos o sonidos
5. animales o insectos

6. colores
7. ideas o conceptos

B **Me recuerda a...** ¿Cuál de las frases o palabras del Vocabulario te recuerda a tres de las siguientes personas? Explica por qué.

Por ejemplo: un/a compañero(a) de clase

El arco iris me recuerda a mi compañera Nora porque siempre se viste de colores bonitos y es una persona muy alegre.

1. tu novio(a)
2. tu amigo(a) del alma
3. un pariente muy querido

4. una persona que respetas o admiras mucho
5. un/a compañero(a) de clase

C **Poético.** Usa símbolos e imágenes para describir al menos tres de las siguientes cosas.

el alma	el cielo	la paz
el árbol	la estrella	el río
el arco iris	las hojas	el sol
la boca de...	la mariposa	el viento de la noche
la brisa	los ojos de...	

Por ejemplo: la mariposa

Negra y anaranjada, nadie te agarra.
Va y viene pero no sabes cuándo está aquí de verdad.

D **Cualidades.** En la poesía, a menudo se usan características humanas para los animales y cosas y, viceversa. ¿Qué hizo la poeta en el poema que está a la derecha?

... *La siniestra oficina*
se humanizaba por las noches
se oía un leve teclado *.
Las máquinas se escribían
—unas a otras—
cartas de amor.

(Gloria Fuertes)

*clicking of the keyboards

E **Soy poeta improvisado.** ¿Qué cualidades humanas puedes darle a los siguientes?

Por ejemplo: el arco iris
   Es alegre; sonríe y canta.

1. un perro   3. una serpiente   5. la luna
2. un gato   4. una silla   6. el sol

F **Gente de mi vida.** ¿Con qué cosas de la naturaleza asocias a las siguientes personas? Escoge al menos tres de ellas y escribe una frase.

Por ejemplo: tu abuela
   Un suave arroyo representa a mi abuela porque es una persona muy dulce.

tu novio(a)	tu amigo(a) del alma	tu hermano(a)
tu padre	tu primo(a)	tu tío(a)
tu madre	tu abuelo(a)	¿ ?

G **¿Qué haces allí?** Las cosas también nos recuerdan qué cosas hacemos. Di qué haces en tres de los siguientes casos.

Por ejemplo: el mar
   El mar me recuerda las ocasiones cuando salgo a navegar con mi amiga.

el arroyo	la luna de invierno o verano
el mar	una mariposa
una estrella distante	el rocío
las hojas de un árbol	el sol

El Morrro de San Juan, Puerto Rico.

H **No creo que haya...** Da ejemplos positivos o negativos de las siguientes afirmaciones.

Por ejemplo: No creo que haya cielo sin paz.

Desgraciadamente, hay cielo sin paz: aunque la gente del mundo comparte el mismo cielo, no se comunica bien.

No creo que haya...

1. sonrisa sin boca.
2. silencio sin dolor.
3. oído sin palabras.
4. cuerpo sin alma.
5. cabeza sin corazón.
6. brazos sin amor.

Conversemos ....

A **Mensaje para el mundo.** Con un/a compañero(a), prepara un mensaje de dos o tres frases para el mundo. Si quieren, traigan música, fotos o cualquier otra cosa que necesiten para que su mensaje tenga el impacto deseado.

Por ejemplo: No creemos que haya amor sin niños. Nuestro mensaje es que debemos darle más oportunidades a los niños del mundo. Por ejemplo, podemos...

B **Una entrevista.** Entrevista a un/a compañero(a) para que te dé un ejemplo o una opinión de cada una de las siguientes categorías.

1. cosas maravillosas
2. cosas desagradables
3. personas buenísimas
4. personas antipáticas
5. actividades espléndidas
6. actividades que no le gustan nada
7. cosas de la naturaleza
8. miradas hermosas
9. sonrisas estupendas
10. gente generosa
11. amigos del alma

C **Telepatía.** Prepara entre tres y cinco preguntas para hacerle a un/a compañero(a) para averiguar en qué piensa en las siguientes ocasiones.

Por ejemplo: cuando está solo(a)

Cuando estás solo(a), ¿piensas en otra gente o principalmente en tus propias cosas?

1. cuando está feliz
2. cuando está triste
3. cuando está aburrido(a)
4. cuando tiene un problema enorme
5. cuando está de vacaciones

Escribamos ··

A **Retrato.** Describe a una persona que conozcas bien dando tantos detalles como puedas.

Por ejemplo: Jim tiene más cabeza que corazón porque... Su sonrisa me recuerda a... y sus brazos son como... Me gusta cuando... porque entonces está como un planeta, distante y...

B **Paz, no guerra.** Escribe un párrafo largo con tres buenas razones para que haya paz y no guerra en el mundo.

Por ejemplo: Quiero que haya paz, no guerra, para que la sonrisa de los niños dure más y...

C **Sonrisas.** Piensa en cinco personas que conozcas y después describe su sonrisa de manera original.

Por ejemplo: Mi hermanito tiene una sonrisa llena de dientes pequeñitos, llenos de caramelo.

D **El cielo.** Escoge un elemento de la naturaleza (el cielo, el mar, la montaña, el bosque, el lago, etc.) y descríbelo con originalidad.

Por ejemplo: Anoche miré el cielo y vi un satélite que iba muy apurado a una transmisión de televisión. Las estrellas lo miraban con pánico porque ellas nunca corren; siempre están distantes y quietas.

La playa de Zihuatenejo, México.

Estructura

Para hablar de cosas del pasado: Cómo usar los verbos **poder, tener, querer, ser, saber** *y* **conocer**

When you describe and narrate actions in the past, you make decisions to use verbs in the preterit or imperfect tense. The following are some general guidelines.

1 You generally use the *preterit* tense to convey the events or occurrences of a story such as specific points in time (actions, events, moments) and reactions to events.

> **Lo conocí una tarde y lo invité a ver mi colección de mariposas. Después, salimos juntos varias veces y luego me pidió que fuera su enamorada. Y ésa es la historia de nuestro amor.**

2 You generally use the *imperfect* tense to describe the background or scene of a story; for example, routine or customary actions or states throughout a period of time and general descriptions of emotional, physical, and mental background.

> **Cuando recién nos conocimos, veíamos la tele en mi casa y también mirábamos mi colección de mariposas. Pero, a veces, no podíamos ver la tele porque mi papá trabajaba en la misma habitación. Entonces, yo estaba furiosa porque él estaba en la sala trabajando.**

3 Some verbs like **tener** and **querer** typically express states or conditions, rather than actions. Other verbs that express states or conditions are **poder**, **saber**, **conocer**, **ser**, **estar**, and **haber** (**hay**). They may be used in either preterit or imperfect tenses with some differences in meaning. Use in the preterit will give focus to the moment or *point* in time. Use in the imperfect will give focus to the background or *period* of time.

Una pareja en el Parque Güell de Barcelona, España.

4 Sometimes this focus will convey very different meanings with these verbs of state.

Verb	To express point in time	To express period of time
conocer	**conocí** *I met*	**conocía** *I knew*
saber	**supe** *I found out*	**sabía** *I knew*
tener	**tuve** *I got, took, received* **tuve que** *I had to*	**tenía** *I had* **tenía que** *I had an* *obligation to*
poder	**pude** *I managed* **no pude** *I did not succeed;* *I couldn't*	**podía** *I was able*
querer	**quise** *I tried; I loved* **no quise** *I refused to*	**quería** *I wanted; I used to* *love*
haber	**hubo*** *there happened,* *occurred, appeared*	**había** *there was/were*

* This is the only form you will use in the preterit.

Tuve que repetir la clase de geometría porque no tenía una preparación adecuada.

No pude ir de vacaciones porque no podía dejar sola a mi madre.

Cuando yo era joven quería ser millonario, pero, como nunca quise trabajar, ahora no tengo dinero.

Supe que Rosa estaba enferma, pero no sabía que estaba en el hospital.

Aunque había un embotellamiento en la carretera, no hubo ningún accidente.

No querían mucho a Elvira, pero yo la quise.

5 The following are all the personal endings in the preterit tense for common irregular verbs that express states or conditions.

querer	tener	estar	poder	saber
quise	**tuve**	**estuve**	**pude**	**supe**
quisiste	**tuviste**	**estuviste**	**pudiste**	**supiste**
quiso	**tuvo**	**estuvo**	**pudo**	**supo**
quisimos	**tuvimos**	**estuvimos**	**pudimos**	**supimos**
quisisteis*	**tuvisteis***	**estuvisteis***	**pudisteis***	**supisteis***
quisieron	**tuvieron**	**estuvieron**	**pudieron**	**supieron**

*This form is rarely used in the Spanish-speaking world, except for Spain.

Ser is irregular in both the preterit and the imperfect.

ser	
Pretérito	Imperfecto
fui	era
fuiste	eras
fue	era
fuimos	éramos
fuisteis*	erais*
fueron	eran

*This form is rarely used in the Spanish-speaking world, except for Spain.

You will learn more about these two tenses in the next chapter.

Conversemos ....

A **Pretextos.** Di tres cosas que querías hacer pero que no hiciste la semana pasada y explica por qué.

Por ejemplo: Quería asistir a la reunión del club de español pero no pude porque tuve que trabajar.

B **Novedades.** Haz una lista de tres novedades o noticias que hayan ocurrido recientemente. Luego pregúntale a un/a compañero(a) si él o ella ya se enteró. Puedes usar las ideas que siguen o pensar en tus propias novedades.

Por ejemplo: Un equipo tiene una jugadora nueva.

ESTUDIANTE A:

¿Sabes que el equipo de fútbol tiene una jugadora nueva?

ESTUDIANTE B:

Sí, lo sé. Lo supe el lunes en el partido. (No, no lo sé. ¿Cómo lo supiste tú?)

1. Llegó un/a alumno(a) nuevo(a).
2. Un/a amigo(a) tiene algo nuevo.
3. Un/a estudiante se peleó con otro(a).
4. Un/a estudiante tuvo una discusión con el/la maestro(a) de...

C **Momentos dorados.** Completa las siguientes frases con tus propios recuerdos.

1. Un día tuve carta de ___ . Me dijo que quería ___ .
2. Estuve en ___ ___ días. ¡Me gustó muchísimo! ¡Fue ___ !
3. Estábamos en ___ . Era un día ___ . Todos ___ . De repente hubo ___ .

Escribamos ....

A **Puras excusas.** Haz una lista de cinco cosas que querías hacer pero que no has hecho todavía. Luego explica por qué.

Por ejemplo: mandarle una tarjeta postal a mi amigo(a)

Todavía no le he mandado una tarjeta postal a mi amiga porque no pude encontrar su dirección.

B **Contraste.** Compara lo que pasó el año pasado con lo que pasa ahora en cuanto a las siguientes categorías.

Por ejemplo: clases

Este año tengo dos clases de matemáticas pero el año pasado no tuve ninguna.

1. chicos conocidos
2. buenos amigos
3. responsabilidades
4. habilidades
5. ser líder de un grupo
6. clases

C **Recuerdos.** Completa las siguientes frases para dar ejemplos de días que hayan sido muy importantes para ti.

Por ejemplo: El día que supe que..

El día que supe que Santa Claus no existía fue muy triste para mí.

1. El día que supe que ___ .
2. El día que pude por fin ___ .
3. El día que tuve una discusión con ___ sobre ___ .
4. El día que tuve ___ .
5. El día que (no) quise ___ .

D **Ya lo sabes.** Completa la siguiente carta con una forma del pretérito o del imperfecto de los verbos en paréntesis.

Querido amor mío: Cuando ___ (saber) ayer que te ibas a mudar a otra ciudad casi me muero de la impresión. Tú nunca ___ (saber) cuánto te ___ (querer) en silencio, pero ahora que te vas tengo que decírtelo. Desde el día que te ___ (conocer) en esa reunión del club de ciencias, yo ___ (saber) que tú ___ (ser) la mujer de mi vida. Te miré por largo rato y no ___ (poder) prestar atención a la famosa reunión, porque ___ (estar) totalmente loco por ti y no ___ (poder) pensar en ninguna otra cosa. Y así ___ (ser) tan feliz por una semana hasta que alguien me dijo que ___ (tener) novio. Casi me morí de pena y ___ (querer) olvidar tu carita pecosa, pero no ___ (poder). Ahora, mi única alegría es que no serás ni mía ni del otro, porque ese pueblo está lejos de aquí y no creo que puedan verse más.

Lectura

Antes de leer ....

Pensemos

A **Verde que te quiero verde.** ¿Cuáles de las siguientes
ideas asocias con los colores de la lista?

el abandono	la esperanza	el odio
el amor	el espíritu	el olvido
los celos	la humillación	el orgullo
la cobardía	la inocencia	la pasión
la confianza	la locura	la pureza
la depresión	el mal	el respeto
la desconfianza	la melancolía	el silencio
el dolor	la mentira	la soledad
el enojo	el miedo	la ternura
el engaño	el misterio	la tristeza
la envidia	la muerte	la vergüenza

1. verde

2. rojo

3. negro

4. blanco

5. amarillo

6. azul

7. color café

8. gris

9. violeta

10. rosa

11. dorado

B **Símbolos e imágenes.** La poesía comunica muchas cosas a
través de símbolos e imágenes. ¿Qué símbolos asocias con la palabra
"amor"? Elige dos de las ideas de la lista de la actividad A y da un
símbolo y una imagen para cada una de ellas.

Por ejemplo: el odio
            Es el olor de cenizas.
            Se parece a un fuego que destruye todo.

            la esperanza
            Es una canción.
            Se parece a una mañana dorada de primavera.

A **Los poemas.** Los poemas tienen su propia estructura. Cada línea se llama "verso" y un grupo de versos se llama "estrofa". En el poema de la página 198, ¿cuántos versos y estrofas hay?

B **Las ideas del poeta.** En grupos de tres personas, lean el poema, estrofa por estrofa. Luego escriban una frase que resuma la idea principal de cada estrofa.

C **Verso por verso.** Copien los versos del poema que dicen más o menos lo siguiente.

1. ¡Qué noche más preciosa, llena de estrellas!
2. Nos quisimos mucho hace tiempo.
3. Fuimos felices y nos besamos mucho.
4. Amé tanto sus grandes ojos.
5. Ya no es mía; estoy solo.
6. Aunque la quise mucho, hoy ya no la quiero.
7. Antes, yo quería estar en contacto con ella todo el tiempo.
8. Me muero de celos porque ahora ella debe ser de otro.
9. Ahora no estoy seguro si la quiero o no, porque es difícil olvidar.
10. Me da mucha pena no tenerla entre mis brazos ahora.
11. No me acostumbro a la idea de haberla perdido.
12. El último dolor que ella me da es no estar conmigo en una noche como ésta.

> ### Al lector
>
> ● No te preocupes si no entiendes todas las palabras de la lectura. Eso es normal.
>
> ● No es necesario usar un diccionario. Trata de adivinar las palabras que no conoces.
>
> ● Confía en tu español; ¡ya sabes muchísimo!

Poema 20
de Pablo Neruda (chileno, 1904–1973)

Puedo escribir los versos más tristes esta noche.

Escribir, por ejemplo: "La noche está estrellada,
y tiritan*, azules, los astros*, a lo lejos".   *quiver* / estrellas

El viento de la noche gira* en el cielo y canta.   *spins*

5   Puedo escribir los versos más tristes esta noche.
Yo la quise, y a veces ella también me quiso.

En las noches como ésta la tuve entre mis brazos.
La besé tantas veces bajo el cielo infinito.

Ella me quiso, a veces yo también la quería.
10   Cómo no haber amado sus grandes ojos fijos.

Puedo escribir los versos más tristes esta noche.
Pensar que no la tengo. Sentir que la he perdido.

Oír la noche inmensa, más inmensa sin ella.
Y el verso cae al alma como al pasto el rocío.

15   Qué importa que mi amor no pudiera guardarla.
La noche está estrellada y ella no está conmigo.

Eso es todo. A lo lejos alguien canta. A lo lejos.
Mi alma no se contenta con haberla perdido.

Como para acercarla mi mirada la busca.
20   Mi corazón la busca, y ella no está conmigo.

La misma noche que hace blanquear los mismos árboles.
Nosotros, los de entonces, ya no somos los mismos.

Ya no la quiero, es cierto, pero cuánto la quise.
Mi voz buscaba el viento para tocar su oído.

25   De otro. Será de otro. Como antes de mis besos.
Su voz, su cuerpo claro. Sus ojos infinitos.

Ya no la quiero, es cierto, pero tal vez la quiero.
Es tan corto el amor, y es tan largo el olvido.

Porque en noches como ésta la tuve entre mis brazos,
30   mi alma no se contenta con haberla perdido.

Aunque éste sea el último dolor que ella me causa,
y éstos sean los últimos versos que yo le escribo.

Leamos

A **Imágenes para la amada.** El poeta usa muchas imágenes. Copia todas las palabras que encuentres de las siguientes categorías.

1. la naturaleza   **3.** el espacio   **5.** lo físico o espiritual
2. el tiempo   **4.** el ruido o sonido

B **Sensual.** Di si los siguientes sentidos son importantes al leer el poema.

1. el tacto   **3.** el sabor   **5.** el olfato
2. el oído   **4.** la visión   **6.** el equilibrio

C **Noches como ésta.** ¿Qué asocia el poeta con las siguientes ideas? Ubica y cita las palabras que describan lo siguiente.

1. noches como ésta   **3.** ojos como ésos
2. dolor como éste   **4.** olvido como éste

Después de leer

Analicemos

A **Yo amaba; yo amé.** El poeta usa el verbo *querer* en presente y en pasado. Para hablar del pasado, usa el imperfecto (*quería*) y el pretérito (*quise, quiso*). Busca las frases del poema en la columna de la izquierda y luego conéctalas con un significado apropiado de la columna de la derecha.

1. Yo la quise.   **a.** Ahora no la amo.
2. A veces me quiso.   **b.** La amé muchísimo.
3. Yo también la quería.   **c.** Es posible que la ame todavía.
4. Ya no la quiero.   **d.** Yo la amé.
5. Cuánto la quise.   **e.** Me amó de vez en cuando.
6. Tal vez la quiero.   **f.** Y yo la amaba a ella.

B **¿Qué siente el poeta?** Según tú, ¿cuál(es) de las siguientes frases describe(n) mejor los sentimientos de Neruda?

1. Está seguro de que ahora no quiere a la muchacha.
2. Está seguro de que ahora quiere a la muchacha.
3. Está seguro de que ella lo quiere a él.
4. No está seguro de lo que siente ahora.

C **Blanco y negro.** Neruda usa varios contrastes para expresar su ambivalencia, o sea, el conflicto de dos sentimientos. Lee las palabras que siguen y luego ubica palabras contrastantes en el poema mismo.

Por ejemplo: querer
               La quiero... pero no la quiero.

1. pensar   4. como antes   6. acercar
2. guardar   5. es cierto   7. otro
3. corto

D **Impresión y esencia.** Neruda también usa la repetición para enfatizar lo que expresa y repite ciertas palabras una y otra vez.

1. Con otra persona, copia las palabras que se usan más de una vez.

2. Cuenten cuántas veces se usa cada una.

3. ¿Qué palabras de cada grupo se usan más en el poema? Describan la relación que hay entre estas palabras.

Apliquemos

A **Mis propias imágenes.** Elige dos de las siguientes categorías y escribe cinco imágenes que asocies con ella.

Por ejemplo: la naturaleza (el clima, la geografía, la tierra)
               La playa, pájaros, el mar, pescar, caminar, conversar.

1. los sentidos (tacto, oído, sabor, olfato, visión)
2. la naturaleza (el clima, la geografía, la tierra)
3. animales (la personalidad y el físico)
4. el universo (las estrellas, las constelaciones, el cielo)

B **Mis propios pensamientos.** Elige uno de los primeros versos del poema de Neruda para usarlo como idea principal. Luego completa lo siguiente para escribir tu propio poema o reflexiones en prosa.

1. El día (La noche) está ___ cuando estoy contigo porque ___ .
2. Ya no la (lo) quiero pero ___ .
3. Nosotros, los de entonces, ya no somos los mismos porque ___ .
4. Cómo no haber amado sus ___ .
5. Puedo escribir los versos más ___ .
6. El (Ella) me quiso, a veces yo también ___ .
7. Es tan corto(a) el ___ . Es tan largo(a) el/la ___ .

C **Mis dudas.** Escribe tu propio poema. Usa imágenes, contrastes y repetición de palabras para darle fuerza a tu propia ambivalencia sobre un tema como un amor, un/a amigo(a), tu familia, etc.

Poesía, eres tú: Poemas de amor

La literatura contiene miles de obras dedicadas al amor en todas sus facetas de cariño, pasión, locura, celos, rechazo, odio y olvido. Como son tantos los tipos de amor y tan variadas sus expresiones, hemos escogido una selección para tratar de representar las más importantes.

Rimas
de Gustavo Adolfo Bécquer (español, 1836–1870)

XXIII

Por una mirada un mundo;
  por una sonrisa, un cielo,
  por un beso..., ¡yo no sé
  qué te diera por un beso!

XXXVIII

Los suspiros son aire y van al aire.
Las lágrimas son agua, y van al
  mar.
Dime, mujer: cuando el amor se
  olvida, ¿sabes tú dónde va?

XXX

Asomaba a sus ojos una lágrima y
  a mi labio una frase de perdón;
  habló el orgullo y enjugó su
  llanto y la frase en mis labios
  expiró.

Yo voy por un camino, ella por
  otro; pero al pensar en nuestro
  mutuo amor
yo digo aún: "¿por qué callé aquel
  día?" y ella dirá: "¿por qué no
  lloré yo?"

Es verdad
de Federico García Lorca (español, 1898–1936)

¡Ay, qué trabajo me cuesta
quererte como te quiero!
Por tu amor me duele el aire,
el corazón
y el sombrero.

Un campo de amapolas
cerca de Ronda, España.

Solo
de Octavio Paz (mexicano, 1914)

Poco
    a
      poco
        me
          fui
            quedando
              solo.

Imperceptiblemente:
Poco
    a
     poco
Triste es la situación
Del que gozó de buena compañía
Y la perdió por un motivo u otro.

No me quejo de nada: tuve todo
Pero
    sin
       darme
          cuenta
Como un árbol que pierde una a una sus hojas
Fuime
      quedando
          solo
             poco
               a
                 poco.

Te quiero
de Gloria Fuertes (española, 1918)

Pienso mesa y digo silla,
compro pan y me lo dejo,
lo que aprendo se me olvida,
lo que pasa es que te quiero.

Ya ves qué tontería,
Me gusta escribir tu nombre,
llenar papeles con tu nombre;

Me creo que siempre que
   lo digo me oyes.
Me creo que da buena suerte;
Voy por las calles tan contenta
y no llevo encima nada más que
tu nombre.

Conversemos y escribamos ....

A Elige el poema que, en tu opinión, mejor refleja los siguientes temas.

El/La amante como... El amor como...

obsesionado(a)	doloroso	tristeza
confuso(a)	ilusorio	olvido
despistado(a)	perdón	locura
herido(a)	comunicación	pasión
vanidoso(a)	soledad	cariño
solitario(a)	dificultad	

B ¿Cuál de estos poemas refleja mejor tus sentimientos y lo que para ti es el amor?

Estructura: Un poco más

Para mejorar tu estilo: la nominalización

To avoid unnecessary repetition, you have used pronouns that replace things or people already mentioned.

1 Similarly, demonstrative adjectives **este(a)**, **ese(a)**, **estos(as)**, **esos(as)**, **aquel/aquella**, **aquellos(as)** can also be used as pronouns. Notice that, when used as pronouns, these words must have a written accent.

> **¿Cuál camiseta te gusta más, ésta o aquélla?**

2 You may also show possession by using pronouns to indicate "mine," "yours," "his," "hers," and so on. These pronouns are used with the definite article (**el**, **la**, **los**, **las**).

Adjective	Pronoun	Adjective	Pronoun
mi(s)	**mío/a(s)**	**nuestro/a(s)**	**nuestro/a(s)**
tu(s)	**tuyo/a(s)**	**vuestro/a(s)**	**vuestro/a(s)**
su(s)	**suyo/a(s)**	**su(s)**	**suyo/a(s)**

> **Ésta es mi mochila. ¿Dónde está la tuya?**
> **La mía está detrás de la tuya. ¿No la ves?**
> **¿Entonces, ésa es la de Miguel?**
> **No, la suya está allí.**

3 Another way of avoiding repetition is using the articles **el/la**, **los(as)**, **un(a)**, **unos(as)** + adjective.

> **¿Cuál es tu maleta?**   **¿Quieres ver un vídeo?**
> **Es la roja, la grande.**   **Sí, pero uno cómico.**

Describe tres de las siguientes cosas o personas usando la nominalización.

Por ejemplo: un coche
> *Me gusta aquél que está al lado del Ford, el pequeño deportivo. Ya no me gusta el mío.*

1. una película o un programa
2. una fiesta
3. un/a pariente(a)
4. un/a amigo(a)
5. un coche
6. un poema

Diversiones

A **Mini-drama.** Trabajen en parejas. Una persona es el padre o la madre de un/a chico(a) que sale en su primera cita. La otra persona será el/la chico(a) con quien sale. ¿Qué tipo de conversación tendrán? Escriban la conversación y luego actúenla para la clase.

B **Poemas personales.** Con dos compañeros, escojan un poema de la Cultura viva y vuelvan a escribirlo de una manera personal. Sustituyan algunos de los sustantivos por otros sustantivos hasta crear un nuevo poema. Luego léanle su poema a la clase.

Por ejemplo: Por una canción, un mundo;
por un casete, un cielo;
por un concierto..., ¡yo no sé
qué te diera por un concierto!

MUSICA

El flamenco se sacude

La música de Andalucía busca nuevas posibilidades y horizontes

por Carlos Agudelo

Rumba Tres, los creadores de "Rumbamanía"

Para los hispanoamericanos el flamenco evoca la misteriosa pasión de los gitanos, el añejo sabor de la madre patria, los ecos de las calles de ciudades legendarias como Sevilla, Córdoba, Málaga, Granada.

Pero el flamenco está cambiando. De la España posterior a Franco ha surgido "la mezcla" del flamenco con rock, pop, hip hop, jazz y ritmos afrocaribeños. Este nuevo flamenco, como los gitanos, ya ha empezado a recorrer el mundo.

Los Gipsy Kings, para mencionar el grupo más prominente, han tomado Europa, han invadido Estados Unidos y conquistado Latinoamérica. El trío Rumba Tres, quienes se consideran como los pioneros de la rumba flamenca, han reverdecido laureles y han aparecido con su álbum "Rumbamanía" en las listas de los Estados Unidos, su primera escala en su entrada al continente.

"Bamboleo", cuyas primeras estrofas parafrasean el tema venezolano "Caballo Viejo", ya tiene más versiones que La Bamba. Hasta Julio Iglesias se ha grabado su propia versión.

En España ha surgido una cantante con el sugestivo nombre de Martirio, quien además de hacer flamenco pop, con toda la pasión que caracteriza al género, ...

R. Amador de Pata Negra

Negra, gitanos, viajan con sus álbumes por un amplio espectro de la música contemporánea, desde el rock hasta el jazz y la música country. Aztica Moreno, un dúo de gitanas como co hip hop para discotecas. Y Ketama, un dúo de gitanos, graban con el arpista de Malí, Toumani Diabete, y el trombonista Danny Thompson música que a veces suena como una típica salsa caribeña.

Y por otra parte, están artistas como Paco Peña y Paco De Lucía, haciendo sus propias formas de flamenco jazz y tratando de mantener la tradición dentro de límites un poco más estrictos. Mientras tanto, en España surgen academias de canto y baile de sevillanas, una variante del flamenco que se ha convertido en la mú...

Repaso de vocabulario

Cosas y conceptos

el arco iris
el arroyo
el beso
la canción
el labio
la mariposa
el mensaje
la mirada
la muerte
la nube
el olvido
la paz
el pensamiento
el rato
el recuerdo
el rocío
el silencio
la sonrisa
el sueño
el tacto
la tentación

Actividades

alcanzar
aparecer (zc)
contemplar
pasar *(to pass)*
recordar (a) (ue) *(to remind [of])*

Descripciones

distante
dorado(a)
oloroso(a)
sordo(a)
suave
vacío(a)

Otras palabras y expresiones

desde *(from)*
el/la poeta

CUANDO EL PERFUME SE VUELVE CARICIA

Capítulo 3 Un paso más

A Amigos y novios. Si tuvieras que decirle a tu amigo(a) del alma o a tu novio(a) la verdad sobre él o ella, ¿qué le dirías? Completa las frases que siguen con detalles.

Por ejemplo: Me gustas porque eres muy inteligente y también porque...

1. Me gustas cuando ___ .
2. Me fascinas porque ___ .
3. Me interesas porque ___ .
4. A mi familia le gustas porque ___ .
5. Pero me molestas mucho cuando ___ porque ___ .
6. Espero que yo te agrade porque ___ .
7. Me pareces como ___ .

B Si yo fuera poeta. Si fueras poeta, ¿qué tipo de poema romántico podrías escribir? Imagina que acabas de romper con tu novio(a). Quieres recordar el amor que tuvieron, pero también quieres expresar tu tristeza. En unos diez versos, ¿qué puedes decir?

C La imagen propia. La segunda lección de este capítulo dice que una persona con una imagen propia negativa puede perder la autoestima. ¿Qué imagen tienes de ti mismo(a)? Sé crítico(a) y presenta los puntos flacos y fuertes de tu imagen en dos o tres párrafos.

D Encuesta de opinión. En un papel, contesta la siguiente encuesta de opinión sobre las relaciones interpersonales. Luego, compara tus respuestas con las de otros dos compañeros(as) de clase y escriban un resumen de los resultados.

Estoy de acuerdo   **Estoy en desacuerdo**

1. Los matrimonios buenos son los de dos personas totalmente diferentes.
2. A los hombres les es muy difícil expresar sus emociones.
3. Las mujeres ven todo desde el punto de vista emotivo.

4. No es buena idea casarse muy joven.

5. En general, las mujeres son menos egoístas que los hombres.

6. Cuando uno está enamorado, trabaja más y saca mejores notas que cuando uno no está enamorado.

7. Los hombres se enamoran de las mujeres que se parecen a su madre.

8. Las mujeres se enamoran de los hombres que se parecen a su padre.

9. Si uno está enamorado de veras, nunca tiene celos.

10. En general, los hombres tienen miedo de las mujeres.

11. En general, las mujeres son más románticas y sentimentales que los hombres.

12. El hombre debe ser más alto que la mujer.

13. Las mujeres no deben trabajar después de casarse.

14. La novia debe ser más joven que el novio.

15. Los novios deben ser del mismo nivel socio-económico y de la misma cultura.

16. Si una chica quiere salir con un chico, debe esperar hasta que el chico la llame.

17. El hombre es el rey de la casa.

18. Aunque hoy día muchos se divorcian, creo que el divorcio se ha hecho demasiado fácil.

E **Para mis niños.** ¿Qué deseas para tus hijos cuando los tengas? Completa las siguientes frases.

1. Quiero que se casen con ___ .

2. Es importante que tengan amigos que sean ___ .

3. Prefiero que estudien en ___ .

4. Quiero que ellos ___ .

F **El amor, siempre el amor.** En este capítulo has analizado varias facetas del amor, de la amistad y de muchos otros sentimientos importantes para los seres humanos.

1. Repasa el vocabulario que has aprendido; elige las palabras que más te gustaron y ponlas en una lista.

2. Luego, haz otra lista de los sentimientos que sean más importantes para ti.

3. Con estos elementos, escribe un poema sobre una idea, un sentimiento o una persona. Este poema debe ser una culminación de todas las ideas y opiniones que has expresado hasta ahora.

G **Nombres especiales.** Escribe un poema dedicado a tu novio(a) o amigo(a) del alma en el cual cada frase empieza con una letra del nombre de esta persona querida.

Por ejemplo: **A** mada
M ía
Y o te amo.

H **De un reino al otro.** Dale características humanas a los objetos o animales, y características de objetos o de animales a los humanos. Escoge al menos tres de los siguientes.

Por ejemplo: Mi primo es como un gato. Sentado en la sala, duerme con un ojo y con el otro mira.

el reloj despertador

tu novio(a)

tu primo(a)...

un/a maestro(a)

tu gato (perro, canario, conejo, etc.)

una lámpara (bicicleta, coche, etc.)

tu radio (televisor, videocasetera, etc.)

¿ ?

Todo pasa y todo queda

"Año de la República Federal y del Senado"

Año de ___1975.—

Primera Oficialía del
Registro Civil $200.00
Niños Héroes 75 - Tel. 2-04-92
HERMOSILLO, SONORA

Gobierno del Estado de Sonora
Oficina del Registo Civil de _____ Hermosillo, Sonora, México.—
Municipalidad de _____ Hermosillo.—
En Nombre de la República Mexicana y como Oficial del Registro Civil
de este lugar, hago saber a los que la presente vieren y Certifico ser cierto
que en el Libro No. ___UNO, TOMO II.=___ del Registro que es a mi cargo
foja 142.—

Vocabulario

La infancia es la edad (*age*) de la inocencia.
La niñez es la edad del juego.
La adolescencia es la edad del desequilibrio.
La juventud es un divino tesoro y una locura (*craziness*).
La madurez es la edad de la calma.
La vejez es la edad de la sabiduría (*wisdom*).

Ahora que soy viejo(a), tengo...	Pero antes, cuando era niño(a), tenía...
la cara arrugada (*wrinkled*).	la cara estirada (*smooth*).
el pelo canoso (*gray*).	el pelo de miel (*honey-colored*).
la mirada de un ciego.	la mirada de un lince (*lynx*).
las mejillas (*cheeks*) pálidas.	las mejillas sonrosadas (*rosy*).
la voz de un cuervo.	la voz de un ángel.
la espalda encorvada (*hunched*).	la espalda derecha.

Tengo muchos recuerdos de mi niñez.

Donde yo vivía había...
una finca.
un bosque.
una cueva (*cave*).
una isla.
un jardín.
un/a viejo(a).

Decían que yo era...

un diablo (*devil*).	pecador/a (*rascal, sinner*).
atrevido(a).	pensativo(a) (*pensive*).
pícaro(a) (*rascal*).	comediante.
travieso(a).	precoz (*precocious*).
genial (*bright, gifted*).	callado(a).
malvado(a) (*bad*).	rebelde.

En mis bolsillos llevaba...	De mis bolsillos sacaba...
mensajes en clave (*code*). migajas (*crumbs*) de pan. papelitos arrugados (*wrinkled*). peines quebrados. pañuelos de papel (*tissues*) usados.	notitas de amor. pedazos (*pieces*) de chocolate. chicle masticado (*chewed gum*). lápices mordidos (*bitten*). monedas pintadas. patitas (*legs*) de insectos.

Me llenaban de placer (*pleasure*)...

los globos (*balloons*) de colores porque podían volar por el cielo.

las hazañas (*accomplishments*) de los astronautas porque me hablaban de aventuras.

mis amigos secretos porque les tenía cariño (*affection*).

los cascabeles (*jinglebells*) porque parecían campanitas (*bells*).

los baúles del ático porque podíamos disfrazarnos (*disguise, dress up*) de vaqueros (*cowboys*).

los carruseles porque me daban vértigo (*made me dizzy*).

los columpios (*swings*) porque era como volar.

el apoyo de mis amigos(as) porque contaba con ellos(as).

Me (Nos) gustaba...

curiosear en el ático y el garaje.

guardar papelitos de chicle y tarjetas de béisbol.

coleccionar...

   sellos, calcomanías (*decals*).
   muñequitos, autitos, estrellitas.
   discos, cintas (*tapes*), títeres (*puppets*).

esconder dulces, chocolates, chupa-chups (*lollipops*).

robar galletas, dulces, monedas, flores.

dejarle cartas o mensajes secretos a la maestra.

disfrazarme(nos) de monstruo.

Las mejillas me ardían (*would burn*) cuando...

la maestra me llamaba adelante.

tenía fiebre y escalofríos (*chills*).

sentía los latidos del corazón (*my heart would pound*).

veía a mi amigo(a).

mis padres o maestros me castigaban (*punish*).

Asociaciones ·······························

A **A veces.** ¿Cuáles de las actividades del Vocabulario pondrías en las siguientes categorías?

Por ejemplo: nunca

Cuando era niño(a) nunca rompía vidrios en casa.

1. muchas veces   **4.** nunca   **6.** ya no

2. a veces   **5.** ahora   **7.** todavía

3. rara vez

Una muchacha
panameña con su coatí.

B **Autorretrato.** Completa las siguientes frases con palabras del Vocabulario para describir tu niñez.

1. Cuando era niño(a), me llamaban ___ .

2. Decían que era ___ .

3. Donde yo vivía, había ___ .

4. En mis bolsillos siempre llevaba ___ .

5. Mis juguetes favoritos eran ___ porque me gustaba jugar a ___ .

6. Me llenaba(n) de placer ___ .

7. También me gustaba(n) ___ porque ___ .

8. Me gustaba curiosear en ___ donde había ___ .

9. Me ardían las mejillas cuando ___ .

10. A veces me castigaban cuando ___ .

11. Coleccionaba ___ . Y en un lugar secreto guardaba ___ .

C **Etapas de la vida.** Completa las frases de abajo para comparar al menos dos de las siguientes etapas de la vida.

la niñez   **la adolescencia**   **la juventud**

la madurez   **la vejez**

Por ejemplo: ... contamos con el apoyo de...

Durante la niñez contamos con el apoyo de nuestros padres.

Durante la adolescencia contamos con el apoyo de nuestros amigos.

1. ___ en cuanto a lo físico, tenemos ___ .

2. ___ contamos con el apoyo de ___ .

3. ___ en los bolsillos llevamos ___ .

4. ___ las mejillas nos arden cuando ___ .

5. ___ nos llena(n) de placer ___ .

6. ___ escondemos ___ .

7. ___ coleccionamos ___ .

8. ___ nos disfrazamos de ___ .

Una señora
colombiana.

D **Muchachitos y sus hazañas.** Di qué hacía cada uno de los siguientes niños.

Por ejemplo: el niño malvado

Rompía los juguetes de los demás. Coleccionaba tarjetas de béisbol robadas. Peleaba con los hijos de los vecinos. No le tenía cariño a nadie.

1. la comediante
2. el diablo o pícaro
3. la muchacha precoz
4. el niño pensativo

5. un niño extraordinario
6. la niña traviesa
7. el muchacho pecador
8. la niña rebelde

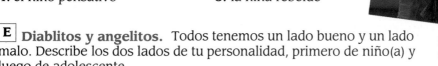
Dos amigos argentinos.

E **Diablitos y angelitos.** Todos tenemos un lado bueno y un lado malo. Describe los dos lados de tu personalidad, primero de niño(a) y luego de adolescente.

Por ejemplo: Antes, cuando era niño(a), mi diablito rara vez le hacía caso a mis padres. En cambio, mi angelito siempre les tenía cariño.

Ahora que soy adolescente, mi angelito siempre le hace caso a mis padres porque... Ya no los ignoro. En cambio, mi diablito todavía quiere hacer lo que le da la gana.

Conversemos ....

A **Tú y yo.** Haz una lista de al menos diez preguntas para entrevistar a tu compañero(a) sobre su niñez. ¿En qué se parecían y en que se diferenciaban esas etapas de sus vidas?

Por ejemplo:

ESTUDIANTE A:

(1) ¿Te gustaba ser pícaro(a)?

ESTUDIANTE B:

(2) Sí, mucho, por ejemplo...

(3) A mí también porque...
(A la clase:) A nosotros(as) dos nos encantaba ser pícaros(as) porque siempre...

B **Le tenía mucho cariño.** ¿A quién admirabas cuando eras niño(a)? Diles a tus compañeros(as) cómo era esa persona y por qué le tenías mucho cariño.

Por ejemplo: Le tenía mucho cariño a mi maestra de tercer grado porque me daba buenos consejos cuando yo tenía problemas.

C Encuesta. Con cuatro personas, completen las frases para determinar las preferencias de los niños.

Por ejemplo: Nos gustaba jugar con (al)...
Nos gustaba jugar con videojuegos y al escondite.

1. Íbamos a ___ .
2. Nos disfrazábamos de ___ .
3. Nos castigaban porque ___ .
4. Nos gustaba coleccionar ___ .
5. Nos daba mucho placer ___ .
6. Jugábamos con (al) ___ .
7. A veces hicimos grandes hazañas. Por ejemplo, conseguimos ir a ___ .

Escribamos

A Ser niño no es fácil. Apunta dos ventajas que tienen los adultos que no tienen los niños.

Por ejemplo: Cuando yo era niño(a), no podía salir sin avisar ni ir a acampar con amigos ni comprar lo que quería. En cambio, mis padres y tíos podían...

B En la máquina del tiempo. ¿Qué preferirías, hacer un viaje al pasado o al futuro? Escribe en qué año estás, por qué elegiste ese año y cómo son las cosas en esa fecha.

Por ejemplo: Estoy en el año 2020. Elegí este año porque la gente ya puede ir de vacaciones a la Luna. La Luna es increíble. Allá se puede saltar cinco metros...

C Las experiencias de este año. Imagínate que en este momento les escribes una carta a tus futuros hijos. Descríbeles en detalle cómo es tu mundo y explícales dos problemas y dos planes que tienes.

Por ejemplo: Queridos hijos:
Uds. van a leer esta carta más o menos en el año 2022 pero quiero describirles mi vida y cómo es el mundo de ahora. Estoy en el último año de la escuela superior y lo más importante de la vida es...

D ¿Qué dirán mis hijos? Ahora, imagínate que tus futuros hijos han leído la carta que les escribiste en la actividad C. ¿Qué van a decir sobre la vida de "antes"? Escribe dos cosas.

Por ejemplo: Lo más importante de la vida cuando mi mamá (papá) tenía 17 años era...

Estructura

Para contar historias del pasado: El tiempo pasado pretérito

In the Vocabulario you used the imperfect tense to describe what routinely used to happen in the past.

Decían que yo era comediante.

En mis bolsillos llevaba patitas de insectos.

Me gustaba disfrazarme de monstruo.

The imperfect tense is used with the preterit tense to narrate stories in the past. You will practice both these tenses in this chapter. You learned some forms of the preterit tense in Chapter 3. Here you will review how the preterit tense is formed.

1 To form the preterit of regular verbs, drop the -**ar**, -**er**, or -**ir** ending from the infinitive and add the following endings to the verb stem. Notice that -**er** and -**ir** verbs share the same endings.

To say...	mirar	correr	subir
what I did, add	-é miré	-í corrí	-í subí
what you (**tú**) did, add	-aste miraste	-iste corriste	-iste subiste
what somebody else did, add	-ó miró	-ió corrió	-ió subió
what you and others did, add	-amos miramos	-imos corrimos	-imos subimos
what others (**vosotros**)* did, add	-asteis mirasteis	-isteis corristeis	-isteis subisteis
what others did, add	-aron miraron	-ieron corrieron	-ieron subieron

* This form is rarely used in the Spanish-speaking world, except for Spain.

DEPORTES | Lunes 4 de noviembre de 1991

Puñalada arbitral para el Querétaro

América lució como campeón al ganar 3-1

los primeros minutos se notó a un conjunto visitante con total armonía en sus líneas e,incluso, había tomado la ventaja en la pizarra. Sin embargo, el silbante Marco Antonio Miranda los afectó con una marcación rigorista sobre Miguel Salas y al dejarlos

con únicamente 10 hombres les ayudó a fincar su derrota.

América, por su parte, pasó muchas dificultades para controlar la pelota en la primera mitad, pero después de conseguir la igualada fueron emparejando las acciones y terminaron con un dominio absoluto en todo el terreno.

De esta forma, el cuadro amarillo de Coapa llegó a unidades y se colocó en la cima del Grupo IV, tiene un partido

apoyo del gobierno estatal, pues el equipo que dirige Luis Manuel Torres Salinas ha pedido ayuda económica urgente, o tendrá que abandonar el torneo.

LAS ACCIONES

Poderoso lució el cuadro visitante al arrancar las hostilidades, pues consiguió meter a la defensiva americanista en su territorio, para tratar de frenar las múltiples llegadas enemigas.

Sin embargo, los ameri-llos no fu

sorprenderlos en el contragolpe.

Pero en el minuto 18, Farfán se escapó hacia el área enemiga y cuando se preparaba a recibir la pelota apareció Salas, para cortar la ofensiva con la mano. Esta jugada fue duramente sancionada por el árbitro, quien dudó por un momento, pero finalmente sacó la tarjeta roja, con lo cual dejó a los queretanos con únicamente 10 hom-bres

marco, pero decidió enviar la pelota hacia afuera por el palo derecho.

Y el uruguayo repitió el desperdicio en el minuto 81. En esta ocasión, Cecilio se metió por la izquierda y después del sacar a Mariconi mandó un disparo que Marchi defendió con la cabeza.

En el minuto 85, Zague colocó el 3-1 definitivo. Fue

una estupenda jugada personal del moreno Santos, quien se escapó desde la media cancha, dejando atrás a Macedo, Cervantes y Delgado, quienes trataron de derribarlo pero no fueron capaces de frenarlo, por lo que el carioca se escapó hasta el área, para tocar a su izquierda, sobre Zague, quien entró de frente y venció a Mariconi.

2 Some -**ir** verbs have changes in their stems in the third person singular and plural (**él, ella, Ud. / ellos, ellas, Uds.**). Changes may be from **o** to **u**, or from **e** to **i**. The following are examples.

dormir	(o>u)	dormí, dormiste, *durmió*, dormimos, dormisteis*, *durmieron*
morirse	(o>u)	me morí, te moriste, *se murió*, nos morimos, os moristeis*, *se murieron*
pedir	(e>i)	pedí, pediste, *pidió*, pedimos, pedisteis*, *pidieron*
seguir	(e>i)	seguí, seguiste, *siguió*, seguimos, seguisteis*, *siguieron*
reírse	(e>i)	me reí, te reíste, *se rió*, nos reímos, os reísteis*, *se rieron*
divertirse	(e>i)	me divertí, te divertiste, *se divirtió*, nos divertimos, os divertisteis*, *se divirtieron*
vestirse	(e>i)	me vestí, te vestiste, *se vistió*, nos vestimos, os vestisteis*, *se vistieron*

* This form is rarely used in the Spanish-speaking world, except for Spain.

3 One group of verbs has spelling changes when you are talking about other people (**él, ella, Ud. / ellos, ellas, Uds.**). In verbs like **leer, oír, creer**, the singular form ends in -**yó** and the plural form ends in -**yeron** to reflect the actual pronunciation of these forms.

leer	leyó, leyeron
oír	oyó, oyeron
creer	creyó, creyeron
huir	huyó, huyeron
caerse	se cayó, se cayeron
destruir	destruyó, destruyeron

4 Another group of verbs has spelling changes in the **yo** forms to reflect the actual pronunciation of this preterit form.

a. For infinitives ending in -**car**, the **yo** form ends in **qué**. Here, the **c** changes to **qu**, but remains a **c** in all other forms. For example:

buscar	busqué	pescar	pesqué
tocar	toqué	sacar	saqué

b. For infinitives ending in -**gar**, the **yo** form ends in -**gué**. Here, the **g** changes to **gu** but remains a **g** in all other forms. For example:

llegar	llegué	navegar	navegué
jugar	jugué	castigar	castigué
pagar	pagué		

c. For infinitives ending in -**zar**, the **yo** form ends in -**cé**. Here, the **z** changes to **c** but remains a **z** in all other forms. For example:

almorzar	almorcé	comenzar	comencé
empezar	empecé	disfrazarse	me disfracé
organizar	organicé		

5 Many verbs are irregular in the preterit tense. Sometimes, they may be studied in groups for ease of retention. In Chapter 3 you practiced some of these: **tener**, **estar**, **poder**, **querer**, **saber**, **ser**.

traer	traje, trajiste, trajo, trajimos, trajisteis*, trajeron
conducir	conduje, condujiste, condujo, condujimos, condujisteis*, condujeron
decir	dije, dijiste, dijo, dijimos, dijisteis*, dijeron
estar	estuve, estuviste, estuvo, estuvimos, estuvisteis*, estuvieron
tener	tuve, tuviste, tuvo, tuvimos, tuvisteis*, tuvieron
andar	anduve, anduviste, anduvo, anduvimos, anduvisteis*, anduvieron
caber	cupe, cupiste, cupo, cupimos, cupisteis*, cupieron
saber	supe, supiste, supo, supimos, supisteis*, supieron
poder	pude, pudiste, pudo, pudimos, pudisteis*, pudieron
poner	puse, pusiste, puso, pusimos, pusisteis*, pusieron
ir/ser	fui, fuiste, fue, fuimos, fuisteis*, fueron
dar	di, diste, dio, dimos, disteis*, dieron
venir	vine, viniste, vino, vinimos, vinisteis*, vinieron
hacer	hice, hiciste, hizo, hicimos, hicisteis*, hicieron
querer	quise, quisiste, quiso, quisimos, quisisteis*, quisieron

* This form is rarely used in the Spanish-speaking world, except for Spain.

6 Note how you will combine the preterit tense with the imperfect tense to narrate and describe the past.

a. Describe routine events in the past with the imperfect; describe variations from routine with the preterit.

Cuando era niña pasábamos las vacaciones en casa de mis abuelos. Íbamos en coche y siempre nos divertíamos. Pero un año fuimos a California donde asistimos a la boda de mi prima.

b. Describe the stage or scene of ongoing action with the imperfect; contrast the action that occurred or interrupted the scene with the preterit.

El bosque estaba oscuro y frío. Pero nosotros corrimos con un poco de miedo y seguimos a mi hermana mayor hasta el lago.

Acababa de acostarme cuando de repente sonó el teléfono.

c. State your intentions at a past point in time with the imperfect; explain what interrupted what you were about to do in the preterit.

Iba a salir para el colegio cuando llegó mi amigo y empezamos a conversar. Por eso, llegué tarde a clase.

d. To state what you used to like (or dislike), use (**no**) **me gustaba**. On the contrary, to react to something you liked (or disliked), use (**no**) **me gustó**.

Cuando era niño, me gustaba mucho ir al parque de diversiones. Pero lo que más me gustó en el parque de Virginia fue la enorme montaña rusa que tenían.

7 The following are time expressions that you can use with the preterit.

de repente	ayer
anteayer	anoche
de pronto	el año (mes, fin de semana) pasado
entonces	la semana pasada
en ese momento	hace... años (meses, semanas, días, horas)

Conversemos ....

A **Yo también tengo aventuras.** Cuenta qué hiciste la última vez que tuviste una aventura. Ordena las acciones paso por paso, de 1 a 5.

Por ejemplo: **1.** El día que mi amigo y yo fuimos a acampar al bosque, compré una carpa nueva.

2. Cuando regresé, puse todo el equipo en el coche.

3. Entonces, fui a buscar a mi amigo...

B **Pero una vez...** Completa las siguientes frases para describir lo que siempre hacías antes. Luego describe una vez que fue diferente.

Por ejemplo: Cuando era niño, siempre me ardían las mejillas cuando... pero una vez...

Cuando era niño, siempre me ardían las mejillas cuando los maestros me llamaban adelante. Pero una vez me puse tan nervioso que rompí a llorar.

1. Sacaba notas ___ , pero una vez ___ .
2. Pasaba los fines de semana ___ , pero una vez ___ .
3. Iba de vacaciones a ___ , pero una vez ___ .
4. Les hacía caso a mis padres ___ , pero una vez ___ .
5. Me ardían las mejillas cuando ___ , pero una vez ___ .

C **No hace tanto.** ¿Cuánto tiempo hace que te pasó lo siguiente? Explica qué pasó.

Por ejemplo: ¿Cuánto tiempo hace que conociste a tu mejor amigo(a)?

Conocí a mi mejor amiga hace tres años. Fue el primer día de clases. Acababa de bajar del autobús cuando me caí. Ella me vio y vino a ayudarme.

¿Cuánto tiempo hace que...

1. te pusiste un disfraz?
2. rompiste algo que valía mucho?
3. viste un payaso?
4. almorzaste con tu familia?
5. se te cayó un diente?
6. montaste en la montaña rusa?
7. te castigaron tus padres?
8. le trajiste un recuerdo de tus vacaciones a un/a amigo(a) o familiar?
9. dijiste una mentira?
10. condujiste un coche de lujo?
11. tuviste muchísimo miedo?
12. peleaste con un/a amigo(a)?

 ¡GRACIAS A DIOS, LLEGÓ LA PRIMAVERA!

 GRACIAS A DIOS, LLEGUÉ A LA PRIMAVERA

 ¡Y YO DICIENDO TRIVIALIDADES!

© Joaquín Salvador Lavado (QUINO)

D **Diario.** ¿Qué hiciste en cada uno de los siguientes años de la escuela primaria? Completa las frases.

Por ejemplo: Cuando estaba en primer año...
Cuando estaba en primer año conocí a mi primer novio.

1. Cuando tenía ___ años y estaba en primer año ___ .
2. Luego, cuando estaba en segundo año ___ .
3. Cuando estaba en tercer año ___ .
4. Cuando empecé el cuarto año ___ .
5. Cuando ya estaba en quinto ___ .
6. Acababa de cumplir ___ años cuando ___ .

E **Recuerdos.** Elige un recuerdo de la siguiente lista y cuéntale a la clase qué pasó.

Dos hermanos de Cartagena, Colombia.

Por ejemplo: algo que me pareció bastante raro
Recuerdo que era el Día de las Brujas. Estaba en una calle de mi barrio. Andaba con mi amiga Rita. Hacía frío y mucho viento. De repente vimos una luz verde en el cielo y oímos un ruido...

1. algo que me dio risa
2. algo que me dio pena
3. algo que me dio rabia
4. algo que me dio vergüenza
5. algo que me dio pánico
6. algo que me hizo latir el corazón
7. algo que me dio escalofríos
8. una vez que puse a prueba mi coraje
9. algo que me dio asco
10. algo que me pareció bastante raro

F **Y ¿qué pasó?** Termina las siguientes frases de una manera imaginativa.

Por ejemplo: Estaba solo(a) en casa cuando...
Estaba solo en casa cuando oí un ruido extraño en el sótano.

1. Acababa de acostarme cuando, de repente, ___ .
2. Iba a salir para el colegio, pero ___ .
3. Abrí la puerta y ___ .
4. No cupimos todos en el coche; por eso ___ .
5. No le hice caso al maestro; por eso ___ .
6. En mi clase de ___ soñaba con el fin de semana, cuando, de pronto, ___ .

Escribamos ······································

A **Primeros recuerdos.** Describe un recuerdo de cuando eras muy pequeño(a). Di cuántos años tenías. Describe el escenario (en imperfecto) y la acción (en pretérito).

Por ejemplo: Tenía unos tres o cuatro años y vivíamos en Texas. La casa tenía un jardín grande. Yo estaba en la casa cuando mi mamá salió a cuidar el jardín. Fue entonces cuando la puerta se cerró con el viento y mi mamá gritó. No pude abrir la puerta y lloré muchísimo hasta que llegó mi tía...

B **Mi autobiografía.** Describe tres de los siguientes eventos importantes de tu vida, como si los recordaras vívidamente. En cada caso escribe al menos seis frases.

Por ejemplo: tu nacimiento

Nací a las... Recuerdo que era... y que yo estaba... Mi papá me miró y me dijo.... y mi mamá... Ella estaba muy... A las tres vino mi tío Vincent a visitarme.

1. tu primer viaje largo
2. cuando cumpliste un año
3. tu fiesta de cumpleaños de los dos años
4. tus primeras vacaciones
5. tu nacimiento
6. cuando te compraron tu primer par de zapatos

Lectura

Antes de leer

Pensemos

Lo que me fascinaba. ¿Cuáles de las siguientes cosas te fascinaban más cuando eras niño(a)? En un papel, escríbelas en orden.

> los baúles del ático llenos de tesoros
> las cajas con cosas viejas
> las casas abandonadas
> las cosas viejas (monedas, fotos)
> los cuentos de hadas
> los cuentos de otros niños
> las historias de tus abuelos(as)
> las historias de un/a señor/a viejo(a)
> las leyendas tradicionales
> los libros de cuentos de misterio
> los payasos del circo

¡A PARTIR DE MAÑANA GRAN ACONTECIMIENTO!

La Cenicienta

UN CLÁSICO DE WALT DISNEY

TECHNICOLOR®
© The Walt Disney Company
CONSULTAR CARTELERA

Miremos

A **El título.** Mira el título del cuento de las páginas 225–227. ¿Qué asocias con un payaso? Completa lo siguiente.

1. En cuanto a la personalidad ___ .
2. En cuanto a la apariencia ___ .
3. En cuanto a la manera de vestirse ___ .

B **Los personajes.** Lee el cuento rápidamente para contestar las siguientes preguntas.

1. ¿Cuántos personajes hay en este cuento?
2. ¿Quiénes son?
3. ¿Cuántos años tienen?

> **Al lector**
>
> • No te preocupes si no entiendes todas las palabras de la lectura. Eso es normal.
>
> • No es necesario usar un diccionario. Trata de adivinar las palabras que no conoces.
>
> • Confía en tu español; ¡ya sabes muchísimo!

Don Payasito
Ana María Matute (española, 1926)

En la finca del abuelo, entre los jornaleros (trabajadores) había uno muy
viejo llamado Lucas de la Pedrería. Este Lucas de la Pedrería decían
todos que era un pícaro, pero mi abuelo le tenía gran cariño. Las cosas de
Lucas de la Pedrería hacían reír a las personas mayores. No a nosotros,
los niños. Porque Lucas era el ser más extraordinario de la tierra. Mi   5
hermano y yo sentíamos hacia él una especie de amor, admiración y
temor, que nunca hemos vuelto a sentir.

Lucas de la Pedrería vivía solo, y él mismo cocinaba sus guisos de
carne, cebollas y patatas, y él se lavaba su ropa, en el río. Era tan viejo
que decía perdió el último año y no lo podía encontrar. Siempre que   10
podíamos nos escapábamos a la casita de Lucas de la Pedrería, porque
nadie, hasta entonces, nos habló nunca de las cosas que él nos hablaba.

—¡Lucas, Lucas!—le llamábamos, y él nos miraba frotándose los ojos.
El cabello, muy blanco, le caía sobre la frente. Era menudo (pequeño),
encorvado, y hablaba casi siempre en verso. Unos extraños versos que a   15
veces no rimaban mucho, pero que nos fascinaban:

—Ojitos de farolito—decía—¿Qué me venís a buscar...?

Nosotros nos acercábamos despacio, llenos de aquel dulce temor
cosquilleante (miedo excitante) que nos invadía a su lado.

—Queremos ver a Don Payasito...—decíamos en voz baja, para que   20
nadie nos oyera.

Él se ponía el dedo, retorcido y oscuro como un cigarro, a través de
(sobre) los labios: —¡A callar, a bajar la voz, muchachitos malvados de la
isla del mal!

Siempre nos llamaba "muchachitos malvados de la isla del mal". Y esto   25
nos llenaba de placer. Y decía "Malos, pecadores, cuervecillos," para
referirse a nosotros. Y algo se nos hinchaba (crecía) en el pecho, como un
globo de colores, oyéndole.

—Por favor, por favor, Lucas, queremos ver a Don Payasito...

Lucas se quedaba pensativo, y, al fin, decía: 30

—¡Saltad y corred*, diablos, que allá va Don Payasito, camino de la   Salten y corran
gruta (cueva)...! ¡Ay de vosotros, ay de vosotros, si no le alcanzáis a
tiempo!

Corríamos mi hermano y yo hacia el bosque. Allá arriba, estaba la
cuevecilla de Don Payasito, el amigo secreto. Llegábamos a la boca de la   35
cueva. Nos sentábamos, con todo el latido de la sangre en la garganta, y
esperábamos. Las mejillas nos ardían.

Al poco rato, aparecía por la cuestecilla (la subida) Don Payasito. Venía envuelto en su capa encarnada, con soles amarillos. Llevaba un alto sombrero puntiagudo de color azul, y una hermosa, una maravillosa cara blanca, como la luna. Con la diestra (mano derecha) se apoyaba en un
5 largo bastón (*walking stick*), y en la mano libre llevaba unos cascabeles dorados que hacía sonar. Don Payasito entraba majestuosamente en la gruta y nosotros le seguíamos.

—¿Qué traéis hoy?—nos decía.

Y de los bolsillos sacábamos las pecadoras monedas que hurtábamos
10 (robábamos) para él. Las examinaba cuidadosamente, y se las guardaba en lo profundo de la capa. Extraía (sacaba) un pequeño acordeón y bailaba. Bailaba de un modo increíble. Saltaba y gritaba, al son de su música. Luego, nos pedía más dinero. Y volvía a danzar, a danzar, "el baile del diablo perdido". Sus músicas eran hermosas y extrañas.
15 Mientras había dinero había bailes y canciones. Cuando el dinero se acababa, Don Payasito se echaba en el suelo y fingía dormir.

—¡Fuera, fuera, fuera!—nos gritaba. Y nosotros, llenos de pánico, echábamos a correr bosque abajo; pálidos, con un escalofrío pegado a la espalda como una culebra.

Un día —acababa yo de cumplir ocho años— fuimos escapados a la cabaña de Lucas, deseosos de ver a Don Payasito.

La barraca estaba vacía. Lucas no nos contestaba. Al fin, mi hermano, que era el más atrevido, empujó la puertecilla. Un débil resplandor entraba en la cabaña. Olía muy mal. Nunca antes estuvimos allí. Sobre su   5
camastro estaba Lucas, quieto, mirando al techo.

—¡Lucas, Lucas, cuervo malo de la isla del mal!...

Nos daba mucha risa que no nos respondiera. Estaba rígido, frío y tocarlo nos dio un miedo vago pero irresistible. Al fin, como no nos hacía caso, le dejamos. Empezamos a curiosear y encontramos un baúl negro,   10
muy viejo. Lo abrimos. Dentro estaba la capa, el gorro y la cara blanca, de cartón triste, de Don Payasito.

Mi hermano y yo nos quedamos callados, mirándonos. De pronto, rompimos a llorar. Llorando, llorando con todo nuestro corazón, subimos la cuesta. Y gritando entre hipos: —¡Que se ha muerto Don Payasito, ay,   15
que se ha muerto Don Payasito...!

Y todos nos miraban y nos oían, pero nadie sabía qué decíamos ni por quién llorábamos.

Leamos

A **Don Lucas.** Describe a don Lucas contestando las siguientes preguntas.

1. ¿Cómo era?
2. ¿Cuántos años tenía?
3. ¿Qué comía?
4. ¿Qué hacía?
5. ¿Cómo pasaba el día?
6. ¿Cómo hablaba?

B **Para leer bien.** Ubica la línea del cuento que te dice lo siguiente.

1. Nosotros dos sentíamos una indescriptible atracción hacia don Lucas.
2. Lucas nos fascinaba por los cuentos que contaba y las cosas que decía.
3. Don Lucas era muy bajo, delgado y tenía la espalda arqueada.
4. Ojitos de farolito, ¿por qué me vienen a buscar?
5. Nos decía malos, pecadores, pajaritos negros.
6. El mago tenía su bastón y unas flores en la mano derecha y unas cosas que sonaban en la mano izquierda.
7. Antes de actuar, les pedía el dinero que los niños robaban para él.
8. Cuando se acababa la actuación, nos íbamos corriendo con mucho miedo.
9. Como don Lucas no respondía, empezamos a mirar las cosas de la casa.

C **Detectives.** Busca palabras de la lectura que describen lo siguiente.

1. la gruta
2. la música
3. la ropa de Don Payasito
4. cosas negras
5. el miedo
6. la casa de don Lucas
7. el baúl
8. el cuerpo de don Lucas
9. las emociones de los niños

D **La realidad y la fantasía.** Los niños no lloraron cuando descubrieron el cuerpo de Lucas, sino cuando abrieron el baúl. ¿Por qué? Explica qué simboliza Don Payasito para ti.

Después de leer ···

A **Conexiones.** Ubica las expresiones que están relacionadas.

1. bajar la voz
2. diestra
3. pícaro
4. ser
5. cabello
6. placer
7. gruta
8. cariño
9. son
10. barraca

a. derecha
b. casita
c. callar
d. afecto
e. pelo
f. sinvergüenza
g. persona
h. cueva
i. alegría
j. música

B **Saltad y corred.** En este cuento se usan formas de *vosotros* que se usan en gran parte de España. Da las formas de *ustedes* que equivalen a las siguientes formas de *vosotros*.

Por ejemplo: Saltad y corred.
Salten y corran.

1. Venid y escuchad.
2. Decid la verdad.
3. Dadme mis monedas de plata.
4. Bailad conmigo.
5. Dejad de curiosear.
6. Id a llamar a Don Payasito.

Apliquemos

A **A ver tu imaginación.** Don Payasito les decía a los niños "muchachitos malvados de la isla del mal" para divertirlos y también como demostración de afecto. Con otra persona inventa otras dos frases similares.

Por ejemplo: Pequeños animalitos del bosque oscuro.

B **Contrastes.** Di tres cosas en las que se diferenciaban Lucas y los niños.

Por ejemplo: Lucas era... En cambio los chicos eran...

Recorrido por el tiempo: El tiempo en los poemas

El tiempo es un concepto de gran importancia para todos nosotros, pero es también una gran preocupación de los poetas y escritores, porque el tiempo pasa y las cosas cambian y así crecemos y nos ponemos viejos y después nos empieza a preocupar la muerte. En el siguiente poema de Antonio Machado de donde viene el título de este capítulo, observa cómo para el poeta las cosas no cambian, sólo el tiempo pasa.

Todo pasa y todo queda
de Antonio Machado (español, 1875–1939)

Todo pasa y todo queda
pero lo nuestro es pasar.
Pasar haciendo caminos
Caminos sobre la mar.

Al andar se hace camino
y al volver la vista atrás
se ve la senda que nunca
se ha de volver a pisar*.   *tread*

Aquí hay otros poemas que hablan del paso del tiempo y de cómo se va la juventud.

Canción de otoño en primavera
de Rubén Darío (nicaragüense, 1867–1916)

Juventud, divino tesoro,
¡ya te vas para no volver!
Cuando quiero llorar, no lloro,
y a veces lloro sin querer...

¿Soy yo quien anda...?

de Juan Ramón Jiménez (español, 1881–1958)

¿Soy yo quien anda, esta noche,
por mi cuarto...

    Miro

en torno* y hallo* que todo   *alrededor / encuentro*
es lo mismo y no es lo mismo...
¿El jardín no estaba verde
de luna?... ... El cielo era limpio
y azul... Y hay nubes y viento
y el jardín está sombrío...
Creo que mi barba era
negra... Yo estaba vestido
de gris... Y mi barba es blanca
y estoy enlutado*... ¿Es mío   *in mourning*
este andar? ¿Tiene esta voz,
que ahora suena en mí, los ritmos
de la voz que yo tenía?

    Mi barba está blanca... Y todo
es lo mismo y no es lo mismo.

Conversemos y escribamos ....

A Explica qué cosas cambian y qué cosas no cambian en tu vida.
Escribe un poema si quieres.

B Haz una lista de los símbolos de la niñez, la adolescencia, la
juventud, la madurez y la vejez que vemos en estos poemas en las
siguientes categorías.

1. los colores
2. los objetos
3. las actividades
4. la naturaleza
5. la apariencia
6. la ropa
7. la música

Estructura: *Un poco más*

Para hacer descripciones: El uso de los adjetivos

In general, adjectives are placed after the noun in Spanish.

Sentíamos un amor extraño por Lucas.

Ese joven tiene un corazón egoísta.

1 However, for emphasis, in writing as well as in ordinary and poetic expression, adjectives may be placed before the noun.

Pasé un tremendo susto cuando me di cuenta que Lucas estaba muerto.

Conozco a un famoso deportista de mi estado.

2 Adjectives that always go before the noun include adjectives that indicate quantity and size.

Tengo muchísimos amigos en este barrio.

Hay un pequeño río detrás del bosque de mi abuelo.

Teníamos varios amigos en esa parte de la ciudad.

3 Notice the different meanings conveyed by the placement of the following adjectives.

buen profesor (good)	**un profesor bueno** (kind)
distintos disfraces (different)	**un disfraz distinto** (unique)
nuevos sentimientos (still others)	**sentimientos nuevos** (new)
grandes amigos (great)	**amigos grandes** (older than I)
una pobre mujer (unfortunate)	**una mujer pobre** (penniless)
única oportunidad (only)	**oportunidad única** (unique)
viejo amigo (long standing)	**amigo viejo** (old)
antiguo disfraz (former)	**disfraz antiguo** (ancient)

Da un ejemplo de las siguientes personas o cosas. Luego, describe cada una en una frase.

1. un coche nuevo
2. un nuevo coche
3. un/a pobre amigo(a)
4. un país pobre
5. una gran noticia
6. un/a estudiante grande
7. un/a viejo(a) amigo
8. un/a pariente viejo(a)
9. una persona única

Diversiones

A **Las edades del ser humano.** Con tres compañeros, inventen cinco maneras de describir las varias edades del ser humano: la infancia, la niñez, la adolescencia, la madurez, la vejez o segunda infancia. Describan las varias edades de una manera cómica o exagerada.

Por ejemplo: La infancia es la edad sin dientes y de la leche.

La niñez es la edad del chicle y de los zapatos tenis.

La adolescencia es la edad de la hamburguesa, de la pizza y de la música a todo volumen.

La madurez es la edad del bistec, de la langosta y del vivir bien.

La vejez es la edad para ser excéntrico y extravagante.

B **Cuento loco.**

1. Con un/a compañero(a), escriban con lápiz un cuento imaginario y corto que tenga lugar en el pasado. Léanselo a la clase.
2. Después borren o todos los verbos o todos los sustantivos.
3. Júntense con otra pareja y díganles que les sugieran verbos o sustantivos para llenar los espacios que han borrado en el cuento.
4. Cuando hayan completado el cuento, ayúdenle a la otra pareja a completar de la misma manera el cuento que ellos han escrito.
5. Léanle el cuento nuevo a la clase.

C **El baúl mágico.** Tú y tres compañeros estaban en una isla desierta en busca de aventuras cuando encontraron un gran baúl negro y viejo. Cuando lo abrieron pasaron cosas extrañas.

1. Júntense en grupos de cuatro personas para escribir la historia del baúl negro.
2. Aquí hay algunas preguntas para ayudarles con el cuento: ¿Dónde estaban Uds.? ¿Qué hacían? ¿Qué pasó cuando abrieron el baúl? ¿Qué había adentro?
3. Cuéntenle su cuento a la clase.

Cosas

el ático
el auto
el baúl
la calcomanía
la campanita
el carrusel
el cascabel
el chicle
el chupa-chup
la cinta
el columpio
la cueva
el escalofrío
la figurita
el garaje
el globo
la hazaña
el juego
el latido
la mejilla
la miel
la migaja
la nota
el pañuelo de papel
la patita
el pedazo
el tesoro
el títere

Conceptos

la adolescencia
el apoyo
la calma
el desequilibrio
la edad
la infancia
la juventud
la locura
la niñez
el placer
la sabiduría
la vejez

Descripciones

arrugado(a)
canoso(a)
derecho(a)
divino(a)
encorvado(a)
estirado(a)
genial
malvado(a)
pecador/a
pensativo(a)
pícaro(a)
pintado(a)
precoz
rebelde
sonrosado(a)

Actividades

arder
castigar
curiosear
disfrazar(se)
masticar
morder (ue)
robar
dar vértigo
volar (ue)

Otras palabas y expresiones

en clave
el cuervo
el diablo
el lince
el vaquero

En esta lección

Vocabulario

Cuando yo era menor, mis padres me castigaban por...

mis rabietas *(temper tantrums)*.

no hacerles caso.

no portarme bien.

ser insolente y contestar mal.

sacar malas notas.

insistir en tirar todo al suelo.

no ser respetuoso(a) con mis abuelos.

escaparme sin permiso.

quejarme de la comida o de los quehaceres.

gruñirle *(grumble)* a mi abuelita.

no obedecer las reglas de la casa.

tomarle el pelo a mi hermanito(a).

hacerle daño *(hurt)* a mi hermanito(a).

no hacerme cargo de *(be in charge of)* mis hermanos menores.

Y yo, para vengarme *(get even)*, solía...

gritar.

chillar *(scream)*.

amurrarme *(sulk)*.

lloriquear *(whine)*.

discutir *(argue)* sin parar.

encerrarme *(lock myself)* **en...**

el baño.

el ático.

el sótano.

mi dormitorio.

Mis padres y yo discutíamos de vez en cuando.

Una vez...

se negaron *(refused)* a darme mi mesada *(monthly allowance)*.

me dejaron sin televisión.

me presionaron *(pressured)*.

me mandaron a mi habitación de castigo.

me prohibieron salir por un mes.

me amonestaron *(warned)*.

Pero nunca...

me golpearon.

me hicieron daño.

me echaron a la calle *(threw me out)*.

me empujaron *(pushed)*.

me maldijeron *(cursed)*.

me amenazaron *(threatened)*.

Y después siempre...

nos arrepentíamos *(were sorry)*.

nos disculpábamos *(forgave)* el uno con el otro.

hacíamos las paces *(made up)*.

Hubo una discusión fenomenal en mi casa.

¡Basta! *(I've had enough!)*, gritó mi amigo.

¡Estoy harto(a)!, grité yo.

¡Es el colmo! *(That's the final straw!)*, agregó.

¡Yo me voy!, agregué.

¡Estoy hasta la corona! *(I've had all I can take!)*, chilló.

¡Es totalmente injusto!, alegué.

¡Y además perezoso!, dijo.

¡Lo único que faltaba! *(That tops it all!)*, dije yo.

¡Cállate de una vez! *(for once and for all!)*, exigió.

¡Pero déjame explicarte!, interrumpí.

¡Colmo de colmos!, gruñó.

¡Déjame en paz, por favor!, dije.

Asociaciones ....

A **Faltas juveniles.** En un grupo de tres personas, hagan dos listas. En la primera, ordenen los castigos del Vocabulario del más típico y común al menos común. En la segunda lista, ordenen las faltas del Vocabulario de la más grave a la menos grave.

Por ejemplo: **Castigos** **Faltas**

mandarme castigado(a) no obedecer las reglas de
a mi habitación... la casa...

B **Castigos merecidos.** Recomiéndale a los padres el castigo más apropiado en los siguientes casos.

Por ejemplo: El niño tenía una rabieta.
Sugiero que lo manden a su habitación.

1. Fue insolente e irrespetuoso con los abuelos.

2. Sacó una "F" por ser perezoso.

3. Se escapó por la noche sin permiso.

4. Lloriqueó porque no quiso limpiar su dormitorio.

5. Se quejó de la cena y se negó a comerla.

6. Empujó a otro muchacho y le hizo daño.

7. Se amurró porque no le compraron lo que pidió.

8. Lo maldijo al maestro.

No seré perezoso.
No seré perezoso.
No seré perezoso.
No seré perezoso.
No seré perezoso.

C **No lo pude evitar.** Di qué dijiste tú después que pasó lo siguiente.

Por ejemplo: Mi papá gritó: "No pienso darte la mesada".
Yo chillé: "¡Es el colmo! ¡Otra vez!"

1. Tu mamá gritó: "¡Cállate de una vez!"

2. El maestro exigió: "¡Basta de mentiras!"

3. Tu novio(a) chilló: "¡Estoy hasta la corona!"

4. Tu amigo(a) del alma gruñó: "¡Colmo de colmos!"

5. Tu papá se quedó mirándote y agregó: "¡Lo único que faltaba!"

D **Los dos lados.** Dile a la clase qué no les gusta a tus padres y, en cambio, qué no te gusta a ti.

Por ejemplo: A mis padres no les gusta que yo me escape sin permiso.
En cambio, a mí no me gusta que nunca me dejen salir.

E **Maldiciones y rabietas.** Di a quién quisieras decirle lo siguiente y por qué.

Por ejemplo: ¡Déjame explicarte!

Se lo quisiera decir a mi novia, porque ella está enojada y se niega a hablar conmigo. Piensa que la abandoné anoche, pero es que no pude ir a verla porque...

1. ¡Esto es el colmo!
2. ¡Déjame en paz!
3. ¡Cállate de una vez!
4. ¡Basta! ¡Estoy harto(a)!
5. ¡Es totalmente injusto!

F **Me duele el alma.** Completa las frases para decir qué cosas pueden causar las siguientes emociones.

Por ejemplo: Me duele el alma cuando tengo que presenciar una discusión entre...

Me duele el alma cuando tengo que presenciar una discusión entre mi papá y mi hermana mayor.

1. Me siento mal cuando no me hacen caso ___ .
2. Me preocupa cuando me empujan a ___ .
3. De veras me molesta que me gruñan cuando ___ .
4. Sufro mucho cuando me presionan para que ___ .
5. Me duele cuando me exigen que ___ .
6. Es el colmo cuando me piden que ___ .

© Joaquín Salvador Lavado (QUINO)

Conversemos ....

A **Nunca falla.** Tú conoces bien a tus padres. Di qué dicen cuando haces lo siguiente.

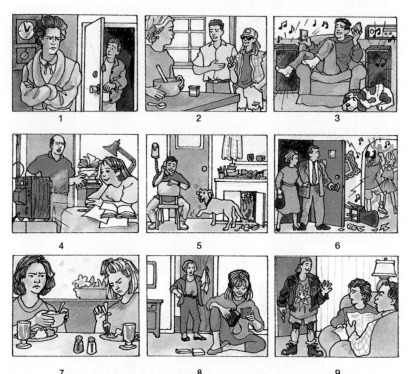

B **Curiosos.** Prepara tres preguntas para averiguar cómo andan las cosas con tres de tus compañeros(as). Luego, haz un resumen.

Por ejemplo:

ESTUDIANTE A:

¿Quién fue la última persona que te gritó "¡Es el colmo!", y por qué lo hizo?

ESTUDIANTE B:

Me lo gritó mi papá la semana pasada cuando choqué el coche.

ESTUDIANTE C:

Me lo gritó mi novio anoche cuando le dije que pensaba salir con otros chicos.

ESTUDIANTE A:

(A la clase:) Parece que las cosas no andan muy bien en mi grupo porque...

C Consejos a los padres.

1. En un grupo de cuatro personas, comparen los quehaceres y responsabilidades de que se hacían cargo ustedes antes (cuando tenían 10 a 12 años) y los de que se hacen cargo hoy día.

2. Luego, usen esta información para darles consejos a los padres en cuanto a lo siguiente:

   a. lo que deben hacer los hijos menores/mayores;

   b. la mesada que deben recibir los hijos menores/mayores.

Escribamos ....

A **Para hacer las paces.** No todo es discusión y pelea en este mundo. Di cuáles de las siguientes expresiones sirven para hacer las paces y escribe una frase con ella.

Por ejemplo: mejor conversar y arreglar este problema

> *Esta expresión sirve para hacer las paces. Yo diría: Es mejor que conversemos y arreglemos este problema.*

1. dejarme en paz y no molestarme más
2. ir a caminar y conversar sobre esto
3. no pensar hacer nada para solucionar esto
4. estar hasta la corona y no querer saber de nada
5. querer resolver el lío lo antes posible
6. hacer las paces ahora

B **Una tremenda discusión.** Narra una discusión que hayas tenido o hayas presenciado. Da detalles del diálogo y de lo que haya dicho cada persona.

C **Para andar bien arreglado.** Compara las ideas de tus padres y las tuyas en cuanto a arreglarse para ir a una cita *(appointment)* importante. Describe la ropa, los zapatos, los colores y el arreglo de pelo que quieres llevar tú y el que esperan tus mayores.

D **Conflictos.** Describe un conflicto común entre los chicos como tú y los mayores. Explica las dos posiciones y describe más o menos qué cosas se dicen en las discusiones entre jóvenes y mayores.

Estructura

Para hacer descripción y narración en el pasado: La correspondencia de los tiempos

The following is a review of the past tenses and past time expressions in Spanish.

1 The present perfect tense, indicative and subjunctive, does not refer to a specific time in the past. It is used to summarize what has happened in relation to the events narrated. In a sense, the present perfect tense links the past to the present. Notice, in the example below, how the present perfect tense summarizes the past for a certain point in the present.

> **No le *he hablad*o en seis meses, desde que me gritó y me hizo daño. Sin embargo, no creo que le *haya afectado* mucho.**

In Chapter 2 you saw that certain circumstances govern the choice of indicative or subjunctive, and that this tense is formed by **haber** + past participle.

Notice how a question asked with the present perfect might be answered with the preterit or imperfect tenses.

> **¿Has visto alguna vez la Estatua de la Libertad en Nueva York?**
> **Sí, la vi hace seis años.**
> **Sí, la veía todos los días porque vivía en Nueva York.**

To say that you have just done something, use **Acabo de** + infinitive.

> **Acabo de entrevistar a mis compañeros.**

2 The preterit is used to narrate past occurrences in terms of a specific point in time or a series of points in time. It answers the question "what happened?"

> **Miguel me llamó por teléfono, vino a mi casa y salimos a jugar fútbol.**

3 The pluperfect tense summarizes the past in terms of a past point in time. It indicates precisely what had happened when another action occurred in the past.

> **Yo *había dormido* como media hora cuando mi papá volvió. A él se le *había olvidado* que yo no tenía que trabajar ese día.**

The pluperfect tense is formed by using the imperfect tense of **haber** with the past participle. Study the following example of **ver**.

había visto	**habíamos visto**
habías visto	**habíais* visto**
había visto	**habían visto**

*This form is rarely used in the Spanish-speaking world, except for Spain

To say what you had just done when something else happened, use **acababa de** + infinitive.

> **Acababa de cerrar la puerta cuando me llamó mi mamá.**

4 The imperfect is used to describe the past in terms of a period of time during which an action was ongoing or routine, that is, what was happening or what used to happen.

> **Cada vez que *chillábamos* mucho, nos *encerraban* en la habitación sin postre. Ahí nos *dormíamos* de aburrimiento. Es que a mi mamá no le *gustaba* el ruido en la casa.**

5 A very important part of a narration is reporting what people said in a conversation which is part of a narration.

The person actually said to you: **"Te voy a llevar a la playa."**

So you relate it this way: **Dijo que me iba a llevar a la playa.**

Notice in the example that the verb of saying is put in the past tense (**dijo que...**) and that the verb quoted is also put in the past (**... me iba a...**).

Use the following tenses to transfer from actual speech to reported speech.

present	imperfect
Quiero ir al cine.	**Dijo que quería ir al cine.**

present perfect	pluperfect
Todavía no he visto esa película.	**Dijo que todavía no había visto esa película.**

present of **ir a** + infinitive	imperfect of **ir a** + infinitive
Te voy a prestar el dinero.	**Dijo que me iba a prestar dinero.**

You will review this again in the next chapter with past subjunctive and conditional forms.

Conversemos ....

A **Dijo que...** Hazle una pregunta con respecto a los siguientes temas a tu compañero(a). Luego, cuéntale a la clase qué dijo.

Por ejemplo: sus planes para el fin de semana

ESTUDIANTE A:

(1) ¿Cómo vas a pasar el fin de semana?

(3) (A la clase:) Bret dijo que iba a quedarse en casa todo el fin de semana.

ESTUDIANTE B:

(2) Voy a quedarme en casa.

1. la nota que intenta sacar en esta clase
2. lo que quiere hacer después de clase
3. un favor que piensa hacerle al maestro o a la maestra
4. algo de que se queja
5. sus planes para el fin de semana

B **¡Disculpe!** Habla con otra persona para enterarte de lo que diría él o ella en las siguientes situaciones. Luego cuéntale a la clase qué dijo tu compañero(a).

Por ejemplo: a tu maestro(a), por no haberle entregado la tarea

ESTUDIANTE A:

(1) ¿Qué vas a decirle al maestro por no haberle entregado la tarea?

(3) (A la clase:) Dijo que iba a decirle que el perro se la había comido.

ESTUDIANTE B:

(2) Voy a decirle que el perro se la comió.

1. a tus padres, por haberte quejado de tus quehaceres
2. a tus padres, por haber vuelto a casa muy tarde
3. a tu amigo(a), por no haberle devuelto algo que te había prestado
4. a tu amigo(a), por haberte negado a prestarle los apuntes que te había pedido
5. a tus padres, por haber sacado una mala nota
6. a tus padres, por haber sido insolente
7. a tu maestro(a), por haberle gruñido
8. a tu maestro(a), por no haberle entregado la tarea

C **Amenazas.** Describe al menos una vez que las siguientes personas te amenazaron por algo que hiciste o que te negaste a hacer.

Por ejemplo: tus padres

> *La última vez que mis padres me amenazaron fue hace dos semanas. Todavía no había limpiado mi habitación, por eso me dijeron que si no limpiaba mi habitación, no me iban a dejar ver la tele.*

1. tus padres
2. uno(a) de tus maestros(as)
3. un/a amigo(a)
4. los vecinos

D **Preparativos.** Completa las siguientes frases dando al menos tres cosas que habías hecho antes. Luego da una cosa que ocurrió para interrumpir tus planes.

Por ejemplo: Ya..., ... y... Iba a acostarme cuando...

> *Ya me había duchado, me había puesto el pijama y me había cepillado los dientes. Iba a acostarme cuando, de repente, oí un extraño ruido en el garaje.*

1. Ya ___ , ___ y ___ . Iba a sentarme a la mesa a tomar el desayuno cuando ___ .
2. Ya ___ , ___ y ___ . Iba a subir al autobús ___ .
3. Ya ___ , ___ y ___ . Iba a salir de la cafetería ___ .
4. Ya ___ , ___ y ___ . Iba a entregar la tarea ___ .
5. Ya ___ , ___ y ___ . Iba a pagar la cuenta ___ .

Escribamos ....

Un cuento. Completa las siguientes frases para armar un cuento.

1. Cuando era niño(a), siempre ___ .
2. Me gustaba ___ y tenía ___ .
3. Un día ___ y yo fuimos a ___ .
4. Estábamos en ___ . Allí ___ .
5. Eran las ___ y hacía ___ .
6. Por todas partes había ___ .
7. Nos preguntó si ___ .
8. Pero le dijimos que ___ .
9. Todavía no habíamos ___ .
10. Sin embargo ___ .
11. Apenas había ___ cuando, de repente, ___ .
12. Aunque ___ iba a ___ .
13. A causa de ___ tuvimos que ___ .

Lectura

Antes de leer

A **En mi familia.** Di cuáles de las siguientes condiciones se refieren a tu familia.

1. Nos llevamos bien casi siempre.
2. De vez en cuando, tenemos algún problema grande.
3. No está mal, pero me molesta cuando me hacen muchas preguntas.
4. Nunca están de acuerdo. Cuando mi mamá me dice que sí, papá dice no.
5. Discutimos mucho porque no les gusta nada de lo que yo hago.
6. No andamos mal. Pero no les gustan ni mis amigos ni mis intereses.

B **Hablando en serio.** Completa lo siguiente según tus relaciones con tus papás.

1. Lo que no me gusta es que no me comprenden cuando ___ .
2. Lo que me gusta es que me comprenden cuando ___ .
3. Lo malo es que a veces me parece que a ellos ___ .
4. Lo mejor es que ___ .

C **No hay remedio.** A veces los padres y los hijos no se ponen de acuerdo. Completa las siguientes frases para expresar qué desean ellos.

Por ejemplo: En cuanto a mis estudios, mis padres quieren que saque mejores notas...

En cuanto a mis estudios, mis padres quieren que saque mejores notas mientras que yo prefiero trabajar después de las clases y no estudiar tanto.

1. En cuanto a la ropa, mis padres quieren que lleve ropa más ___ .
2. En cuanto a la música, por supuesto que quieren que escuche ___ .
3. En cuanto a mis actividades, quieren que cuando esté en casa ___ .
4. En cuanto a mis amistades, quieren que mis amigos ___ .
5. En cuanto a mis cosas, quieren que mi habitación ___ .
6. En cuanto a mi futuro, quieren que ___ .

TU MUSICA

Univisión presenta "Tu Música," el programa de videos musicales número uno de la televisión hispana. Conducido por Lilly, su encantadora anfitriona, "Tu Música" presenta los últimos éxitos en pop, rock, salsa, merengue, rap y hip-hop, además de entrevistas con las figuras más destacadas del mundo musical. Producido en la ciudad de Los Ángeles, "Tu Música" te invita a recorrer, junto a Lilly, los lugares de moda desde Hollywood a Venice Beach. Vea "Tu Música" todas las semanas, exclusivamente por Univisión, lo nuestro.

UNIVISION

SABADOS 5:30 PM Y

Miremos

A **Detective.** Ahora, mira el cuento y completa las siguientes frases.

1. Los personajes son ___ .
2. El/La protagonista es ___ .
3. Tiene lugar en ___ .
4. Todos están allí porque ___ .
5. El conflicto es que ___ .

B **¿Quién es?** ¿A quién se refiere cada una de las siguientes líneas?

1. ¿Fue su primer impulso salir del vehículo...?
2. ... tenía que revisar numerosos informes...
3. ... permaneció en su sitio, frente al volante...
4. ... lo tomó bruscamente del brazo...
5. ... quiso explicar que todos los niños vestían así...
6. ... impondría su voluntad a la fuerza...
7. ... era preferible el "sí, mamá"... que bastaba con sus faldas negras de viuda...
8. ... seré ingeniero, mamá...
9. ... sí, mamá,... es buena, mamá... ya sé que no es como las otras, mamá...
10. ... salió del automóvil...

C **Cronología.** Ordena esta secuencia de sucesos de acuerdo al orden en que ocurrieron.

El muchacho se niega a ponerse ropa oscura.
El padre va a sacar al muchacho del baño.
La madre va a sacar al muchacho del baño.
El padre espera en el auto y hace oscilar las llaves.
La abuela le pide al padre que vaya a buscar al muchacho al baño.
El padre vuelve con el muchacho de la mano.
La madre se sienta en el asiento de atrás del auto con los niños.
Padre e hijo hablan en la casa y nadie sabe de qué hablaron.

> ### Al lector
>
> • No te preocupes si no entiendes todas las palabras de la lectura. Eso es normal.
>
> • No es necesario usar un diccionario. Trata de adivinar las palabras que no conoces.
>
> • Confía en tu español; ¡ya sabes muchísimo!

Blue-jean (adaptado)
de David Valjalo (chileno)

¿Fue su primer impulso salir del vehículo y, junto con castigar a su hijo, introducirlo violentamente en el automóvil?

Aparte de llevar a los miembros de su familia a la escuela superior, tenía que revisar numerosos informes... El tiempo, en esa mañana, lo
5 tenía contado (todo reservado ya).

Sin embargo, permaneció (se quedó) en su sitio, frente al volante. Dio, con precisión, un golpe *(tap)* al llavero. Se iniciaron así oscilaciones a voluntad de su dedo índice.

El muchacho se había encerrado en el cuarto de baño y se negaba a
10 salir. Al momento de concurrir a la escuela, su madre lo había reprendido por no haberse cambiado su "blue-jean".

—Miren qué ocurrencia, ir a matricularse con esa facha. ¿Qué va a decir la gente?

Y lo tomó bruscamente del brazo, haciéndole daño. Quiso explicar
15 que todos los niños vestían así, por muy importante que fuera el lugar a donde iban; que era la moda...

Pero la madre, arreglada como para ir a una fiesta, no pensaba así, silenciando su alegato (defensa) al agregar nuevas frases que ya conocía de memoria. Cuando agregaba "es el colmo", seguido de "y
20 además flojo", quería decir que impondría su voluntad a la fuerza.

En el automóvil permanecía el padre, moviendo su llavero que oscilaba; la abuela que quería presenciar su ingreso a (inscripción en) la escuela superior, sus dos hermanos menores que, por mandato, deberían aprovechar la oportunidad de conocer el edificio en el que se
25 educarían en el futuro; mientras la madre, alternaba gritos y golpes en la puerta del refugio con caminatas hasta el automóvil...

Por fin, tomando asiento en la parte posterior del vehículo, había dicho a su marido (esposo):

—A ti te lo dejo. Hazte cargo de él.
30 Era su frase definitiva para casos como éste.

El marido seguía presionando las llaves. Los menores permanecían mudos y quietos. Sabían perfectamente que en estas circunstancias el precio de abrir la boca, o moverse medio centímetro, significaba un castigo. La mujer joven, dando tiempo para que su ira (enojo)
35 impotente la abandone. La mujer vieja, demostrando impaciencia con gruñidos guturales, maldecía en silencio: "Ah, si yo..." Pero era inútil; en el mejor de los casos escucharía un "sí, mamá" o "está bien, mamá," repetido desde la infancia.

Ya era un hábito. Hacerlo de otra manera significaba mayores
40 molestias. Muchos años de matrimonio y casi el triple de matriarcado así lo determinaban. Era preferible el "sí, mamá" o el "bueno, mamá", que bastaba.

Primeramente, con sus faldas negras de viuda *(widow)*, "sí, mamá", para elegir el colegio privado en vez del internado fiscal *(boarding school)*, donde se educaban sus amigos. Luego, la elección de su carrera, "sí, mamá", "seré ingeniero, mamá". En seguida, la zona de residencia, "sí, mamá", "desde luego el sur, es mejor, mamá". También   5
hay que contar el matrimonio, "sí, mamá", "es buena, mamá", "ya sé que no es como las otras, mamá", "es una muchacha seria, mamá". Y ahora, también, después de los gruñidos, "sí, mamá".

Salió del automóvil. Pasos lentos pero firmes. Sólo pasaron dos minutos exactos. Ni un segundo de más. Tampoco, ninguno de menos.   10
Y allí estaba con el muchacho de la mano, acercándose al automóvil. El muchacho, de impecable ropa oscura, como lo deseaba su madre.

¿Qué había hecho? Extraño misterio para ambas mujeres.

¿Golpeó la puerta del encierro del muchacho, diciendo al mismo tiempo, con tono neutro: —Abra la puerta, que necesito ocupar el   15
baño? Cuando quiso salir el hijo, ¿se interpuso en su camino, cerrándole el paso?

¿Al encontrarse en la puerta, no lo miró y al mismo tiempo, despeinándolo, *(ruffling his hair)* le dijo:

—Si quieres vas con tu "blue-jean"—, no dando importancia a lo que   20
decía? ¿Qué pasó en verdad?

Las dos mujeres no lo supieron ese día. Tampoco en los siguientes.

Leamos ··

A **Papeles.** Completa las siguientes frases para decir qué hacen estas personas.

1. El hijo ___ mientras el papá espera en el coche.
2. El padre ___ después de llevarlos a la escuela.
3. El padre ___ mientras espera en el coche.
4. La madre ___ porque el hijo no quiere cambiarse la ropa.
5. El hijo ___ cuando la mamá lo toma del brazo.
6. La mamá ___ cuando está harta de gritar al hijo.
7. Los hijos menores ___ por miedo del castigo.
8. La abuela ___ para demostrar su impaciencia.
9. El padre ___ por estar harto de escuchar los gruñidos.
10. El padre ___ después de dos minutos exactos.

B **Preguntas sin respuestas.** Al comienzo y al final del cuento se encuentran cinco preguntas. Ubícalas y contesta lo siguiente.

1. ¿Para qué sirve cada pregunta?
2. ¿Quién(es) sabe(n) sus respuestas?
3. ¿Quién(es) no sabe(n) las respuestas?
4. ¿Cómo contestarías tu estas preguntas?

C **Estrategias.** Haz una lista de tres estrategias que pudo haber usado el padre para hacerle cambiar la ropa al muchacho.

Por ejemplo: Cámbiate de ropa para que las mujeres no nos vuelvan locos.

D **El poder de la matriarca.** Haz una lista de las decisiones que la abuela tomó por su hijo.

Por ejemplo: Quiero que vayas a un colegio privado.

Después de leer ....

A **Derivaciones.** Busca en el cuento expresiones derivadas de las siguientes.

1. castigar
2. oscilar
3. encierro
4. negación

5. ocurrírsele a uno
6. impuesto
7. oportuno
8. presenciarado

9. elección
10. peinar

B **¿Cómo se dice?** Completa las siguientes frases, usando palabras o expresiones del cuento.

1. Cuando no tienes tiempo que perder, tienes el tiempo ___ .
2. Si te prohiben algo o te hacen daño, entonces te dan un ___ .
3. Para hacer que el llavero oscile dale un ___ con el índice.
4. Ya sé que mi madre va a imponer su voluntad cuando dice ___ .
5. Cuando hay una discusión muy grande, es mejor no abrir la boca. Yo me quedo ___ .
6. Cuando uno de mis padres tiene mucha ira, no habla, sólo emite ___ guturales.
7. Cuando hay mucha tensión es mejor quedarse callado y no moverse ni ___ centímetro porque te pueden ___ .

Apliquemos

A **Monólogo interior.** Imagínate que tú eres el hijo de este cuento. Describe tus propios pensamientos mientras estás encerrado(a) en el baño. Di dos o tres cosas.

B **Desde otro punto de vista.** Imagínate que tu eres uno de estos personajes que esperan en el coche: la mamá, la abuela, los hijos menores. Escribe una descripción de lo que está pasando desde tu propio punto de vista.

C **Soy dramaturgo.** Elige uno de los siguientes temas y prepara una pequeña obra de teatro.

1. la conversación entre el papá y su hijo en el baño
2. la conversación que ocurrió después, cuando el hijo ya estaba en el coche
3. la continuación de esta obra

Andar a la moda: La ropa de los jóvenes

"La moda no incomoda" dice el proverbio popular y refleja los sacrificios que la gente hace por andar vestida según la moda del momento. Andar a la moda te hace sentir bien porque te sientes parte del grupo o de la comunidad. Por supuesto, hay modas para los adultos y otras para los jóvenes, y la mayor parte de los conflictos surgen de esta diferencia.

Para ir a una fiesta de jóvenes, los chicos hispanos tienden a vestirse más elegantes que los chicos de aquí. Los chicos norteamericanos buscan siempre de estar cómodos, pero a los hispanos no les importa estar incómodos con zapatos de tacones altos o pantalones ajustados.

Conversemos y escribamos ....

A Mira estos estilos y decide a qué década corresponde cada uno.

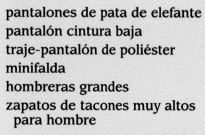

pantalones de pata de elefante
pantalón cintura baja
traje-pantalón de poliéster
minifalda
hombreras grandes
zapatos de tacones muy altos
  para hombre

corbatas para mujeres
aretes para hombres
corbatas anchas/angostas
ponchos y sandalias
tirantes de pantalones
gafas tipo John Lennon
símbolo pacifista

1. Años sesenta: En aquel tiempo, la gente usaba ___ .
2. Los setenta: En ese tiempo, se llevaban mucho los/las ___ .
3. Los ochenta: En esa década, la moda era ___ .

B Piensa en la moda de hoy día.

1. Haz dos listas: lo que está de moda hoy día y lo que ha pasado de moda.

2. Elige un aspecto de la moda o un artículo de ropa que es el último grito y con otra persona, prepara una descripción. Tus compañeros(as) adivinarán qué describen ustedes.

Por ejemplo:

Antes estaba(n) de moda...	Pero ahora el último grito es (son)...
la ropa ajustada.	la ropa amplia.
las corbatas anchas.	las corbatas angostas.
el pelo corto y bien peinado.	el pelo largo y despeinado.

El siguiente artículo describe un artículo de ropa que está muy de moda hoy día en España.

La eñe, a sudar la camiseta

Camisetas con la letra eñe han causado expectación en el salón Liber 91, hasta el punto de que entre las delegaciones latinoamericanas corría el incesante chiste de hacerse llamar "los países de la eñe".

Eva Sanza, de 26 años, propietaria de una tienda de ropa había tenido la idea de fabricar estas camisetas. "... yo soy muy española, y quise con mis compañeros hacer lo que hacen los americanos, pero con un diseño de eñe clásica y no supermoderna."

C Contesta lo siguiente.

1. ¿Qué es "la eñe"? ¿Quiénes la usan? ¿Por qué están orgullosos los que la usan?

2. Con otra persona, haz una lista de todas las palabras que usan la letra eñe que puedan recordar. A ver quién puede desarrollar la lista más larga.

3. Si tuvieras que elegir algo específico para representar y defender tu idioma, el inglés, ¿qué sería?

Estructura: Un poco más

El uso del infinitivo

The following are constructions in which Spanish uses the infinitive of a verb instead of the *-ing* form, which is so common in English. Use the infinitive to do the following.

1 to name any activities that would require the *-ing* form in English

Algunos de mis pasatiempos preferidos son patinar, bucear y jugar ajedrez. *(Some of my favorite pastimes are skating, diving, and playing chess.)*

2 after verb constructions such as the following

ir a	pensar	tener que	querer
saber	empezar a	aprender a	deber
poder	decidir	gustar	tratar de

3 after prepositions such as the following

en vez de	además de	al	al momento de
después de	antes de	junto con	para
sin			

Cuando mi tía *empezó a insultarme, quise gritarle* **que no** *tenía derecho a hacer* **eso. Pero yo** *sé callarme* **y pensé que era mejor** *esperar a que se le pasara la furia. Pienso hablarle* **mañana,** *después de hacer* **mis tareas, así** *puedo calmarme* **un poco,** *antes de charlar* **con ella.**

Al comenzar **la pelea, mi hermano me dijo que no** *pensaba recogerme después de ir* **a clase. Yo le contesté que ya** *había aprendido a no confiar* **en él.** *Después de discutir* **un rato, le dije que no** *me gustaba llegar* **tarde a casa y me fui.** *Al irme,* **me gritó algo, pero no le entendí.** *Para resumir,* **no fue una tarde muy agradable.**

Completa las siguientes frases para decirle a un/a amigo(a) cómo llevarse bien con su familia.

1. Si no quieres que te castiguen por ___, no debes ___ .
2. Si quieres ___, debes tratar de ___ .
3. Para poder ___, te recomiendo que ___ .
4. En vez de ___, te aconsejo que ___ .
5. Si necesitas ___, antes de ___ debes ___ .

Diversiones

A **¡Es para ti!**

1. Júntense en grupos de varias personas para jugar al "Teléfono". Siéntense en un círculo.
2. Una persona empieza, diciendo una frase completa en voz baja a la persona que está a su izquierda.
3. Sigan diciendo la frase en voz baja de persona a persona hasta que llegue a la última.
4. La última persona le cuenta al grupo lo que dijo la primera persona.

B **¡Qué desastre!**

1. Con dos compañeros examinen esta escena.
2. En un papel escriban lo que creen que ha pasado.
3. Cambien su papel con otro grupo y comparen lo que ellos escribieron con lo que ustedes han escrito.

Cosas y conceptos

el colmo
la discusión
la mesada

Descripciones

injusto(a)
respetuoso(a)

Actividades

agregar
alegar
amenazar
amonestar
amurrarse
arrepentirse (ie, i)
chillar
dejar en paz
disculpar
discutir
echar a la calle
empujar
encerrar(se) (ie)
exigir
gruñir
hacer daño
hacer las paces
hacerse cargo de
insistir (en)
interrumpir
lloriquear
maldecir
negarse (a) (ie)
presionar
prohibir
tener rabieta
vengarse

Otras palabras y expresiones

¡Basta!
de una vez
estar hasta la corona
lo único que faltaba

—¿Salir ahora con el viento que hace? ¿Estás loco?
¡Acabo de arreglarme el pelo!

Vocabulario

Recuerdo mi niñez como si hubiera sido ayer. Añoro *(miss)*...

el regazo *(lap)* de mamá.

los abrazos de mis padres.

los besos en la mejilla.

los juegos de pelota.

el armario de mis padres.

el mundo de fantasía.

Recuerdo que a veces me creía...

pirata. Llevaba una espada *(sword)*, atacaba naves *(ships)* y tomaba presos *(take prisoners)*.

bruja *(witch)*. Llevaba unas pociones venenosas *(poisonous)* y volaba en mi escoba *(broom)*.

bombero. Llevaba un hacha y rescataba *(rescue)* a la gente de los incendios.

soldado. Disparaba *(shoot)* con mi pistola y luchaba *(fight)* y defendía el fuerte *(fort)* que tenía en el bosque.

princesa. Llevaba una corona *(crown)* y un abanico *(fan)* y era muy hermosa y rica *(rich)*.

cazador *(hunter)*. Llevaba arco y flechas *(bow and arrows)* y andaba por el bosque.

jefe de cocina. Llevaba delantal *(apron)* blanco y preparaba platos exóticos.

químico. Mezclaba elementos y a veces mi laboratorio estallaba *(blow up)*.

médico. Llevaba delantal blanco y curaba y operaba a la gente.

fantasma. Me envolvía *(wrap myself)* en una sábana blanca y espantaba *(scare)* a la gente.

mago. Con mi capa *(cape)* negra y mi varita *(wand)* mágica hacía desaparecer las cosas.

modelo. Me vestía elegantemente, me maquillaba y me miraba en el espejo.

¡Bú!

Cuando era niño(a), creía en...

los enanitos *(dwarfs)* mágicos.

los animalitos que hablan.

los muebles que bailan.

los espíritus.

la magia.

Pero pasaron los años. Me di cuenta de que...

el mundo es...	**pero que también es...**
ancho *(vast)* y ajeno *(foreign, hostile)*.	hospitalario y amable.
oscuro *(dark)* y feroz.	dulce y perdonador *(forgiving)*.

En el mundo hay...

verdad y mentira.

realidad y fantasía.

sol y sombra *(shadow)*.

risa y llanto *(tears)*.

placer *(pleasure)* y dolor.

piedad *(compassion)* y dureza *(insensitivity)*.

Asociaciones ······································

A **Añoranzas.** ¿Qué añoras de tu niñez? Haz una lista de al menos seis cosas o actividades y explica por qué las añoras.

Por ejemplo: Añoro el regazo de mi abuela. Ahora soy grande y ya no quepo en él.

B **Imágenes.** ¿Con qué asocias lo siguiente? Con otra persona hagan una lista de las asociaciones en cada caso.

Por ejemplo: la bruja

   Escoba, vestido negro, fea, voz de cuervo, gato negro, magia negra, poción venenosa...

1. el soldado
2. el pirata
3. la escoba
4. la magia
5. la espada
6. arco y flechas
7. la corona
8. el bosque
9. hacer desaparecer
10. espantar
11. rescatar
12. disparar
13. maquillarse
14. tomar presos

C **¡Abracadabra!** Imagínate que eres mago con el poder de hacer desaparecer o cambiar a cualquier cosa. Dile a la clase tres cosas que quieres cambiar y explica por qué.

Por ejemplo: Quiero que toda la tiza del mundo desaparezca para que los maestros no escriban más en la pizarra.

   Quiero que mi hermanita se convierta en rana para que no me pueda molestar más.

D **Recuerdos de sol y sombra.** Todos tenemos recuerdos dolorosos y placenteros de la niñez. Da un ejemplo de los siguientes.

Por ejemplo: la risa y el llanto

   Recuerdo la risa cuando mi papá y yo montábamos en la montaña rusa.

   Recuerdo el llanto cuando se murió mi perrito.

1. el castigo y la aprobación
2. el placer y el dolor
3. la piedad y la dureza
4. la risa y el llanto
5. la realidad y la fantasía
6. la verdad y la mentira

Conversemos

A **¡Viva la diferencia!** En un grupo de chicos y chicas, comparen las actividades de la niñez. ¿Qué tenían en común las chicas y los chicos? ¿Cómo eran diferentes?

Por ejemplo: Generalmente a las chicas de nuestro grupo les gustaba... pero a los chicos les gustaba... Sin embargo, algunas de las chicas solían... y algunos de los chicos generalmente preferían...

B **Cuentistas.** En un grupo de cuatro personas, desarrollen un cuento fantástico en el que cada persona agrega una frase. Tomen apuntes y luego cuéntenselo a la clase.

Por ejemplo:

ESTUDIANTE A: Había una vez una escoba mágica.

ESTUDIANTE B: Vivía en el armario de una bruja fea y mala.

ESTUDIANTE C: Era un poco traviesa. Le gustaba esconderse debajo de la cama de la bruja.

ESTUDIANTE D: Pero un día empezó a...

Escribamos

A **Cosas de mi niñez.** ¿En qué creías cuando eras niño(a)? Apunta dos ejemplos.

Por ejemplo: Creía en los enanitos malvados. Creía que había un enanito con cara de perro que vivía en mi armario y que todas las noches mientras yo dormía, salía del armario para mirarme y para conversar con mis juguetes.

B **Desilusión.** Elige una de las cosas en que creías en tu niñez y descríbela de una manera detallada. Luego, cuenta cuándo te diste cuenta de la verdad contestando las siguientes preguntas.

1. ¿Dónde estabas?   3. ¿Qué pasó?
2. ¿Qué hacías?   4. ¿Cómo te sentías después?

Por ejemplo: Siempre había creído en "Santa Claus". Recuerdo el momento en que me di cuenta de que no existía. Estaba en la escalera de mi casa a las cinco de la mañana...

Estructura

El tiempo pluscuamperfecto del subjuntivo

You have used the expression **como si** to make an exaggerated or impossible comparison. **Como si** is often followed by verbs in the imperfect subjunctive form because it expresses something that is not true, that does not exist, or that is contrary to what one knows to be true.

Esa chica se maquilla *como si fuera* **modelo.**

Además, habla *como si tuviera* **mucho dinero.**

1 You may also use **como si** to express a situation that is contrary to what has actually happened by using a form of the pluperfect subjunctive.

hubiera	hubiéramos	
hubieras	hubierais*	+ past participle
hubiera	hubieran	

*This form is rarely used in the Spanish speaking world, except for Spain.

Ese chico come **como** *si no hubiera comido* **desde hace dos días.**

Durante la comida todo fue normal, *como si no hubiera pasado* **nada.**

2 Similarly, to express regret or yearning that things had happened differently, use **Ojalá que hubiera** + past participle.

Ojalá que no me hubiera maquillado esa mañana.

Ojalá que mi mamá no me hubiera visto.

Ojalá que le hubiera dicho la verdad a la maestra.

3 In the following examples, when a statement requiring the subjunctive is expressed in the past time, you use a past tense of the subjunctive.

Present time	**No creo que hayan aceptado el plan. Espero que lo hayan estudiado con cuidado.**
Past time	**No creía que hubieran aceptado el plan. Esperaba que lo hubieran estudiado con cuidado.**

You will practice the forms and uses of the past subjunctive in the next chapter.

Conversemos

A **Ojalá que hubiera...** Con otra persona completen las siguientes frases para expresar sus sentimientos.

1. Ojalá que hubiera más ___ y menos ___ en el mundo.
2. Ojalá que hubiera más ___ y menos ___ en mi colegio.
3. Ojalá que hubiera más ___ y menos ___ en mi ciudad (pueblo).
4. Ojalá que hubiera más ___ y menos ___ en los recuerdos de mi niñez.

B **Arrepentimiento.** Pensando en cosas que han pasado, haz tres frases para expresar lo que realmente hubieras deseado que pasara (pero no fue así).

Por ejemplo: Ojalá que hubiera estudiado para el examen de cálculo.
Ojalá que no le hubiera dicho eso a mamá.

C **Como si hubiera...** Describe cómo pasó lo siguiente.

1. El niño se asustó como si hubiera visto ___ .
2. Las dos amigas hicieron las paces como si no hubiera ___ .
3. A la niña le quemaron las lágrimas como si ___ .
4. El niño se portó como un ángel, como si ___ .
5. Me castigaron con dureza, como si ___ .

D **No vas a creer lo que dijo.** Imagínate que hiciste lo siguiente. Díselo a un/a compañero(a). Luego, cuéntale a la clase lo que dijo tu compañero(a).

Por ejemplo: Dejaste el equipo de baloncesto.

ESTUDIANTE A:
¿Sabes que dejé el equipo de baloncesto?

ESTUDIANTE B:
No creo que (No es posible que, etc.) hayas dejado el equipo de baloncesto.

ESTUDIANTE A:
Kim dijo que no creía que (que no era posible que) hubiera dejado el equipo de baloncesto.

1. Llegaste a casa a las dos de la mañana.
2. Le gritaste a tu abuelo.
3. Sacaste la nota más alta de la clase de inglés.
4. Tuviste una pelea con tu mamá.
5. El/La director/a del colegio te llamó a su oficina.

DEPORTES

El doble triunfo de Ramón Ramos

La saga de un deportista que ha sabido superar dificultades imprevisibles

por C.L. Smith Muñiz

Durante el año más largo de su vida Ramón Ramos ha vivido un milagro. Nunca volverá a jugar baloncesto o vestir la camiseta de la selección nacional de Puerto Rico, pero ese honor se puede menospreciar cuando se trata de la vida misma. Esta es la saga de un deportista que ha superado mayores dificultades y que ha conocido mayores triunfos que los que se encuentran en un campo o una cancha.

Ramos, de 23 años y natural de Canóvanas, hizo historia el año pasado al fichar con los Portland Trail Blazers y convertirse en el tercer puertorriqueño en ingresar en la NBA (National Basketball Association). Era un auténtico gigante de seis pies y ocho pulgadas y 255 libras, veterano de los Juegos Olímpicos de 1988, quien solucionaba su falta de agili...

balón con la mano derecha. Cuando visitó a sus compañeros de equipo durante un entrenamiento de verano encestó tres lanzamientos consecutivos a 10 pies de distancia.

"El primer mes fue duro", afirma el padre de Ramón, quien también se llama Ramón. "Lloré porque Ramón era muy buen hijo. Buen trabajador. Buen estudiante. Buen deportista. Se merece otra oportunidad en esta vida porque es demasiado joven".

Siguen vivas las esperanzas de que algún día podrá ser independiente y practicar una profesión. Los Trail Blazers han costeado la mayoría de los gastos de...

E **¿Verdad o mentira?** Cuéntale a un/a compañero(a) un episodio verdadero o ficticio de tu niñez. Tu compañero(a) te dirá si te lo cree o no. Luego tu compañero(a) le contará a la clase qué has dicho y tú le contarás a la clase cómo reaccionó tu compañero(a).

Por ejemplo:

ESTUDIANTE A:

(1) Yo he vivido en tres países y en cuatro estados de los Estados Unidos.

ESTUDIANTE B:

(2) No creo que hayas vivido en tantos lugares.
(A la clase): Ann me dijo que había vivido en tres países y en cuatro estados de los Estados Unidos.

ESTUDIANTE A (A la clase):

(3) Tod me dijo que no creía que yo hubiera vivido en tantos lugares.

Escribamos ···

A **Aquella vez.** Describe una locura que hiciste en casa o en el colegio. Usa el pretérito, el imperfecto, otros tiempos del pasado y la expresión *como si* para incluir tus comentarios.

Por ejemplo: Cuando tenía trece años, un día decidí ir a visitar a mi amigo... Hacía mucho calor ese día así que... Cuando llegué, él me miró como si yo hubiera...

B **Lo sentía mucho.** Piensa en tres cosas negativas que ocurrieron hace poco tiempo. Luego, explica qué pensabas en cada caso, completando las frases que siguen.

Por ejemplo: Suspendieron de clase a uno(a) de tus amigos(as).
Esperaba que le hubieran amonestado primero.

1. Esperaba que le hubieran ___ .
2. Sentí que le hubieran ___ .
3. Dudé que le hubieran ___ .

C **Siempre lo saben todo.** Los mayores siempre les dicen a los jóvenes lo que tienen que hacer. Imagínate que te pasaron las siguientes cosas desagradables. Describe qué te dijo una persona mayor en cada caso.

Por ejemplo: Te peleaste con tu amiga del alma por unas mentiras de otras chicas.
Tu mamá: Si hubieras hablado con ella inmediatamente, no habrías creído las mentiras.

1. Te peleaste con alguien.
2. Viste fantasmas en el camino porque ya estaba muy oscuro.
3. Te arreglaste de una manera ridícula para ir a una fiesta.
4. Le escribiste algo totalmente inapropiado a tu novio(a).
5. Tu maestro(a) te vio mirando tu cuaderno en una prueba.

Lectura

Antes de leer ··

Pensemos

A **La imaginación de los niños.** Con otra persona hagan dos listas: una de lo que típicamente los niñitos quieren ser y otra de lo que las niñitas quieren ser.

Por ejemplo:

Los niños quieren ser:
populares, guapos...

Las niñas quieren ser:
populares, bellas...

B **Juegos de niños.** De los siguientes juegos, ¿cuáles jugaban ustedes cuando eran niños? Agreguen más a la lista si pueden.

1. al almacén (clientes, dependientes, cajeros)
2. a los bomberos
3. al papá y a la mamá
4. a la escuela
5. a ser señores y señoritas
6. a las muñecas
7. a los piratas
8. a los vaqueros
9. a las modelos
10. a la guerra
11. a los policías y ladrones
12. a las carreras de autos
13. a los monstruos y superhéroes

C **¿Cómo se juega?** Elige uno de los juegos de la lista en la actividad B y descríbele a la clase cómo se juega.

Por ejemplo: para jugar al papá
Le hablo al bebé. Lo tomo en brazos si empieza a llorar. Le doy de comer...

A **Lo esencial.** Ahora mira el cuento de las páginas 268–269 y completa la siguiente información.

1. La protagonista se llama ___ y tiene ___ años.
2. Los otros tres personajes son ___ .
3. Este cuento tiene lugar en ___ y en ___ .

B **Resumen.** Completa las siguientes frases para dar un breve resumen de lo que pasa en este cuento.

1. Un día ___ .
2. Entonces ___ .
3. Allí ___ .
4. Luego, en casa ___ .
5. La mamá quiere que ella ___ .
6. La pobre muchacha se siente ___ .

Al lector

● No te preocupes si no entiendes todas las palabras de la lectura. Eso es normal.

● No es necesario usar un diccionario. Trata de adivinar las palabras que no conoces.

● Confía en tu español; ¡ya sabes muchísimo!

Ángeles pintados
de Juana de Ibarbourou (uruguaya, 1895–1979)

Yo debía tener entonces entre once y doce años. Un día aparecí en la escuela pintada con el carmín (rojo) con que mamá decoraba las flores de merengue de sus postres caseros. Me puse los zapatos de tacos altos de mi hermana, y, bajo los ojos, me pinté anchas y oscuras
5 ojeras *(rings)*.

No sé cómo burlé (me escapé de) la buena vigilancia doméstica, ni cómo pude cruzar el pueblo tranquilamente con tal estampa (aspecto). Recuerdo, sí, el espantoso silencio que se hizo a mi paso por el salón de clase, y la mirada entre enloquecida y desesperada con que me
10 recibió la maestra. Recuerdo también, como si hubiera sido ayer, su voz enronquecida *(hoarse)*, al decirme:

—Ven acá, Juanita.

Entre desconfiada y orgullosa, avancé hacia su mesa de directora. Y otra vez su voz, ronca siempre:

15 —¿Te has mirado al espejo?
Hice que sí con la cabeza.

Y ella:
—¿Te encuentras muy bonita así?

¡Pobres cándidos ojos oscuros elevándose hacia el rostro ya no
20 terso *(smooth)* de la implacable interrogadora! Y la debilitada voz infantil:

—Yo... sí...

—¿Y te duelen los pies?

¡Ay, cómo ella lo adivinaba todo! No un reino por un caballo, sino
25 un cielo por mi par de zapatos más viejos, yo hubiera dado en aquel momento. Pero era un ángel altivo (orgulloso) y contesté con entereza (coraje):

—Ni un poquito.

—Está bien. Vete a tu sitio. A la salida, iré contigo a tu casa, pues
30 tengo que hablar con Misia (mi señora) Valentina.

Fue una tarde durante la cual, en el salón de estudio, hubo un sordo ambiente de revolución. Oí de mis pequeñas compañeras toda clase de juicios, advertencias y consejos, en general leales. Sólo estuvieron en contra de mí las dos niñas modelo de la clase. Empecé entonces a
35 conocer la dureza feroz de los perfectos.

No sé qué hablaron mi maestra y mi dulce madre. En mi casa no estalló ningún polvorín (no explotó ninguna bomba), no se me privó de mi plato de dulce, nadie me hizo un reproche siquiera.

Sólo me dijo mamá, después de la comida:

—Juanita, no vayas a lavarte la cara. 5

Con un asombro que llegaba al pasmo (la incredulidad), pregunté apenas:

—¿No?

—No, ni mañana tampoco.

—¿Mañana tampoco, mamita? 10

—Tampoco, hija. Ahora, anda ya a dormir. Desabróchale el vestido, Feliciana.

Y fue mi madre quien me despertó al otro día, quien vigiló mis aprontes (preparativos) para la escuela y quien, al salir, me llevó ante su gran armario de luna (con espejo ovalado), y me dijo con un tono 15
de voz absolutamente desconocido hasta entonces para mí:

—Vea, m'hija, la cara de una niña que se atreve a pintarse a su edad, como si fuera una mujer mala.

¡Dios de todos los universos! Aquella cara parecía un mapamundi (mapa del mundo), y aquella chiquilla encaramada (subida) sobre un 20
par de tacos torturantes, era la verdadera estampa de la herejía (sacrilegio).

Me eché a llorar silenciosa, heroicamente. Vi llenos de lágrimas los ojos tiernos de mi madre, pero aún no sabía de arrepentimientos oportunos (a tiempo) y me dirigí a la calle, con mis libros y cuadernos 25
en tal desorden, que se me iban cayendo al camino. Fue mi santa Feli (Feliciana) quien me alcanzó corriendo, casi a la media cuadra, y allí mismo me pasó por la cara, sollozando, su delantal de cuadros blancos y azules. Yo casi no le cabía ya en el regazo, pero volvió a casa conmigo a cuestas (en brazos), y las dos, abrazadas, lloramos 30
desoladamente el desastre de mi primera coquetería.

Después, andando los años, me he pintado rabiosamente, y he llorado lágrimas de fuego sobre los afeites (cosméticos) de Elizabeth Arden, y quizás más de una vez he quedado hecha un mascarón de proa (hecha un desastre). Pero ahora no está mi madre para sufrir por 35
mi pena, ni mi negra ama para hacer de su delantal mi lienzo de Verónica*, y ya no me importa nada, nada, nada... ¡nada!

*lienzo de Verónica: Se refiere a la leyenda de Santa Verónica, la que le limpió la cara a Jesús camino al Calvario. Se dice que en la tela blanca que usó, quedó impresa la imagen de Jesús.

Leamos ....

A **Detalles.** Ubica y cita las líneas del cuento que describan lo siguiente.

1. la edad de la niña
2. el color del maquillaje
3. el maquillaje
4. el ama
5. cuando pasó por el salón de clase
6. la mirada de la maestra
7. la claridad del recuerdo
8. la reacción cuando la maestra la llamó adelante

B **Y más detalles.** Ubica y cita las líneas del cuento que describan lo siguiente.

1. la voz de la maestra
2. la voz de la muchacha
3. la maestra
4. la muchacha, Juanita
5. el ambiente de la escuela esa tarde
6. las compañeras
7. las niñas modelo de la clase
8. la mamá
9. las lágrimas de la escritora ya adulta
10. su primera coquetería

C **Las niñas modelo.** Describe a las niñas modelo de la clase. ¿Cómo eran y qué hacían?

D **El castigo.** Contesta lo siguiente.

1. ¿Cómo la castigó su mamá? ¿Fue cruel o muy justo ese castigo?
2. ¿Quien la comprende mejor?
3. ¿Que habrías hecho tú si fueras la mamá?

E **Contraste.** Contrasta los papeles de la mamá y del ama Feliciana. ¿En qué se parecen y en qué se diferencian? ¿Cual de las dos la comprende mejor? ¿Quién es responsable por la conducta de Juanita?

Después de leer

A **Modismos interesantes.** La autora usa muchas expresiones muy interesantes. Une las expresiones con sus descripciones.

1. hacerse el silencio
2. recuerdo como si hubiera sido ayer
3. un reino por un caballo
4. las niñas modelo
5. estallar un polvorín
6. pintarse
7. quedar hecho(a) un...

a. lo daría todo por lo que quiero
b. maquillarse, ponerse cosméticos
c. alumnas que son perfectas
d. todos se quedan muy silenciosos
e. verse/sentirse muy mal
f. haber una gran explosión/pelea
g. me acuerdo claramente

B **Formas semejantes.** Has visto muchos verbos que empiezan con el prefijo *en-*. Adivina de qué palabras se derivan los siguientes verbos y sus posibles significados.

1. enloquecer
2. enriquecer
3. envejecer
4. engordar
5. enamorar
6. encarcelar
7. encerrar
8. endurecer
9. enlatar
10. enmudecer
11. empobrecer
12. ensuciar

Apliquemos

A **Juguemos con las palabras.** Inventa tus propias expresiones completando lo siguiente.

Por ejemplo: Yo no le cabía en el regazo, es decir,...
Yo no le cabía en el regazo, es decir, yo ya no podía andar en brazos de mi mamá.

1. Daría un reino por un caballo, es decir, mi ___ por ___ .
2. El corazón no me cabía en el pecho, es decir, tenía ___ .
3. Yo no quería ser un/a niño(a) modelo, es decir, ___ .
4. Quedó hecha un mascarón de proa, es decir, ___ .
5. En casa no estalló ningún polvorín, es decir, ___ .
6. Cuando entré se hizo un gran silencio, es decir, ___ .
7. Hizo que sí con la cabeza, es decir, ___ .

B **Imagínate.** Si tú hubieras sido la mamá de Juanita, ¿qué le habrías dicho? ¿Qué habrías hecho? Imagínate que tu eres la mamá y explícale a la clase que harás.

¿Todo tiempo pasado fue mejor? Los sueños y dolores de la niñez

En una obra muchas veces se puede ver reflejada la niñez de su creador, un pasado que no siempre ha sido bueno. Aquí tenemos el fragmento de una entrevista con el escritor argentino, Ernesto Sábato. Vemos que su niñez fue bastante triste. ¿Por qué?

Una entrevista con Ernesto Sábato

Mi niñez fue triste. Fui un chico tímido y desorientado. Desde chico me fui metiendo en mi soledad; aprendí dolorosamente lo que es dormir en una habitación llena de sombras que se mueven. Éramos muchos hermanos, y a los dos últimos, Arturo y yo, mamá nos encerró, literalmente hablando. Puedo decir que en mi niñez vi la vida desde una ventana. Había tanta diferencia de edad con los hermanos mayores que casi podían ser nuestros padres. En mi niñez aparecen las sombras, mi soledad. Echar esa angustia acumulada para afuera fue la base de mi vocación de escritor.

¿Cómo eran sus padres?

—Mamá era una mujer excepcional, más inteligente que papá. Él era más artista, una familia clásica.

¿Leía mucho?

Sí, y desordenadamente, porque tampoco nadie se ocupó de eso. Sufrí de sonambulismo hasta que me fui de casa. Eso es muy significativo. Tuvimos una educación terrible, espartana, severa.

¿No recuerda nada que le gusta de su infancia?

Sí, recuerdo, y la añoro, quizás porque la vida me parece cada vez más dura y los chicos, a pesar de todo, están protegidos por un mundo interior y mágico que luego se pierde. Lo que recuerdo, lo que me vuelve en momentos de tristeza, ¿qué es...? Caminar alguna vez sin zapatos por el barro de las calles sin asfalto... La lluvia, el olor a tierra mojada... Los colores en los días de otoño, esos colores delicados que tiene la pampa, con los cielos grises...

Usted de chico pintaba; ¿qué colores le gustan más?

Depende de mi estado de ánimo. En general, me gustan todos. Depende de la combinación. Por ejemplo, a mí me gustan mucho el marrón, el violeta, el azul violeta y el negro, pero si se unen..., entonces el color asume su máxima potencia. Pasa con las palabras. Es como si me preguntaran qué palabra me gusta más. Hay palabras muy

humildes, como *árbol*, *caballo*, *cielo* y *lluvia*, pero si con ellas se puede componer un poema, entonces alcanzan la belleza. Con palabras tan simples como las que he mencionado, poetas como Antonio Machado han compuesto fragmentos de una gran belleza.

Y por saber usar las palabras se reconoce a un gran escritor.

—Para mí, un gran escritor es aquél que con palabras muy chiquitas puede llegar a hacer cosas muy grandes.

Conversemos y escribamos ....

Con un/a compañero(a), hagan una lista de palabras que, en su opinión, reflejen lo siguiente.

1. la humildad
2. la belleza
3. la soledad
4. la sombra
5. la angustia
6. la severidad
7. la tristeza
8. el dolor
9. la risa

Estructura: *Un poco más*

No me importa nada: La negación

1 When **no** comes before the verb, all other negative words go after the verb. However, when **no** is not used, another negative word like **nada** or **nadie** is placed before the verb and the others follow after the verb. The following are some words and their negative equivalent.

algo	no... nada or Nada...
alguien	no... nadie or Nadie...
... y...	no... ni ... ni or Ni... ni
siempre	no... nunca or Nunca...
algún / alguno(a)	no... ningún / ninguno(a) or Ningún / Ninguno(a)...
también	no/ni... tampoco or Tampoco...
una vez	no... ninguna vez

¡Qué fiesta tan aburrida! No me gusta nada de esto.

No he visto a nadie que conozca.

No quiero ni bailar ni ver un vídeo.

No veo a Jeff ni a Brian tampoco.

Ninguno de estos casetes vale la pena.

2 The following expressions are used to intensify negatives.

a. ya no *(any more)*
   Ya no me importa nada, nada, ¡nada!

b. jamás *(never again)*
   No volveré a maquillarme jamás.

c. en absoluto *(at all)*
   No he estudiado este mes en absoluto.

d. alguno(a) *(at all* [following the word described]*)*
   No conocí alumna modelo alguna.
   No me hicieron reproche alguno.

Usa cada una de las siguientes palabras o expresiones en una frase original.

1. nada
2. nadie
3. no... jamás
4. ya no
5. en absoluto
6. tampoco
7. ni... ni
8. ningún (ninguno[a])

Diversiones

A **Pantomima en español.**

1. En grupos de tres personas, escojan a un personaje del Vocabulario de la página 258 que van a representar.
2. Júntense con otro grupo.
3. Preséntenles a ese grupo una pequeña escena en pantomima (sin palabras) con el personaje. Por ejemplo: un bombero rescatando a alguien de un incendio.
4. Sigan representando la escena hasta que ellos adivinen qué personaje es.
5. Luego, traten de adivinar lo que ellos representan.
6. Escojan otro personaje y preséntenselo a otro grupo.

B **Como si tuviera orejas de elefante.** Con un/a compañero(a), traten de encontrar el significado de estas representaciones de frases que empiezan con *como si...* . Luego, inventen cinco más y enséñenselas a otras parejas para ver si pueden adivinar el significado de cada una.

Repaso de vocabulario

Cosas

el abanico
el arco
la capa
la corona
el delantal
el elemento
la escoba
la espada
el fantasma
la flecha
el fuerte
el laboratorio
el llanto
la magia
la nave
la poción
el regazo
la varita

Conceptos

la dureza
el espíritu
la fantasía
el juicio
la piedad
la realidad

Personas

el/la cazador/a
el/la enano(a)
el/la médico(a)
el/la pirata
el/la químico(a)
el soldado

Descripciones

ajeno(a)
ancho(a)
dulce
feroz
hospitalario(a)
oscuro(a)
perdonador/a
rico(a) (*rich*)
venenoso(a)

Actividades

atacar
creerse
curar
defender (ie)
desaparecer(zc)
disparar
envolver(se)(ue)
espantar
estallar
imaginarse
luchar
mezclar
operar
rescatar
tomar preso(a)

Capítulo 4 Un paso más

A **El uniforme de la juventud.** Con otra persona, decidan cómo es el "uniforme" de la juventud actual. Por ejemplo, ¿qué tipo de ropa es más común? ¿Qué pantalones, qué zapatos, marcas y colores predominan? Luego, háganle un resumen a la clase y también presenten un dibujo del "uniforme" típico.

B **¿Permitido o prohibido?** Explica qué cosas están permitidas entre los jóvenes y qué cosas están prohibidas.

Por ejemplo: No se puede hablar como si uno fuera un adulto.

Hay que hablar a la manera de los jóvenes; si no, te van a decir que eres un "*nerd*".

C **Como mascarón de proa.** Describe con detalles cómo te veías (*looked*) tú u otra persona cuando te vestiste de una manera exagerada. Explica cuál es tu reacción ahora con una frase con *ojalá*.

Por ejemplo: Una vez me puse... para ir a... Me veía horrible. Ojalá alguien me hubiera visto antes de que yo saliera para esa fiesta.

D **Consejos.** Haz una lista de diez consejos basados en tu experiencia de joven. Usa expresiones con *ojalá* y *como si*.

Por ejemplo: Para hacer las paces con un/a amigo(a) debes... Ojalá yo hubiera hecho esto cuando... Nunca hables como si fueras...

E **Nunca jamás.** Di qué cosas no vas a hacer nunca más porque ya te han salido mal en el pasado.

Por ejemplo: Nunca más voy a prestar mi... Ojalá que no se lo hubiera prestado a... porque...

F **Diálogo imposible.** Piensa por un momento en esas situaciones imposibles que ocurren en todas las casas, en que nadie quiere ser razonable y ceder un poquito. Escribe el diálogo entre las personas correspondientes. Sé original y divertido(a).

Por ejemplo: Tu abuela: Cómete todas las verduras, Ricardito.

Tu hermanito: No quiero comer nada.

Tu abuela: Si no te comes ese plato va a venir la bruja...

Tu hermanito: Si hubiera brujas, vivirían aquí en la casa porque...

Tu abuela: No me hables como si fueras...

Tu hermanito: ¡Déjame en paz, abuela!...

G **En mi propia casa.** Imagínate que tú has hecho algo que no le gusta a tu mamá (papá) y ella (él) te dice sus "famosas" frases en orden predecible —de menos enojada a más enojada. Incluye también tus propias contestaciones clásicas de menos desagradable a más desagradable.

Por ejemplo: Mamá: Quiero que limpies tu habitación hoy.

Tú: No tengo ganas.

Mamá: Así te voy a decir yo cuando me pidas algo.

H **Como si hubiera sido ayer.** Elige una de las cosas que añoras de tu niñez y descríbesela a la clase de una manera detallada.

Por ejemplo: Recuerdo cuando mis hermanos y yo jugábamos a los piratas con los chicos del barrio. Me envolvía en una capa negra que había encontrado en el ático. Tenía una caja que era mi baúl de pirata y ahí ponía...

I **Agridulce realidad.** Ahora que eres más grande, ya no ves todo de color de rosa. Elige uno de los siguientes temas y escribe una composición que describe los dos lados de la vida. Cuando compares dos cosas, usa las palabras *en cambio, aunque, a pesar de que, pero, sin embargo* y *no obstante.*

1. El mundo es ancho y ajeno a la vez que es hospitalario y amable.
2. El mundo es oscuro y feroz así como también es dulce y perdonador.

J **La higuera.** En el poema que sigue, "La higuera" (*The Fig Tree*), por Juana de Ibarbourou, vemos otra vez el tema de la belleza deseada y de la importancia de sentirse hermosa y amada.

La higuera

Porque es áspera y fea,
porque todas sus ramas* son grises,   *branches*
yo le tengo piedad* a la higuera.   *pity*

En mi quinta* hay cien árboles bellos: *casa del campo*
　ciruelos* redondos   *plum trees*
　limoneros rectos,
　y naranjos de brotes* lustrosos.   *buds*

　En la primavera,
todos ellos se cubren de flores
　en torno a* la higuera.   alrededor de

Y la pobre parece tan triste
con sus gajos torcidos* que nunca   *twisted branches*
de apretados capullos* se visten   *buds*

　Por eso,
cada vez que yo paso a su lado
digo, procurando
hacer dulce y alegre mi acento:

—Es la higuera el más bello
de los árboles todos del huerto*.   *orchard*

　Si ella escucha,
si comprende el idioma en que hablo,
¡qué dulzura tan honda* hará nido*   *profunda / nest*
en su alma sensible de árbol:

　Y tal vez, a la noche,
cuando el viento abanique* su copa*,   *fans / treetop*
embriagada de gozo le cuente:

　—Hoy a mí me dijeron hermosa.

Contesta las siguientes preguntas.
1. ¿Por qué se considera fea la higuera, según este poema?
2. ¿A qué se compara la higuera?
3. ¿Qué le dice la escritora a la higuera para que se sienta hermosa?
4. Según este poema, la belleza y la hermosura son un estado mental, o sea, para ser hermosa hay que sentirse hermosa. ¿Estás de acuerdo o no? Explica.

La fantasía de hoy:
¿La realidad del futuro?

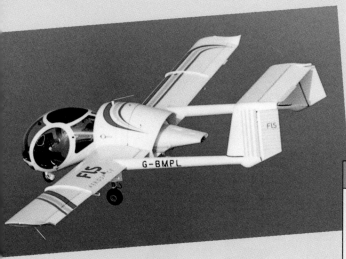

Vocabulario

A veces, los lunes...

ando como autómata.

no puedo enfrentarme *(face)* al mundo.

tropiezo con *(trip over, bump into)* todo lo que me rodea.

me comporto *(act, behave)* como si fuera robot.

me muevo *(move)* como sonámbulo *(sleepwalker)*.

no coordino mis ideas ni entiendo nada de nada.

mi cerebro *(brain)* no funciona.

Ojalá que tuviera un robot que...

pudiera engañar *(fool, deceive)* a mis maestros.

fuera capaz *(capable)* de resolver problemas de álgebra.

fuera del tamaño *(size)* de un insecto.

supiera de antemano *(beforehand)* las preguntas de las pruebas.

me hiciera las tareas al apretar *(push, press)* un botón.

me sirviera de esclavo *(slave)*.

me siguiera por todas partes *(everywhere)*.

limpiara el polvo de mi habitación.

pudiera gatear *(crawl)* por mi habitación.

me lo hiciera todo.

Ojalá que tuviera un ordenador *(computer)* que pudiera...

funcionar en varios idiomas.

corregir los trabajos escritos *(compositions)*.

enchufarse *(be plugged in)* en cualquier parte *(anywhere)*.

funcionar con pilas.

imitar voces humanas.

archivar *(file)* mucha información.

Si tan sólo tuviera un aparato que pudiera...

grabar *(record)* lo que pienso mediante *(by means of)* sensores especiales.

enseñarme química mediante un programa especial.

almacenar datos *(store data)* y direcciones mediante un lápiz electrónico.

razonar *(reason)* con la cabeza en vez del *(instead of)* corazón.

recoger mis cosas del suelo en vez de hacerlo yo.

Mientras tanto *(In the meantime)*, me basta con las máquinas *(machines)* comunes y corrientes *(common, ordinary)* como...

los walkmán.

los sacapuntas *(pencil sharpeners)* eléctricos.

las contestadoras de teléfono.

los abrelatas *(can openers)* eléctricos.

las grabadoras.

los tocadiscos compactos.

los detectarradares *(radar detectors)*.

las calculadoras solares.

los hornos de microondas *(microwave ovens)*.

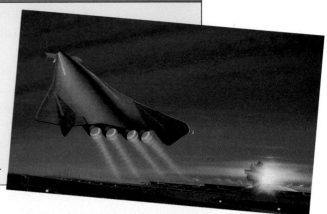

Mi robot...

es de un tamaño gigantesco (minúsculo).

es el doble (el triple) de mi estatura *(height)*.

gasta *(uses, expends)* la mitad *(half)* [un tercio *(a third)*, un cuarto] de la electricidad.

Es...

rectangular.

triangular.

cuadrado.

cónico.

alargado.

metálico.

plástico.

Tiene...

antenas.

tubos.

mandíbulas poderosas *(powerful jaws)*.

alambres *(wires)* y circuitos.

palanca de mando *(joystick)*.

una infinidad de botones.

muchísimos tornillos y tuercas *(screws and nuts)*.

las patas *(feet)* redondas como ruedas.

alas *(wings)* de pájaro.

Asociaciones ....

A **El robot de mis sueños.** Di qué cosas del Vocabulario quisieras que pudiera hacer tu robot.

Por ejemplo: Quisiera tener un robot que pudiera... y...

B **De todas formas.** Con otra persona, hagan listas lo más completas posible de todas las cosas que sean de las siguientes formas.

Por ejemplo: cosas rectangulares
los libros, los cuadernos, las pizarras, las puertas...

1. cosas cónicas
2. cosas cuadradas
3. cosas triangulares
4. cosas redondas

5. cosas rectangulares
6. cosas con alambres
7. cosas con botones
8. cosas con alas

C **Me sirven de esclavos.** Imagínate que tienes varios robots pequeños y que uno de ellos, Toño, es el más listo. Dales órdenes a Toño y al conjunto de robots para que te hagan algo en los siguientes lugares.

Por ejemplo: en el gimnasio
A Toño: Tráeme (tú) mi bolsa con el equipo.
Al conjunto de robots: Recojan (Uds.) todas las pelotas y guárdenlas en el armario del maestro.

1. en tu habitación
2. en la sala de clase
3. en la casa de un/a amigo(a)
4. en la fiesta

5. en un lago
6. en el gimnasio
7. en la cafetería o la cocina
8. en el coche

Poner el Macintosh™ LC color a este precio es casi un soborno.

286.000pts. Financiación Inmediata 36 meses.

• 2 Mb de memoria RAM, expandible a 10 Mb.
• 40 Mb en disco duro interno.
• 512 kb ROM.
• Red local integrada.
• 2 puertos serie, 1 puerto SCSI para conexión de periféricos (CD ROM, impresoras láser, scanners, etc...)
• Monitor color RGB de alta resolución de 256 colores, con paleta de selección de hasta 32.000 colores.
• Teclado profesional con teclado numérico y ratón.
• Diskette interno de 1,44 Mb. Acceso a información MAC OS, MS DOS, OS/2, Pro DOS.
• Micrófono para entrada y reproducción de sonido.
• Incluye Hypercard y sistema operativo MAC/OS.

Sólo Apple® podía permitirse el lujo de

D **¿Cómo será?** ¿Qué características tendrá un robot que puede hacer las siguientes cosas?

Por ejemplo: Puede masticar la carne dura que sirven en la cafetería.
Tendrá mandíbulas poderosas.

1. No cabe en tu dormitorio.
2. Puede hacer tres cosas a la vez.
3. Se lleva muy bien con los otros robots.
4. Puede escribir música.
5. Puede predecir el futuro.
6. Piensa en ruso.

E **Consecuencia lógica.** Si un robot puede hacer una cosa, probablemente puede hacer otras cosas parecidas. Di qué más puede hacer en cada caso.

Por ejemplo: Comprende un poco de español.
Si puede comprender un poco de español, es probable que también pueda comprender un poco de italiano.

1. Engaña a mis maestros.
2. Tiene el tamaño de un insecto.
3. Imita voces humanas.
4. Recoge cosas del suelo.
5. Trabaja el doble que yo.
6. Me sigue por todas partes.
7. Archiva mucha información.
8. Ensambla coches.

F **Ojalá.** Completa las siguientes frases para explicar tus deseos.

Por ejemplo: Sería conveniente que imitara...
Sería conveniente que imitara a mi compañera Nora si quiero tener éxito en la clase de química.

Sería conveniente que...

1. supiera de antemano ___ .
2. imitara a ___ .
3. me comportara como ___ .
4. fuera capaz de ___ .
5. coordinara mejor mis ___ .
6. mi cerebro funcionara ___ .
7. me bastara con ___ .
8. almacenara ___ .

G No soy exigente. Es cierto que la tecnología es fantástica, pero a veces nada funciona. Entonces tenemos que contentarnos con otra cosa. Di qué puedes hacer en cada caso.

Por ejemplo: Si no tengo tocadiscos...
    Si no tengo tocadiscos me basta con la grabadora.

1. Si no hay enchufe ___ .
2. Si no hay electricidad ___ .
3. Si no tengo ordenador personal ___ .
4. Si no hay buenos vídeos ___ .
5. Si no tengo televisor ___ .
6. Si no tengo un robot ___ .

Conversemos ....

A Mira mi diseño. Diseña y dibuja tu propio robot, pero no le muestres el dibujo a nadie. En seguida, descríbele tu robot a un/a compañero(a) para que pueda dibujarlo. Luego, compara tu dibujo con el de tu compañero(a).

B La oportunidad de tu vida está aquí. Imagínate que tu compañero(a) es tu robot. Haz una lista de cinco cosas que debe hacerte y luego dile que las haga. ¡Sé original pero no exagerado(a)!

Por ejemplo: Tráeme mi mochila y sácame el cuaderno de español.

C Hecho a la medida. Prepara una descripción del tipo de robot que tú necesitas. Luego, dale la descripción a tu compañero(a) para que él o ella diseñe un robot que corresponda a tus deseos.

Por ejemplo:

ESTUDIANTE A:
Necesito un robot que sepa hablar español.

ESTUDIANTE B:
El robot podrá almacener y archivar palabras en español. Tendrá grabadoras para grabar las voces y...

Escribamos ....

A **Amanecí como robot.** Describe un día en que te despertaste y te comportaste como robot. Escribe al menos cinco frases.

Por ejemplo: Al levantarme, tropecé con mis zapatos que estaban en el suelo...

B **La otra cara de la moneda.** Describe el tipo de humano que te gustaría tener si fueras robot. Explica qué querrías que hiciera el humano por ti y da ejemplos de las órdenes que le darías. Explica los problemas que podrían presentarse.

C **Apocalipsis.** Describe el día en que los robots invadieron tu colegio o tu ciudad. Da muchos detalles y explica qué hizo la gente. También explica qué hiciste tú.

D **Lo bueno y lo malo.** En grupos de tres o cuatro personas piensen en las ventajas y desventajas de la automatización y de los robots.

Ventajas   **Desventajas**

Estructura

Para expresar tus esperanzas y deseos: El imperfecto del subjuntivo

In the Vocabulario you used the imperfect subjunctive with **ojalá** to tell what you wish you had.

> **Ojalá que tuviera un robot.**

1 The imperfect subjunctive is used to express hopes and desires that are a bit distant from reality. You already expressed more possible or feasible hopes and desires by using the present subjunctive.

> **Ojalá que tenga sensores.**
> If only (I hope) it has sensors.

> **Ojalá que tuviera sensores.**
> If only it had (it were to have) sensors (but I know that is asking too much).

> **Quiero un robot que tenga cerebro.**
> I want a robot with a brain.

> **Quisiera un robot que tuviera cerebro.**
> If only I could have a robot with a brain.

2 To form the imperfect subjunctive, take the third person plural of the preterit tense (**hablaron**, **escribieron**, **fueron**, etc.), drop the **-on**, and add the endings below. If the preterit is irregular, the imperfect subjunctive will be irregular, too. Notice that the **nosotros** form will require an accent mark. For example:

funcionaron	funcionara, funcionaras, funcionara, funcionáramos, funcionarais*, funcionaran
comieron	comiera, comieras, comiera, comiéramos, comierais*, comieran
decidieron	decidiera, decidieras, decidiera, decidiéramos, decidierais*, decidieran
siguieron	siguiera, siguieras, siguiera, siguiéramos, siguierais*, siguieran
hicieron	hiciera, hicieras, hiciera, hiciéramos, hicierais*, hicieran
durmieron	durmiera, durmieras, durmiera, durmiéramos, durmierais*, durmieran
pudieron	pudiera, pudieras, pudiera, pudiéramos, pudierais*, pudieran

* This form is rarely used in the Spanish-speaking world, except for Spain.

Conversemos ....

A **Si tan sólo...** Di qué podría ayudarte a resolver los siguientes problemas. Completa las frases.

Por ejemplo: No puedo abrir la puerta de mi coche.
Si tan sólo supiera dónde puse las llaves.

1. No puedo resolver estos problemas de matemáticas. Si tan sólo supiera ___ .
2. ¡Cómo quisiera ayudar en la campaña de ___! Si tan sólo tuviera ___ .
3. Echo de menos a ___ . Si tan sólo pudiera ___ .
4. Quisiera comer cosas más nutritivas. Si tan sólo dejara de ___ .
5. Me encantaría conocer un país hispano. Si tan sólo tuviera ___ .
6. Tengo que terminar mi tarea. Si tan sólo pudiera ___ .

B **Ojalá.** ¿Di si quisieras que un/a amigo(a) hiciera las siguientes actividades?

Por ejemplo: prestarte su tocadiscos compacto nuevo
(No) Quisiera que me prestara su tocadiscos compacto nuevo.

1. llamarte por teléfono
2. llevarte de paseo en su coche
3. poder ayudarte con tu tarea de...
4. deshacerse de egoísmos
5. dejarte en paz de vez en cuando
6. tener más confianza en sí mismo(a)
7. bajar la guardia
8. decirte chismes
9. correr riesgos
10. ser menos entremetido(a)
11. siempre estar de acuerdo con tus ideas

C **Suena imposible.** Di al menos cinco cosas que las siguientes personas quisieran de ti.

Por ejemplo: tus padres
Mis padres quisieran que yo siempre sacara buenas notas, que no durmiera hasta las once los fines de semana...

1. tu dentista
2. tus maestros
3. tus vecinos
4. tus amigos(as)
5. tus padres
6. tu/s...

D **En pedir no hay engaño.** Di qué te gustaría que tuvieran las siguientes cosas o personas.

Por ejemplo: un teléfono

Quisiera un teléfono que tuviera televisor para poder ver a mis amigos cuando hablo con ellos.

1. un coche
2. un aparato
3. un teléfono
4. un televisor
5. una bicicleta
6. un/a hermano/a
7. un maestro
8. amigos
9. un colegio

E **Me viene bien una ayudita.** Si un robot tuyo se comportara como si fuera lo siguiente, ¿qué cosas tal vez pudiera hacer por ti?

Por ejemplo: como si fuera maestro(a)

Si se comportara como si fuera maestro(a), tal vez pudiera corregirme las tareas.

1. como si fuera bilingüe
2. como si fuera matemático
3. como si fuera inteligente
4. como si fuera sirviente
5. como si fuera ser humano
6. como si fuera insecto
7. como si fuera maestro(a) de...
8. como si fuera íntimo(a) amigo(a) mío(a)

F **¡A quién le importa!** A veces perdemos la perspectiva y nos comportamos como si la otra gente del mundo no importara. Completa las siguientes frases y critica un poco a los siguientes grupos.

Por ejemplo: los médicos

A veces los médicos se comportan como si el dolor del enfermo no existiera.

1. los maestros
2. los vecinos
3. los padres
4. los músicos
5. los jóvenes
6. los policías
7. los políticos
8. los conductores
9. los mayores

G **Ya lo tengo, pero...** A veces no estamos contentos con lo que tenemos. Di qué características quisieras que tuvieran las siguientes cosas.

Por ejemplo Mi walkmán es bueno, pero ojalá que tuviera mejor sonido.

1. Mi tocadiscos no está mal pero ___ .
2. Me gustan mis discos pero ___ .
3. Tengo una bicicleta pero ___ .
4. Mi despertador no está mal pero ___ .
5. El equipo del colegio es bueno pero ___ .

Escribamos ···

A **Por si acaso.** Elige un problema de tu comunidad o colegio y escríbeles una carta a las autoridades proponiendo una solución. Usa el imperfecto del subjuntivo para escribir una carta persuasiva pero no muy dura. Usa el siguiente esquema.

Estimado(a) señor(a)(ita) ___ :

Le escribo para proponerle una solución al problema de ___ . He notado que ___ y también que ___ . Mucha gente también dice que ___ .

A mí me parece que sería mejor si ___ (trabajáramos, juntáramos, evitáramos…) y también si ___ . Si tan sólo ___ . Ojalá que yo ___ . Por eso es que me gustaría ___ .

Con la esperanza de que mi carta tenga una buena acogida, me despido de Ud.

Atentamente,

_____

B **Hagamos las paces.** Imagínate que has tenido una pelea con una persona que te importa mucho. Completa la siguiente carta en que tratas de persuadirla para hacer las paces.

Querido(a) ___ :

Quisiera ___ . Si tan sólo me pudieras ___ . Ojalá que tuviera ___ . Si me hicieras el favor ___ . Si fueras capaz de ___ . Quisiera que ___ . Debieras ___ .

Lectura

Antes de leer

Pensemos

A **El futuro.** ¿En qué consiste tu visión del futuro? Completa las tres frases de abajo con palabras que las siguen.

Por ejemplo: Habrá más (menos)...

paz/guerra	amor/odio	riesgo/confianza
sol/sombra	luz/oscuridad	diversión/aburrimiento
tensión/tranquilidad	defectos/virtudes	confusión/ claridad
derechos/deberes	enfermedad/remedio	libertades/restricciones
risas/lágrimas	celos/piedad	castigo/ternura
amenaza/sorpresa	amigos/enemigos	rutina/aventura

Por ejemplo: La gente del mundo (no) sabrá...

respetarse	confiar en otros	conocerse
pelearse	deshacerse de...	burlarse el uno del otro
comunicarse	tener cariño	vengarse
hacerse daño	amenazarse	disculparse
arrepentirse	divertirse	padecer enfermedades
relajarse	competir	cooperar
apoyar...	desarrollarse...	

Por ejemplo: El mundo será más (menos)...

peligroso	lujoso	placentero	aislado	tranquilo	doloroso
seguro	cómodo	hospitalario	engañoso	ajeno	aburrido
perdonador	ancho	competitivo	desastroso	difícil	complejo

B **Las máquinas.** Una de las características de este siglo es la importancia de las máquinas. Con otra persona, hagan una lista de todos los tipos de máquinas que puedas nombrar en español.

Por ejemplo: teléfonos, televisores,...

C | **Categorías.** Clasifiquen las palabras de la lista de la actividad B en categorías.

Por ejemplo: máquinas y aparatos para comunicarse...

para cocinar...

para transportar cosas...

Miremos

A | **Los robots.** El artículo de las páginas 294 y 295 trata de la automatización y los robots. ¿Para qué sirven los robots actualmente?

Por ejemplo: Hoy día usamos los robots para fabricar y ensamblar coches. A mí me gustaría tener un robot para...

B | **¿Sí o no?** Lee el artículo y determina si lo que sigue es cierto. Si es cierto, explica por qué. Si es falso, usa las palabras que siguen para refutarlo: *en realidad, porque, además, por ejemplo, en cambio, al contrario.*

Por ejemplo: (Este robot) es común y corriente.

No es común y corriente. Al contrario, es una clase de robot que uno no está acostumbrado a ver.

Este robot:
1. imita a un ser humano.
2. es peligroso.
3. su apariencia engaña.
4. pesa mucho.
5. es complicado.
6. es flexible.
7. es como un ser humano.
8. planifica, razona, toma decisiones.
9. sigue las rutinas según lo que detectan sus sensores.
10. está programado para responder a sus propios reflejos.
11. su capacidad puede aumentar.
12. se diferencia de los robots tradicionales.
13. es preferible que trabaje solo.
14. es como un insecto.
15. su futuro uso no se puede imaginar.
16. su creador adopta los modelos tradicionales.

Los robots del futuro:
1. serán grandes... e inteligentes.
2. será económico producirlos.
3. se harán cargo de los quehaceres de la casa.
4. explorarán otros planetas.

> ### Al lector
> - No te preocupes si no entiendes todas las palabras de la lectura. Eso es normal.
> - No es necesario usar un diccionario. Trata de adivinar las palabras que no conoces.
> - Confía en tu español; ¡ya sabes muchísimo!

Robots con cerebros de insecto

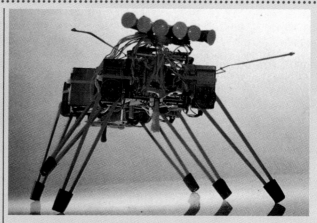

ATTILA no es esa clase de robot que uno está acostumbrado a ver. Parece un insecto de patas largas, que a
5 veces persigue a (va detrás de) los visitantes curiosos por toda la habitación. Pero no es capaz de agarrar a nadie. En realidad, todo lo que puede hacer es dar unos
10 cuantos pasos y tratar de no tropezarse con ningún obstáculo.

El creador de este insecto-robot de seis patas es Rodney Brooks, un investigador que trabaja en el
15 Instituto de Tecnología de Massachusetts (ITM). Brooks piensa que los descendientes de Attila cambiarán el mundo. Las futuras generaciones de estos micro-robots,
20 que ahora se encuentran en las primeras fases de investigación en el laboratorio de inteligencia artificial del ITM, tendrán el tamaño de un mosquito. Estos insectos de
25 minúsculos cerebros y motores que tienen un costo bajísimo, vivirán en las alfombras y se activarán por la noche para limpiar todo el polvo de la alfombra. O, como mantienen
30 muchos entusiastas, explorarán otros planetas, dejándose llevar por el viento, como moscas.

Frente a estos planes tan refinados para el futuro, Attila se nos presenta como un robot tosco
35 *(crude)* y poco atractivo. Pero las apariencias engañan. "Se trata del robot más complejo del mundo", explica su creador. Con una armazón (esqueleto) de algo más de
40 kilo y medio, lleva 23 motores, 10 microprocesadores y 150 sensores, incluyendo una cámara de vídeo en miniatura. Cada pata se mueve independientemente de tres modos
45 diferentes, permitiéndole a Attila escalar estructuras, gatear en planos inclinados o sortear pequeños obstáculos. Attila se comporta y piensa igual que un insecto.

El enfoque clásico en inteligencia artificial siempre ha sido construir robots que imiten a la gente. Los seres humanos razonamos y resolvemos los problemas mediante símbolos como números y palabras. Cuando pensamos, usamos conceptos, mapas y fórmulas para construir modelos de lo que nos rodea y de las cosas que queremos manipular o cambiar.

La gran inspiración de Brooks ha sido alejarse de estos modelos simbólicos convencionales de inteligencia artificial y acercarse al comportamiento animal más simple, el de los insectos. Attila nunca consulta un mapa ni hace planes de antemano. No tiene capacidad alguna para distinguir lo familiar de lo extraño. No reflexiona (piensa), no razona. En vez de todo esto, su arquitectura mental consiste en una serie de actos reflejos *(reflexes)*, instintos primarios y reacciones súbitas como "Attila, persigue a tu presa *(prey)*; Attila, avanza, retrocede". No existe un cerebro central que decida qué es lo que hay que hacer. Lo que sí existe es una jerarquía de comportamientos en que la conducta dominante depende de lo que los sensores del robot detecten en cada momento.

Y, ¿cuál es el resultado? Veamos lo que sucede en la práctica. Attila se enfrenta en este momento a un problema grave para todo robot: hay un ladrillo *(brick)* en su camino. Cuando sus antenas lo detectan, se dispara una orden: alzar (levantar) las patas. Si esto no es suficiente, y las patas tropiezan de nuevo, un sensor situado en la rodilla acusa *(registers, acknowledges)* el golpe y se apodera (toma control) del robot, enviando la orden de levantar las patas aún más alto. Si Attila tiene éxito, entonces viene la orden de moverse hacia delante, que empuja hacia adelante al robot. El comportamiento de Attila es parecido al de un escarabajo *(beetle)* que va sorteando obstáculos entre la hierba y las piedras.

La estructura mental que posee el robot ofrece una gran ventaja: no requiere un enorme poder de procesamiento para que funcione. Cada uno de los actos está programado como si fuera una especie de reflejo —Attila responde directa y exclusivamente a lo que sucede. El económico enfoque de la respuesta refleja (corresponde a) lo que la mayoría de la gente hace. Menos de la mitad de nuestro cerebro se dedica a tareas de pensamiento superiores. Después de todo, cuando caminamos por una habitación no hacemos un plano mental de nuestra ruta; no pensamos cómo manejar las articulaciones *(joints)* de nuestras rodillas; ni analizamos el resultado de nuestros movimientos.

"Pero, ¿de qué sirve un robot que va sin problemas de aquí para allá, si una vez que llega no puede distinguir una taza de una mesa?" Brooks admite que sus insectos-robot no hacen nada que no sepan ya hacer otros robots. Pero también señala que es más fácil aumentar su capacidad o añadir más circuitos de conductas diferentes, debido a la especial arquitectura de comportamientos jerárquicos que tiene este robot. En cambio, los robots tradicionales, programados de antemano, tienden a fallar (no tener éxito) cuando se enfrentan a un desafío (problema) que no ha sido anticipado por sus diseñadores.

La intención de Brooks es usar sus robots en tareas cooperativas, en las que un conjunto de 20 robots capaces de manipular distintas partes trabajen en una tarea de ensamblaje para construir estructuras sencillas. Hay muchos precedentes en la naturaleza: Una abeja no tiene ningún conocimiento global de lo que está haciendo ni de lo que está sucediendo (pasando). Lo único que hace es seguir ciertas reglas individuales y del trabajo en conjunto emerge la colmena *(hive)*.

Si estas investigaciones siguen progresando, quizás nos encontremos pronto con enjambres *(swarms)* de muchos robots del tamaño de un moscardón (mosca grande), que son capaces de reparar vasos sanguíneos *(blood vessels)*, buscar una moneda en un pajar *(haystack)*, cortar el césped brizna a brizna, o, quién sabe, posarse en la superficie de un planeta como exploradores enviados por los colonizadores humanos del futuro.

Nota: *Atila fue el poderoso líder de los hunos que invadió y dominó gran parte de Asia y Europa en el siglo V.*

Leamos

A **¿Para qué pueden servir?** Después de leer el artículo, haz una lista de las cosas que serán capaces de hacer los robots de este tipo.

Por ejemplo: Los robots de este tipo podrán...

B **Semejanzas.** Da dos semejanzas entre Attila y el hombre y entre Attila y un insecto.

Por ejemplo: Attila y el hombre se parecen porque los dos...
Attila y un insecto son casi iguales porque...

Después de leer

Analicemos

A **Conexiones.** Conecta las expresiones asociadas de las dos columnas.

En la lectura se ve...	que querrá decir...
1. igual que	**a.** énfasis
2. debido a *due to*	**b.** muchas cosas iguales *many*
3. a veces *sometimes*	**c.** de vez en cuando *once in a while*
4. frente a *front forehead*	**d.** con anterioridad *with previous*
5. de antemano *beforehand*	**e.** dado, tomado en cuenta *given that (the price)*
6. en vez de *instead of*	**f.** una clase de *a class of*
7. una serie de *a serie of*	**g.** como alternativa a *alternate to*
8. una especie de *a special of*	**h.** como
9. el enfoque	**i.** a causa de *the cause of*

B **Derivaciones.** Busca en el artículo las palabras de las cuales se derivan las siguientes.

Por ejemplo: superficial
superficie

1. seguir	7. crear	13. razón
2. moverse	8. diseño	14. conocer
3. visitar	9. costar	15. comportarse
4. capaz	10. armar	16. mano
5. suceso	11. junto	17. mosca
6. gato	12. poder	18. sangre

C **Categorías.** Busca en el artículo palabras que pertenecen a las siguientes categorías.

1. cuerpo o apariencia física
2. movimiento
3. laboratorio
4. máquinas
5. inteligencia
6. tamaño
7. sensor
8. orden
9. insectos

Apliquemos

A **¡Bienvenido!** Di qué tipo de robot quisieras tener y qué quisieras que te hiciera.

Por ejemplo: Quisiera un robot que pueda... y que tenga... Quiero que me escriba (haga, etc.)...

B **Diseño robótico.** Diseña tu propio robot y descríbeselo a tus compañeros(as). Describe lo siguiente.

1. la forma
2. el tamaño
3. su armazón
4. cómo se mueve
5. qué hace
6. cómo es su cerebro
7. para qué sirve
8. qué características especiales tiene

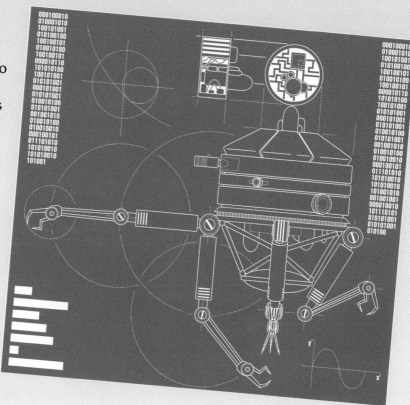

Máquinas de hoy y de mañana

Hoy en día, prácticamente todo depende de la tecnología o el uso práctico de principios científicos. La tecnología que nos es más evidente todos los días, sin embargo, es la informática y todo nuestro mundo parece estar dominado por ella. Por eso, sería interesante que aprendieras términos comunes de la informática en español.

archivo en disco fijo	**hardware**
byte	**impresora calidad carta**
conectores	**menú**
diskette	**módem**
fácil para el usuario	**software**

Conversemos y escribamos ....

A Lee las definiciones que siguen y di a qué palabras de la lista de arriba se refieren.

1. Los enchufes del ordenador que sirven para conectar otros equipos como monitores e impresoras.

2. Disco de plástico magnético capaz de almacenar una enorme cantidad de información.

3. La mejor alternativa para las tareas de guardar e insertar diskettes; éste permanece en su máquina y puede almacenar más información.

4. Equipo físico como impresoras, monitores, unidades centrales y teclados.

5. Unidad de medida que describe la capacidad de memoria o almacenamiento. Equivale aproximadamente a una letra.

6. Los programas del ordenador (equipo lógico).

7. Una máquina capaz de producir caracteres idénticos a los de una máquina de escribir.

8. Un sistema que permite conectar el ordenador a líneas telefónicas, a bancos de datos exteriores, o a otros microordenadores.

9. Lista de información que aparece en la pantalla y que permite escoger la función que va a realizar el ordenador.

10. Máquinas o programas que tienen características para facilitar su uso como pantallas de ayuda y manuales para orientar.

El cuento que sigue pinta una visión del futuro en la que las máquinas han alcanzado gran desarrollo. La palabra "apocalipsis" viene de las revelaciones de la Biblia y se refiere a los últimos días del mundo.

Apocalipsis
de Marco Denevi (argentino, 1922)

La extinción de la raza de los hombres se sitúa aproximadamente a fines del siglo XXXII. La cosa ocurrió así: las máquinas habían alcanzado tal perfección que los hombres ya no necesitaban comer, ni dormir, ni leer, ni hablar, ni escribir, ni siquiera pensar. Les bastaba apretar botones y las máquinas lo hacían todo por ellos. Gradualmente fueron desapareciendo las biblias, los (cuadros de) Leonardo da Vinci, las mesas y los sillones, las rosas, los discos con las nueve sinfonías de Beethoven, las tiendas de antigüedades, el vino de Burdeos, las oropéndolas (*golden orioles*), los tapices flamencos (*Flemish tapestries*), todo Verdi, las azaleas, el palacio de Versalles. Sólo había máquinas. Después los hombres empezaron a notar que ellos mismos iban desapareciendo gradualmente, y que en cambio las máquinas se multiplicaban. Bastó poco tiempo para que el número de los hombres quedara reducido a la mitad y el de las máquinas aumentara al doble. Las máquinas terminaron por ocupar todo el espacio disponible. Nadie podía moverse sin tropezar con una de ellas.

Finalmente los hombres desaparecieron. Como el último se olvidó de desconectar las máquinas, desde entonces seguimos funcionando.

B En este cuento se hacen varias comparaciones. Completa las siguientes frases para ponerlas por escrito.

1. Los hombres ___ . Sin embargo, las máquinas ___ .

2. Los humanos ya no podían moverse ___ . En cambio, las máquinas ___ .

3. Desaparecieron la mitad ___ . Por el contrario, las máquinas ___ .

4. Los hombres perdieron el control de ___ . Pero las máquinas ___ .

C Haz una lista de las cosas que nombra Denevi para representar la civilización de esa época. Luego haz tu propia lista de cosas que para ti representan la civilización actual.

Por ejemplo: **Deneví nombra...**   **Yo nombro...**
                            las azaleas

Estructura: Un poco más

Resumen de palabras útiles para describir duración, ubicación y dirección

1 The following is a summary of common adverbs and prepositions to express length of time, location, and direction.

a. To express movement: **a**, **hacia**, **desde**, **hasta**

b. To express direction: **a la derecha**, **a la izquierda**, **para adelante**, **para atrás**, **por**

c. To express location: **alrededor de**, **enfrente de**, **junto a**, **sobre**, **encima de**, **arriba**, **cerca de**, **lejos de**, **entre**, **al lado de**, **detrás de**, **abajo**, **debajo de**, **delante de**, **dentro (de)**, **fuera (de)**, **al fondo de**, **en**

d. To express duration: **durante**, **mientras**, **mientras tanto**, **entretanto**, **a medida que**

e. To express means: **mediante**

f. To express cause: **a causa de**, **debido a**

g. To express sequence: **en primer lugar**, **antes de**, **de antemano**, **después de**, **por fin**

2 When you use some of these words with a conjugated verb form, you must use que to connect them to the verb.

¿Por qué no le das las órdenes al robot *mientras que* yo lo observo?

***Desde que* empecé a estudiar informática tengo menos tiempo libre.**

3 When you use some of these words with the name of an activity or action, you must use the infinitive.

***Antes de* apagar la computadora, pon el archivo en el disco duro.**

***Después de* guardar tu archivo, debes salirte del programa.**

Piensa en un lugar cerca de donde tú vives que a tu compañero(a) le gustaría visitar. Dale instrucciones detalladas de cómo llegar allí sin problema.

A **Inventos únicos.** Inventa un aparato o máquina que pueda hacer lo siguiente. Dibuja el aparato y explica con detalles cómo funciona.

1. hacer los problemas de álgebra
2. diseñar ropa
3. llamar automáticamente a tus amigos(as)
4. encontrar algo que perdiste
5. leer y hacer resúmenes por ti
6. fabricar algo

B **Ojalá...**

1. Júntate con dos o tres compañeros(as).
2. Una persona empieza con *Ojalá* o *Quisiera* para contar un deseo que tiene pero sin revelar qué es lo que quiere. Por ejemplo, *Ojalá que mis padres me dieran*... Las otras personas tienen que adivinar lo que está pensando.
3. La persona que adivina correctamente sigue, contando su deseo.
4. Continúen hasta que cada persona haya presentado dos deseos al grupo.

C **Un robot a la medida.** Júntate con un/a compañero(a). Una persona va a hacer el papel del inventor de un robot y la otra será el robot. El inventor le dirá al robot qué tiene que hacer. El robot tiene que obedecer al inventor y hacer todo lo que éste diga igual que lo haría un robot.

Repaso de vocabulario

Cosas y conceptos

el abrelatas
el ala (f.)
el alambre
la antena
el autómata
el botón
el cerebro
el circuito
la contestadora de teléfono
los datos
el detectarradar
la electricidad
la estatura
el horno de microondas
la infinidad
la información
la mandíbula
la máquina
el ordenador
la palanca de mando
la pata
el robot
el sacapuntas
el sensor
el tamaño
el tocadiscos compacto
el tornillo
el trabajo escrito
el tubo
la tuerca
el walkmán

Cantidades

el cuarto
el doble
la mitad
el tercio
el triple

Descripciones

alargado(a)
capaz
común y corriente
cónico(a)
electrónico(a)
especial
metálico(a)
minúsculo(a)
poderoso(a)

Actividades

almacenar
apretar (ie)
archivar
comportarse
coordinar
corregir (i)
enchufar(se)
enfrentar(se)
engañar

gastar (*use*)
gatear
grabar
imitar
mover(se) (ue)
razonar
resolver (ue)
tropezar (ie)

Otras palabras y expresiones

de antemano
en cualquier parte
en vez de
el/la esclavo(a)
mediante
mientras tanto
por todas partes
si tan sólo
el/la sonámbulo(a)

or ciento en seis

enezuela reduce consumo
sustancias agotadoras del ozono

lución de los ministerios de
y Ambiente está prohibida la
ón e importación de aerosoles
engan estas sustancias
gas

el consumo
tancias agota-
de ozono en
reducido en
ciento, de

acuerdo con los resultados del
último estudio realizado por
el Ministerio del Ambiente en
colaboración con el Ministerio de Fomento y la empresa
Produven.

La investigación se centró
en determinar cuál era la situación en cuanto a las moda-
lidades de consumo, produc-
e importación de cada
e los ocho compuestos
lados por el Protocolo
ontreal, entre los cuales
gases clorofluorocar-
Cs), que se utili-
almente como
la industria de
ses refrige-
ría de aire
o agen-
pumas
resulta-
sumo
limi-
per
ade-
das

nicas y Asesoría Legal del
Marnr.
Esto es considerado como
que va mucho más
disposiciones inter-
gigentes para los
allados en esta
que Venezuela
ocimiento de la
pasado como
es en desarrollo
bajo del limi-
3 kilos per
que ade-
todas

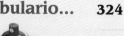

No somos los dueños de la tierra.

No la hemos heredado (*inherit*) de nuestros padres; se la hemos pedido prestada a (*borrowed from*) nuestros hijos.

Para que sobreviva (*survive*) nuestro planeta,

en vez de...	debiéramos tomar medidas (*measures*) para...
ensuciar el paisaje	cuidar y embellecer (*beautify*) nuestros alrededores (*surroundings*).
derrochar (*waste*) los recursos naturales	reciclar la basura.
arrojar desperdicios (*throw garbage*) a las aguas	recoger la basura.
tirar fósforos en el bosque	prevenir los incendios (*fires*).
contaminar el suelo (*soil*) con cenizas radioactivas	lograr (*achieve*) un equilibrio entre la necesidad y el consumo.
agotar (*use up*) los combustibles fósiles	descubrir más fuentes (*sources*) de energía.
cubrir la hierba (*pastures, grass*) de productos químicos	plantar más árboles.
enterrar (*bury*) los desperdicios nucleares	fomentar los cultivos en el mar.
envenenar (*poison*) la atmósfera	proteger la capa de ozono.
destruir el medio ambiente	aprender a respetar la naturaleza.

No queremos que las arenas de nuestras playas estén cubiertas de...

pedazos de vidrio.	bolsas de plástico.
astillas (*splinters*) de madera.	pedazos de ladrillo (*brick*).
trozos (*pieces*) de metal como acero y hierro (*steel, iron*).	fragmentos de objetos de barro (*earthenware*).
botellas de plástico.	montones de paja (*piles of straw*).
pedazos de goma.	montones de piedras.
latas de aluminio.	cajas de cartón.
envolturas (*wrappings*) de dulces.	manchas (*stains*) de petróleo.
señales de peligro.	desechos radioactivos.
cáscaras (*peels*) de plátanos.	desechos de hospital.

PLAYA CONTAMINADA

SE PROHIBE PISAR LA HIERBA

Los graves problemas del mundo ocurren...

dado *(given, considering)* **que hay...**	**debido a una escasez** *(due to a lack)* **de...**
sequía *(drought)*	agua.
hambre	alimentación *(food)*.
aislamiento	interés en los problemas.
enfermedades graves	medicamentos nuevos.
epidemias regionales	médicos y sanidad.
analfabetismo *(illiteracy)*	enseñanza *(education)* básica.
desempleados *(people out of work)*	trabajos.

El hecho *(fact)* es que dada la magnitud...

de la contaminación	a los jóvenes nos toca actuar.
de los errores cometidos	a los mayores les toca planificar.
de las necesidades	a los gobiernos les toca responder.
del desinterés	a todos nos toca mostrar *(offer, show)* soluciones.

Nuestro porvenir *(future)* depende de la cooperación de...

los gobiernos.	los militares.
los jóvenes.	los civiles.
los mayores.	la prensa *(press)*.
las culturas.	los países.
las sociedades.	las cortes de justicia.
los ricos.	las poblaciones.
los pobres.	los voluntarios.
las superpotencias *(superpowers)*.	

Por eso, no debiéramos levantar murallas entre los países del mundo.

Asociaciones ....

A **Todo lo contrario.** Busca en el Vocabulario y da los opuestos de los siguientes términos.

Verbos

1. morir	**7.** recoger	**13.** agotar
2. destruir	**8.** desenterrar	**14.** sobrevivir
3. cosechar	**9.** causar	**15.** mejorar
4. tirar	**10.** dañar	**16.** embellecer
5. limpiar	**11.** esconder	**17.** descuidar
6. ahorrar	**12.** arrojar	**18.** fomentar

Sustantivos

1. abundancia	**6.** soluciones	**11.** militares
2. trabajador	**7.** seguridad	**12.** pobres
3. sanidad	**8.** inundación	**13.** hambre
4. salud	**9.** educación	
5. interés	**10.** jóvenes	

B **Archivo de palabras.** Con otra persona copien todas las palabras del Vocabulario que pueden asociarse con las siguientes categorías.

1. dañar	**8.** desechos	**15.** partes
2. mejorar	**9.** fuego	**16.** contaminar
3. basura	**10.** tirar	**17.** separar
4. recursos naturales	**11.** sobrevivir	**18.** comunicación
5. recipientes	**12.** reciclar	**19.** hacer
6. escasez	**13.** desastres naturales	
7. peligro	**14.** población	

C **Mil cosas.** Con otra persona hagan la lista más completa posible de todas las cosas que pertenezcan a estos grupos.

1. cosas que tienen cáscara	**9.** letreros que se ven en la ciudad
2. cosas que se venden con envolturas	**10.** cosas que se venden en bolsa
3. cosas que se construyen con ladrillos	
4. cosas que se venden en botella	**11.** cosas que contaminan la atmósfera
5. cosas que se venden en lata	
6. cosas que son de acero o hierro	**12.** cosas que contaminan el mar
7. cosas hechas de paja	
8. cosas hechas de madera	

D **Eres lo que desechas.** Con otra persona, hagan una lista de los tipos de basura que se encuentran en el suelo de los siguientes lugares. Expliquen por qué hay ese tipo de basura allí.

Por ejemplo: en el patio de juegos de la escuela

> *En el patio de juegos de la escuela se ven muchas envolturas de comida y latas de gaseosas porque ahí almuerzan algunos alumnos.*

1. dentro del cine
2. en el estadio o gimnasio
3. en la terminal de autobuses
4. en la playa (el lago o el río)
5. en el supermercado
6. en los estacionamientos

E **Reciclaje.** Ayúdanos a separar la basura para que la reciclen. Pon las siguientes cosas en el recipiente apropiado según el material de qué estén hechas.

1. botellas de refrescos
2. una caja de cartón
3. unos frascos de mermelada
4. una ampolletas de inyecciones
5. unos tornillos
6. un pedazo de llanta de auto
7. una calculadora estropeada
8. una bolsa de compras
9. unos libros viejos
10. unas latas de refrescos
11. botellas de aceite
12. varios utensilios de plástico de la cocina
13. unos cuchillos viejos
14. unas herramientas viejas

F **¿Qué nos corresponde a cada uno?** Di qué crees que le toca hacer a cada uno de estos grupos para ayudar a resolver los problemas del mundo.

Por ejemplo: los mayores

> *A los mayores les toca enseñar a los jóvenes.*
> *Si tan sólo hicieran lo que aconsejan.*

1. las superpotencias
2. los jóvenes
3. el gobierno
4. los voluntarios
5. los ricos
6. los mayores
7. la prensa
8. los profesionales

G **En un futuro no lejano.** Di cuáles son tus predicciones para el futuro.

Por ejemplo: En un futuro no lejano predigo que habrá escasez de... porque... y que tendremos que...

Conversemos ....

A **Lo que proponemos.** Con otra persona, elijan tres de los siguientes temas y propongan sus propias soluciones.

Por ejemplo: para proteger la capa de ozono

Sería mejor (aconsejable, preferible, preciso) que dejáramos de usar latas de aerosol.

1. para conservar los bosques
2. para eliminar el analfabetismo
3. para lograr un equilibrio entre la necesidad y el consumo
4. para mantener limpio nuestro ambiente
5. para prevenir los incendios forestales
6. para reducir el aislamiento de la gente
7. para fomentar el interés en el medio ambiente o en los problemas del mundo
8. para eliminar las murallas entre las gentes del mundo
9. para embellecer el paisaje
10. para cuidar los recursos naturales

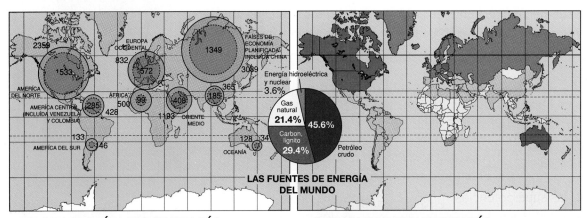

LAS FUENTES DE ENERGÍA DEL MUNDO

PRODUCCIÓN DE ENERGÍA

Producción total anual de energía primaria (petróleo crudo, gas natural, carbón, lignito, turba, energía hidroeléctrica y nuclear)

energía primaria expresada en miliones de un de carbón

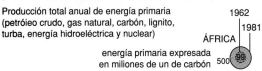

CONSUMO DE ENERGÍA

Consumo total anual de energía primaria por persona y por país (expresada en kg de carbón)

B **Una encuesta.** Con tres personas, preparen una encuesta de al menos cinco preguntas sobre las medidas que toman los alumnos y sus padres para proteger el medio ambiente. Por ejemplo, averigüen qué hacen con la basura, los repuestos y desechos del auto, y qué hacen para conservar electricidad. Luego, hagan la encuesta entre sus compañeros y escriban un informe con los resultados.

Escribamos ....

A **Señales.** ¿Qué señales pondrías en los siguientes lugares para informar, aconsejar o amonestar a la gente?

Por ejemplo: en el bosque

PREVENGA LOS INCENDIOS FORESTALES
NO TIREN FÓSFOROS ENCENDIDOS
APAGUEN LAS CENIZAS ANTES DE IRSE
NO ESCRIBAN EN LOS ÁRBOLES

1. en la ciudad
2. en la playa
3. en el parque
4. en el lago
5. en la escuela
6. en la casa

¡SALUD AMENAZADA!

RADIACIONES MATAN A UN BEBÉ

¿SOBREVIVIREMOS?

¿TENEMOS PLAYA TODAVÍA?

NECESITAMOS MÁS VOLUNTARIOS

CAMPAÑA LOCAL DE RECICLAJE

DERRAME DE PETRÓLEO EN EE. UU.

LOS JÓVENES SE ORGANIZAN

B **Periodista.** Escribe un artículo para el periódico según el título que te parezca más interesante. Incluye al menos siete u ocho frases.

C **De los dos males, el menor.** Escribe una composición sobre uno de los temas que siguen. Explica cuál prefieres y por qué.

1. el aislamiento vs. la cooperación mundial
2. el reciclaje vs. más basurales (*garbage dumps*)
3. la energía nuclear vs. la energía solar
4. actuar vs. olvidar
5. prevenir vs. curar

D **Alternativa.** Escribe un problema ambiental producido por la negligencia o la indiferencia de la gente. Luego descríbeselo a tus compañeros, que te sugerirán medidas para corregirlo.

Por ejemplo:

ESTUDIANTE A:
Parece que los productos químicos que usamos en la hierba envenenan a algunos animales y matan a los insectos beneficiosos.

OTROS ESTUDIANTES:
En vez de usar productos químicos, sería mejor que tuviéramos un jardín de piedras y cactus.

E **Hechos, no palabras.** Escribe qué sugerirías que hiciera la gente para arreglar dos o tres de los problemas del mundo.

Por ejemplo: la contaminación

Quisiera que los jefes de industria usaran materiales...,
que trataran de controlar el ruido y el humo que
envenena la atmósfera, que dejaran de arrojar... y que
contribuyeran a una campaña para... el medio ambiente.

Estructura

Para especular sobre el futuro: El condicional usado para las cosas hipotéticas

The conditional tense is used with the imperfect subjunctive in contrary-to-fact statements to tell what would happen if something else were to occur.

Si estuviera de vacaciones ahora, estaría en la playa.

Notice in the example above that the imperfect subjunctive **(estuviera)** is used to hypothesize a situation. The conditional tense **(estaría)** is used to state the probable result, what would likely happen.

1 To form the conditional tense, add the following endings to the infinitive of most verbs.

agotar	**agotaría, agotarías, agotaría, agotaríamos, agotaríais*, agotarían**
proteger	**protegería, protegerías, protegería, protegeríamos, protegeríais*, protegerían**
descubrir	**descubriría, descubrirías, descubriría, descubriríamos, descubriríais*, descubrirían**

2 Verbs that have an irregular future tense formation (see page 31) are also irregular in the conditional. These verbs use the same endings but they are added to irregular stems.

Infinitive	Stem	Conditional
hacer	**har–**	**haría, harías, haría, haríamos, haríais*, harían**
decir	**dir–**	**diría, dirías, diría, diríamos, diríais*, dirían**
querer	**querr–**	**querría, querrías, querría, querríamos, querríais*, querrían**
haber	**habr–**	**habría, habrías, habría, habríamos, habríais*, habrían**

Infinitive	Stem	Conditional
saber	sabr-	sabría, sabrías, sabría, sabríamos, sabríais*, sabrían
caber	cabr-	cabría, cabrías, cabría, cabríamos, cabríais*, cabrían
poder	podr-	podría, podrías, podría, podríamos, podríais*, podrían
salir	saldr-	saldría, saldrías, saldría, saldríamos, saldríais*, saldrían
poner	pondr-	pondría, pondrías, pondría, pondríamos, pondríais*, pondrían
tener	tendr-	tendría, tendrías, tendría, tendríamos, tendríais*, tendrían

* This form is rarely used in the Spanish-speaking world, except for Spain.

3 Use the conditional to tell a friend what you would do in his or her place.

Si yo fuera tú, no envenenaría la atmósfera con los gases del auto.

Si estuviera en tu lugar, no gastaría tanta agua porque hay sequía.

4 To speculate about what cannot take place any longer or to express what you would have done if things had been different, use the perfect forms: the pluperfect subjunctive and the conditional perfect tenses.

Si hubiera sabido del viaje a España, me habría inscrito. (Pero no supe).

To form the perfect conditional, use conditional forms of **haber** and a past participle.

No habría tomado esa agua, si hubiera sabido que estaba contaminada.

¿Habrías reciclado la basura si te hubieran dado varios contenedores?

5 You also use the conditional tense to indicate uncertainty about what happened in the past. This usage is called the conditional of probability. Note the various ways of expressing the conditional of probability in English.

¿Qué le pasaría a Juan Manuel?

I wonder what happened (What do you think happened) to Juan Manuel.

Sería invierno cuando por fin empezaron a separar la basura.

I think it was (It must have been) winter when they finally began to separate garbage.

Serían las dos cuando finalmente logré limpiar los desperdicios.

It was probably two o'clock when I finally managed to clean the refuse.

Conversemos ···

A **Si tan sólo pudiera...** Dile a la clase al menos seis cosas que harías si pudieras.

Por ejemplo: Si pudiera, dormiría todo el día, saldría con mis amigos todas las noches y...

B **Planes.** Completa las siguientes frases para expresar tus ideas originales.

Por ejemplo: Si fuera astronauta del siglo XXI, *exploraría un nuevo planeta, navegaría en... y...*

1. Si no tuviera que dormir, ___ .
2. Si fuera capaz de cambiar el mundo, ___ .
3. Si pudiera almacenar toda la información que me importaba, ___ .
4. Si fuera del tamaño de un insecto, ___ .
5. Si fuera rey (reina) del universo, ___ .
6. Si tuviera un robot, ___ .
7. Si supiera ___ , ___ .
8. Si alguien me dijera "___", yo ___ .
9. Si estuviera en ___ , ___ .
10. Si tuviera un montón de ___ , ___ .

C **¿Qué pasaría entonces?** Di qué pasaría contigo cuando ocurrieron las siguientes cosas.

Por ejemplo: cuando George Bush fue elegido presidente
Cuando George Bush fue elegido presidente, yo tendría ocho o nueve años.

1. cuando se desintegró la Unión Soviética
2. cuando ocurrió la guerra del Golfo Pérsico
3. cuando se unificaron la Alemania Occidental y la Alemania Oriental
4. cuando se desintegró la nave espacial Challenger
5. cuando se derrumbó la muralla de Berlín

D **¿Qué habrías hecho?** Prepara preguntas para entrevistar a un/a compañero(a). Luego, entrevístalo(la) y cuéntale a la clase lo que te contestó. Usa las siguientes ideas, si quieres.

Por ejemplo: Si hubieras sabido que era peligroso, ¿habrías...?

ESTUDIANTE A:

(1) Si hubieras sabido que era peligroso, ¿habrías fumado cigarrillos?

(3) (A la clase): Alex dijo que si hubiera sabido que fumar era peligroso, no lo habría hecho.

ESTUDIANTE B:

(2) No, no lo habría hecho.

1. Si te hubieran pedido prestado(a) ___ , ¿habrías ___ ?
2. Si te hubieran ofrecido dinero para ___ , ¿habrías ___ ?
3. Si hubieran pedido voluntarios para ir a ___ , ¿habrías ___ ?
4. Si te hubieran ofrecido ir a Rusia gratis, ¿habrías ___ ?
5. Si hubieras tenido la oportunidad de conocer a ___ , ¿habrías ___ ?

Escribamos

A **Si estuviera en tu lugar.** Los mayores también tienen problemas. Escríbele una carta a uno(a) de ellos en que le propones soluciones para los problemas que tiene ahora.

Por ejemplo: Querido tío: Ya sé que estás muy preocupado por tu hijo mayor. Pero, mira, si yo estuviera en tu lugar, hablaría con él y le diría...

B **Me mata el remordimiento.** Escribe una nota en tu diario en que expresas lo que sientes por haber hecho algo incorrecto. Explica qué cosas te habrían hecho cambiar de opinión o no te habrían dejado hacer lo que hiciste.

Por ejemplo: La semana pasada... Estoy tan arrepentido(a) de lo que hice. Si yo hubiera sabido que... no (le) habría hablado con (contado a)...

Sí, quiero tender la mano y mejorar la vida de un niño.

□ Señor □ Señora □ Señorita

Regístreme como patrocinador:
El niño que necesita más de mi ayuda.
□ El niño que necesita más de mi ayuda.
□ Niña □ Niño □ Cualquiera
□ AMÉRICA DEL SUR
□ CENTRO AMÉRICA/EL CARIBE
□ ASIA
□ AFRICA

□ Por favor, envíenme el paquete de patrocinador con la fotografía y la historia del niño a quien yo pueda ayudar.
□ Incluyo mi cheque por $22 por el primer mes.
□ Envíeme la cuenta

□ Estoy interesado, pero no estoy seguro si quiero ser patrocinador. Por favor, envíenme la información de un niño a quien probablemente yo ayudaría.

□ No puedo ser patrocinador por ahora, pero me gustaría ayudar. Incluyo una contribución para el Fondo de Emergencia del PLAN Internacional USA.

$ ___

NOMBRE: ___

DOMICILIO: ___

CIUDAD: ___

ESTADO: ___ ZONA POSTAL ___

Haga favor de mandar a Plan International USA
P.O. Box 877, Dept. **A45**
Providence, Rhode Island 02901

L468

PLAN International USA (antes Foster Parents Plan) es una de las más antiguas y respetadas organizaciones de patronización en el mundo. Tiene más de 53 años como líder en programas para niños necesitados y sus familias en el extranjero. Es una organización que no es utilitaria, ni política, ni sectaria. Por lo tanto, la contribución suya es deducible para los impuestos. Se puede pedir una copia de nuestro reporte financiero a: N.Y. Dept of State, Office of Charities Registration, Albany, NY 6 directamente pídalo a PLAN International USA.

Lectura

Antes de leer

Pensemos

A **El sistema solar.** Identifica los planetas del sistema solar.

el Sol

Planetas interiores: Mercurio, Venus, la Tierra y su Luna (satélite)

Planetas exteriores: Marte (2 lunas), Júpiter (16 lunas), Saturno (21–23 lunas), Urano (15 lunas), Neptuno (2 lunas), Plutón (1 luna)

B **Los planetas.** ¿Qué planetas o sus satélites asocias con las siguientes palabras?

1. frío
2. calor
3. vida
4. lejano
5. cercano
6. grande
7. pequeño

8. rojo
9. anillos
10. oxígeno
11. cráteres
12. volcanes
13. atmósfera
14. gris

15. verde
16. vegetación
17. fuego
18. gases
19. tormentas
20. manchas

C **Los astronautas.** Ser astronauta no es una profesión común y corriente. ¿Qué características debe tener la persona?

Por ejemplo: Un/a astronauta debe ser curioso(a) y organizado(a).

D **La conquista del espacio exterior.** ¿Qué opinas sobre los viajes espaciales? Completa las frases que siguen.

1. Lo que me da miedo es ___ .
2. Me emociona cuando ___ .
3. Me da bostezos cuando ___ .
4. Lo que me parece innecesario es ___ .
5. Sería fantástico ir; si tan sólo ___ .
6. A los jóvenes nos debieran dejar ___ .

E **Del almanaque mundial.** Une el año y la tripulación *(crew)* con el suceso.

Año y tripulación

1. 1961 Alan Shepard
2. 1969 Neil Armstrong
   Edwin Aldrin
3. 1969 Armstrong y Aldrin
4. 1963 Valentina Tereshkova
   (rusa)
5. 1983 Sally Ride
6. 1985 Franklin Chang Díaz
7. 1986 Christa McAuliffe
8. 1985 Rodolfo Neri Vela

Suceso

a. Primera mujer no-astronauta en una nave
b. Primera mujer en el espacio
c. Primera mujer norteamericana en el espacio
d. Primeros hombres en la Luna
e. Primer norteamericano en el espacio
f. Primer astronauta hispano (costarricense); voló en el Columbia.
g. Primer mexicano en el espacio (doctor en ingeniería electrónica); viajó en el Atlantis.
h. Recogieron las primeras muestras *(samples)* del suelo lunar.

Miremos

A **Para orientarse.** Mira el primer párrafo del cuento de la página 316 para completar lo siguiente.

1. El cuento en ___ comienza / y termina en ___ .
2. El propósito del viaje fue ___ .
3. Lo que hizo el aparato explorador fue ___ .
4. El acontecimiento a que se refiere el primer párrafo ocurrió hace ___ años.

B **¿Cuento o relato?** Ahora, sigue leyendo el cuento pensando en esta pregunta: ¿Es éste un verdadero cuento o un relato de algo que realmente ocurrió?

Al lector

- No te preocupes si no entiendes todas las palabras de la lectura. Eso es normal.
- No es necesario usar un diccionario. Trata de adivinar las palabras que no conoces.
- Confía en tu español; ¡ya sabes muchísimo.

La otra luna (1964, adaptado)
de Jorge Campos (español)

El brillante aparato metálico se balanceó sobre un punto de la superficie lunar, antes de dejarse caer. Luego hizo salir unas aceradas *(steel)* mandíbulas que se abrieron y cerraron, arrancando *(pulling out)* un pedazo del suelo. Se elevó otra vez y emprendió el viaje de regreso. Los
5 técnicos y periodistas que habían presenciado el lanzamiento *(launching)* desde nuestro planeta pudieron ya revelar el nuevo triunfo en la conquista del espacio: la extracción de un fragmento de la corteza *(crust)* lunar, para poder estudiar su composición.

Todo el mundo vivió la sacudida *(jolt)* de la noticia. La prensa, la radio,
10 las cadenas de televisión, las conversaciones en la calle o los lugares de trabajo no tuvieron otro eje (centro) durante una temporada (período de tiempo) que parecía no acabar. Mientras los científicos sometían a toda clase de análisis unos fragmentos separados de la gran muestra *(specimen)*, se colocó el trozo de luna en un parque público. Junto al
15 maravilloso pedrusco (piedra) se dieron conferencias y se exaltó el porvenir del hombre en el Universo. A cualquier hora del día la muchedumbre (mucha gente) cubría el espacio que se había abierto en los jardines. Llegaban turistas de países lejanos. El trozo de luna era la noticia más noticia de la historia del mundo para los periódicos. Todos
20 los problemas pequeños, de atmósfera para abajo, quedaron olvidados ante el acontecimiento (evento, suceso).

Los jardineros del parque fueron los primeros en observar que la tierra que rodeaba el pedestal se había agrisado y que la sucia mancha que se extendía cada vez era mayor, como una ceniza que los pasos de los
25 visitantes mezclaban con la arena de los senderos.

Los hombres de ciencia no tardaron en apreciar un efecto destructor que emanaba de los fragmentos hacia cuanto (todo lo que) los rodeaba. Primero fueron las paredes de los laboratorios que se cubrían de verrugas *(wart-like growths)* y descascarillaban *(peeled, flaked)* como sometidas a
30 una inundación y luego a un fuerte calor. Después la madera de los muebles que se corroía, resecaba y astillaba *(corroded, dried up, and splintered)* como si atacada por termitas. El metal se oxidaba y pulverizaba. Todo, los vidrios, la goma, los materiales plásticos, se iba convirtiendo en polvo, en un proceso cada vez más rápido. También
35 advirtieron que los líquidos de los tubos de ensayo se desecaban y apenas dejaban un precipitado (sedimento) grisáceo *(grayish)* en su fondo.

La alarma, aguda y conturbadora *(acute and disturbing)*, no salió de los medios científicos y se guardó como un secreto de Estado. Se tomaron
40 medidas tajantes e inmediatas. El fragmento de luna se retiró del parque para continuar realizando importantes estudios, según se dijo; los jardineros fueron trasladados a otra ciudad; y un crucero realizó una secreta operación: la de arrojar al centro del océano el trozo de luna

mientras los laboratorios iniciaban investigaciones en un nuevo sentido: localizar y dominar las radiaciones que emanaban de los minúsculos fragmentos conservados.

La epidemia convirtió en secundaria la noticia del fragmento lunar y hasta hizo que se olvidara. En una ciudad; en otra, alejada miles de kilómetros, en otra más próxima... morían individuos aislados, de un mal que la medicina no podía emparentar (asociar) con ninguno de los conocidos anteriormente. De hecho, la muerte se producía en muchos casos por la solidificación de la escasa sangre que iba quedando en las venas y arterias del enfermo. Como un terreno asolado (destruido) por la sequía concluía la vida cuando desaparecía la última sombra de humedad. 5 10

El terror comenzó a envolver el mundo, sobre todo en las capas altas de la sociedad, en los medios científicos, diplomáticos o de gobierno a que pertenecían muchos de los primeros afectados. El abisal (profundo) terror brotaba de la convicción del contagio. Un contagio inexorable para cuantos (todos los que) se habían aproximado al enfermo. 15

Alguien logró un éxito al bautizar la epidemia de "mal de la luna" por el aspecto entre agrisado y azulenco y la rugosa (arrugada) piel llena de cráteres de pequeñas viruelas *(pock marks)* que mostraban los cadáveres. En las playas de algunas islas del Pacífico las limpias arenas se ensuciaron hasta convertirse en algo parecido a polvo de lava. Si se dibujara en un mapa el contorno de las costas afectadas por el cambio, se vería que rodeaban el punto en que había sido arrojado el pedazo de luna. Pero no con ello cesaba la extraña modificación del suelo. Las arenas negruzcas avanzaban hacia el interior, retrocedía la vegetación y desaparecía toda señal de vida. Fue lástima que no se pudiera estudiar este nuevo fenómeno. También fue lástima que tampoco pudieran estudiarse los sucesivos mapas que fue dibujando el descenso del nivel del mar. Comenzaron a surgir (aparecer) islas... a descubrirse un maravilloso paisaje de corales... a unirse los continentes... y a quedar reducidos los océanos a mares interiores que se desecaban humeantes por la velocidad de la evaporación. En pocos días la Tierra era una esfera gris y arrugada como la piel de cualquiera de los cadáveres que se convertían en polvo tendidos sobre ella. Había desaparecido toda vida de la arrugada y cenicienta superficie. 20 25 30 35

Y así fue como dos lunas, satélite la una de la otra, siguieron girando en torno al Sol.

Leamos ....

A **¿Cierto o falso?** Si la frase es falsa, corrígela.

1. Jorge Campos escribió este cuento después que Neil Armstrong trajo un pedazo de luna a la Tierra.
2. Los técnicos y periodistas habían presenciado el lanzamiento del cohete.
3. La noticia más noticia de ese momento era el trozo de luna.
4. Sólo los científicos tuvieron los pedruscos de luna en sus manos.
5. En comparación con la atracción que ejercía el trozo de luna del parque, los problemas del mundo parecían no tener ninguna importancia.
6. Los jardineros del parque fueron los primeros que llevaron las cenizas por los senderos.
7. Luego, los científicos se dieron cuenta que todo se convertía en polvo en los laboratorios, incluso los metales y los plásticos.
8. Pero no pasó nada porque las autoridades no hicieron pública la noticia.
9. Un barco de la armada lanzó la secreta operación al mar.
10. Luego murió toda la gente del parque y también los jardineros.
11. La epidemia atacó a la mitad de la gente de la sociedad alta.
12. Lo más característico del mal de la luna era que la gente se secaba como las plantas que se secan por falta de agua.
13. El océano avanzó hacia el interior de los continentes y destruyó las negruzcas arenas.
14. Cuando todo terminó, sólo quedaron dos lunas con idéntica vegetación y arenas.

B **¿Dónde dice...?** Ubica y copia todas las palabras o expresiones que describen lo siguiente.

1. el aparato explorador
2. el pedazo de luna
3. la reacción de la gente al acontecimiento
4. la tierra alrededor del pedrusco lunar
5. la reacción a la muestra del laboratorio
6. la reacción del Estado (el gobierno)
7. la operación secreta
8. los síntomas de la enfermedad que le daba a la gente
9. los efectos que se produjeron en el medio ambiente
10. el cambio que ocurrió en la Tierra

Después de leer ....

Analicemos

Categorías. Copia todas las palabras que pertenecen a las siguientes categorías.

Por ejemplo: sequía
   desecar, resecar, arena, solidificación, evaporación

1. medios de comunicación
2. tierra
3. luna
4. océano
5. parte
6. materiales

7. modos de destrucción
8. estudio científico
9. mal de la luna
10. sangre
11. colores

Apliquemos

A **Males reales.** Con otra persona describan con detalles dos males comunes entre Uds. Piensen en qué epidemias los atacan de vez en cuando y cuáles son los síntomas de las enfermedades.

Por ejemplo: El mal de las pruebas semestrales: el enfermo se pone blanco y arrugado como el papel. A veces,... y también... Para que se sienta mejor, su madre le da sopa.

B **Mal de la tierra.** Imagínate que un/a explorador/a de otro planeta viene a la Tierra y se lleva una piedra terrestre con él o ella para estudiarla y ponerla en un parque de su mundo.

1. Escribe un relato sobre los efectos que la muestra de Tierra tuvo en el otro planeta. ¿Qué pasó? ¿Se produjo un mal o una transformación buena?
2. Explica con detalles los sucesos y los cambios.

C **Reproducción exacta.** En *La otra luna* leíste sobre una enfermedad que hacía que la gente se pusiera exactamente como el agente de la enfermedad. ¿Cómo serían otras enfermedades en que los síntomas del enfermo son iguales al agente que causó la enfermedad? Describe cómo sería la enfermedad si los agentes son los siguientes.

1. desechos de una fábrica
2. manchas de petróleo
3. la sequía

4. desechos radioactivos
5. el aislamiento
6. el analfabetismo

El nuevo mundo

El cuento que sigue relata la creación de la raza humana. Sin embargo, no se trata de la historia clásica del Génesis, sino de un relato de la recreación o capacidad de regeneración de la naturaleza.

Génesis
de Marco Denevi (argentino, 1922)

Con la última guerra atómica, la humanidad y la civilización desaparecieron. Toda la tierra fue como un desierto calcinado. En cierta región de Oriente sobrevivió un niño, hijo del piloto de una nave espacial. El niño se alimentaba de hierbas y dormía en una caverna. Durante mucho tiempo, aturdido (paralizado) por el horror del desastre, sólo sabía llorar y clamar por su padre. Después, sus recuerdos se oscurecieron, se disgregaron, se volvieron arbitrarios y cambiantes como un sueño; su horror se transformó en un vago miedo. A ratos recordaba la figura de su padre, que le sonreía o lo amonestaba o ascendía a su nave espacial, envuelta en fuego y en ruido, y se perdía entre las nubes. Entonces, loco de soledad, caía de rodillas y le rogaba que volviese*. Entretanto, la tierra se cubrió nuevamente de vegetación; las plantas se cargaron de flores; los árboles, de frutos. El niño, convertido en un muchacho, comenzó a explorar el país. Un día vio un ave (pájaro). Otro día vio un lobo. Otro día inesperadamente se halló (se encontró) frente a una joven de su edad que, lo mismo que él, había sobrevivido a los estragos (ravages) de la guerra atómica.

—¿Cómo te llamas?—le preguntó.

—Eva—contestó la joven. —¿Y tú?

—Adán.

volviese = volviera

Conversemos y escribamos ....

A Haz una lista de todos los sucesos o detalles que se parecen al Génesis original. Luego, haz una lista de las diferencias con el Génesis original.

El siguiente poema fue escrito hace casi cien años. Lee la primera estrofa y decide: ¿A quién representa Cristóbal Colón? ¿a los conquistadores? ¿viajeros? ¿descubridores? ¿marinos? ¿españoles? ¿astronautas? ¿extraterrestres? ¿habitantes de otros planetas?

El gran viaje
de Amado Nervo (mexicano, 1870–1919)

¿Quién será, en un futuro no lejano,
el Cristóbal Colón de algún planeta?
¿Quién logrará, con máquina potente,
sondar* el océano   explorar
del éter y llevarnos de la mano
allí donde llegaran solamente
los osados* ensueños del poeta?   atrevidos

    ¿Quién será, en un futuro no lejano,
el Cristóbal Colón de algún planeta?

     ¿Y qué sabremos tras* el viaje augusto*?   después del / importante
¿Qué nos enseñaréis, humanidades
de otros orbes, que giran
en la divina noche silenciosa,
y que acaso*, hace siglos que nos miran?   tal vez
¿Con qué luz nueva escrutará* el arcano*?   verá / el secreto
¡Oh, la esencial revelación completa
que fije nuevo molde al barro humano*!   dé nuevas ideas al hombre
¿Quién será, en un futuro no lejano,
el Cristóbal Colón de algún planeta?

B Copia las palabras que usa el poeta para decir lo siguiente.

1. el espacio
2. un día de éstos
3. extraterrestres
4. el descubridor
5. la astronave
6. el sistema solar o el universo

C **Mi héroe.** Piensa en tu héroe, alguien famoso que ha logrado cambiar o mejorar el mundo. Entonces, completa la siguiente estrofa de tu propio poema.

¿Quién será, en un futuro no lejano,
el/la ___ *(nombre de una persona)* de algún planeta?
¿Quién logrará, con ___ , ___ y ___ ?

Estructura: Un poco más

Para indicar de qué o de quién estás hablando: Cómo se usan las palabras cualquier/a, cuál, tal como

In the stories you have read there are many examples of the use of a variety of indefinite and demonstrative pronouns.

1 **Cualquiera**, when used as a pronoun, corresponds to "anyone."

Cualquiera diría que la gente le tiene terror a la tecnología.

Cualquiera que toque el pedazo de luna morirá.

Cualquiera de Uds. puede hacer un estudio científico.

2 **Cualquier** ("any" or "all") is used as adjective before nouns. It does not agree with the noun. Note that it is usually followed by the subjunctive.

Cualquier científico que haya tocado la piedra morirá.

Cualquier persona que hubiera sido contagiada por los jardineros habría tenido que ser vacunada.

3 **Cuál/es**, in questions, is used when a choice among specific things or people is possible or implied. It corresponds to "which one(s) [of several]?" It agrees in number (singular, plural) with the noun.

¿Cuál fue el resultado de arrojar la muestra lunar al océano?

¿Cuál (ciudad) es la capital del estado de Florida?

¿Cuáles de los científicos descubrieron la vacuna?

4 **Tal/es como** is used to introduce examples. It corresponds to "such as."

Se planearon otros sistemas de reciclaje, tales como quemar basura para producir energía.

La ciudad debiera dejar de derrochar energía, tal como lo hacemos en mi pueblo.

Completa las frases que siguen con *cualquier, cualquiera, cuál/es* o *tal/es como*.

1. La playa estaba cubierta de todo tipo de desperdicios ___ botellas, pedazos de goma, cajas de cartón y latas de aluminio.

2. En tu opinión, ¿ ___ son los problemas más graves del mundo?

3. ___ que estudie con cuidado la situación sabe que nuestro porvenir depende de la cooperación de todos.

4. En esta época ___ país que permita el uso de gasolina con plomo debe ser sancionado.

5. ¿ ___ sería el resultado de la destrucción de la capa de ozono?

6. Para proteger al medio ambiente cada persona podría hacer algo ___ reciclar el vidrio, el papel y el aluminio.

Diversiones

A **Arte conservacionista.** El escultor Reci Klista se especializa en las esculturas hechas de materiales de desecho. Aquí está su dibujo de una escultura que se va a llamar: "La cara de nuestro futuro". Con dos compañeros(as), hagan una lista de todos los materiales que Reci Klista va a usar. Comparen su lista con la de otro grupo.

B **Si yo fuera tú...**

1. Júntate con cinco compañeros(as).
2. En un papel, escribe y numera seis frases usando el imperfecto del subjuntivo y el condicional. Escribe la frase con el subjuntivo a la izquierda del papel y la frase con el condicional a la derecha. Por ejemplo:

   1. **Si pudiera volar**   **iría a la Luna.**
3. Corta el papel a la mitad y dale la mitad con el condicional a la persona que está a tu derecha.
4. Ahora, escribe las nuevas frases, combinando tu primera frase con la primera frase de la media hoja que recibiste, tu segunda frase con la segunda del otro papel, etc.

C **Una sola luna.** Con dos compañeros(as), inventen otro fin lleno de suspenso para el cuento *La otra luna* de la página 316 y cuéntenselo a la clase.

Cosas

el acero
los alrededores
el aluminio
la astilla
la atmósfera
el barro
la capa de ozono
la cáscara
el combustible
la corte de justicia
el cultivo
el desecho
el desperdicio
la envoltura
la epidemia
el fragmento
la fuente
la hierba
el hierro
el incendio
el ladrillo
la mancha
el montón
la muralla
la naturaleza
la paja
la prensa
el recurso natural
la sequía
el suelo
la superpotencia
el trozo

Conceptos

el aislamiento
la alimentación
el analfabetismo
el consumo
la cooperación
el desinterés
el equilibrio
la escasez
la enseñanza
el hecho
el interés
la magnitud
la necesidad
el peligro
el porvenir
la sanidad
la solución

Personas

el/la civil
el/la desempleado(a)
el/la mayor
el/la militar
el/la voluntario(a)

Descripciones

básico(a)
fósil
nuclear
radioactivo(a)
regional

Actividades

actuar
agotar
arrojar
bañarse (*swim*)
botar
contaminar
derrochar
embellecer (zc)
ensuciar
enterrar (ie)
envenenar
heredar
lograr
mostrar (ue)
pedir prestado(a)
pisar
plantar
prevenir
responder
sobrevivir
tomar medidas

Otras palabras y expresiones

cualquier/a
cuál/es
dado que
debido a
ocurrir
tal/es como

Manos Unidas
CAMPAÑA CONTRA EL HAMBRE

Infórmate de la situación actual del Tercer Mundo
Haz que se conozcan las causas de esta realidad
Coopera con tu trabajo, tu tiempo, tu dinero...

**COMPARTIR
ES HACER JUSTICIA**

Vocabulario

En mi visión del futuro, se destacan *(stand out)* imágenes...

de la Tierra.

del espacio.

de la calidad de mi vida.

de cohetes *(rockets)*.

del bienestar *(well-being)* de la gente.

de naves espaciales.

de mi jubilación *(retirement)*.

de viajes tripulados *(manned)* a Marte.

Rezo *(I pray)* por un nuevo amanecer *(dawn)*...

sin temor *(fear)*.	sin drogas.
sin impuestos *(taxes)*.	sin pobreza.
sin injusticia.	sin ladrones *(thieves)*.
sin cárceles *(jails)*.	sin deudas *(debt)*.
sin delito *(crime)*.	sin huelgas *(strikes)*.
sin desempleo *(unemployment)*.	sin robo.
sin contaminación.	sin asesinos *(murderers)*.
sin armas.	sin miseria.
sin prejuicio.	sin desamparo *(helplessness, homelessness)*.

Sería un milagro (*miracle*) si un día de estos pudiéramos...

hacer durar la paz.

despedirnos de las batallas.

aceptarnos el uno al otro.

dejar de juzgarnos (*judge one another*).

convivir los unos con los otros.

dejar de sospechar (*be suspicious*) de todo.

borrar (*erase*) las diferencias entre los pueblos (*countries, peoples*).

dejar de preocuparnos.

proponer soluciones sabias (*wise*).

dejar de herirnos (*hurt each other*).

repartir amor y no dolor (*pain*).

derramar (*spread*) un poco de risa por el mundo.

En el futuro acaso (*perhaps*) habrá vacunas contra...

el fracaso (*failure*).

las pesadillas.

la muerte.

la vejez y la ancianidad (*old age and senility*).

la tensión.

la pereza (*laziness*).

las fobias.

la calvicie (*baldness*).

la gordura.

el cansancio.

enfermedades como...

el cáncer.

el SIDA (*AIDS*).

... así como (*as well as*) **inyecciones de**

energía.

sentido común.

éxito.

esperanza.

inmortalidad.

Asociaciones ....

A **De eso estoy seguro.** Di qué tipo de vida esperas llevar. Da al menos diez condiciones.

Por ejemplo: Quiero tener una vida sin celos, envidia, inseguridad...

B **Antónimos.** Da los opuestos de los siguientes términos.

1. la jubilación
2. la batalla
3. el bienestar
4. la justicia
5. la riqueza
6. el éxito
7. los dulces sueños
8. la vida
9. la delgadez
10. la juventud
11. la salud
12. el cansancio

C **Mis propias imágenes.** Usa el Vocabulario y otros términos que hayas aprendido para describir lo que se destaca en tu propia visión del futuro.

Por ejemplo: En mi visión del futuro, se destacan imágenes de un planeta limpio, viajes a otros planetas, colonias en la Luna, calles sin tránsito...

D **Una cosa imprescindible.** A tu modo de ver, ¿qué vacunas es absolutamente necesario inventar?

Por ejemplo: Me gustaría que inventaran una vacuna contra...

Espíritu de descubrimiento

Un espíritu que siempre ha movido a Alcatel Standard Eléctrica. Que lo ha convertido en la empresa española líder en soluciones globales a los problemas de comunicación. En la empresa que aporta continuamente innovaciones tecnológicas en productos y sistemas en cualquier campo de las telecomunicaciones. Con calidad.

Y, por eso, porque el espíritu de descubrimiento ahora tiene una cita en la Exposición Universal de Sevilla, allí estará también Alcatel.

Patrocinando un espectáculo innovador sobre los descubrimientos y un planetario de la más moderna tecnología digital en los pabellones de los Descubrimientos y el Futuro.

Porque como siempre, Alcatel sigue hacia adelante. Por delante.

E **¡Quién las quiere!** Haz una lista de al menos cinco cosas que quisieras eliminar del mundo.

Por ejemplo: Ojalá que tuviéramos un mundo sin ladrones y cárceles...

F **La misión de los jóvenes.** ¿Qué cosas deben hacer los jóvenes en el futuro para mejorar su mundo? Completa lo siguiente.

Por ejemplo: En vez de herirnos el uno al otro...

En vez de herirnos el uno al otro debemos aprender a vivir en paz.

En vez de...

1. apoyar las guerras ___ .
2. juzgar a la gente del mundo ___ .
3. quejarnos de los problemas ___ .
4. derramar lágrimas ___ .
5. maldecir a los demás ___ .

6. sospechar de nuestros vecinos ___ .
7. repartir dolor ___ .
8. tener la costumbre de pelear ___ .

G **Cosas importantes para el futuro.** Haz una lista de todas las cosas que asocias con lo siguiente. Luego, compara tu lista con la de un/a compañero(a).

1. la jubilación
2. la calidad de la vida
3. la injusticia
4. el delito
5. la batalla

6. la vejez
7. la esperanza
8. la tensión
9. el espacio
10. la pereza

Analizará Interpol nuevas técnicas para combatir la delincuencia internacional

MONTEVIDEO, 3 de noviembre (UPI).— Más de 650 jefes policiales de 124 países se reúnen desde mañana en Uru... evaluar n...

países y los ministros del ...rancia, Phillipe ...de Irán, Reza ...más del ... Williams ...tor del FBI, ...de la ...ritánica y ... ...al del ...nar ...

del tráfico de drogas, delito en aumento desde la década pasada y que desplazó del centro de la atención al terrorismo internacional.

"El contrabando de estupefacientes es la actividad criminal que más preocupa hoy en Europa", dijo el director de la policía federal de Alemania, Rei...

Ascendió a 24.5% la inflación en Venezuela, entre enero y octubre

CARACAS, 3 de noviembre (AFP).— La inflación acumulada en Venezuela entre enero y octubre de 1991 se situó ofici...mente en 24.7% y el vi...dente del emiso... Central de Ve... (BCV), José R... Aznar confió en ... rebase el 30% al ... año.

...Sin...

sábado que en los últimos dos meses tradicionalmente se produce un incremento inflacionario por importaciones navideñas

tos del hogar (27.1%) y alimentos, bebidas y tabacos (26.5%).
Por otra parte, Rodríguez Aznar juzgó como "razonable" la tasa de 63

Se reanudarán las conversaciones de paz
Las FARC y FAL aceptan una propuesta gubernamental

Bogotá
Dos días después de la disolución de una pequeña guerrilla socialista y su transformación en partido político legal, los dos mayores grupos rebeldes de Colombia aceptaron una oferta gubernamental para reanudar las negociaciones de paz, informó una comisión mediadora del

congreso en un comunicado. Las negociaciones, bajo supervisión internacional, involucran a las Fuerzas Armadas Revolucionarias de Colombia (FARC) y el Ejército de Liberación Nacional (ELN), integrantes de la Coordinadora Guerrillera Simón Bolívar.

Conversemos ....

A **Mi esperanza.** Con un/a compañero(a), decide cómo terminar esta frase: *Sería un milagro si un día de éstos...* Luego, escriban cinco frases más que describan el mundo si fuera verdad lo que dijeron.

Por ejemplo: Sería un milagro si un día de éstos conviviéramos todos sin conflictos. Entonces...

                         No habría guerras ni prejuicios.

                         Nuestra preocupación sería el bienestar de todos.

                         Nos aceptaríamos el uno al otro.

B **Si surtiera efecto.** ¿Cuáles son tus deseos para el futuro? Con otra persona, usen los siguientes verbos para completar esta frase: *Sería aconsejable que...*

Por ejemplo: preocuparnos por...

                         Sería aconsejable que nos preocupáramos por la capa de ozono.

1. aumentar
2. reducir
3. dejar de...
4. descubrir
5. desarrollar
6. darnos cuenta de...
7. poner a prueba
8. emprender
9. respetar
10. disponer de...
11. deshacernos de...
12. enterarnos de...
13. quejarnos de...
14. rodearnos de...

8 ☺ EL UNIVERSAL PRIMERA SECCIÓN   Lunes 4 de noviembre de 1991

Avanza la disminución de la capa de ozon

SANTIAGO, 3 de noviembre (UPI).— La disminución de la capa de ozono continúa en todas las latitudes del planeta, excepto en el cinturón tropical, según indicó un informe de la Dirección Meteorológica de Chile.

El informe se basa en un estudio realizado por 200 científicos para la Organización de Meteorología Mundial y el Programa de las Naciones Unidas para el Medio Ambiente.

El adelgazamiento de la capa de ozono, que filtra la radiación de rayos ultravioleta del sol, puede traducirse en enfermedades a la piel en los seres humanos y en drásticos cambios en la vida animal y vegetal, ya sea en los continentes o mares, según dijo el informe.

El adelgazamiento de la capa de ozono, según las imágenes captadas por los satélites meteorológicos, se traduce en un grande y profundo óvalo centrado sobre el polo sur.

El valor mínimo del ozono equivalió este año al 55 por ciento de la capa de este gas. Sin embargo, el llamado "agujero" de ozono" aparece zado en los mismos valores observados de destrucción en primavera antártica de los años 1987, 1989 y 1990. El "agujero" aumenta sus dimensiones en los meses de septiembre a noviembre.

Las conclusiones del informe indican que el adelgazamiento d de ozono se extien año sobre una su de 21 millones metros cuadrado 6,600 kilómetros r a la Antártida.

La destrucción capa de ozono provo por el recalentamiento la tierra y el uso llamados "sprays", ha s constante en la esta invierno-primavera. P últimos 20 años. Pero p primera vez, esta strucción alcanza "índice estadísticos muy signi ficativos" en verano.

C **¿Para qué?** Usa dos de las frases que dijeron o escribieron en la actividad B y da una razón o resultado para cada una usando *para que.*

Por ejemplo: Sería aconsejable que nos preocupáramos por la capa de ozono para que nuestros hijos no sufran enfermedades nuevas en el futuro.

D **Es de sentido común.** Di qué dicta el sentido común en estas situaciones. Luego, compara tus respuestas con las de un/a compañero(a) y cuéntale lo que dijeron a la clase.

Por ejemplo: Mañana hay prueba de inglés.

                         El sentido común nos dicta que estudiemos.

1. Hay sequía en el área.
2. Hay envidia en la clase.
3. Hay unos chicos que consumen drogas.
4. Hubo un robo en el colegio.
5. Los gases envenenan la atmósfera.
6. Parece que habrá huelga de...

Escribamos ....

A **Las soluciones no son tan difíciles.** Elige uno de los problemas del Vocabulario y propón tu propia solución.

Por ejemplo: El problema de la pobreza es grave porque afecta a toda la sociedad, no sólo a los pobres. Para solucionar esto yo propongo que se creen trabajos para proteger el medio ambiente. Por ejemplo,....

B **Mi futuro.** Describe tu futuro. Incluye los siguientes detalles.

1. Por cada cosa positiva que preveas, da varios ejemplos o explica cómo la llevarás a cabo.

2. Por cada cosa negativa que te preocupe, da al menos dos soluciones, una a corto plazo y otra a largo plazo.

3. Explica en qué se parecen tus imágenes y conflictos del futuro con los de otros(as) jóvenes como tú.

C **Queja joven.** ¿Cuáles son las quejas que tienes en contra de los mayores por todos los problemas que han creado en el mundo? Para que tu visión no sea solamente negativa, propón algunas soluciones en la segunda parte de tu ensayo.

1. Presenta un buen análisis para que tu crítica sea constructiva y no destructiva.

2. Da ejemplos en cada caso que puedas. Usa el vocabulario que aprendiste en este capítulo.

Estructura

Para narrar y contar lo que dijeron otros: El condicional y el imperfecto del subjuntivo

In the Vocabulario you made statements using verb forms in the imperfect subjunctive.

Sería un milagro si un día *pudiéramos* hacer durar la paz.

The above statement contains a condition that triggers the use of the subjunctive. Can you identify the condition?

1 When conditions require the use of the subjunctive, you will use:

a. the present subjunctive or present perfect subjunctive when the introduction contains verbs in the present or future tense.

Te ruego que vengas para que me ayudes.

Te pediré que me expliques esta lección.

No creo que la hayas leído todavía.

b. the imperfect or pluperfect subjunctive when the statement contains verbs in the past or conditional tenses.

Me rogabas que viniera para que te ayudara.

¿Me pedirías que te explicara la lección?

No creías que la hubiera leído todavía.

Notice the use of imperfect subjunctive forms in the following. Can you identify the reason for the use of the subjunctive?

Me alegré de que los desempleados encontraran trabajo.

Quería que todos pudieran trabajar.

No creía que nadie pasara hambre.

Era una lástima que los sueldos no fueran más altos.

Se tomaron medidas para que las deudas fueran perdonadas.

2 In the following examples, notice the changes from future tense to conditional tense to narrate in the past rather than in the present.

Present: **El presidente nos asegura que *propondrá* soluciones sabias.**

Past: **El presidente nos aseguraba que *propondría* soluciones sabias.**

Present: **Afirma que ahora todo *tendrá* que ir bien.**

Past: **Afirmaba que ahora todo *tendría* que ir bien.**

3 An important part of narrating is reporting what someone said. Notice how the conditional tense can be used to report a statement originally made in the future tense.

The announcement actually said:

Se borrarán las diferencias entre los pueblos.

You report what the announcement said:

Se dijo que se borrarían las diferencias entre los pueblos.

Notice how the imperfect subjunctive is used to relate a command that was given in the past.

The command actually given was:

Preséntense todos los jóvenes. Preséntate tú también.

You report the command given:

Dijeron que se presentaran todos los jóvenes de 15 años y que te presentaras tú también.

4 When you are reading a report of what someone said, you will be able to determine whether the person expressed a command or an intention by looking at the verb form.

Dijo que _fuéramos_ a visitar a los ancianos del asilo. (command)
Dijo que _iría_ a visitarlos si podía. (intention)

5 We can now expand on the formula presented in Chapter 4 to report what was expressed in the past. Use the following tenses to transfer from actual speech to reported speech.

present	imperfect
Quiero ir al cine.	**Dijo que quería ir al cine.**
present perfect	pluperfect
Todavía no he visto esa película.	**Dijo que todavía no había visto esa película.**
present subjunctive or commands	imperfect subjunctive
Quiero que vayas conmigo.	**Dijo que quería que fuera con él.**
present perfect subjunctive	pluperfect subjunctive
Siento que no te haya llamado antes.	**Dijo que sentía que no me hubiera llamado antes.**
present of **ir a** + infinitive	imperfect of **ir a** + infinitive
Te voy a prestar el dinero.	**Dijo que me iba a prestar dinero.**
future	conditional
Algún día me invitarás a mí.	**Dijo que algún día lo invitaría a él.**

Conversemos ....

A **Reportero.** Cuéntale a la clase lo que dijeron estos chicos la semana pasada.

Por ejemplo: Isabel le dijo a Jim: "No quiero que te vayas".
Isabel le dijo que no quería que se fuera.

Isabel le dijo a Jim:

1. "Busco una amiga que me comprenda".
2. "Ven temprano para que estudiemos juntos".
3. "No pienso contarle nada a Robbie a menos que él me hable primero".
4. "Es una lástima que tus padres no nos entiendan".
5. "Me pondré un traje oscuro para ir a esa entrevista".
6. "Tráeme mis novelas del futuro mañana porque quiero leerlas de nuevo".
7. "Aburriré a mi mamá hasta que me dé permiso para ir al concierto".

B **No me dejan en paz.** Piensa en la semana pasada y en todo lo que distintas personas querían que hicieras. Completa las frases para que se lo cuentes a la clase.

Por ejemplo: ... me dijeron que...
Mis padres me dijeron que limpiara mi habitación, hiciera los quehaceres y que no viera tanto la tele.

1. __ me dijo (dijeron) que __ y que no __ .
2. __ me aconsejó (aconsejaron) que __ y que no __ .
3. __ quería/n que __ y que no __ .
4. __ me recomendó (recomendaron) que __ .
5. __ me exigió (exigieron) que __ y que no __ .

C **Las últimas noticias.** Cuéntale a la clase qué dijeron en el noticiario de la televisión.

Por ejemplo: Habrá una inundación en Texas.
Dijeron que habría una inundación en Texas.

1. Habrá hambre en Rusia.
2. Celebrarán un festival en San Antonio.
3. Habrá sequía en California.
4. La gente padecerá de muchas alergias.
5. Tendremos buen tiempo hoy.
6. No derrocharemos los metales.
7. No lograremos reducir el déficit.

D **Me toca a mí.** Explica qué les dijiste o pediste a otras personas.

Por ejemplo: a tu hermano mayor

Le dije que era una lástima que no trabajara.

1. a un/a hermano(a) o primo(a)
2. a un/a amigo(a) o compañero(a)
3. a un/a maestro(a) o entrenador/a
4. a una persona mayor

E **Nunca me creen.** Cuando hacemos algo malo, nos critican, pero cuando hacemos algo bueno, nadie nos cree. Quéjate un poco.

Por ejemplo: Mi instructor de ___ me felicitó, pero ___ .

Mi instructor de piano me felicitó, pero mi mamá, por supuesto, no creyó que me hubiera felicitado.

1. Mi entrenador/a de ___ me hizo una crítica buena, pero ___ .
2. Mi maestro(a) de ___ me puso una buena nota en ___ , pero ___ .
3. Mi compañero(a) me dijo que yo era simpático(a), pero ___ .
4. Mi instructor/a de ___ me felicitó, pero ___ .

F **Por arte de magia.** Hay cosas que nos hacen olvidarnos de los malos ratos y sentirnos bien. Completa lo siguiente.

Por ejemplo: El sol de esta mañana...

El sol de esta mañana hizo que me olvidara de la mala nota que saqué ayer y que desapareciera mi mal humor.

1. El buen tiempo de hoy ___ .
2. La llamada de mi amigo(a) ___ .
3. Una notita de ___ .
4. Las buenas noticias de ___ .
5. Una mirada de ___ .
6. La risa de ___ .

Escribamos

A **De amigo a amigo.** Escríbele una carta con tus consejos a uno(a) de tus amigos(as) más queridos(as) y recuérdale las cosas que le has dicho tantas veces.

Por ejemplo: Te dije que no llamaras a... y que evitaras...

B **Cambié de opinión.** Explica qué efecto han tenido en ti los cuentos, poemas y artículos de este libro. Da detalles de cómo has cambiado de opinión y describe por qué.

Por ejemplo: El cuento (poema...) hizo que me olvidara (perdonara, pensara...) Y cuando conversé con... sobre los robots (los viajes espaciales, la tecnología...) pensé que sería mejor que estudiáramos...

Lectura

Antes de leer

Pensemos

A **Hace dos siglos.** Imagínate los cambios qué ocurren en un siglo (cien años) o en dos siglos. Luego, piensa en el mundo de hace 200 años y completa lo siguiente.

Hace doscientos años...

1. no había ___ .
2. había menos ___ .
3. había más ___ .

B **Dentro de dos siglos.** Según tú, ¿qué problemas se resolverán en el próximo siglo? Completa las frases con tu opinión.

1. La contaminación de ___ .
2. La escasez de ___ .
3. La reducción de ___ .
4. La destrucción de ___ .
5. El aumento de ___ .
6. Una cura para ___ .

C **No me cabe la menor duda.** ¿Cuáles de estas cosas existirán en los próximos doscientos años?

1. inyecciones contra...
2. vacunas para todas las enfermedades contagiosas
3. excursiones a...
4. un mundo unido, sin fronteras nacionales
5. un solo idioma para toda la gente del mundo
6. comunicación interplanetaria con...
7. naves espaciales para cada familia
8. robots que...

SIDA AIDS

INFORMACION SOBRE EL SIDA
(*En inglés y español*)

US Public Health Service
1 800 342-AIDS
Línea Nacional sobre el SIDA
1 800 344-7432
NYC Hispanic Aids Forum
1 212 966-6336
Centro Para el Control de
Enfermedades 1 404 639-3286 *
Gente Con SIDA 1 212 627-1810
ADAPT 1 212 289-1957

* *Solamente en inglés*

D **Ya serán anticuadas...** Es posible que las siguientes cosas se consideren anticuadas dentro de 200 años. Di qué tendremos en su lugar.

Por ejemplo: comida

En vez de comida, tomaremos pastillas nutritivas.

1. billetes de dólares
2. monedas de un centavo (*pennies*)
3. teléfonos
4. cartas y tarjetas
5. aspirinas
6. computadoras
7. discos compactos
8. coches a gasolina

Miremos

A **Punto por punto.** Mira el primer párrafo del cuento de las páginas 338 y 339, que narra lo que pasó en un año del futuro. Apunta la siguiente información.

1. el año
2. el acontecimiento (lo que pasó)
3. la comunicación
4. la reacción

B **A favor y en contra.** Ahora, sigue leyendo el artículo para ubicar más información sobre lo que pasó. En un papel, copia las líneas que te den las ventajas y las desventajas del descubrimiento.

Lo bueno era que...   **Lo malo era que...**

C **¿Quién narra?** ¿A qué grupo pertenece el narrador, a los jóvenes inmortales o a los mayores mortales?

Al lector

- No te preocupes si no entiendes todas las palabras de la lectura. Eso es normal.

- No es necesario usar el diccionario. Trata de adivinar las palabras que no conoces.

- Confía en tu español; ya sabes muchísimo.

Nosotros, no
de José Bernardo Adolph (peruano)

Aquella tarde, cuando tintinearon las campanillas de los teletipos y fue repartida la noticia como un milagro, los hombres de todas las latitudes (de todas partes) se confundieron en un solo grito de triunfo. Tal como había sido predicho doscientos años antes,
5   finalmente el hombre había conquistado la inmortalidad en 2168.

Todos los altavoces del mundo, todos los transmisores de imágenes, todos los boletines destacaron esta gran revolución biológica. También yo me alegré, naturalmente, en un primer instante.

10   ¡Cuánto habíamos esperado este día!

Una sola inyección, de cien centímetros cúbicos, era todo lo que hacía falta para no morir jamás. Una sola inyección, aplicada cada cien años, garantizaba que ningún cuerpo humano se descompondría nunca. Desde ese día, sólo un accidente podría
15   acabar con una vida humana. Adiós a la enfermedad, a la senectud, a la muerte por desfallecimiento orgánico. Una sola inyección, cada cien años.

Hasta que vino la segunda noticia, complementaria de la primera. La inyección sólo surtiría efecto entre los menores de
20   veinte años. Ningún ser humano que hubiera traspasado la edad del crecimiento podría detener su descomposición interna a tiempo. Sólo los jóvenes serían inmortales. El gobierno federal mundial se aprestaba ya a organizar el envío, reparto y aplicación de las dosis a todos los niños y adolescentes de la tierra. Los
25   compartimentos de medicina de los cohetes llevarían las ampolletas *(vials)* a las más lejanas colonias terrestres del espacio.

Todos serían inmortales.

Menos nosotros, los mayores, los adultos, los formados, en cuyo organismo la semilla *(seed)* de la muerte estaba ya definitivamente
30   implantada.

Todos los muchachos sobrevivirían para siempre. Serían inmortales y de hecho animales de otra especie. Ya no seres humanos: su psicología, su visión, su perspectiva, eran radicalmente diferentes a las nuestras. Todos serían inmortales.
35   Dueños del universo para siempre. Libres. Fecundos. Dioses.

Nosotros, no. Nosotros, los hombres y mujeres de más de veinte años éramos la última generación mortal. Éramos la despedida, el adiós, el pañuelo de huesos *(bones)* y sangre que ondeaba

EL DIARIO

Inyección de inmortalidad

La muerte queda elimina

*(waved)**, por última vez sobre la faz *(face)* de la tierra.

Nosotros, no. Marginados de pronto, como los últimos abuelos, de pronto nos habíamos convertido en habitantes de un asilo para ancianos, confusos conejos asustados entre una raza de titanes. Estos jóvenes, súbitamente, comenzaban a ser nuestros verdugos *(executioners)* sin proponérselo. Ya no éramos sus padres. Desde ese día, éramos otra cosa; una cosa repulsiva y enferma, ilógica y monstruosa. Éramos Los Que Morirán. Aquellos Que Esperaban la Muerte. Ellos derramarían lágrimas, ocultando su desprecio, mezclándolo con su alegría. Con esa alegría ingenua con la cual expresaban su certeza de que ahora, ahora sí, todo tendría que ir bien.

Nosotros sólo esperábamos. Los veríamos crecer, hacerse hermosos, continuar jóvenes y prepararse para la segunda inyección, una ceremonia —que nosotros ya no veíamos— cuyo carácter religioso se haría evidente. Ellos no se encontrarían jamás con Dios. El último cargamento de almas rumbo al Más Allá, era el nuestro.

¡Ahora cuánto nos costaría dejar la tierra! ¡Cómo nos iría carcomiendo (consumiendo) una dolorosa envidia! ¡Cuántas ganas de asesinar nos llenarían el alma, desde hoy y hasta el día de nuestra muerte!

Hasta ayer. Cuando el primer chico de quince años, con su inyección en el organismo, decidió suicidarse. Cuando llegó esa noticia, nosotros, los mortales, recién comenzamos a amar y a comprender a los inmortales. Porque ellos son unos pobres renacuajos *(tadpoles)* condenados a prisión perpetua en la vida. Perpetua. Eterna. Y empezamos a sospechar que dentro de 99 años, el día de la segunda inyección, la policía saldrá a buscar a miles de inmortales para imponérsela. Y la tercera inyección, y la cuarta, y el quinto siglo, y el sexto; cada vez menos voluntarios, cada vez más niños eternos que imploran la evasión, el final, el rescate. Será horrenda la cacería *(hunt)*. Serán perpetuos miserables.

Nosotros, no.

5

10

15

20

25

30

35

* *el pañuelo... que ondeaba por última vez*: se refiere al difunto o muerto que, agitándose como un pañuelo blanco del adiós, se despide de la vida.

Leamos ....

A **Citas.** Ubica la palabra o frase donde dice lo siguiente.

1. Todos se alegraron.
2. La muerte iba convirtiéndose en un concepto anticuado.
3. Siglo a siglo los cuerpos se mantendrían jóvenes por medio de una dosis de medicina.
4. Los mayores envejecerían como siempre.
5. El gobierno repartiría la medicina por medio de cohetes.
6. Los mayores sentirían envidia de los menores.
7. Los menores sentirían tristeza y alegría a la vez.
8. Sólo los adultos conocerían el Más Allá.
9. No todos los inmortales estaban contentos.
10. Resulta que los inmortales querían descansar también.

B **El futuro.** Di cómo será la vida en el futuro según este cuento. Ubica las frases que te den información sobre lo siguiente.

Por ejemplo: el gobierno
Habrá un gobierno federal mundial.

1. la comunicación
2. viajes por el espacio
3. las diferencias entre jóvenes y mayores
4. la medicina
5. los deseos de la gente
6. la policía

C **Descripciones.** Copia todas las expresiones que describan o se refieran a lo siguiente.

Por ejemplo: **los jóvenes inmortales**
raza de titanes

los mayores mortales
confusos conejos

D **Agridulce.** ¿Cómo reaccionarían los jóvenes cuando los mayores empezaran a morir? Copia las palabras que describen la reacción.

E **En resumen.** Usa las palabras que siguen para resumir el final del cuento y las actitudes de tanto los jóvenes como los mayores.

Los mayores (menores) se alegraron (se entristecieron) al saber (pensar) que...

F **Moraleja.** Con otra persona escriban una o dos frases que sirvan de moraleja de este cuento.

Después de leer ....

A **Derivaciones.** Da la palabra de la cual se derivan las siguientes palabras del cuento.

Por ejemplo: la cacería
                 cazar

Sustantivos

1. la aplicación
2. la colonia
3. el envío
4. el reparto
5. la certeza
6. la inyección
7. el asilo
8. el desfallecimiento
9. la envidia
10. la revolución
11. el final
12. el cargamento
13. la evasión
14. la generación
15. el rescate
16. el desprecio

Adjetivos

1. inmortal
2. orgánico
3. marginado
4. repulsivo
5. ilógico
6. perpetuo
7. eterno
8. evidente
9. monstruoso
10. religioso

B **¿Qué se te ocurre?** Ubica y haz una lista de las palabras que se asocien con los siguientes.

1. la inmortalidad
2. la vejez
3. el Más Allá
4. la muerte
5. lágrimas
6. la debilidad
7. el poder
8. la comunicación

C **¿Poner qué?** Ya sabes muchos usos del verbo *poner* y en este cuento también puedes encontrar otros verbos que tienen la misma raíz. Haz una lista de ellos con un/a compañero(a).

A **La vida sin fin.** ¿Cómo cambiarías tu vida si supieras que ibas a vivir para siempre? Apunta al menos tres o cuatro ideas.

Por ejemplo: Si pudiera (tuviera que) vivir para siempre,...

B **¿Bendición o maldición?** Escribe un párrafo en el que expresas tu opinión sobre la inmortalidad. ¿La considerarías una bendición o una maldición? Explica por qué.

Mi más sentido pésame

Cuando una persona de la familia fallece (se muere) todos los familiares, parientes y amigos se apresuran a visitar a los hijos y esposo(a) de la persona fallecida para darles el pésame o expresar su dolor por su muerte. En muchos casos, familiares y amigos se quedan en la casa hasta la madrugada para acompañar a los deudos (familiares) más inmediatos. Si la persona fallecida está en la casa en vez de la iglesia, esta costumbre se llama "velorio", porque se encienden luces o velas alrededor del ataúd (*casket*). Al día siguiente, todos los grupos afectados por el deceso de la persona, directamente o indirectamente, publican anuncios en el periódico local y también invitan a otros amigos y compañeros de trabajo a asistir a la misa que se ofrece antes de llevar los restos al cementerio. Después del entierro, los familiares son saludados por sus amigos a la salida del cementerio. En esta ocasión, se abraza a los deudos y se dice: "Mi más sentido pésame". Esta frase quiere decir que Ud. siente muchísimo dolor por la muerte de la persona.

Conversemos y escribamos ....

A Lee la tarjeta y ubica palabras que expresan lo siguiente.

1. la persona fallecida
2. algo para consolar al familiar
3. los sentimientos

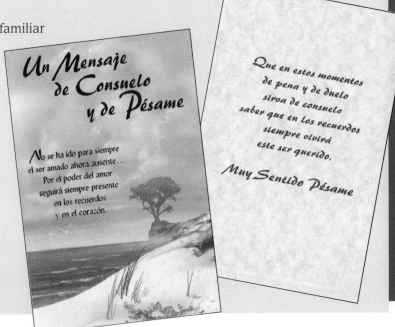

Un Mensaje
de Consuelo
y de Pésame

No se ha ido para siempre
el ser amado ahora ausente...
Por el poder del amor
seguirá siempre presente
en los recuerdos
y en el corazón.

Que en estos momentos
de pena y de duelo
sirva de consuelo
saber que en los recuerdos
siempre vivirá
este ser querido.

Muy Sentido Pésame

En el siguiente poema, Jorge Luis Borges, el famoso escritor argentino, habla de la muerte como parte de la vida. Borges escribió el poema poco antes de su propia muerte. ¿Para quién crees que escribió el poema realmente, para Manuel Flores o para Borges mismo?

Milonga de Manuel Flores
Jorge Luis Borges (argentino, 1899 –1986)

Manuel Flores va a morir.
Eso es moneda corriente*;   lo que todos sabemos
morir es una costumbre
que sabe tener la gente.

Y sin embargo me duele
decirle adiós a la vida,
esa cosa tan de siempre
tan dulce y tan conocida.
Miro en el alba* mi mano,   amanecer
miro en la mano las venas;
con extrañeza las miro
como si fueran ajenas.

¡Cuánta cosa en su camino
estos ojos habrán visto!
Quién sabe lo que verán
después que me juzgue Cristo.

B Borges tenía una enfermedad que lo dejó ciego cuando era más o menos joven. ¿Qué quiere decir entonces cuando habla de lo mucho que han visto sus ojos? ¿Qué cosas podemos saber y sentir sin verlas? Haz una lista.

Por ejemplo: el aroma de... y...

†

BORGES, Jorge Luis, q.e.p.d., falleció en Ginebra (Suiza), el 14-6-86. Su primo doctor Miguel A. Melián Lafinur y familia participan con hondo sentimiento su deceso y que sus exequias habrán de celebrarse el 16 de Junio próximo en aquella ciudad.

†

BORGES, Jorge Luis, Prof., q.e.p.d., falleció en Ginebra (Suiza) el 14-6-86. El Movimiento Afirmación Moral Democrático Argentino participa el fallecimiento de su dignísimo socio honorario.

†

BORGES, Jorge Luis, q.e.p.d., falleció en Suiza el 14-6-86. - El Directorio de la Sociedad Argentina de Autores y Compositores de Música - SADAIC, en nombre de todos sus asociados participa el fallecimiento de

Estructura: Un poco más

Para enfatizar lo que se hizo, no quién lo hizo: La voz pasiva

The passive voice is a way of expressing an action by saying that something was done (by someone). The active voice draws attention to the person(s) who did the action.

La voz activa	*La voz pasiva*
La radio transmitió la noticia.	**La noticia fue transmitida por la radio.**
Despidieron a los jardineros.	**Los jardineros fueron despedidos.**

1 A more common way of expressing the passive voice is by use of the pronoun **se** + verb in the corresponding tense.

> **Se** *colocó* **el trozo de luna en un parque público.**
>
> **Se** *dieron* **conferencias.**

As you can see in these examples, the verb will agree (singular or plural) with the noun to which it refers.

2 When people are involved, you may represent them by using the indirect object pronoun (**me**, **te**, **le[s]**, **nos**). This is often done to convey acts that are accidents or unplanned occurrences.

a. simple reporting of what happened with **se**

| **Se rompieron los vasos.** | The glasses broke (were broken). |
| **Se perdió la llave.** | The key was lost (left somewhere). |

b. to imply accident or unplanned occurrence

| **Se me rompieron los vasos.** | I (accidentally) broke the glasses. |
| **Se le olvidó la llave.** | He (accidentally) forgot the key. |

¿Cuáles de los siguientes sucesos se realizarán en el futuro, en tu opinión? Usa la voz pasiva.

1. prohibir las drogas
2. borrar las diferencias entre los países
3. desarrollar una inyección de inmortalidad

Di que hiciste lo siguiente sin querer.

1. romper un casete
2. perder todos tus libros
3. olvidar la tarea

Diversiones

A **Vacunas e inyecciones.**

1. Con dos compañeros(as), inventen cinco vacunas y cinco inyecciones que Uds. crean que son necesarias para mejorar la vida de los jóvenes. Por ejemplo: una vacuna contra las tareas que dan los maestros.

2. Júntense con otros dos grupos y compartan sus invenciones.

3. De todas las vacunas y las inyecciones, escojan cuatro que Uds. crean son las más necesarias y preséntenselas a la clase.

B **El club de los secretos.** Aquí ves un retrato del club de los *secretofílicos*, o sea, gente que ama los secretos.

1. Júntate con dos compañeros(as) para adivinar los secretos que acaba de contar y escuchar la gente del dibujo.

2. Para empezar, una persona escoge (en su mente) a una pareja del dibujo.

3. Sin decirle al grupo a qué pareja ha escogido, cuenta el secreto de la pareja del dibujo. Por ejemplo: si ha escogido a una pareja en la que la persona que escucha el secreto tiene la cara feliz, podría decir: "Dijo que ganaría la lotería".

4. Los otros miembros del grupo tienen que adivinar cuál es la pareja correcta.

5. La persona que adivina la pareja escoge a otra pareja del dibujo y cuenta su secreto.

Repaso de vocabulario

Cosas y conceptos

el amanecer
la ancianidad
el arma (f.)
la batalla
el bienestar
la calvicie
el cáncer
la cárcel
el cohete
el delito
el desamparo
el desempleo
la deuda
la diferencia
el dolor
la droga
la esperanza
la fobia
el fracaso
la gordura
la huelga
el impuesto
la injusticia
la inmortalidad
la jubilación
el milagro
la miseria
la pereza
la pobreza
el sentido común
el SIDA
el temor
la visión

Gente

el/la asesino(a)
el/la ladrón(-ona)
el pueblo (*people*, *nation*)

Descripciones

sabio(a)
tripulado(a)

Actividades

aceptar
borrar
convivir
derramar
destacar(se)
herir (ie, i)
juzgar
proponer
rezar

Otras palabras y expresiones

acaso
así como

Capítulo 5 Un paso más

A **Fobias.** Di a qué le tienes fobia. Da al menos diez ejemplos.

Por ejemplo: Le tengo fobia al éxito social y a...

B **Dos visiones contrastantes.** Con otra persona, hagan una lista de los elementos de una visión optimista del futuro y otra de una visión pesimista. Luego, escriban una composición en que comparan estas dos visiones. Usen el vocabulario que han aprendido y expresiones de comparación como *por un lado... por el otro, en vez de..., en cambio, por el contrario, sin embargo, aunque.*

C **Los rivales dijeron que...** Imagínate que has asistido a una reunión de un grupo rival de Uds. (grupo de amigos, equipo deportivo, alumnos de otro colegio, los mayores). Primero, haz una lista de lo que escuchaste. Luego, prepara un informe de lo que escuchaste para que le cuentes todas las novedades a tu propio grupo.

Por ejemplo: Dijo una alumna del colegio Jefferson: "Espero que ganemos el campeonato de baloncesto".

Ella dijo que esperaba que ganaran el campeonato de baloncesto.

D **Cultura joven.** A la cultura estadounidense siempre se le llama "cultura joven". ¿Qué características de los jóvenes tiene nuestra cultura? Da al menos cinco características.

Por ejemplo: En esta cultura la música más popular es la de "rock".

E **Las mil y una noches de la tecnología.** Eduardo Quiles en su obra *El frigorífico* hace la siguiente descripción del futuro. Léela y después completa su descripción del paisaje urbano.

"Qué época... Ni Julio Verne la hubiera intuido... ¡Es una fantasía urbana! Los ciudadanos vuelan bajo las nubes en dirección a sus trabajos. ¡Qué maravilla!... Y no se ven semáforos, ni policías, ni ruidos, ni gases... ¡Hum! ¡Qué delicia de atmósfera! Cómo se respira... Los automóviles circulan con energía solar... ¡Caramba! Las aceras están cubiertas de césped y se ven oleadas de nudistas por las calzadas. Esa gente parece instalada en *Las mil y una noches de la tecnología*... Parece que ya no es necesario crear la infelicidad ajena para conquistar la realización personal... Van por la vida silbando, se besan, intercambian flores..."

Por ejemplo: También se escucha música en vez del ruido de los motores. La gente no trabaja en oficinas oscuras y pequeñas sino en jardines llenos de flores...

F **El mal de la Tierra.** Con otra persona, piensen en un problema referente al futuro de nuestro planeta que los preocupa mucho. Preparen un programa de televisión en que analizan este problema entre los jóvenes. Incluyan entrevistas e informes de lo que dijeron los entrevistados (sin olvidarse de cambiar los tiempos de los verbos). Den muchos ejemplos de todas las ideas y también usen algunos dibujos o gráficos para que el programa sea más interesante para el público.

G **Robot de mis amores.** Los escritores que leíste en este capítulo tienden a tener una visión más bien negativa de la tecnología, los robots y las máquinas. Pero es muy posible que tú tengas que trabajar con esta tecnología en el futuro. Haz una defensa del robot de tus amores o de una tecnología que te parezca particularmente prometedora.

H **Si fuéramos más disciplinados.** Expresa las cosas que te duelen de todo este problema del medio ambiente. Usa *ojalá que* y *si tan sólo...*

Por ejemplo: Ojalá que no hubiéramos arrojado desperdicios a...
                 Si tan sólo separáramos...

I **Desde mi punto de vista.** Escribe una composición en la que explicas tus ideas sobre el cambio y la estabilidad. ¿Hasta dónde es preferible la estabilidad en vez del cambio? ¿Por qué le tenemos miedo al cambio? Comenta sobre uno o dos de los temas que siguen o piensa en tus propios temas.

1. moda
2. educación
3. amistades
4. familia
5. trabajo
6. gobierno

J **Así no más sería.** Da los resultados de lo siguiente.

1. Si yo no leyera, ___ .
2. Si no cuidáramos los recursos naturales, ___ .
3. Si agotáramos los combustibles fósiles, ___ .
4. Si entendiéramos los peligros que causa la destrucción de la selva, ___ .
5. Si supiéramos cuánto ozono queda todavía, ___ .

K **Cosas de gente grande.** Cuéntale a la clase tres o cuatro cosas que te dicen siempre los mayores.

Por ejemplo: Si yo fuera tú, estudiaría mucho para ser profesional.

L **¿Qué dijo?** Se puede usar varios verbos para expresar no sólo lo que dijo alguien, sino también algo de la manera en que lo dijo.

1. Por ejemplo, en vez de usar *dijo* se puede usar...

lloriqueó	lloró	respondió	alegó
gritó	indicó	agregó	amenazó
corrigió	se quejó	gruñó	exclamó
insistió	propuso	aconsejó	amonestó
disimuló	fingió	mintió	explicó
se amurró	observó	notó	interrumpió
aclaró	interrogó	preguntó	

2. Entonces, con un/a compañero(a) elijan verbos de la lista y escriban un diálogo entre uno de los siguientes pares de gente:

   a. Juan y Juana, dos enamorados

   b. un/a joven y sus padres

   c. dos amigos del alma

   d. un/a estudiante y su maestro(a)

   e. tú y otra persona

Por ejemplo: —¡Te amo tanto!— exclamó Juan.

   —Y yo te amo a ti— fingió Juana —Pero quiero que te vayas.

   —¿Cómo? interrogó Juan.

¿Quién soy yo?

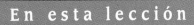

En esta lección

Vocabulario

Me pregunto: ¿Quién soy yo?

Vamos a ver... soy...

madrugador/a *(early riser)*, cuando nada me desvela *(keep awake)*.

ciego(a), cuando se trata de ver el desorden de mi habitación.

sordo(a), cuando se trata de escuchar consejos de los mayores.

mudo(a), cuando me piden mi opinión en clase.

tartamudo(a) *(stutterer)*, cuando he dicho una mentira grande.

manco(a) *(one-armed)*, cuando se trata de pasar la aspiradora en casa.

cojo(a) *(lame)*, cuando se trata de hacer mandados *(run errands)*.

Soy...

el vivo retrato *(spitting image)* de mi padre (madre).

parecido(a) a mi gemelo(a) *(I resemble, look like my twin)*.

trabajador/a.

perezoso(a).

impulsivo(a).

reflexivo(a).

egoísta.

de mente (mind)...

acalorada *(argumentative)*.

común y corriente.

aguda *(sharp)*.

de carácter...

reservado.

afable *(pleasant)*.

alegre *(cheerful)*.

comunicativo.

altivo *(arrogant)*.

de mirada...

risueña *(smiling)*.

triste.

lánguida.

agresiva.

de sonrisa...

fácil.

inquieta.

amplia *(broad)*.

apenas *(scarcely)* dibujada.

Soy de...

frente (forehead) ...	***boca...***	***ojos...***
ancha.	chica.	grandes.
angosta *(narrow)*.	grande.	pequeños.
cara...	de labios finos *(thin)*.	almendrados *(almond-shaped)*.
redonda.	carnosos *(full)*.	rasgados *(slanted)*.
alargada.	***nariz...***	
triangular.	respingada *(turned up)*.	
rectangular.	chata *(flat)*.	
	aguileña *(curved)*.	

Soy de...

pestañas (eyelashes)...
cortas.
largas.

cejas (eyebrows)...
oscuras.
claras *(light)*.
abundantes.
escasas *(thin)*.

pelo...
largo.
corto.
ondulado *(wavy)*.

rizado.
crespo *(tightly curled)*.
lacio
oxigenado *(bleached)*.
teñido *(dyed)*.
negro.
castaño *(brown)*.
rubio.
con flequillo *(bangs)*.

piel...
clara.
morena *(dark)*.
olivácea.

estatura...
mediana.
alta.
baja.
ni alta ni baja.

rasgos (features)...
asiáticos.
africanos.
indígenas.
europeos.
hispanos.

Cuando más feliz estoy es cuando ando por ahí...

corriendo.
haciendo ejercicio.
silbando *(whistling)*.
conduciendo un coche.

descalzo(a) *(barefoot)*.
liado(a) con *(hanging out with)* amigos(as).
montado(a) en bicicleta.

A veces...

me enrojezco *(blush)* hasta el pelo cuando me miran.

me enfurezco *(become furious)* cuando se meten en mi vida.

enmudezco *(become dumbfounded)* cuando la gente es cruel.

les agradezco mucho *(am very grateful)* a los que me ayudan a superarme.

me echo a *(burst out)* reír cuando me reprenden *(reprimand, scold)*.

Asociaciones ··

A **Buena memoria.** Da todas las palabras que puedas que estén relacionadas a las siguientes circunstancias.

Por ejemplo: Me siento estupendo(a).

Me divierto; estoy contenta, alegre, feliz; saco buenas notas; estoy enamorada...

1. Me siento deprimido(a).
2. Me siento enfurecido(a)
3. Me vuelvo ciego(a).
4. Me vuelvo sordo(a).
5. Me siento feliz.
6. Enmudezco.
7. Me vuelvo cojo(a).
8. Me siento orgulloso(a).
9. Me vuelvo manco(a).

B **Los dos polos.** Con un/a compañero(a), elige veinte palabras del Vocabulario y clasifícalas en dos grupos, positivas y negativas. Expliquen por qué.

C **Así soy yo.** Descríbete a ti mismo(a) con respecto a los siguientes rasgos distintivos.

Por ejemplo: piernas

Tengo piernas largas y delgadas, con rodillas fuertes.

1. cara
2. cabello
3. ojos
4. piernas
5. estatura

6. frente
7. nariz
8. piel
9. cejas

D **Van una con la otra.** Algunas personas creen saber cómo debe ser el físico de una persona que tiene cierto tipo de personalidad. Completa lo siguiente con tus propias ideas.

Por ejemplo: de mirada risueña

Si eres de mirada risueña y abierta, entonces tienes pelo fino y lacio, eres de frente ancha y de sonrisa...

1. reflexivo(a)
2. perezoso(a)
3. madrugador/a
4. de carácter altivo

5. de mirada agresiva
6. de sonrisa fácil
7. de mente acalorada

E **Retrato.** Describe a una persona que conoces bien. Completa lo siguiente.

1. Físicamente, es ___ .

2. En cuanto a su carácter, es ___ .

3. Cuando está deprimido(a) anda ___ , pero cuando está feliz ___ .

F **Cualquiera sabe.** Con otra persona, piensa en tres o cuatro personas conocidas y di qué rasgos las distinguen. Incluye los siguientes detalles: la mirada, la sonrisa, los ojos, las pestañas, las cejas, los ojos, la estatura, la musculatura, la frente, la boca, la nariz, el pelo.

Por ejemplo: Kevin Costner

Es de mirada lánguida y una sonrisa apenas dibujada. Tiene los ojos almendrados y la frente amplia; su pelo es fino y lacio y las cejas, delgadas.

G **Retratos clásicos.** Describe las siguientes personas clásicas. Sé imaginativo(a) y da detalles.

Por ejemplo: un señor tacaño

Es de mente aguda, de carácter altivo, de mirada triste. Es egoísta. Es de frente angosta, de cara alargada, de boca chica y labios finos...

1. una abuelita cariñosa

2. una mamá joven

3. un señor gordo

4. una chica bellísima

5. un niño lleno de salud

6. una bruja

7. un muchacho estupendo

8. un delincuente callejero

H **Pintores.** Dibuja una cara famosa o desconocida, usando los nombres de los rasgos de la cara en vez de líneas. Observa el ejemplo.

Conversemos ....

A **Si no es mucho pedir...** Si pudieras cambiar algunos de tus rasgos, ¿qué cambiarías?

Por ejemplo: Mi pelo es demasiado fino. Me encantaría que fuera más grueso, más largo y un poco rizado.

B **De incógnito.** Tu compañero(a) te va a describir a una persona. Dibújala según sus instrucciones. ¿Puedes adivinar quién es?

C **Fauna humana.** Muchas veces describimos a la gente usando características de animales. Escoge dos o tres de los siguientes y da al menos tres conclusiones en cada caso.

Por ejemplo: Ese niño es como un loro.

Entonces, será muy hablador. Se vestirá de todos colores. Le gustará imitar a otra gente.

1. Es grande como un oso.
2. Es trabajadora como una hormiga.
3. Canta como un canario.
4. Come como un león.
5. Es fiel como un perro.
6. Es fuerte como un toro.
7. Tiene memoria de elefante.
8. Salta como una cabra.
9. Se ríe como una hiena.
10. Es venenoso como una serpiente.
11. Nada como un pez.
12. Es astuto como un zorro.
13. Es obstinado como una mula.

Escribamos ....

Así soy yo. Escribe una descripción completa de tu persona, agregando un comentario a la descripción básica que ya hiciste en la actividad C de la página 354. Usa también todas las asociaciones que puedas hacer para cada parte del cuerpo. Describe al menos tu cara, frente, cabello, ojos, nariz, cejas, pestañas, piel, estatura, musculatura.

Por ejemplo: piernas

Tengo buenas piernas de bailarina. Son largas y flexibles. Me gustan las medias de colores. Cuando me siento perezosa, me echo a andar por... para soñar y pensar un poco.

Estructura

Para describir cómo pasas el tiempo: Los usos del gerundio

In the Vocabulario you have used the present participle to say what you spend your time doing.

Cuando más feliz estoy es cuando ando *corriendo, haciendo* ejercicio, *montando* en bicicleta, *silbando, conduciendo* un coche.

1 To form present participles, drop the **-ar**, **-er**, or **-ir** endings of infinitives and add **-ando** or **-iendo** as shown below.

aprovechar	Aprovechando la oportunidad, te mando un beso.
correr	Me vine corriendo del colegio porque hace sol.
conducir	Conduciendo con cuidado, estamos tranquilos.

2 Stem-changing verbs (**e** to **i**, **o** to **u**) of the **-ir** group have irregular present participles. For example:

pedir	pidiendo
vestirse	vistiéndose
divertirse	divirtiéndose
dormir	durmiéndose

3 Some present participles are written with a **y** so that there will not be three vowels together.

atraer	atrayendo
caerse	cayéndose
creer	creyendo
leer	leyendo
oír	oyendo
destruir	destruyendo
huir	huyendo

4 Note that any necessary pronouns are attached to the present participle and an accent mark is placed on the stressed syllable, as indicated below.

Papá ya está *preparándonos* el desayuno.

Voy *durmiéndome* poco a poco cuando apago la televisión.

5 Use the present participle with the verbs **seguir** and **continuar** to say what someone continues to do or keeps doing.

> **Ella siguió insultándome. No voy a continuar contándoles lo que pasó porque es muy vergonzoso.**

6 When you are describing an action or activity that is *in progress*, use the present participle with the following verbs: **estar**, **ir**, **venir**, **andar**, **salir**, **pasar**, and **terminar**.

> **Estaba planeando la fiesta en mi cabeza y me fui cantando a la escuela.**
>
> **Esta tarde estaba contento y me vine silbando porque hoy cumplo 16 años.**
>
> **Ando pensando en los regalos que voy a recibir.**
>
> **Salí corriendo del trabajo.**
>
> **Paso la tarde limpiando la sala. ¡No es vida!**
>
> **Terminé pidiéndole a mi mamá que me dejara invitar a cinco personas más a la fiesta.**

7 You can also use the present participle to name an action in progress, without using the above verbs.

> **Durante un rato me quedé inmóvil, escuchando.**

8 As you have seen in Chapter 4 (page 254), the present participle is not used to name activities, as in English. Use an infinitive instead. Compare the following.

> **Me encanta patinar.**
>
> I love skating.

> **Viajar es lo que más me interesa.**
>
> Traveling is what interests me the most.

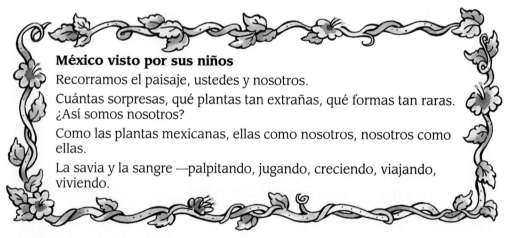

México visto por sus niños

Recorramos el paisaje, ustedes y nosotros.

Cuántas sorpresas, qué plantas tan extrañas, qué formas tan raras. ¿Así somos nosotros?

Como las plantas mexicanas, ellas como nosotros, nosotros como ellas.

La savia y la sangre —palpitando, jugando, creciendo, viajando, viviendo.

Conversemos ....

A **Siempre ando pensando...** Di qué andas haciendo en las siguientes ocasiones.

Por ejemplo: cuando estás contento(a)

Cuando estoy contento ando saltando y pensando en...

1. cuando estás agradecido(a)
2. cuando estás furioso(a)
3. cuando estás descalzo(a)
4. cuando estás acalorado(a)
5. cuando estás perezoso(a)

B **Soy como soy por buena razón.** Di cómo eres por ser quien eres. Refiérete a tu estado o ciudad, tu colegio o equipo y tu familia o barrio.

Por ejemplo: Siendo californiano, me encanta la playa pero detesto la contaminación.

Siendo un "Lakeville Tiger", juego mejor que nadie.

C **Distintos estilos.** Piensa en dos personas que conoces bien y di cómo hacen las siguientes acciones cada uno de ellos.

Por ejemplo: salir de casa

Mi hermano siempre sale de casa gritando y peleando con...

En cambio mi hermana siempre sale cantando una canción de moda.

1. despertarse
2. cocinar
3. vestirse
4. desayunarse
5. salir de casa
6. volver a casa
7. irse de compras
8. irse al cine
9. andar por la calle
10. trabajar

D **¿Y tú?** Completa las frases que siguen de una manera personal usando el gerundio *(present participle)*.

Por ejemplo: Pasé la noche...

Pasé la noche mirando las fotos que había sacado en la fiesta.

1. En la fiesta del otro día, me divertí mucho ___ .
2. Allí mi amigo(a) ___ se me acercó ___ .
3. Había unos sándwiches muy ricos; mi amigo(a) ___ se los comió ___ .
4. Mi amigo(a) ___ me saludó ___ .
5. Y así pasé el sábado ___ .

E **Mi semana.** Di cómo pasas cada día de la semana.

Por ejemplo: El lunes lo paso quejándome y... El martes...

Escribamos ....

A **Poema original.** Escribe un poema acerca de ti mismo(a). Sigue el siguiente esquema.

1. Nombra acciones que te gustan mucho.

2. Nombra acciones relacionadas con el colegio.

3. Nombra acciones relacionadas con tus amigos.

4. Nombra acciones que te describen bien.

Por ejemplo: Soy yo, Silvia

Silbando, tocando la guitarra, bailando, cantando

Sacando buenas notas, durmiéndome en la clase de historia

Sonriendo, ayudando, apoyando, chismeando

Muriéndome de amor por Carlos, corriendo.

B **Buenos consejos.** Escribe cinco buenos consejos para tus compañeros(as).

Por ejemplo: Cometiendo errores, se crece.

Cayéndose, se aprende a esquiar.

Comunicándose, los amigos se conocen.

C **El alumnado de mi colegio.** Describe a los estudiantes de tu colegio en líneas generales. Destaca los aspectos positivos y luego compáralos con los negativos. Usa el siguiente ejemplo para guiarte.

Por ejemplo: Nosotros, los chicos de mi colegio, vivimos... y... Nos pasamos la semana... y los meses... Nadie se da cuenta que andamos... y... todo el día. ¡Es para morirse de la risa! Lo malo es que a veces nos escapamos... y... Y así somos los chicos de este colegio.

D **Tu "yo" interno.** Describe cinco cosas que piensas en tu interior.

Por ejemplo: Vivo deseando que el año termine pronto para... Paso el día esperando que venga... Por la noche, ...

E **Dime más.** Con otra persona, piensen en por lo menos tres gerundios que puedan completar las siguientes frases de una manera más interesante. Usen los verbos como *venir*, *andar*, *pasar*, *ir*, *seguir* y *estar*.

Por ejemplo: Mi perro viene cuando lo llamo.
   Cuando lo llamo, mi perro viene corriendo, saltando.

1. Los viernes mi maestro(a) está contento(a).
2. Los viernes por la noche mis amigos y yo nos divertimos.
3. Los sábados tengo mucho que hacer.
4. El/La director/a del colegio está muy ocupado(a).
5. Mis padres me lo dicen cuando están enojados.
6. Pero también sé cuando están contentos.
7. Cada vez que practico, mejoro un poco.
8. Mis amigos hacen las mismas cosas como antes.

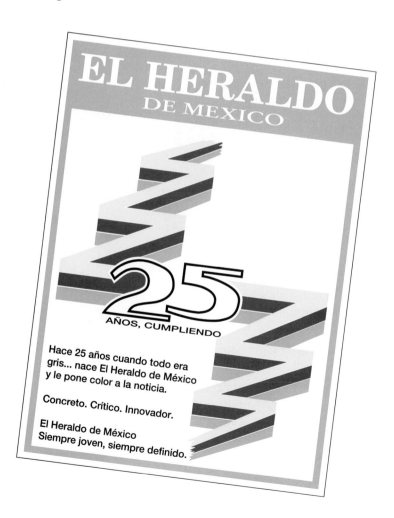

EL HERALDO
DE MEXICO

25
AÑOS, CUMPLIENDO

Hace 25 años cuando todo era gris... nace El Heraldo de México y le pone color a la noticia.

Concreto. Crítico. Innovador.

El Heraldo de México
Siempre joven, siempre definido.

Lectura

Antes de leer

Pensemos

A **Yo.** Indica todos los factores que, según tú, determinan tu identidad.

mi nacionalidad	mi estado o ciudad	mi familia
mi historia	la religión	mi apariencia
mi personalidad	mi sexo	los deportes que hago
mi edad	mis amigos	mis pasatiempos
mis habilidades	mi ropa	mis gustos y preferencias
mis posesiones	la música que me gusta	la comida que como
mis colecciones	el idioma que hablo	mi grupo académico
mi casa	los planes que tengo	los clubes de la escuela

B **Así soy.** Explica un poco los factores que elegiste en la actividad A.

Por ejemplo: mi nacionalidad, mi estado y ciudad, mi familia, mi personalidad

Soy un italianoamericano de Ohio, de la ciudad de Columbus.

Soy uno de los Santini. Soy inteligente, cariñoso, sincero.

C **Soy único.** Nombra las características de cada categoría que te hacen único(a), diferente de los demás.

Por ejemplo: Soy único porque soy vietnamita, o sea que no nací en los Estados Unidos. Me gusta la música clásica, aunque a mis amigos les gusta la música rock. Tengo una colección de gorros de béisbol.

D **Y soy como tú.** Nombra características de cada categoría que te hacen similar a los demás.

Por ejemplo: Como a todos los mexicanos, me encanta comer bien.

Como a mis compañeros, me gusta bailar y coleccionar camisetas.

E **Autoestima.** De las características que pusiste en las actividades C y D, ¿de cuáles estás más orgulloso(a)?

Por ejemplo: Estoy orgullosa de mi idioma, de ser puertorriqueña y ciudadana de los Estados Unidos.

Estoy orgullosa de mi habilidad para las matemáticas.

También estoy orgullosa de mi sexo, de ser una mujer.

F **Mi espejo.** ¿Hay diferencias entre la imagen que tienes de ti mismo(a) y la imagen que tienen los demás de ti? Di por lo menos una diferencia, en tu opinión.

Por ejemplo: Creo que soy muy aplicado(a), pero hay otros, como mis hermanos, que creen que soy despistado(a).

Miremos

A **Encuentro.** En el cuento de la página 364, el narrador cree que se ha encontrado a sí mismo. Lee el primer párrafo y cita las palabras que te den esta información.

B **Me veo.** Si lo del cuento te hubiera pasado a ti, quizás habrías buscado una explicación. Si miras el primer párrafo, ¿cuál de las siguientes frases explica de mejor manera lo que le pasó al narrador? También puedes agregar tus propias explicaciones.

1. Encontró a su gemelo.

2. Acaba de ver a su hijo.

3. Nos está describiendo a su sombra.

4. Está soñando.

5. Vio a alguien que podría ser su doble.

6. Se está mirando al espejo.

7. Va a conocerse a sí mismo por primera vez.

8. Se ha vuelto loco.

9. Hay otra explicación.

C **Sigue leyendo.** Ahora, sigue leyendo para ver lo siguiente.

1. ¿Adónde va?

2. ¿Cómo reacciona al verse a sí mismo?

3. ¿Cómo reacciona "el otro"?

> **Al lector**
>
> ● No te preocupes si no entiendes todas las palabras de la lectura. Eso es normal.
>
> ● No es necesario usar un diccionario. Trata de adivinar las palabras que no conoces.
>
> ● Confía en tu español; ¡ya sabes muchísimo!

Encuentro (adaptado)
de Octavio Paz (mexicano, 1914)

Al llegar a mi casa, y precisamente en el momento de abrir la puerta, me vi (a mí mismo) salir. Intrigado, decidí seguirme. El desconocido —escribo con reflexión esta palabra— descendió las escaleras del edificio, cruzó la puerta y salió a la calle. Quise
5 alcanzarlo, pero él apresuraba su marcha exactamente con el mismo ritmo con que yo aceleraba la mía, de modo que la distancia que nos separaba permanecía inalterable. Al rato de andar se detuvo ante un pequeño café y atravesó su puerta roja.

Unos segundos después yo estaba en la barra del mostrador, a su
10 lado. Pedí una bebida cualquiera mientras examinaba de reojo las hileras de botellas en el aparador, el espejo, la alfombra raída, las mesitas amarillas, una pareja que conversaba en voz baja. De pronto me volví y lo miré larga, fijamente. El enrojeció, turbado (confuso). Mientras lo veía, pensaba (con la certeza de que él oía mis
15 pensamientos): "No, no tiene derecho. Ha llegado un poco tarde. Yo estaba antes que usted. Y no hay la excusa del parecido, pues no se trata de semejanza, sino de sustitución. Pero prefiero que usted mismo se explique..."

Él sonreía débilmente. Parecía no comprender. Se puso a conversar
20 con su vecino. Dominé mi cólera (furia) y, tocando levemente su hombro, lo interpelé (enfrenté).

—No pretenda (intente) ningunearme. No se haga el tonto.

—Le ruego que me perdone, señor, pero no creo conocerlo.

Quise aprovechar su desconcierto y arrancarle (quitarle) de una vez
25 la máscara:

—Sea hombre, amigo. Sea responsable de sus actos. Le voy a enseñar a no meterse donde nadie lo llama...

Con un gesto brusco me interrumpió:

—Usted se equivoca. No sé qué quiere decirme.

30 Terció un parroquiano (cliente):

—Ha de ser un error. Y además, ésas no son maneras de tratar a la gente. Conozco al señor y es incapaz...

Él sonreía, satisfecho. Se atrevió a darme una palmada (golpecito con la mano):

35 —Es curioso, pero me parece haberlo visto antes. Y sin embargo no podría decir dónde.

Empezó a preguntarme por mi infancia, por mi estado natal y otros detalles de mi vida. No, nada de lo que le contaba parecía recordarle quién era yo. Tuve que sonreír. Todos lo encontraban simpático... Él
40 me miraba con benevolencia.

—Usted es forastero (de otra parte), señor, no lo niegue. Pero yo voy a tomarlo bajo mi protección. ¡Ya le enseñaré lo que es México, Distrito Federal!

Su calma me exasperaba. Casi con lágrimas en los ojos, sacudiéndolo por la solapa (*lapel*), le grité: 5

—¿De veras no me conoces? ¿No sabes quién soy?

Me empujó con violencia:

—No me venga con cuentos estúpidos.

Todos me miraban con disgusto. Me levanté y les dije:

—Voy a explicarles la situación. Este señor los engaña, este señor es   10 un impostor...

—Y usted es un imbécil y un desequilibrado—gritó.

Me lancé (salté) contra él. Desgraciadamente, resbalé (*slipped*). Mientras procuraba apoyarme en el mostrador, él me destrozó la cara a puñetazos. Me pegaba con saña (rabia) reconcentrada, sin hablar.   15 Intervino el mesero:

—Ya déjalo... Está loco.

Nos separaron. Me cogieron en vilo (en brazos) y me arrojaron al arroyo (la calle):

—Si se le ocurre volver, llamaremos a la policía.   20

Tenía el traje roto, la boca hinchada, la lengua seca. Escupí (*spit*) con trabajo. El cuerpo me dolía. Durante un rato me quedé inmóvil, acechando (esperando). Busqué una piedra, algún arma. No encontré nada. Adentro reían y cantaban. Salió la pareja; la mujer me vio con descaro (insolencia) y se echó a reír. Me sentí solo, expulsado del   25 mundo de los hombres. A la rabia sucedió la vergüenza. No, lo mejor era volver a casa y esperar otra ocasión. Eché a andar lentamente. En el camino, tuve esta duda que todavía me desvela: ¿y si no fuera él, sino yo...?

Leamos ....

En otras palabras. Ubica la línea del cuento en que se dice más o menos lo siguiente.

I

1. Tenía mucha curiosidad y decidí seguir a mi otro yo.
2. Traté de caminar junto a él.
3. No pude caminar con él porque si yo caminaba rápido, él caminaba rápido también.
4. Después de caminar unos minutos, se paró.
5. Yo miraba de lado las botellas que estaban en el mueble.
6. La cara se le puso muy roja porque tenía vergüenza.
7. Estaba seguro de que él podía escuchar lo que yo estaba pensando.
8. Él no puede hacer esto.
9. Yo llegué primero; Ud. llegó después.
10. Ud. no puede decir que somos similares, porque en realidad no somos similares.
11. No trate de ignorarme.
12. No trate de hacer como si no hubiera pasado nada.
13. Creo que nunca nos presentaron.
14. Yo le voy a dar una lección para que aprenda a no molestar a otra gente.

II

1. Creo que Ud. está cometiendo un error.
2. Yo creo que todo esto es un gran error.
3. Ud. debe tener más respeto por la gente.
4. Tuvo la insolencia de tocarme con la mano.
5. A todos les gustaba este hombre.
6. Señor, Ud. no es de esta ciudad; no trate de ocultarlo.
7. Deje de decir tonterías.
8. Este hombre no es quien dice ser; es otra persona y dice que soy yo.
9. Ud. está demente.
10. Lo ataqué pero me caí.
11. Me golpeaba muy fuerte y con mucha rabia.
12. En la pelea se rompió mi ropa y me destrozó la cara.
13. La mujer que salió me miró y empezó a reírse.
14. De pronto, tuve una duda que todavía me preocupa mucho.

Después de leer ....

Analicemos

A **Sinónimos.** Une la/s palabra/s de una columna con la/s palabra/s de similar significado de la otra columna.

1. acelerar	**a.** cruzar
2. atravesar	**b.** ignorar
3. parecido	**c.** semejanza
4. desafortunadamente	**d.** procurar, pretender
5. intentar	**e.** apresurar
6. mesón del café	**f**. desgraciadamente
7. ningunear	**g.** mostrador

B **Derivaciones.** Para las palabras de la columna de la izquierda, ubica en el relato palabras derivadas de ellas. Para las palabras del relato que aparecen en la columna de la derecha, da la palabra de la cual se derivan.

1. conocer	inmóvil
2. presión	reflexión
3. hilo	desequilibrado
4. ojo	pareja
5. fijo	parecido
6. rojo	desconcierto
7. cierto	disgusto
8. pensar	infancia
9. ninguno	terciar
10. capaz	palmada
11. satisfacción	benevolencia
12. puño	violencia

Apliquemos

Mi doble. Explica en qué se parecería tu doble a ti. Completa las frases que siguen.

1. Sería ___ .	4. Estaría ___ .
2. Tendría ___ .	5. Iría ___ .
3. Le gustaría ___ .	

¿Quién soy? ¿De dónde vengo?

Todos sabemos quiénes somos; de eso no cabe duda. Lo raro es que nunca nos hacemos esta pregunta, a menos que, por un viaje, estudios o un conflicto, entremos en contacto con otra cultura y otra gente. Entonces sí que nuestra identidad se convierte en un tema muy importante para nosotros. Por supuesto, en los Estados Unidos, donde hay gente de tan variadas extracciones culturales, la pregunta "¿Quién soy yo?" siempre tiene importancia.

Conversemos y escribamos ....

A Contesta lo siguiente.

Soy estadounidense, pero la verdad es que además soy...

vietnamita	**africano(a)**	**italiano(a)**	**hispano(a)**
camboyano(a)	**egipcio(a)**	**laosiano(a)**	**marroquí**
chino(a)	**japonés(esa)**	**filipino(a)**	**sirio(a)**
libanés(esa)	**palestino(a)**	**polaco(a)**	**alemán(ana)**
irlandés(esa)	**escocés(esa)**	**holandés(esa)**	**jordano(a)**
danés(esa)	**cubano(a)**	**mexicano(a)**	**texano(a)**
californiano(a)	**floridense**	**puertorriqueño(a)**	**neoyorquino(a)**
colombiano(a)	**angelino(a)**	**guatemalteco(a)**	
salvadoreño(a)	**bostoniano(a)**	**coreano(a)**	

B Lee el ensayo que sigue y luego completa lo siguiente.

1. Jorge Duany nació en ___ .
2. De niño vivió en ___ .
3. Fue al colegio en ___ y fue a la universidad en ___ .
4. Su nacionalidad es ___ , pero él se siente ___ porque ___ .

La identidad y el exilio
de Jorge Duany (adaptado)

Yo no tengo un solo recuerdo de Cuba, y, sin embargo, me siento tan cubano como Jose Martí... Nací en Cuba en 1957, pero me fui con mis padres a los tres años; viví mi primera infancia en Panamá y después me crié en Puerto Rico. Adolescente aún, partí hacia los Estados Unidos para iniciar mis estudios universitarios. En estos últimos años de múltiples exilios, me he estado haciendo obsesivamente la misma pregunta: ¿Qué es esto de ser cubano?... ¿quién soy?... ¿de dónde vengo?

... Mi yo es inseparable de mi medio ambiente, de las fuerzas sociales que han condicionado mi desarrollo. Por eso, la única manera de definir mi identidad es mediante la experiencia de los cubanos en los Estados Unidos y Puerto Rico. Soy cubano porque hablo muy rápido, me como las "eses", desprecio las "eres" y las "des", y me gusta una cierta melodía en la entonación. Soy cubano porque los pies me saltan cuando oigo la voz de Beny Moré, el mambo de Pérez Prado o las flautas de la Orquesta Aragón. Soy cubano porque me encanta un buen plato de arroz con frijoles negros, un bistec empanizado y plátanos maduros. Soy cubano porque cuando veo en una foto o una película el Malecón de La Habana, las murallas del Morro, las palmeras de Varadero, las calles estrechas de Santiago, siento una indefinible nostalgia, una presión en el pecho y una absurda pesadez en la garganta.

Cubano, pues, aunque no haya vivido en Cuba, aunque todas mis imágenes de la patria —palabra nueva— sean prestadas, aunque mi futuro no me devuelva a la tierra en que nací. Es que la geografía poco tiene que ver con la nacionalidad más entrañable. Más bien, la identidad nacional se centra en el idioma, en las costumbres, en la música, en fin, en la cultura.

C Usa el ensayo de Duany como modelo para explicar quién eres tú y por qué.

Por ejemplo: Soy norteamericano(a) porque... Soy sureño (del medio oeste, norteño) porque... Soy neoyorquino (californiano, virginiano, floridense, etc.)... y por eso... Soy de la ciudad de... Soy del área de... Soy del colegio... Soy uno de los (*apellido*)... y por eso...

Para describir nuestras acciones: Cómo formar los adverbios

1 You can form adverbs in Spanish by taking the feminine form of an adjective (for those that have one) and adding the ending **-mente**.

exactamente	débilmente
rápidamente	frecuentemente
violentamente	suavemente
desgraciadamente	realmente
últimamente	felizmente

Elisa corrió a casa rápidamente; afortunadamente, llegó antes de que saliera mamá.

2 When you want to use more than one adverb, only the last one will take the ending **-mente**, as you can see in the examples that follow.

El artista pintaba delicada y cuidadosamente.

Cuando los vi, hablaban rápida y alegremente.

Forma adverbios de los siguientes adjetivos. Luego elige seis o siete de los adverbios y cuenta una vez que hiciste algo de esa manera.

exitoso	**sensacional**	**artístico**
cuidadoso	**impulsivo**	**independiente**
intuitivo	**malhumorado**	**orgulloso**
valiente	**desconcertado**	**furioso**
lento	**suave**	**sabio**

Diversiones

A **¡Una pantomima!**

1. Júntense en grupos de ocho personas; cada grupo se divide en dos equipos de cuatro personas.

2. Cada persona escribe en un papel una actividad (cuánto más complicada mejor).

3. Una persona escoge un papel y representa la actividad mediante la pantomima.

4. Su equipo tiene que adivinar qué está haciendo y decirlo usando el gerundio (por ejemplo: *Está trabajando en el correo*, *Está jugando tenis pero está cojo*, etc.)

5. Cuando lo adivinan, alguien del otro equipo escoge un papel y lo representa.

6. Sigan alternando entre un equipo y el otro haciendo las representaciones hasta que todos los papeles hayan sido presentados.

B **Mapas de un nuevo mundo.** Si tus padres son de México y de Italia, tal vez te parezca que estos países están muy cerca el uno del otro, aunque en realidad no lo están en el mapa del mundo. Con cuatro compañeros, usando un mapa del mundo, dibujen otro mapa del mundo como Uds. lo ven. Este mapa debe estar basado en sus experiencias personales, sus cuentos familiares, etc. Anoten en su mapa nuevo los nombres de todos los países que han incluído. Luego, enséñenle su mapa a la clase y explíquenselo.

EL CIELO NUNCA SE HA VISTO MEJOR

En 45 ciudades de México y el extranjero

MEXICANA

Repaso de vocabulario

Cosas y conceptos

el carácter
la ceja
el desorden
la estatura
el flequillo
la frente
la mente
la mirada
la musculatura
la pestaña
el rasgo
el retrato

Personas

el/la gemelo(a)
los mayores

Descripciones

abundante
acalorado(a)
afable
africano(a)
agresivo(a)
agudo(a)
aguileño(a)
alegre
almendrado(a)
altivo(a)
amplio(a)
angosto(a)
asiático(a)
azulado(a)
carnoso(a)
castaño(a)
chato(a)

claro(a)
cojo(a)
comunicativo(a)
crespo(a)
definido(a)
descalzo(a)
dibujado(a)
escaso(a)
europeo(a)
feliz
fino(a)
indígena
ingenioso(a)
inquieto(a)
lánguido(a)
liado(a)
madrugador/a
manco(a)
mediano(a)
moreno(a)
mudo(a)
oliváceo(a)
ondulado(a)
oxigenado(a)
parecido(a)
rasgado(a)
reflexivo(a)
reservado(a)
respingado(a)
risueño(a)
tartamudo(a)
teñido(a)
tieso(a)
triangular
vivo(a)

Actividades

agradecer (zc)
desvelar
echarse a + *inf.*
enfurecerse (zc)
enmudecer (zc)
enrojecerse (zc)
hacer mandados
reprender
silbar

Otras palabras y expresiones

ahí
apenas
ni... ni

Lección 2

Vocabulario

A veces, sobran (aren't necessary) las palabras porque puedo...

encogerme (shrug) de hombros para indicar...
que no me importa.
que me da igual.
que no sé nada.

echarle una mirada de furia (give a look of anger) a alguien...
para averiguar (find out) si se da cuenta del problema.
para mostrarle mi mal genio (bad mood).

clavarle la mirada con saña (look daggers at) para que sepa que algo
me parece mal.

andar con los párpados caídos (eyes cast downward) para que sepa que
estoy ofendido(a).

bajar los ojos para indicar que estoy arrepentido(a).

volver la espalda para demostrarle que no quiero nada con él o ella.

contestarle en un abrir y cerrar de ojos (in a flash) para mostrar que
estoy listo(a).

alzar (raise) la cabeza y retirarme (leave) para indicar que no voy a
aguantar (tolerate, put up with) nada.

taparme los oídos para mostrar que no quiero chismes de los demás.

quedarme boquiabierto(a) para demostrar mi asombro.

sonreír con confianza para mostrar que estoy satisfecho(a).

darme la media vuelta para indicar que no dejaré (let, allow) que me
manipulen.

interrogar con los ojos para pedir una explicación.

hacerme lenguas de (rave about) algo para darles envidia (envy) de lo
que vi.

fruncir las cejas (frown) para indicar mi desagrado.

guiñarle el ojo (wink) a alguien para indicarle...
que todo fue en broma, que le estaba tomando el pelo.

mirar fijamente (gaze, stare) al otro para indicar que lo estoy
escuchando.

inclinar (move up and down) la cabeza para expresar que estoy de
acuerdo.

menear (shake, move from side to side) la cabeza para decirle que "no",
que no estoy de acuerdo.

dar un suspiro (sigh) para indicar mi alivio (relief).

morderme la lengua (bite my tongue) para evitar decir nada.

sacarle (stick out) la lengua a alguien para burlarme de él o ella.

apuntarle (point) a alguien con el dedo para reprenderlo(la).

apuntar con el dedo para indicar dónde está un lugar.

Se le puede...

dar un codazo *(poke with an elbow)* a alguien para que ponga atención.

dar un vistazo *(keep an eye on)* al bebé para que no se lastime.

dar un caderazo *(push with the hip)* a la puerta para que se cierre.

dar un puñetazo *(punch)* a alguien para que deje de molestar.

dar un mordiscazo *(bite into)* a una fruta para saber si tiene buen sabor *(taste)*.

dar un portazo *(slam)* a la puerta para terminar con una pelea.

dar un golpazo *(hit)* a la mesa para hacerlos callar a todos.

Si quieres ser tú mismo(a) debes / no debes...

trabajar codo a codo con tus amigos para superarte.

pestañear *(blink)*, para no perder las oportunidades.

perder los estribos *(lose your temper)* si no te comprenden.

hacerle caso a los envidiosos.

juzgar a los demás por sus debilidades.

quitarle los ojos de encima *(take your eyes off)* a tu enamorado(a).

Asociaciones ....

A **Más allá de las palabras.** Haz una lista de todas las cosas que puedes expresar con las siguientes partes del cuerpo.

Por ejemplo: los hombros

Encogerse de hombros cuando uno no sabe la respuesta, prestarle el hombro a alguien para que llore un poco...

1. los ojos
2. la lengua
3. las pestañas
4. los codos

5. los oídos
6. las manos
7. las caderas
8. las piernas

9. la boca
10. los párpados
11. los dedos
12. la espalda

B **Situaciones** Di en qué situaciones puedes reaccionar de la siguiente manera. Da dos situaciones en cada caso.

Por ejemplo: dar un portazo

Cuando estoy furioso(a) o frustrado(a), doy un portazo.

1. dar un golpazo
2. dar un puñetazo
3. dar un caderazo

4. dar un mordiscazo
5. dar un codazo
6. guiñar el ojo

C **Positivo y negativo.** Con otra persona, escoge 20 de las acciones del Vocabulario y ordénalas en dos categorías: positivas y negativas. Luego, expliquen por qué.

Por ejemplo: Negativas:

Darse la media vuelta, porque significa abandonar.

Positivas:

Sonreír con confianza, porque significa saber la respuesta.

D **Amistades.** Haz una lista de cuatro cosas y reacciones que pueden ayudar a una amistad. Luego haz una lista de otras cuatro que pueden afectarla negativamente.

Por ejemplo:

Es conveniente trabajar con los amigos codo a codo para...

No es conveniente aguantar mucho y después quejarse por haber aguantado.

E **El lenguaje de los gestos.** Describe una vez en que hiciste lo siguiente y por qué.

Por ejemplo: Te encogiste de hombros.

La maestra de historia me hizo una pregunta sobre la revolución francesa y yo me encogí de hombros porque no sabía la respuesta.

Diste un codazo.

Le di un codazo a mi hermanito en la iglesia porque parecía que iba a dormirse.

1. Le clavaste la mirada con saña a alguien.
2. Andabas con los párpados caídos.
3. Le apuntaste a alguien con el dedo.
4. Volviste la espalda.
5. Bajaste los ojos.
6. Te tapaste los oídos.
7. Meneaste la cabeza.
8. Hiciste algo en un abrir y cerrar de ojos.
9. Te quedaste boquiabierto(a).
10. Guiñaste un ojo.

F **No hay que decir nada.** Di qué gesto o combinación de gestos o acciones puedes hacer para expresar las siguientes ideas.

Por ejemplo: Estás furioso(a) porque tu hermano(a) no quiere hacerte un favor.

Puedo clavarle la mirada con saña.

1. No quieres meterte en un problema que no te importa.
2. Tu madre te reprende por largo rato pero después deja de hablar.
3. Estás de mal genio y muy enojado(a) porque nadie te entiende.
4. Te sientes avergonzado(a) porque se te olvidó hacer algo para tu papá.
5. Tienes las manos ocupadas con muchas cosas y no puedes cerrar la puerta.
6. No estás de acuerdo con los planes que tiene un/a amigo(a) tuyo(a).
7. Tu hermano(a) se burla de ti porque tus padres te reprendieron.
8. Estás extremadamente ofendido(a) por algo que hizo otra persona.

Conversemos ···

A **¿Cómo lo comunicas?** Di cómo comunicas sin palabras las siguientes acciones.

Por ejemplo: Tienes vergüenza.
                  Lo demuestro bajando los ojos y retirándome.

1. Estás ofendido(a).
2. Te sientes insultado(a).
3. Estás furioso(a).
4. Estás arrepentido(a).
5. Estás aburrido(a).
6. Estás satisfecho(a).
7. Estás asombrado(a).
8. No quieres aguantar nada.
9. No vas a perder los estribos.
10. No vas a perder la oportunidad.
11. No tienes idea de qué se trata.
12. Quieres irte.
13. Quieres darle miedo a alguien.
14. Quieres terminar con una pelea.
15. Quieres que pongan atención.

B **¿Cómo lo evitas?** Di qué puedes hacer para evitar las siguientes cosas desagradables.

Por ejemplo: contestar una pregunta personal
                  Es mejor que me encoja de hombros y me marche.

1. conversar con alguien antipático
2. preguntar algo en voz alta
3. no pelear con un/a amigo(a)
4. no perder a tu novio(a)
5. hablar con un/a envidioso(a)
6. descuidar a un bebé
7. quedarte dormido(a) en clase
8. meterte en líos con tus amigos(as)

C **El que pestañea, pierde.** En este mundo hay que ser muy rápido para reaccionar. Dale tres consejos a otra persona sobre qué hacer o no hacer en ciertas situaciones.

Por ejemplo: cuando tienes un accidente
                  No moverse mucho. Llamar a la ambulancia.

1. cuando necesitas ayuda
2. cuando hay problemas entre amigos
3. cuando tu novio(a) quiere dejarte
4. cuando hay una minusválido(a)
5. cuando eres diferente
6. cuando hay una pelea

D **¿De qué se hacen lenguas?** A la gente le encanta hacerse lenguas de las cosas que pasan. Cuenta una cosa de la que hablan en estos días.

Por ejemplo: Ayer, los chicos venían haciéndose lenguas de lo que
                  habían hecho el fin de semana. Dijeron que...

Escribamos ....

A **Después de la tormenta.** Imagínate que has tenido una gran discusión con una persona que te importa mucho. Escríbele una carta para explicarle lo mal que te sientes y ponerte en la buena con ella otra vez. Sigue el siguiente ejemplo pero agrega más ideas tuyas.

Perdóname por haber... No sé qué me pasó, pero ahora estoy... Desde que peleamos, paso el día... y deseando que... Nunca más voy a perder... y prometo que no voy a prestar... No vale la pena discutir con una persona como tú... Debieras darme un buen... por ser tan... contigo. Espero que comprendas y me... Nunca más voy a juzgar... Estoy tan... y tan... Por favor, contéstame pronto.

B **Él y Ella.** Termina la siguiente conversación, siguiendo el ejemplo. Cada línea debe contener lo que dijeron los personajes y la descripción de un gesto que hicieron.

Ella: ¿Por qué me has traído a este restaurante tan elegante? (*echando un vistazo a los precios del menú*)

Él: Porque es mi lugar preferido. Te recomiendo el pescado. (*apuntando el menú con el dedo índice*)

Ella: Ah, no... no puedo. ¿No es muy caro? (*interrogándole con los ojos*)

Él: No importa. (*encogiéndose de hombros*)

Ella: ___

Él: ___

Ella: ___

Él: ___

RESTAURANTE LOS GUADUALES
- SU SITIO TIPICO EN CARTAGENA
- MUSICA PARA RECORDAR

BOCAGRANDE CALLE 5º Nº 2-56

TELEFONO: 45 685

RESTAURANTE LOON FOON
ESPECIALIDAD COMIDA CHINA

Aire Acondicionado
La Matuna Edificio Comodoro Nº 34-32
AMPLIO PAQUEDERO
TELS. 45 449-32 453

NAUTILUS 571 RESTAURANT

**SEA FOOD
COCINA DEL MAR
LA CASA DEL RICO
MARISCO**
SAN DIEGO CALLE SAN PEDRO
MARTIR No. 10-76

TELEFONOS: **34 345-45 321**
SUCURSAL: BOCAGRANDE
Cr. 2a. No. 10-18
Av. San Martín - TEL: **45 786**
BIENVENIDOS • CARTEGENA • COLOMBIA

RESTAURANTE Presto
EL SABOR QUE ENCANTA
Bgde. Cr. 2a. No. 7-152 Av. San Martín
TELEFONO: **65 897**
SERVICO A DOMICILIO

Estructura

¿Qué estás haciendo? Los tiempos progresivos

In Lesson 1 you used the present participle with the following verbs to describe actions that are developing or in progress at the moment of speaking.

Verbs of movement	
irse venir(se) andar salir acercarse	+ -ando/-iendo

Verbs of state	
estar vivir pasar terminar continuar seguir	+ -ando/-iendo

Salí de la casa corriendo porque no quería llegar tarde.

Seguí corriendo hasta que llegué a la parada de autobuses.

1 To refer to something as being in progress, use any present, past, future, or subjunctive form of one of the above verbs and a present participle. These are called the progressive tenses.

Las chicas venían haciéndose **lenguas de lo guapo que es el maestro nuevo.**

Dudo que Marisa *esté pensando* **en su novio en este momento.**

¿Qué *andarán haciendo* **los chicos de la otra clase?**

2 The progressive tenses are used to describe actions or processes *as they are developing at the moment of speaking*. However, if the action is customary or habitual, rather than in progress, the progressive tense is *not* used. Study the contrast between Spanish and English in the examples that follow.

Hablo con mis maestros.

I (always) talk to my teachers.

Estoy hablando con mis maestros para conseguir las recomendaciones.

I am talking with my teachers (but I haven't finished yet) to get letters of recommendation.

Todos los años estudiamos inglés.

We study English every year.

Este año estamos estudiando redacción.

This year we are studying composition.

Lo esperaba a la salida de clases.

I used to wait for him after class.

Lo estaba esperando y su novia me pilló.

I was waiting for him and his girlfriend caught me.

3 In Spanish, the present progressive tense is not used to express future intention, as in English; the simple present tense is used instead. Compare below.

Me voy el próximo lunes.

I am leaving next Monday.

Ella llega el 15 de abril.

She's arriving April 15.

4 In Spanish, **estar** + present participle is not often used to express movement. Instead, a verb of movement (**ir**, **venir**, **andar**, **salir**) is preferred. Study the following.

Cuando *iba caminando* por esa calle vi a José Luis.	When *I was walking* down that street, I saw José Luis.
Andaba caminando con Sergio y pensando que me había portado mal.	*I was walking* with Sergio and thinking I had acted poorly.
Venía volando al colegio cuando me resbalé y me caí.	*I was rushing* to school when I slipped and fell.

Conversemos ....

A **¿Qué están haciendo?** Piensa en tres personas (amigos, maestros, padres, hermanos, etc.). Imagínate qué está haciendo cada uno a varias horas del día. Di lo que tú estás haciendo también.

Por ejemplo: mi mamá, papá y mi hermano

Son las seis de la tarde: Mientras yo estoy haciendo la tarea, mi papá está preparando la cena, mi mamá está llegando del trabajo y mi hermanito está practicando la guitarra.

B **¿Qué estaban haciendo?** Imagínate qué estaban haciendo tú o tus compañeros(as) cuando pasó lo siguiente.

Por ejemplo: Cuando entró el maestro de matemáticas a la sala mi amiga Jan estaba buscando su tarea.

1. Cuando entró el/la maestro(a) de ___ .
2. Cuando mis padres vinieron al colegio a recogerme ___ .
3. Cuando mi amigo(a) ___ me llamó para hablar de ___ .
4. Cuando empezó la pelea con comida en la cafetería ___ .
5. Cuando mi equipo preferido marcó un tanto ___ .
6. Cuando el/la director/a del colegio entró a nuestra sala ___ .

C **¿Me quieres conocer?** Completa las siguientes frases sobre ti mismo(a) para que la gente te conozca mejor.

Por ejemplo: Vivo pensando en...
Vivo pensando en aventuras y planeando viajes.

1. Vivo pensando en ___ .
2. Voy aprendiendo a ___ .
3. Sigo siendo igual, sigo ___ .
4. Paso los días ___ .

D **Somos tan activos.** Di cómo hacen las siguientes cosas tú y tus amigos(as). Da dos detalles en cada caso.

Por ejemplo: hacer gimnasia
Siempre hacemos gimnasia haciendo un gran esfuerzo y quejándonos.

1. fiestear
2. comer en la cafetería
3. ir en el coche
4. trabajar
5. estar en clase
6. chismear
7. estudiar

E **¿En qué andabas?** Elige tres o cuatro de los siguientes sucesos y di en qué andabas cuando ocurrieron.

Por ejemplo: cuando empezó la última tormenta
Andaba comprando con mis padres.

1. cuando empezó a llover
2. cuando el/la maestro(a) se enojó
3. cuando conociste a alguien importante
4. cuando te llamó tu amigo(a)
5. cuando viste un accidente
6. cuando empezó el programa de la tele

F **¿Y tú?** Prepara cinco preguntas para entrevistar a otra persona. Averigua qué ha estado haciendo últimamente.

Por ejemplo: en cuanto a fiestas

ESTUDIANTE A:

En cuanto a fiestas,
¿qué has estado planeando?

ESTUDIANTE B:

He estado pensando en hacerle
una fiesta a mi novia. Cumple 17
años el lunes que viene.

1. en cuanto a diversiones
2. en cuanto a sus planes
3. en cuanto a trabajos
4. en cuanto a chicos(as)

5. en cuanto a mejorar su
   comunicación
6. en cuanto al colegio
7. en cuanto a fiestas

Escribamos ....

A **Pintura verbal.** Imagina algo que pasa en un lugar conocido. Describe lo que pasa a la clase, especialmente las acciones. Tus compañeros van a adivinar dónde estás.

Por ejemplo: Estoy rodeado(a) de gente. Todos están fijando la vista en las paredes de nuestro compartimiento atestado. Nadie está diciendo nada. El hombre que está a mi lado está silbando...

Clase: Estás en el ascensor.

B **Desastre.** Explica por qué te han ocurrido las siguientes cosas.

Por ejemplo: Te olvidaste de la tarea.

Eso me pasó porque pasé la semana apurándome.

1. Te caíste y estás cojo(a).
2. Te quedaste boquiabierto(a).
3. Diste un portazo.
4. Te costó ponerte la venda.
5. Te reprendieron en el trabajo.

6. Te pusieron yeso en la mano.
7. Te olvidaste que tenías que trabajar.
8. Te quedaste sordo(a) y no escuchaste nada.

C **La actualidad estudiantil.** Escribe un artículo para el periódico de tu ciudad o de tu colegio sobre las cosas que están ocurriendo en tu colegio en la actualidad. Describe los proyectos que están desarrollando los maestros, los alumnos, los administradores, los padres, los clubes deportivos, etc.

D **Allende los mares.** Escríbele una carta a un/a amigo(a) verdadero(a) o imaginario(a) que vive muy lejos. Descríbele qué estás haciendo, qué proyectos estás realizando y cómo. Si quieres, cuéntale también cómo desarrollas tu rutina diaria.

Lectura

Antes de leer

Pensemos

A **¿Qué es la belleza?** Explica qué es la belleza física para ti. Luego compara tu descripción a la de otros estudiantes. En nuestra cultura, ¿existe una descripción común de lo que es la belleza? ¿Estamos todos de acuerdo?

B **Afuera y adentro.** También hay belleza interior: la belleza espiritual o intelectual. Da una descripción de lo que es la belleza interior para ti.

C **¿Igual o diferente?** En cada uno de los siguientes casos, explica qué es preferible, ¿ser como los demás o ser diferente de los demás? Usa los verbos en paréntesis y da ejemplos.

Por ejemplo: la ropa (vestirse)

En cuanto a la ropa es mejor que nos vistamos como los demás (diferente de los demás). Por ejemplo, es bueno que... pero no es bueno que...

1. el maquillaje (arreglarse)

2. los lugares (ir)

3. las notas (sacar)

4. los deportes (jugar, practicar)

5. los clubes (inscribirse en)

6. las habilidades o talentos especiales (saber, hacer)

7. la apariencia física (ser, parecerse a)

Miremos

A **Primeras líneas.** El cuento de la página 386 trata del tema de las diferencias físicas. Lee las primeras dos o tres frases para contestar las preguntas ¿*quién*? y ¿*qué*?

B **Servandín.** Sigue leyendo el cuento y contesta lo siguiente.

1. ¿Quién es Servandín?
2. A Servandín, ¿qué lo hace diferente de los demás?
3. ¿Quién es el narrador?
4. ¿Qué quería el narrador? ¿Por qué?
5. ¿Qué hizo para conseguir lo que quería?
6. ¿Cómo reaccionó al conseguirlo?

Al lector

- No te preocupes si no entiendes todas las palabras de la lectura. Eso es normal.

- No es necesario usar un diccionario. Trata de adivinar las palabras que no conoces.

- Confía en tu español; ¡ya sabes muchísimo!

Servandín
de Francisco García Pavón (español, 1919)

Cuando me pusieron en el colegio de segunda enseñanza, alguien me dijo señalándome a Servandín:

—El papá de este niño tiene un bulto (*growth*) muy gordo en el cuello.

5　Y Servandín bajó los ojos, como si a él mismo le pesase (pesara) aquel bulto.

En el primer curso no se hablaba del papá de ningún niño. Sólo del de Servandín.

Después de conocer a Servandín, a uno le entraban ganas de
10　conocer a su papá.

A algunos niños les costó mucho trabajo ver al señor que tenía el bulto gordo en el cuello. Y cuando lo conseguían, venían haciéndose lenguas de lo gordo que era aquello.

A mí también me dieron ganas muy grandes de verle el bulto al
15　papá de Servandín, pero no me atrevía a decírselo a su hijo, no fuera a enfadarse.

Me contentaba con imaginarlo y preguntaba a otros. Pero por más que me decían, no acertaba a formarme una imagen cabal.

Le dije a papá que me dibujase hombres con bultos en el cuello. Y
20　me pintó muchos en el margen de un periódico, pero ninguno me acababa de convencer... Me resultaban unos bultos muy poco naturales.

Un día Servandín me dijo:

—¿Por qué no me invitas a jugar con tu balón (*soccer ball*)
25　nuevo en el patio de tu fábrica?

—¿Y tú qué me das?

—No sé. Como no te dé una caja vacía de Laxen Busto.

Le dije que no.

—¿Por qué no me das tu cinturón de lona con la bandera
30　republicana?

Me respondió que no tenía otro para sujetarse los pantalones.

Fue entonces cuando se me ocurrió la gran idea. Le di muchas vueltas antes de decidirme, pero por fin se lo dije
35　cuando hacíamos "pis" juntos en la tapia del Pósito Viejo, donde casi no hay luz.

—Si me llevas a que vea el bulto que tiene tu papá en el cuello, juegas con mi balón.

Los pueblos y Arcos
de Mijas, España.

Servandín me miró con ojos de mucha lástima y se calló.

Estaba tan molesto por lo dicho, que decidí marcharme a casa sin añadir palabra. Pero él, de pronto, me tomó del brazo y me dijo mirando al suelo:

—Anda, vente. 5

—¿Dónde?

—A que te enseñe... eso.

Y fuimos andando y en silencio por una calle, por otra y por otra, hasta llegar al final de la calle del Conejo, donde el papá de Servandín tenía un comercio de ultramarinos (alimentación) muy chiquitín. 10

—Anda, pues.

Entré con mucho respeto. Menos mal (gracias a Dios) que había bastante gente. Vi a un hombre que estaba despachando velas (*candles*), pero no tenía ningún bulto en el cuello. Interrogué a Servandín con los ojos. 15

—Ahora saldrá.

—¿Por dónde?

—Por aquella puerta de la trastienda.

Miré hacia ella sin pestañear.

Y al cabo de un ratito salió un hombre que parecía muy gordo, con 20 guardapolvos (*work coat*) amarillo y gorra de visera gris... Tenía la cara como descentrada, con todas las facciones a un lado, porque todo el otro lado era un gran bulto rosáceo, un pedazo de 25 cara nuevo, sin nada de facciones.

No sabía quitar los ojos de aquel sitio... Servandín me miraba a mí. 30

Cuando el padre reparó en nosotros, me miró fijo, luego a su hijo, que estaba con los párpados caídos, y en seguida (inmediatamente) comprendió. 35

Servandín me dio un codazo y me dijo:

—¿Ya?

—Sí, ya.

—Adiós, papá—dijo Servandín. 40

Pero el papá no contestó.

—Lo van a operar, ¿sabes?

Leamos ....

A **La curiosidad.** Analiza cuidadosamente el cuento para ubicar las palabras y expresiones que describan lo siguiente.

1. los sentimientos de Servandín
2. los sentimientos del narrador
3. los sentimientos y acciones de los demás
4. los sentimientos del papá

B **La voz del silencio.** Por lo general, nuestras actividades y actitudes expresan mejor nuestros sentimientos que lo que decimos. Ubica las siguientes líneas del cuento y di qué sentía en realidad la persona a quien se refieren las frases.

Por ejemplo: Bajó los ojos, o sea,...

sintió mucha vergüenza.

1. Le entraban ganas de..., o sea, ___ .
2. Les costó mucho trabajo ver al señor..., o sea, ___ .
3. Venían haciéndose lenguas de..., o sea, ___ .
4. Me miró con ojos de mucha lástima ... o sea, ___ .
5. Estaba tan molesto por lo dicho..., o sea, ___ .
6. Me dijo mirando al suelo..., o sea, ___ .
7. Entré con mucho respeto..., o sea, ___ .
8. Interrogué a Servandín con los ojos..., o sea, ___ .
9. Miré hacia ella sin pestañear..., o sea, ___ .
10. No sabía quitar los ojos de aquel sitio..., o sea, ___ .
11. Me miró fijo..., o sea, ___ .
12. Con los párpados caídos..., o sea, ___ .
13. Me dio un codazo..., o sea, ___ .
14. El papá no contestó..., o sea, ___ .

C **El final.** Lee las últimas tres líneas del cuento. En tu opinión, ¿cuáles de los siguientes adjetivos describen mejor el final del cuento? Explica por qué.

aburrido	falso	perfecto	superficial
alegre	injusto	profundo	trágico
desilusionante	justo	sorprendente	triste

Después de leer ....

A **Cambalache.** Ubica el diálogo entre los niños en que se arregla el intercambio de favores. Entonces, con un/a compañero(a) practiquen un intercambio parecido.

Por ejemplo:

ESTUDIANTE A:

¿Por qué no me prestas tu coche?

ESTUDIANTE B:

Y tú, ¿qué me das?

B **A mi modo.** Ubica y termina las siguientes frases del cuento. Luego, escribe tu propia frase usando estas palabras y el modelo de la frase original, pero refiriéndote a tu propia niñez.

Por ejemplo: Alguien me dijo...

Del cuento: *Alguien me dijo, señalándome a Servandín: El papá de ese niño tiene un bulto muy grande en el cuello.*

Tu frase: *Alguien me dijo, dándome la mano: Mucho gusto en conocerte.*

1. Bajó los ojos como si ___ .
2. No me atrevía ___ , no fuera a enfadarse.
3. A uno le entraban ganas de ___ .
4. A algunos niños les costó mucho trabajo ___ .
5. Venían haciéndose lenguas de lo ___ que era ___ .
6. Menos mal que ___ .
7. Me contentaba con ___ .
8. Le dije a papá que me ___ .

Apliquemos

A **Juegos editoriales.** Elige uno o más de los siguientes proyectos.

1. Escribe otro título y otro final para el cuento.
2. Selecciona tres partes del cuento para ilustrar.
3. Escribe el cuento desde el punto de vista de Servandín.
4. Escribe el cuento desde el punto de vista del papá.

B **Algo personal.** Relata un episodio de tu vida en el cual una diferencia fue objeto de curiosidad. La diferencia no tiene que ser física.

De todo hay en la viña del Señor

El mundo está lleno de todos tipos de gente, con todas sus debilidades y sus habilidades. En el primer poema, puedes ver qué se dice de una niña que trata de jugar, aunque es minusválida y tiene muletas. En el segundo poema, la poeta trata de comunicar su terror de que ella ya no es ella misma, sino una copia de lo que todo el mundo es.

La cojita
de Juan Ramón Jiménez (español, 1888–1958)

La niña sonríe: "¡Espera,
voy a coger la muleta!"

Sol y rosas. La arboleda
movida y fresca, dardea*   *shoots out*
limpias luces verdes. Gresca* *ruido*
de pájaros, brisas nuevas.
La niña sonríe: "¡Espera,
voy a coger la muleta!"

Un cielo de ensueño y seda,
hasta el corazón se entra.
Los niños, de blanco, juegan,
chillan, sudan, llegan...
La niña sonríe: "¡Espeeera,
voy a coger la muleta!"

Saltan los ojos. Le cuelga,
girando, falsa, la pierna.
Le duele el hombro. Jadea* respira con dificultad
contra los chopos*. Se sienta. árboles
Ríe y llora y ríe: "¡Espera,
voy a coger la muleta!"

¡Mas los pájaros no esperan;
los niños no esperan! Yerra* comete un error
la primavera. Es la fiesta
del que corre y del que vuela...
La niña sonríe: "¡Espera,
voy a coger la muleta!"

Cuadrados y ángulos
de Alfonsina Storni (argentina, 1892–1938)

Casas enfiladas, casas enfiladas,
casas enfiladas.
Cuadrados, cuadrados, cuadrados.
Casas enfiladas.
Las gentes ya tienen el alma cuadrada,
ideas en fila
y ángulo en la espalda.
Yo misma he vertido ayer una lágrima,
Dios mío, cuadrada.

Conversemos y escribamos ....

A Lee el primer poema y di si las siguientes frases son verdaderas o falsas.

1. A la niña no le importa tener muletas.
2. El día está tan bonito para jugar y quiere que la esperen.
3. Todos los niños juegan menos la cojita.
4. Es fácil andar con la muleta porque la niña ya está acostumbrada.
5. La primavera es la mejor época para los niños lisiados (con problemas).
6. La pierna de la niña puede curarse algún día.
7. La pobre niña siempre está aislada y con pena.

B En el segundo poema, anota lo siguiente.

1. signos de cosas uniformes
2. signo de que toda la gente se conforma con lo mismo
3. signo de que la gente no se rebela contra la uniformidad
4. signo de que la poeta tiene la misma enfermedad de los demás

C Escribe tus propios versos para describir y opinar sobre la conformidad en tu colegio, en tu grupo de amigos, en los de tu edad en general, o en los adultos y mayores.

Por ejemplo:　　Gente gris, gente gris, sin color
　　　　　　　　Si uno grita, todos gritan, no saben de ideas...

Los usos del artículo

1 Feminine nouns that begin with a stressed **a** or **ha** will use **el** instead of **la** in their singular forms so that they will not be confused in pronunciation. However, they are still feminine and will require feminine adjectives. Their plural forms are not affected.

el agua/las aguas	**el ala/las alas**
el arma/las armas	**el aula/las aulas**
el arte/las artes	**el ama de casa/las amas de casa**
el área/las áreas	**el hacha/las hachas**
el águila/las águilas	**el hambre/mucha hambre**

2 Always use a definite article when you are referring to a specific idea or abstract thing. Note that English drops the article in these cases.

> *La* **felicidad no siempre es fácil; a veces,** *la* **desilusión es más común.**
>
> Happiness isn't always easy; at times, disillusionment is more common.

3 Definite articles are used before the titles **señora**, **señor**, **señorita** when the individual is spoken of, but not when the individual is addressed.

> **Ya llegó el señor Garza.**
>
> **—Señor Garza, adelante.**

4 Spanish also requires the definite article whenever a noun is used in the plural form and does not have another modifier.

> **Los alumnos de mi colegio están haciendo una campaña para ayudar a los minusválidos de las comunidades suburbanas.**

Completa la siguiente descripción de un festival español con artículos definidos donde sean necesarios.

Las Fallas es ___ fiesta de San José. Se celebra todos ___ años en ___ mes de marzo en Valencia, España. Es una fiesta única. ___ gente pasa toda una semana divirtiéndose.

Cuando estuve en Valencia para las Fallas ___ año pasado, pasé todas ___ mañanas escuchando ___ bandas de música típica en ___ calles. Pasé ___ tardes visitando ___ fallas, que son enormes figuras cómicas o satíricas. ___ última noche de ___ fiesta las queman en medio de una gran celebración.

Diversiones

A **¡Qué expresivo!** Júntate con cuatro compañeros(as) para hacer gestos.

1. Escribe en un papel seis gestos (por ejemplo, dar un suspiro, volver la espalda, etc.) y pásale esa lista a la persona que está a tu derecha.
2. Esa persona tiene que demostrar los gestos en el orden que los escribiste.
3. Los demás tienen que decir qué gestos se describen.
4. Sigan hasta que todos hayan presentado todas las listas de gestos.

B **Iba caminando un día cuando...**

1. Júntense en grupos de cinco personas.
2. Una persona empieza, completando la siguiente frase: "Iba caminando un día cuando...". Por ejemplo: Iba caminado un día cuando vi una pelea.
3. La persona que está a la izquierda repite la frase, sustituyendo por la palabra final otra palabra que empieza con la misma letra. Por ejemplo: Iba caminando un día cuando vi un pez (a un payaso, etc.).
4. Continúen hasta que alguien no pueda decir una palabra adecuada. Esa persona empieza de nuevo, completando la frase con una palabra que empieza con otra letra.

Repaso de vocabulario

Cosas y conceptos

el alivio
el asombro
la broma
la confianza
la debilidad
el desagrado
la envidia
la explicación
la furia
el mal genio
el párpado
el sabor
la saña

Descripciones

arrepentido(a)
caído(a)
envidioso(a)
ofendido(a)
satisfecho(a)

Actividades

aguantar
alzar
apuntar
averiguar
bajar (*lower*)
chismear
clavar la mirada
dar un caderazo
dar un codazo
dar un golpazo
dar un mordiscazo
dar un portazo
dar un puñetazo
dar un suspiro
dar un vistazo
darse la media vuelta
dejar (*to let*)
echar una mirada
encogerse de hombros (j)
fruncir las cejas

guiñar el ojo
hacerse lenguas (de)
inclinar la cabeza
indicar
interrogar
manipular
menear la cabeza
morderse la lengua (ue)
perder los estribos (ie)
pestañear
quitar de encima
retirarse
sacar la lengua
sobrar
sonreír (i)
volver la espalda (ue)

Otras palabras y expresiones

codo a codo
en un abrir y cerrar de ojos
fijamente

Vocabulario

Lo único que me ata *(ties, binds)*...

a las reuniones del club es el qué dirán *(what people will say about me)*.

al colegio son los deseos de tener una carrera *(career)*.

a este lugar son mis amigos(as).

a mi trabajo es la necesidad.

a mi club es la lealtad a mi grupo.

¿Qué dirá la gente si...

me visto todo(a) estrafalario(a) *(eccentric, bizarre)* en vez de como un/a chico(a) común?

me siento en el respaldo *(arm)* del sillón en vez del asiento?

aborrezco *(detest)* el colegio en vez de entusiasmarme con él?

me marcho *(go)* al cine después del almuerzo en vez de volver a mi deber?

me detengo en la cafetería en vez de irme al trabajo?

me echo una siesta *(take a nap)* en vez de estudiar álgebra?

no noto cuando estoy diciendo estupideces en vez de ser más juicioso(a) *(sensible)*?

ando rodeado(a) de haraganes(as) *(lazy people)* en vez de juntarme con chicos(as) buenos(as)?

cuelgo el teléfono abruptamente en vez de despedirme cortésmente?

Si pones atención, me puedes ver tal como soy. Quizás *(Maybe)* veas...

una mirada de altivez. Pero, en el fondo, soy muy tímido(a).

un rostro de mimado(a) *(pampered, spoiled)*. Pero, la verdad, mi vida es difícil.

un/a muchacho(a) acurrucado(a) en un rincón *(curled up in a corner)*. Pero, de hecho *(as a matter of fact)*, tengo planes gloriosos.

un semblante *(appearance)* de descarado(a) *(insolent)*. Pero, no cabe duda *(no doubt about it)*, me importan los demás.

un cuerpo desgarbado *(awkward, uncoordinated)*. Pero, al fin y al cabo *(after all)*, todavía estoy creciendo.

una pinta *(look, appearance)* de mendigo(a) *("moocher," beggar)*. Pero, a pesar de *(in spite of)* eso, soy rico(a) por dentro.

¡No me importa el qué dirán!

No me gusta mirar hacia atrás *(backwards)*, sino *(but rather)* hacia adelante *(forward)*.

No me gustan las noches como túneles, sino los amaneceres como puentes.

No aguanto los chismes de la gente, sino que prefiero la franqueza.

No me asombran los mendigos, sino la indiferencia de la gente.

No me ahoga *(overwhelm)* la contaminación, sino la falta de previsión *(lack of foresight)*.

No me sorprende el cansancio de los ancianos, sino la altivez de los jóvenes.

Asociaciones ·······························

A **Agradables y desagradables.** Categoriza las palabras del Vocabulario según lo siguiente.

	Agradables	**Desagradables**
1. acciones		
2. cosas		
3. descripciones		
4. gente		

B **Se relacionan.** Da tres cosas que asocias con cada una de las siguientes palabras.

Por ejemplo: apoyarse

Me apoyo en la pared, el respaldo del sillón, mis amigos...

1. colgar	5. asombrar	9. detenerse en
2. aborrecer	6. (no) aguantar	10. un mendigo
3. sentarse	7. echar una siesta	11. un túnel
4. ahogar	8. marcharse de (al)	12. un puente

C **En otras palabras.** Busca palabras del Vocabulario que tengan algo que ver con *(have something to do with)* los siguientes tipos de personas.

Por ejemplo: pesimista

Una persona pesimista ve las noches como túneles.

1. ambiciosa	6. pícara	11. débil
2. estrafalaria	7. descortés	12. cómica
3. irresponsable	8. optimista	13. tacaña
4. perezosa	9. arrogante	14. cándida
5. traviesa	10. tímida	

D **Tal como soy.** Compara lo que muestras a la gente exteriormente y cómo eres realmente.

Por ejemplo: Quizás veas un cuerpo desgarbado pero, la verdad, soy muy buena bailarina (buena beisbolista, etc.).

E **No cuesta mucho.** Describe qué llevarías si te vistieras todo(a) estrafalario(a). Da detalles de la ropa y los adornos que te pondrías.

Por ejemplo: Llevaría un vestido morado, unos aretes plásticos, botas de soldado...

Llevaría una chaqueta de cuero roja y unos pantalones apretados...

F **Dime con quien andas y...** Completa las siguientes frases para describir a la gente con quien andas.

1. Siempre ando rodeado(a) de ___ .
2. Lo que me ata a mis amigos(as) es ___ .
3. Antes, cuando era chico(a), siempre quería amigos(as) que pudieran ___ .
4. Lo que aborrezco es que siempre ando ___ .
5. No hay cosa que me guste más que ___ .

G **Claro que no soy así.** Imagínate que alguien te critica por tener tres de las siguientes características. Defiéndete con buenos argumentos.

Por ejemplo: mendigo(a)

Aunque te parezca mendigo porque siempre ando pidiendo cosas, en el fondo, soy muy generoso porque si tú necesitas algo, siempre estoy aquí para ayudarte.

1. mimado(a)   3. mendigo(a)   5. descarado(a)
2. altivo(a)   4. estrafalario(a)   6. haragán(-ana)

H **Más vale sólo que mal acompañado.** Di si los siguientes tipos de gente te caen bien o no. Da buenas razones.

Por ejemplo: Se burlan de los ancianos.

No voy a atarme a gente que se burle de los ancianos.

1. Aborrecen el colegio.
2. Ponen demasiada atención a la ropa.
3. Ponen poca atención a los chismes.
4. Tienen cara de mimados.
5. No les importa el qué dirán.
6. Se ven estrafalarios.

I **Todo lo contrario.** ¿Cómo son tus amigos(as)? Di tres o cuatro cosas para describirlos(las). Sigue el modelo.

Por ejemplo: No ___ sino ___ .

No son haraganes sino trabajadores. No dicen estupideces sino cosas inteligentes.

Conversemos ....

A **Lugares y paisajes.** Completa las frases que siguen para describir un lugar. Tus compañeros(as) adivinarán cuál es.

Por ejemplo: Allí se ven muchos muchachos aburridos que... El aire huele a loción y a... Se puede sentir una ligera brisa. Apenas se nota el calor. A veces hay...

Tus compañeros: Estás describiendo la playa, ¿verdad?

1. Allí se ven ___ .

2. Allí huele a ___ .

3. Se puede sentir ___ .

4. Allí apenas se nota ___ .

5. A veces hay ___ .

6. Si pones atención puedes ___ .

B **Ya sé lo que pasó.** Imagínate que ves a varias personas que demuestran lo que piensan o sienten en su cara o apariencia. Con un/a compañero(a), traten de adivinar qué le ha pasado a cada una de ellas.

Por ejemplo: Una chica tiene una mirada de dolor y una lágrima le cae por la mejilla.

¡Pobrecita! A lo mejor acaba de recibir una mala noticia.

1. Una amiga de Uds. acaba de mirarlos con altivez.

2. Un niño acurrucado en un rincón se tapa la cara con las manos.

3. Un joven vestido de manera estrafalaria canta solo en una tienda.

4. Una señora con cara de mimada se mira al espejo y sonríe.

5. Un muchacho descarado trata de poner buena cara en clase.

6. Una adolescente de cuerpo desgarbado se pone a bailar en la calle.

7. Una chica con cara de mendiga le pide un favor a una amiga.

C **Todo lo contrario.** Imagínate que tú eres un modelo de perfección. Di al menos cuatro cosas que hiciste (o que haces por lo general) para demostrarlo.

Por ejemplo: Esta mañana, no tiré los pantalones al suelo; al contrario, los colgué en el armario. Siempre me despido cortésmente de mis padres cuando salgo por la noche. Nunca...

D **"El qué dirán" al día.** Con un/a compañero(a) expliquen qué dice o piensa la gente cuando pasa lo siguiente. Luego den sus recomendaciones para que la gente deje de juzgar a su prójimo.

Por ejemplo: Una señora se viste como una adolescente.

La gente se ríe y dice que la señora está loca. Recomendamos que la gente no se ría. Puede ser que la señora se sienta joven porque realmente es joven de alma.

1. Un señor siempre anda solo, no con su señora y sus hijos.
2. Unas chicas se ponen faldas demasiado cortas y blusas estrafalarias.
3. Un joven siempre se pone a charlar con las señoras ancianas.
4. Un muchacho joven no trabaja; ve la tele todo el día.
5. Una muchacha joven prefiere casarse en vez de ir a la universidad.

Escribamos

A **Mis alrededores.** Describe una escena que recuerdes en dos de los siguientes lugares. Trata de recordar todo lo que sentiste. Completa las frases de abajo o usa tus propias ideas.

en el tren (autobús, metro, avión) en la ciudad en el hospital o la enfermería	en la casa de... en el aula de arte (música, etc.) en el estadio en el campo o la playa

1. Recuerdo cuando estábamos en ___ .
2. Olía a ___ .
3. Sentía ___ .
4. Oía ___ .
5. Veía ___ .
6. Todos andaban (estaban) ___ .
7. Por todas partes se veía(n) ___ .
8. Estábamos rodeados de ___ .
9. Mirando hacia atrás, se podía ver ___ .

B **Defensa de la diferencia.** Piensa en una diferencia entre tú y otros(as) alumnos(as) de tu colegio o entre una persona que conoces y otra gente.

1. Defiende la diferencia con una buena explicación.
2. Da detalles sobre la diferencia misma y explica por qué es importante para esta persona ser diferente en algún respecto.
3. Da descripciones objetivas y también basadas en sensaciones e impresiones.

C **Mi pintura.** Elige una de las siguientes ideas y escribe un párrafo en que la describes de una manera muy detallada e imaginativa.

1. una noche como túnel
2. un amanecer como puente
3. una mirada hacia atrás
4. una contaminación que ahoga
5. una gente indiferente
6. un rostro de mimado
7. estupideces

Estructura

Por qué y para qué: Los usos de por *y* para

Sometimes, the prepositions **por** and **para** are equivalent to "for" in English. However, this does not mean that each time you express "for" you must use either **por** or **para** in Spanish. Often you will need either nothing at all or a different preposition, such as **de**.

A. The following are some of the uses of **por**.

1 In numerous set phrases that you have memorized as vocabulary.

por ejemplo	por lo general
por eso	por qué
por favor	por todas partes
por fin	gracias por...
por la mañana (noche, tarde)	

2 With certain verbs.

irse por	to take a street (highway, etc.) to go somewhere
ir por	to go get something or someone
pasar por	to pass by, stop by
preguntar por	to ask about somebody or something
preocuparse por	to worry about somebody or something
votar por	to vote for

Llamó Mario. Preguntó por ti. Dijo que iba a pasar por aquí mañana.

¿Por qué no nos vamos por la carretera 23? Hay menos tránsito a estas horas.

Juanito, ve por pan. Aquí tienes el dinero.

3 To indicate why something is done.

Luchó por la libertad de su país.

Lo hizo por orgullo.

Tú sabes que te quiero. Lo haré por ti, no por mí.

4 To indicate the place through or along which motion takes place.

Salió por la puerta de atrás.

Andaba por el parque.

5 To indicate price, or exchange of one thing for another.

Te doy mi casete nuevo por esa revista.

Le pagaron tres mil por su coche.

6 To indicate the doer of an action.

La fiesta fue organizada por los miembros del Club de español.

7 To indicate a period of time. However, in most cases you will use nothing.

Mi hermanita gritó: "No voy a limpiar mi habitación por un año".

Corrió una hora. Luego leyó media hora.

B. The following are some common uses of **para**.

1 To express the use, purpose, or destination for which something is intended.

Le compraron un vestido para la fiesta.

Nunca estudió para actriz, pero le encanta actuar.

Me marcho para Filadelfia mañana para ver el desfile.

Y estos casetes, ¿son para mí?

2 To indicate date, celebration, or deadline in the future.

Para mi cumpleaños, quiero una cinta para el pelo.

Para las vacaciones de abril, pienso irme para San Diego.

La composición tiene que estar lista para el lunes.

Tengo dolor de muelas; me dieron una cita para el viernes.

3 To indicate "in order to" and "in order that."

Volvamos a casa para comer, para que podamos hacer las tareas después.

Me gustaría leerle el cuento para que entendiera mejor al personaje principal.

C. Use neither **por** nor **para** with the following common verbs.

pedir	to ask for
esperar	to wait for
buscar	to look for
pagar	to pay for

Ya le pedimos permiso a mamá.

Hace media hora que esperamos el autobús.

Ando buscando mi bolígrafo nuevo.

Es mejor que paguemos la cuenta y nos vayamos.

Conversemos

A **En pedir no hay engaño.** Escoge tres de las siguientes fiestas del año y di qué quieres para cada una.

tu cumpleaños   **Channukah**   **el día de los**
Navidad   **el 4 de julio**   **enamorados**

Por ejemplo: Para el día de... quisiera un reloj y...

B **Ésta es mi opinión.** Da tu opinión sobre dos de las siguientes controversias o piensa en dos controversias. Sé sincero(a).

Por ejemplo: limitar la producción industrial para disminuir la contaminación

Para mí, debieran disminuir..., pero no debieran limitar... Por eso, creo que debieran...

1. exigir uniformes en los colegios para evitar malgastar el dinero en ropa
2. permitir que la gente use su coche sólo cinco horas a la semana para disminuir la contaminación
3. prohibir el uso de ropa estrafalaria u original en el colegio o en lugares públicos
4. limitar la producción industrial para disminuir la contaminación

C **Hoy por ti, mañana por mí.** Sin la ayuda de nuestros amigos no se puede vivir, dicen los hispanos. Dile a un/a compañero(a) qué puedes hacer por él o ella ahora y cómo te pueden retribuir en el futuro.

Por ejemplo: Lo que puedo hacer por ti es...
                  Después, tú puedes hacer esto por mí: ...

Escribamos

A **Tarjeta simpática.** Escríbele una tarjeta de buenos deseos a uno(a) de tus amigos(as). Recuerda que los hispanos escriben varias frases en estas tarjetas amistosas.

Por ejemplo: Para tu cumpleaños te deseo lo mejor.

Que tu mamá no se ponga exigente, para que no tengas que limpiar tu cuarto por un año, que no vayas a..., que termines tu trabajo de educación cívica para... Espero que también tengas tiempo para...

B **La vida de plazo en plazo.** Ahora que ya eres alumno(a) avanzado(a), tu vida está llena de plazos. Describe los meses que te esperan ahora. Usa los siguientes términos: *principios de, mediados de, fines de* + mes.

Por ejemplo: Los meses que vienen serán muy difíciles para mí porque tengo mucho que hacer. Para fines de mayo... Para principios de junio... Para fines del verano... Para mediados de octubre...

C **¡Viva la diferencia!** Escribe una defensa de las cosas, ideas o personas diferentes que conoces. Explica por qué es diferente, cómo llegó a ser diferente, para qué es bueno esto y por qué apoyas tú esta diferencia.

Por ejemplo: Mi amiga... es diferente por su... y por su...
Ella llegó a ser diferente porque...
Para mí, esto es bueno para mostrarle a la gente que...
Por eso, yo la apoyo, por su originalidad (por su valentía, por...).

D **¡Vamos a España!** Con otra persona, completa lo siguiente con *por*, *para* o absolutamente nada cuando no sea necesario.

Esto es un memo ___ los miembros del Club de español que van a España en abril. Hay que pagar ___ los pasajes ___ el quince de marzo. El precio es 5.000 pesetas. Éste es el precio ___ estudiantes. Deben ir a la agencia Hispanotur y preguntar ___ la Srta. Álvarez. ¡No se olviden de pedir ___ el descuento!

Vamos a estar ___ dos días en Madrid. Tienen la tarde del primer día libre ___ pasear ___ el centro histórico de Madrid. ___ la noche vamos a comer en un restaurante típico. El segundo día visitaremos el Museo del Prado, que es conocido ___ sus obras de Velázquez, El Greco y Goya. El tercer día salimos ___ Toledo. Pasaremos ___ dos días en Toledo. Estoy seguro de que esto va a ser una experiencia inolvidable ___ todos.

Lectura

Antes de leer

Pensemos

Ojalá que fuera así. ¿Qué cambios te harías si pudieras cambiar cualquier cosa de tu persona? Completa una o más de las frases que siguen.

1. Si pudiera cambiar mi nombre, me llamaría ___ porque ___ .
2. Si pudiera cambiar mi apariencia, sería (tendría, etc.) ___ porque ___ .
3. Si pudiera cambiar mi personalidad, sería más (menos) ___ porque ___ .

Miremos

A **Al principio.** Con un/a compañero(a), lee rápidamente hasta la línea 25 de la página 407. Ubiquen información para contestar las siguientes preguntas.

1. ¿Dónde tuvo lugar este episodio?
2. ¿Qué hora era?
3. ¿Quiénes estaban allí?
4. ¿Cómo era el ambiente?
5. ¿Cómo se llamaba la protagonista?
6. ¿Cómo era ella?
7. ¿Cómo se sentía?
8. ¿Qué estaba pensando?
9. ¿Qué hizo ella?
10. ¿A quién conoció?

B **Luego.** Ahora, lee hasta la línea 11 de la página 408 y contesta las siguientes preguntas.

1. ¿Adónde iba Rosamunda?
2. ¿Por qué le estaba contando su vida al soldado?
3. ¿Qué impresión tenía el soldado de Rosamunda?
4. Según Rosamunda, ¿cómo era ella en su juventud?

C **Por fin.** Sigue leyendo rápidamente hasta el final del cuento para ubicar lo siguiente.

1. lo que Rosamunda echaba de menos
2. lo que Rosamunda temía
3. lo que pensó el soldado al oír su historia

Al lector

- No te preocupes si no entiendes todas las palabras de la lectura. Eso es normal.

- No es necesario usar un diccionario. Trata de adivinar las palabras que no conoces.

- Confía en tu español; ¡ya sabes muchísimo!

Rosamunda (adaptado)
de Carmen Laforet (española, 1921)

Estaba amaneciendo, al fin. El departamento (compartimiento del tren) de tercera clase olía a cansancio, a tabaco y a botas de soldado. Ahora se salía de la noche como de un gran túnel y se podía ver a la gente acurrucada, dormidos hombres y mujeres en sus asientos duros. Era aquél un incómodo vagón-tranvía (un tren de categoría inferior), con el pasillo atestado de cestas y maletas. Por las ventanillas se veía el campo y la raya plateada del mar.

5

Rosamunda se despertó. Todavía se hizo una ilusión placentera al ver la luz entre sus pestañas semicerradas. Luego comprobó que su cabeza colgaba hacia atrás, apoyada en el respaldo del asiento y que tenía la boca seca de llevarla abierta. Se rehizo, enderezándose (levantándose). Le dolía el cuello —su largo cuello marchito (débil). Echó una mirada a su alrededor. Sintió ganas de estirar las piernas entumecidas *(numb)* —el tren traqueteaba, pitaba *(rattled, whistled)*—. Salió con grandes precauciones, para no despertar, para no molestar, "con pasos de hada" —pensó—, hasta la plataforma.

10

15

El día era glorioso. Apenas se notaba el frío del amanecer. Se veía el mar entre naranjos. Ella se quedó como hipnotizada por el profundo verde de los árboles, por el claro horizonte de agua.

—"Los odiados, odiados naranjos... Las odiadas palmeras... El maravilloso mar..."

20

—¿Qué decía usted?

A su lado estaba un soldadillo. Un muchacho pálido. Parecía bien educado. Se parecía a su hijo. A un hijo suyo que se había muerto. No al que vivía; al que vivía, no, de ninguna manera.

25

—No sé si será usted capaz de entenderme—dijo, con cierta altivez. —Estaba recordando unos versos míos. Pero si usted quiere, no tengo inconveniente en recitar...

El muchacho estaba asombrado. Veía a una mujer ya mayor, flaca (delgada), con profundas ojeras. El cabello oxigenado, el traje de color verde, muy viejo. Los pies calzados en unas viejas zapatillas de baile, color de plata, y en el pelo una cinta plateada también, atada con un lacito.

30

—... ¿Le gusta o no oír recitar?—preguntó Rosamunda, impaciente.

—Sí, a mí...

35

El muchacho no se reía porque le daba pena mirarla. Quizá más tarde se reiría. Además, él tenía interés porque era joven, curioso. Había visto pocas cosas en su vida y deseaba conocer más. Miró a Rosamunda y la vio soñadora. Tenía los ojos llenos de lágrimas.

—Si usted supiera, joven... Si usted supiera lo que este amanecer significa para mí me disculparía... Otra vez a mi casa. Otra vez a sentir ese ahogo de mi patio cerrado, de la incomprensión de mi esposo. No

40

sabe nada de lo que puede ser la vida de una mujer como yo. Este tormento infinito... Usted dirá que por qué le cuento todo esto, por qué tengo ganas de hacer confidencias... Pues, porque ahora mismo, al hablarle, me he dado cuenta de que tiene usted corazón y sentimiento y porque esto es mi confesión. Porque, después de usted, me espera, como quien dice, la tumba... El no poder hablar ya a ningún ser humano, a ningún ser humano que me entienda.

Se calló, cansada, quizá, por un momento.

—Voy a empezar a usted mi historia, pues creo que le interesa. Figúrese usted una joven rubia, de grandes ojos azules, una joven apasionada por el arte... De nombre, Rosamunda... Rosamunda.

***

Su verdadero nombre era Felisa; pero, no se sabe por qué, lo aborrecía. En su interior siempre había sido Rosamunda, desde los tiempos de su adolescencia. Aquel Rosamunda se había convertido en la fórmula mágica que la salvaba de la estrechez de su casa, de la monotonía de sus horas; aquel Rosamunda convirtió al novio zafio *(crude, coarse)* y colorado *(ruddy)* en un príncipe de leyenda. Rosamunda era para ella un nombre amado, de cualidades exquisitas...

—Rosamunda tenía un gran talento dramático. Llegó a actuar con éxito brillante. Además, era poetisa. Tuvo ya cierta fama desde su juventud... Imagínese, casi una niña, halagada, mimada por la vida y, de pronto, una catástrofe... El amor... ¿Le he dicho a usted que era ella famosa? Tenía dieciséis años apenas, pero la rodeaban por todas partes los admiradores. En uno de los recitales de poesía, vio al hombre que causó su ruina. A... a mi marido, pues Rosamunda, como usted comprenderá, soy yo. Me casé sin saber lo que hacía, con un hombre brutal, sórdido y celoso. Me tuvo encerrada años y años. ¡Yo! Aquella mariposa de oro que era yo.

(Sí, se había casado, si no a los dieciséis años, a los veintitrés, pero ¡al fin y al cabo!... Y era verdad que le había conocido un día que recitó versos suyos en casa de una amiga. Él era carnicero. Pero, a este muchacho, ¿se le podían contar las cosas así? Lo cierto era aquel sufrimiento suyo, de tantos años. No había podido ni recitar un solo verso, ni aludir [referir] a sus pasados éxitos—éxitos quizá inventados, ya que no se acordaba bien; pero... Su mismo hijo solía decirle que se volvería loca de pensar y llorar tanto. Era peor esto que las palizas [golpes] y los gritos de él cuando llegaba borracho [drunk]. No tuvo a nadie más que al hijo aquél, porque las hijas fueron descaradas y necias [tontas], y se reían de ella, y el otro hijo, igual que su marido, había intentado hasta encerrarla.)

—Tuve un hijo único. Un solo hijo. ¿Se da cuenta? Le puse (el nombre de) Florisel... Crecía delgadito, pálido, así como usted. Por eso quizá le cuento a usted estas cosas. Yo le contaba mi magnífica vida

anterior. Y él me escuchaba, como usted ahora, embobado (absorto).

Rosamunda sonrió. Sí, el joven la escuchaba absorto.

—Este hijo se me murió. Yo no lo pude resistir... Él era lo único que me ataba a aquella casa. Tuve un arranque, cogí mis maletas y me volví a la gran ciudad de mi juventud y de mis éxitos... ¡Ay! He pasado 5 unos días maravillosos y amargos. Fui acogida (recibida) con entusiasmo, aclamada de nuevo por el público, de nuevo adorada... ¿Comprende mi tragedia? Porque mi marido, al enterarse de esto, empezó a escribirme cartas tristes y desgarradoras (heart-rending); no podía vivir sin mí. No puede, el pobre. Además es el padre de Florisel, y 10 el recuerdo del hijo perdido estaba en el fondo de todos mis triunfos, amargándome.

El muchacho veía animarse por momentos a aquella figura flaca y estrafalaria que era la mujer. Habló mucho. Evocó un hotel fantástico, el lujo derrochado (extravagante) en el teatro el día de su 15 "reaparición"; evocó ovaciones delirantes y su propia figura, una figura de "sílfide (sylph, nymph) cansada", recibiéndolas.

—Y sin embargo, ahora vuelvo a mi deber... Repartí mi fortuna entre los pobres y vuelvo al lado de mi marido, como quien va a un sepulcro (tumba). 20

Rosamunda volvió a quedarse triste. Sus pendientes (aretes) eran largos, baratos; la brisa los hacía ondular... Se sintió desdichada (miserable, desafortunada), muy "gran dama"... Había olvidado aquellos terribles días sin pan en la ciudad grande. Las burlas de sus amistades ante su traje de gasa (gauze), sus abalorios (adornments) y 25 sus proyectos fantásticos. Había olvidado aquel largo comedor, donde había comido el pan de los pobres entre mendigos de broncas toses. Sus llantos (lágrimas), su terror en el absoluto desamparo de tantas horas en que hasta los insultos de su marido había echado de menos. Sus besos a aquella carta del marido en que, en su estilo tosco y 30 autoritario a la vez, recordando al hijo muerto, le pedía perdón y la perdonaba.

El soldado se quedó mirándola. ¡Qué tipo más raro, Dios mío! No cabía duda de que estaba loca la pobre... Ahora le sonreía... Le faltaban dos dientes. 35

El tren se iba deteniendo en una estación del camino. Era la hora del desayuno, Rosamunda miraba hacia los vendedores de rosquillas (doughnuts).

—¿Me permite usted convidarla (invitarla), señora?— En la mente del soldadito empezaba a insinuarse una divertida historia. ¿Y si 40 contara a sus amigos que había encontrado en el tren una mujer estupenda y que...?

—¿Convidarme? Muy bien, joven... Quizá sea la última persona que me convide... Y no me trate con tanto respeto, por favor. Puede usted llamarme Rosamunda... no he de (voy a) enfadarme por eso. 45

Leamos ....

A **Imágenes.** Escribe las siguientes categorías. Luego, ubica y copia todas las palabras, expresiones y frases que usa la autora para describir cada una de ellas.

Por ejemplo: el amanecer
              Se salía de la noche como de un gran túnel...

1. el vagón del tren   **5.** los pasajeros   **9.** el paisaje
2. el ruido del tren   **6.** el día   **10.** el tiempo
3. el soldado   **7.** la casa de Rosamunda   **11.** el olor
4. la ropa de Rosamunda   **8.** el nombre "Rosamunda"

B **La familia de Rosamunda.** Ahora, ubica y copia todas las palabras y expresiones que describan a los siguientes miembros de la familia de Rosamunda.

1. su marido   **3.** su otro hijo
2. su hijo Florisel   **4.** sus hijas

C **La verdadera Rosamunda.** Ubica y copia todas las palabras y expresiones que se refieran a las diferentes "Rosamundas" del cuento. Luego da un breve resumen de los diferentes puntos de vista.

1. Felisa (cómo era)

Por ejemplo: "su verdadero nombre... lo aborrecía", "se había casado a los veintitrés"

2. Rosamunda (cómo se creía)

Por ejemplo: "lo que siempre había sido en su interior", "era poetisa", "aquella mariposa de oro..."

3. la mujer que veía el soldado

Por ejemplo: "aquella figura flaca y estrafalaria"

D **¡Quién sabe!** Agrega a cada frase de la página 411 una de las siguientes expresiones para dar tu opinión o indicar si la frase es dudosa, falsa o posible. Como ves, en muchos casos tendrás que usar el subjuntivo.

Por ejemplo: Rosamunda, cuando era joven, era famosa.
              Es dudoso que haya sido famosa cuando era joven.

Dudo que...	**Es imposible que...**
Ojalá que...	**Es evidente que...**
No creo que...	**No cabe duda que...**
Es una lástima que...	**Es dudoso que...**

1. Rosamunda iba en un tren de lujo.
2. El soldado pensaba que Rosamunda estaba loca.
3. El hijo preferido de Rosamunda vivía en otro país.
4. Rosamunda iba de vuelta a casa aunque no quería.
5. Rosamunda no podía separar la realidad de la fantasía.
6. El esposo de Rosamunda no la trataba bien.
7. El soldado se parece al hijo de Rosamunda.
8. Cuando el muchacho llegó a casa se rió por media hora.
9. A Rosamunda la esperaba la muerte en vida.
10. El cuento de Rosamunda era verdadero.
11. Las hijas de Rosamunda eran realmente malas.
12. Todo era mentira, pero era verdad que Rosamunda era una soñadora.

Después de leer ....

Analicemos

Adivinar el verbo. Da los verbos que están relacionados a las siguientes palabras.

1. amargo
2. soñadora
3. mirada
4. amanecer
5. olor
6. cansancio
7. asiento
8. semicerrado
9. sufrimiento
10. arranque
11. burla
12. comedor
13. pasillo
14. pasos

Apliquemos

A **Otra vez.** Cuenta la historia de Rosamunda desde el punto de vista de uno de los siguientes personajes masculinos del cuento.

1. el marido
2. el hijo muerto
3. el otro hijo
4. el soldado

B **Me toca a mí.** Imagínate que eres tan mayor como Rosamunda. Cuéntale la historia de tu vida a una persona que no te conoce. Como Rosamunda, tú le puedes inventar algunos detalles interesantes a tu vida.

El qué dirán

"El qué dirán" es la expresión que sirve de nombre al comentario malicioso o prejuiciado de la gente. Son los juicios que la gente le agrega a los chismes o rumores. "El qué dirán", debido a su naturaleza colectiva, impone entonces ciertas reglas de comportamiento en un grupo social. Por ejemplo, en ciertas partes la gente no quiere ser vista en ciertos restaurantes o calles porque se considera que esos lugares no son para la gente de bien. Por miedo al "qué dirá la gente", entonces, hay muchas cosas que no deben hacerse en una ciudad o comunidad.

Conversemos y escribamos ....

A ¿A qué te obliga el qué dirán a ti? Haz una lista de lo que puedes o no puedes hacer según el qué dirán de tu grupo o de la sociedad en general.

Por ejemplo: "El qué dirán" me obliga a que sólo use ropa de última moda, como...

Exige que yo no me junte con ciertos chicos como...

Me obliga a alejarme de ciertos lugares, como...

Nos manda a mis amigos y a mí que vayamos a la universidad...

Prohíbe que yo me case con alguien que... sólo salga con...

Me dice que en el colegio me porte como...

B Di qué harías si no fuera por el qué dirán. Completa las siguientes frases con tus propias ideas.

1. Si no fuera por el qué dirán, yo me iría a ___ .

2. Yo le diría a ___ que ___ .

3. Yo me pondría ropa como ___ .

4. En vez de hacer lo que me agrada como ___ , yo tengo que ___ .

C En los siguientes poemas de Alfonsina Storni, identifica lo que exige "el qué dirán" que: 1) hagan o no hagan los hombres; 2) hagan o no hagan las mujeres.

Peso ancestral

Tú me dijiste: no lloró mi padre;
tú me dijiste: no lloró mi abuelo;
no han llorado los hombres de mi raza,
eran de acero.

Así diciendo te brotó una lágrima
y me cayó en la boca...; más veneno
yo no he bebido nunca en otro vaso
así pequeño.

Débil mujer, pobre mujer que entiende,
dolor de siglos conocí al beberlo.
Oh, el alma mía soportar* no puede   aguantar
todo su peso.

Hombre pequeñito

Hombre pequeñito, hombre pequeñito,
Suelta* a tu canario que quiere volar...   libra, deja libre
Yo soy el canario, hombre pequeñito,
Déjame saltar.

Estuve en tu jaula*, hombre pequeñito,   cage
Hombre pequeñito que jaula me das.
Digo pequeñito porque no me entiendes,
Ni me entenderás.

Tampoco te entiendo, pero mientras tanto
Ábreme la jaula, que quiero escapar;
Hombre pequeñito, te amé media hora,
No me pidas más.

D Con otra persona explica qué simboliza cada una de las
siguientes palabras de los poemas.

1. canario
2. jaula
3. volar
4. soltar (suelta)
5. pequeñito
6. peso
7. acero
8. veneno
9. vaso
10. dolor de siglos

Estructura: *Un poco más*

Resumen de las palabras que sirven para conectar tus frases

You have used many expressions that help you connect your ideas, to make them clearer and more logical. The following is a summary.

Cause, effect, consequence	Example	Contrast
por eso así (que) como..., entonces... dado que a causa de (que) porque debido a	por ejemplo como de hecho	aunque sin embargo pero en cambio a pesar de (que) no... sino... no obstante en vez de

Condition	Continuation	Clarification
a menos que para que hasta que con tal que	también tampoco además	es decir o sea en otras palabras no cabe duda

Sequence
primero, segundo, tercero... en primer (segundo, tercer...) lugar mientras (tanto) de repente luego ya al fin y al cabo

Elige uno de los temas de la actividad B de la página 404 y escribe dos párrafos en los que utilizas al menos ocho de las palabras o expresiones de esta página.

Diversiones

Las máscaras que nos ponemos. Guillermo y Guillermina tienen una colección de máscaras. Las máscaras representan las caras que ellos le muestran a la gente.

1. Con un/a compañero(a), escojan una máscara para Guillermo o Guillermina.

Por ejemplo: Guillermina se pone una máscara de...

2. Escriban una descripción detallada de cómo pasan el día Guillermo o Guillermina disfrazado(a) así.

3. La clase tiene que adivinar qué máscara escogieron Uds., según la descripción que le dieron.

Repaso de vocabulario

Cosas y conceptos

la altivez
la carrera *(career)*
el deseo
la estupidez
la falta (de)
la franqueza
el grupo
la indiferencia
la lealtad
la pinta
el plan
la previsión
el qué dirán
el respaldo del sillón
el rincón
el semblante
el túnel

Descripciones

acurrucado(a)
descarado(a)
desgarbado(a)
estrafalario(a)
glorioso(a)
haragán(-ana)
juicioso(a)
mimado(a)

Personas

el/la anciano(a)
el/la mendigo(a)

Actividades

aborrecer (zc)
ahogar
asombrar
atar
echarse una siesta
entusiasmarse (con)
marcharse
notar

Otras palabras y expresiones

a pesar de (que)
abruptamente
adelante
al fin y al cabo
atrás
de hecho
en el fondo
no cabe duda
por dentro
quizás
sino (que)

Capítulo 6 Un paso más

A **Otra perspectiva.** Con otra persona imagínense que uno(a) de ustedes es minusválido(a). Hagan un recorrido imaginario por el colegio y noten los obstáculos que encuentran. Luego, en una carta al Consejo Local de la Educación *(School Board)* hagan sus recomendaciones sobre lo que se debe cambiar.

Por ejemplo: Si fuera sordo(a), no podría saber cuándo se terminan y empiezan las clases. Debe haber...

Si usara silla de ruedas, no podría entrar en... porque las puertas son muy estrechas.

B **Yo.** Los siguientes temas de este capítulo contribuyen a una definición de quién es una persona. Prepara un autorretrato que incluye algo de cada una de las categorías que siguen.

1. tu nacionalidad
2. tu sociedad
3. tu grupo de amigos
4. tu apariencia

5. tu sexo y edad
6. tus formas de comunicarte
7. tu manera de vestir
8. tus ideas y creencias

C **Queridos amigos.** Escribe una carta a los menores sobre el tema del conformismo y las presiones de grupo. Incluye tus recomendaciones y consejos.

D **¿Nos conocemos bien?** Lee los siguientes comentarios hechos por niños mexicanos sobre los norteamericanos. Entonces, haz las actividades que los siguen.

Los gringos son altos, güeros (rubios), andan descalzos y otros con huaraches, pagan con dólares, matan a los animales para hacerse ropa, se pelean con los niños héroes y querían quitar la bandera de México, hablan inglés, viven en Estados Unidos. Algunos son chaparritos (bajos), pero los chaparros son más altos que los de México, no son cochinos (sucios), no tiran basura en Estados Unidos donde viven los gringos, viven muy lejos de México, algunos tienen el pelo largo y algunos con el pelo corto y ellos no comen frijoles, ni calabaza, ni maíz.

Los turistas que vienen se la pasan tomando fotografías, tomando películas o coleccionando cosas, también vienen a estudiar más sobre la cultura, la ciencia o el arte.

De los gringos pienso que son buenos, amables y simpáticos y gentiles y son güeros (rubios) guapos y también son amables y son gringos y tienen sus casas muy bonitas y usan trajes muy ricos y son ricos.

Los gringos se creen mucho (son arrogantes), porque son blancos y no han sabido querer a su hermano negro.

1. En tu opinión, ¿cuál de estas descripciones mejor refleja lo que es el estadounidense?

2. ¿De dónde vienen nuestras ideas de otras gentes? Haz una lista de las fuentes de información, por ejemplo, que tenían estos niños mexicanos y analiza las impresiones hechas en cada caso.

3. Es cierto que la televisión norteamericana influye mucho lo que los extranjeros piensan de nosotros, porque los programas de los Estados Unidos se ven por todo el mundo. Imagínense que ustedes son los que deciden cuáles de los programas exportaríamos a otros países. Con otra persona, a) hagan una lista de los programas que mejor reflejan las actitudes y los valores de la sociedad norteamericana, y b) hagan otra lista de los programas que no exportarían porque dan una impresión mala o exagerada. Expliquen sus decisiones en cada caso.

E **Estoy creciendo.** Descríbeles a tus mayores cómo es esta época de tu vida, para que recuerden cuando ellos tenían tu edad. Completa las frases que siguen.

1. Lo que me gusta es que ___ .
2. Lo que no me gusta es que ___ .
3. Espero que ___ .
4. Me agrada que.
5. Me desagrada que ___ .
6. Lo que me ata a ___ es (son) ___ .
7. En cuanto a lo físico ___ .
8. En cuanto a mi vida social ___ .
9. En cuanto a mi vida académica ___ .
10. Esta época es difícil porque ___ .
11. Esta época es más fácil que las otras porque ___ .

F **¿Quién es?** ¿Puedes adivinar a qué o a quién se refiere el siguiente poema de Antonio Espina?

El de delante

Va siempre delante. Manos a la espalda,
indeterminado. Viste de oscuro.
Avanzo, avanza.
Paro, para.

Va siempre delante.
Siluetado en macha*.   burla
Va siempre delante.
(Es el de delante.)

Nunca le adelanto. Ni por esos campos.
Ni por estas calles. Surge del asfalto.
De la lunería
de un escaparate*.   shop window

Le crucé en su duelo. Se cruza en mi duelo.
—Señor mío—dije.   —Señor mío—dijo.
El no dijo nada.   Yo no dije nada.
(¡Oh, el adelantado que jamás se alcanza!)

Al que nunca alcanzo,
pues si avanzo, avanza
y si paro, para.

Va siempre delante,
su luctuosa mancha,
va siempre delante.
(Es el de delante.)
¡Sombras en el muro!

G **Mi sombra y yo.** Escribe tu propio poema en que describes tus acciones y las de tu sombra. Usa las siguientes líneas del poema "El de delante" como modelo.

H **Hacia atrás, hacia adelante.** Mira hacia atrás y hacia adelante y escribe una descripción de cómo te has cambiado en cuanto a lo siguiente.

1. lo que podías o no podías aguantar
2. cómo te veías o no te veías
3. lo que te volvía loco(a)
4. cómo era la vida rutinaria
5. en qué situaciones tartamudeabas

Verb Charts

1. REGULAR VERBS

hablar

PRESENT	hablo, hablas, habla, hablamos, habláis, hablan
IMPERFECT	hablaba, hablabas, hablaba, hablábamos, hablabais, hablaban
PRETERIT	hablé, hablaste, habló, hablamos, hablasteis, hablaron
PRESENT PERFECT	he hablado, has hablado, ha hablado, hemos hablado, habéis hablado, han hablado
PLUPERFECT	había hablado, habías hablado, había hablado, habíamos hablado, habíais hablado, habían hablado
FUTURE	hablaré, hablarás, hablará, hablaremos, hablaréis, hablarán
CONDITIONAL	hablaría, hablarías, hablaría, hablaríamos, hablaríais, hablarían
PRESENT SUBJUNCTIVE	hable, hables, hable, hablemos, habléis, hablen
PRESENT PERFECT SUBJUNCTIVE	haya hablado, hayas hablado, haya hablado, hayamos hablado, hayáis hablado, hayan hablado
PLUPERFECT SUBJUNCTIVE	hubiera hablado, hubieras hablado, hubiera hablado, hubiéramos hablado, hubierais hablado, hubieran hablado
CONDITIONAL PERFECT	habría hablado, habrías hablado, habría hablado, habríamos hablado, habríais hablado, habrían hablado
TÚ COMMANDS	habla; no hables
UD./UDS. COMMANDS	hable/hablen
PRESENT PARTICIPLE	hablando

comer

PRESENT	como, comes, come, comemos, coméis, comen
IMPERFECT	comía, comías, comía, comíamos, comíais, comían
PRETERIT	comí, comiste, comió, comimos, comisteis, comieron
PRESENT PERFECT	he comido, has comido, ha comido, hemos comido, habéis comido, han comido
PLUPERFECT	había comido, habías comido, había comido, habíamos comido, habíais comido, habían comido
FUTURE	comeré, comerás, comerá, comeremos, comeréis, comerán
CONDITIONAL	comería, comerías, comería, comeríamos, comeríais, comerían
PRESENT SUBJUNCTIVE	coma, comas, coma, comamos, comáis, coman
PRESENT PERFECT SUBJUNCTIVE	haya comido, hayas comido, haya comido, hayamos comido, hayáis comido, hayan comido
PLUPERFECT SUBJUNCTIVE	hubiera comido, hubieras comido, hubiera comido, hubiéramos comido, hubierais comido, hubieran comido
CONDITIONAL PERFECT	habría comido, habrías comido, habría comido, habríamos comido, habríais comido, habrían comido
TÚ COMMANDS	come; no comas
UD./UDS. COMMANDS	coma/coman
PRESENT PARTICIPLE	comiendo

vivir

PRESENT	vivo, vives, vive, vivimos, vivís, viven
IMPERFECT	vivía, vivías, vivía, vivíamos, vivíais, vivían
PRETERIT	viví, viviste, vivió, vivimos, vivisteis, vivieron
PRESENT PERFECT	he vivido, has vivido, ha vivido, hemos vivido, habéis vivido, han vivido
PLUPERFECT	había vivido, habías vivido, había vivido, habíamos vivido, habíais vivido, habían vivido
FUTURE	viviré, vivirás, vivirá, viviremos, viviréis, vivirán
CONDITIONAL	viviría, vivirías, viviría, viviríamos, viviríais, vivirían
PRESENT SUBJUNCTIVE	viva, vivas, viva, vivamos, viváis, vivan
PRESENT PERFECT SUBJUNCTIVE	haya vivido, hayas vivido, haya vivido, hayamos vivido, hayáis vivido, hayan vivido
PLUPERFECT SUBJUNCTIVE	hubiera vivido, hubieras vivido, hubiera vivido, hubiéramos vivido, hubierais vivido, hubieran vivido
CONDITIONAL PERFECT	habría vivido, habrías vivido, habría vivido, habríamos vivido, habríais vivido, habrían vivido
TÚ COMMANDS	vive; no vivas
UD./UDS. COMMANDS	viva/vivan
PRESENT PARTICIPLE	viviendo

2. STEM-CHANGING VERBS

o → ue
encontrar

PRESENT	encuentro, encuentras, encuentra, encontramos, encontráis, encuentran
IMPERFECT	encontraba, encontrabas, encontraba, encontrábamos, encontrabais, encontraban
PRETERIT	encontré, encontraste, encontró, encontramos, encontrasteis, encontraron
PRESENT PERFECT	he encontrado, has encontrado, ha encontrado, hemos encontrado, habéis encontrado, han encontrado
PLUPERFECT	había encontrado, habías encontrado, había encontrado, habíamos encontrado, habíais encontrado, habían encontrado
FUTURE	encontraré, encontrarás, encontrará, encontraremos, encontraréis, encontrarán
CONDITIONAL	encontraría, encontrarías, encontraría, encontraríamos, encontraríais, encontrarían
PRESENT SUBJUNCTIVE	encuentre, encuentres, encuentre, encontremos, encontréis, encuentren
PRESENT PERFECT SUBJUNCTIVE	haya encontrado, hayas encontrado, haya encontrado, hayamos encontrado, hayáis encontrado, hayan encontrado
PLUPERFECT SUBJUNCTIVE	hubiera encontrado, hubieras encontrado, hubiera encontrado, hubiéramos encontrado, hubierais encontrado, hubieran encontrado

CONDITIONAL PERFECT	habría encontrado, habrías encontrado, habría encontrado, habríamos encontrado, habríais encontrado, habrían encontrado
TÚ COMMANDS	encuentra; no encuentres
UD./UDS. COMMANDS	encuentre/encuentren
PRESENT PARTICIPLE	encontrando
	Verbs like **encontrar: acordarse, acostarse, almorzar, avergonzarse, colgar, comprobar, contar, costar, demostrar, doler, jugar, llover, morder, mostrar, moverse, recordar, resolver, soler, soñar, volar, volver**

e → ie
perder

PRESENT	pierdo, pierdes, pierde, perdemos, perdéis, pierden
IMPERFECT	perdía, perdías, perdía, perdíamos, perdíais, perdían
PRETERIT	perdí, perdiste, perdió, perdimos, perdisteis, perdieron
PRESENT PERFECT	he perdido, has perdido, ha perdido, hemos perdido, habéis perdido, han perdido
PLUPERFECT	había perdido, habías perdido, había perdido, habíamos perdido, habíais perdido, habían perdido
FUTURE	perderé, perderás, perderá, perderemos, perderéis, perderán
CONDITIONAL	perdería, perderías, perdería, perderíamos, perderíais, perderían
PRESENT SUBJUNCTIVE	pierda, pierdas, pierda, perdamos, perdáis, pierdan
PRESENT PERFECT SUBJUNCTIVE	haya perdido, hayas perdido, haya perdido, hayamos perdido, hayáis perdido, hayan perdido
PLUPERFECT SUBJUNCTIVE	hubiera perdido, hubieras perdido, hubiera perdido, hubiéramos perdido, hubierais perdido, hubieran perdido
CONDITIONAL PERFECT	habría perdido, habrías perdido, habría perdido, habríamos perdido, habríais perdido, habrían perdido
TÚ COMMANDS	pierde; no pierdas
UD./UDS. COMMANDS	pierda/pierdan
PRESENT PARTICIPLE	perdiendo
	Verbs like **perder: apretar, cerrar, defender, despertarse, empezar, encender, encerrarse, entender, enterrar, negarse, nevar, pensar, quebrarse, recomendar, regar, sentarse, tropezarse**

e → i
servir

PRESENT	sirvo, sirves, sirve, servimos, servís, sirven
IMPERFECT	servía, servías, servía, servíamos, servíais, servían
PRETERIT	serví, serviste, sirvió, servimos, servisteis, sirvieron
PRESENT PERFECT	he servido, has servido, ha servido, hemos servido, habéis servido, han servido

PLUPERFECT	había servido, habías servido, había servido, habíamos servido, habíais servido, habían servido
FUTURE	serviré, servirás, servirá, serviremos, serviréis, servirán
CONDITIONAL	serviría, servirías, serviría, serviríamos, serviríais, servirían
PRESENT SUBJUNCTIVE	sirva, sirvas, sirva, sirvamos, sirváis, sirvan
PRESENT PERFECT SUBJUNCTIVE	haya servido, hayas servido, haya servido, hayamos servido, hayáis servido, hayan servido
PLUPERFECT SUBJUNCTIVE	hubiera servido, hubieras servido, hubiera servido, hubiéramos servido, hubierais servido, hubieran servido
CONDITIONAL PERFECT	habría servido, habrías servido, habría servido, habríamos servido, habríais servido, habrían servido
TÚ COMMANDS	sirve; no sirvas
UD./UDS. COMMANDS	sirva/sirvan
PRESENT PARTICIPLE	sirviendo
	Verbs like **servir: conseguir, corregir, despedirse, elegir, medir, pedir, reírse, seguir, sonreír, vestirse**

e → ie in present, **→ i** in preterit

preferir

PRESENT	prefiero, prefieres, prefiere, preferimos, preferís, prefieren
IMPERFECT	prefería, preferías, prefería, preferíamos, preferíais, preferían
PRETERIT	preferí, preferiste, prefirió, preferimos, preferisteis, prefirieron
PRESENT PERFECT	he preferido, has preferido, ha preferido, hemos preferido, habéis preferido, han preferido
PLUPERFECT	había preferido, habías preferido, había preferido, habíamos preferido, habíais preferido, habían preferido
FUTURE	preferiré, preferirás, preferirá, preferiremos, preferiréis, preferirán
CONDITIONAL	preferiría, preferirías, preferiría, preferiríamos, preferiríais, preferirían
PRESENT SUBJUNCTIVE	prefiera, prefieras, prefiera, prefiramos, prefiráis, prefieran
PRESENT PERFECT SUBJUNCTIVE	haya preferido, hayas preferido, haya preferido, hayamos preferido, hayáis preferido, hayan preferido
PLUPERFECT SUBJUNCTIVE	hubiera preferido, hubieras preferido, hubiera preferido, hubiéramos preferido, hubierais preferido, hubieran preferido
CONDITIONAL PERFECT	habría preferido, habrías preferido, habría preferido, habríamos preferido, habríais preferido, habrían preferido
TÚ COMMANDS	prefiere; no prefieras
UD./UDS. COMMANDS	prefiera/prefieran
PRESENT PARTICIPLE	prefiriendo
	Verbs like **preferir: arrepentirse, convertirse, divertirse, herir, mentir, sentirse**

3. VERBS WITH IRREGULARITIES

andar

PRESENT	ando, andas, anda, andamos, andáis, andan
IMPERFECT	andaba, andabas, andaba, andábamos, andabais, andaban
PRETERIT	anduve, anduviste anduvo, anduvimos, anduvisteis, anduvieron
PRESENT PERFECT	he andado, has andado, ha andado, hemos andado, habéis andado, han andado
PLUPERFECT	había andado, habías andado, había andado, habíamos andado, habíais andado, habían andado
FUTURE	andaré, andarás, andará, andaremos, andaréis, andarán
CONDITIONAL	andaría, andarías, andaría, andaríamos, andaríais, andarían
PRESENT SUBJUNCTIVE	ande, andes, ande, andemos, andéis, anden
PRESENT PERFECT SUBJUNCTIVE	haya andado, hayas andado, haya andado, hayamos andado, hayáis andado, hayan andado
PLUPERFECT SUBJUNCTIVE	hubiera andado, hubieras andado, hubiera andado, hubiéramos andado, hubierais andado, hubieran andado
CONDITIONAL PERFECT	habría andado, habrías andado, habría andado, habríamos andado, habríais andado, habrían andado
TÚ COMMANDS	anda; no andes
UD./UDS. COMMANDS	ande/ anden
PRESENT PARTICIPLE	andando

caber

PRESENT	quepo, cabes, cabe, cabemos, cabéis, caben
IMPERFECT	cabía, cabías, cabía, cabíamos, cabíais, cabían
PRETERIT	cupe, cupiste, cupo, cupimos, cupisteis, cupieron
PRESENT PERFECT	he cabido, has cabido, ha cabido, hemos cabido, habéis cabido, han cabido
PLUPERFECT	había cabido, habías cabido, había cabido, habíamos cabido, habíais cabido, habían cabido
FUTURE	cabré, cabrás, cabrá, cabremos, cabréis, cabrán
CONDITIONAL	cabría, cabrías, cabría, cabríamos, cabríais, cabrían
PRESENT SUBJUNCTIVE	quepa, quepas, quepa, quepamos, quepáis, quepan
PRESENT PERFECT SUBJUNCTIVE	haya cabido, hayas cabido, haya cabido, hayamos cabido, hayáis cabido, hayan cabido
PLUPERFECT SUBJUNCTIVE	hubiera cabido, hubieras cabido, hubiera cabido, hubiéramos cabido, hubierais cabido, hubieran cabido
CONDITIONAL PERFECT	habría cabido, habrías cabido, habría cabido, habríamos cabido, habríais cabido, habrían cabido
TÚ COMMANDS	cabe; no quepas
UD./UDS. COMMANDS	quepa/quepan
PRESENT PARTICIPLE	cabiendo

caerse

PRESENT	me caigo, te caes, se cae, nos caemos, os caéis, se caen
IMPERFECT	me caía, te caías, se caía, nos caíamos, os caíais, se caían
PRETERIT	me caí, te caíste, se cayó, nos caímos, os caísteis, se cayeron
PRESENT PERFECT	me he caído, te has caído, se ha caído, nos hemos caído, os habéis caído, se han caído
PLUPERFECT	me había caído, te habías caído, se había caído, nos habíamos caído, os habíais caído, se habían caído
FUTURE	me caeré, te caerás, se caerá, nos caeremos, os caeréis, se caerán
CONDITIONAL	me caería, te caerías, se caería, nos caeríamos, os caeríais, se caerían
PRESENT SUBJUNCTIVE	me caiga, te caigas, se caiga, nos caigamos, os caigáis, se caigan
PRESENT PERFECT SUBJUNCTIVE	me haya caído, te hayas caído, se haya caído, nos hayamos caído, os hayáis caído, se hayan caído
PLUPERFECT SUBJUNCTIVE	me hubiera caído, te hubieras caído, se hubiera caído, nos hubiéramos caído, os hubierais caído, se hubieran caído
CONDITIONAL PERFECT	me habría caído, te habrías caído, se habría caído, nos habríamos caído, os habríais caído, se habrían caído
TÚ COMMANDS	cáete; no te caigas
UD./UDS. COMMANDS	cáigase/cáiganse
PRESENT PARTICIPLE	cayéndose
	Verb like **caerse: oír**

cubrir

PRESENT	cubro, cubres, cubre, cubrimos, cubrís, cubren
IMPERFECT	cubría, cubrías, cubría, cubríamos, cubríais, cubrían
PRETERIT	cubrí, cubriste, cubrió, cubrimos, cubristeis, cubrieron
PRESENT PERFECT	he cubierto, has cubierto, ha cubierto, hemos cubierto, habéis cubierto, han cubierto
PLUPERFECT	había cubierto, habías cubierto, había cubierto, habíamos cubierto, habíais cubierto, habían cubierto
FUTURE	cubriré, cubrirás, cubrirá, cubriremos, cubriréis, cubrirán
CONDITIONAL	cubriría, cubrirías, cubriría, cubriríamos, cubriríais, cubrirían
PRESENT SUBJUNCTIVE	cubra, cubras, cubra, cubramos, cubráis, cubran
PRESENT PERFECT SUBJUNCTIVE	haya cubierto, hayas cubierto, haya cubierto, hayamos cubierto, hayáis cubierto, hayan cubierto
PLUPERFECT SUBJUNCTIVE	hubiera cubierto, hubieras cubierto, hubiera cubierto, hubiéramos cubierto, hubierais cubierto, hubieran cubierto
CONDITIONAL PERFECT	habría cubierto, habrías cubierto, habría cubierto, habríamos cubierto, habríais cubierto, habrían cubierto
TÚ COMMANDS	cubre; no cubras
UD./UDS. COMMANDS	cubra/cubran

PRESENT PARTICIPLE	cubriendo
	Verb like **cubrir: descubrir**

dar

PRESENT	doy, das, da, damos, dais, dan
IMPERFECT	daba, dabas, daba, dábamos, dabais, daban
PRETERIT	di, diste, dio, dimos, disteis, dieron
PRESENT PERFECT	he dado, has dado, ha dado, hemos dado, habéis dado, han dado
PLUPERFECT	había dado, habías dado, había dado, habíamos dado, habíais dado, habían dado
FUTURE	daré, darás, dará, daremos, daréis, darán
CONDITIONAL	daría, darías, daría, daríamos, daríais, darían
PRESENT SUBJUNCTIVE	dé, des, dé, demos, deis, den
PRESENT PERFECT SUBJUNCTIVE	haya dado, hayas dado, haya dado, hayamos dado, hayáis dado, hayan dado
PLUPERFECT SUBJUNCTIVE	hubiera dado, hubieras dado, hubiera dado, hubiéramos dado, hubierais dado, hubieran dado
CONDITIONAL PERFECT	habría dado, habrías dado, habría dado, habríamos dado, habríais dado, habrían dado
TÚ COMMANDS	da; no des
UD./UDS. COMMANDS	dé/den
PRESENT PARTICIPLE	dando

decir

PRESENT	digo, dices, dice, decimos, decís, dicen
IMPERFECT	decía, decías, decía, decíamos, decíais, decían
PRETERIT	dije, dijiste, dijo, dijimos, dijisteis, dijeron
PRESENT PERFECT	he dicho, has dicho, ha dicho, hemos dicho, habéis dicho, han dicho
PLUPERFECT	había dicho, habías dicho, había dicho, habíamos dicho, habíais dicho, habían dicho
FUTURE	diré, dirás, dirá, diremos, diréis, dirán
CONDITIONAL	diría, dirías, diría, diríamos, diríais, dirán
PRESENT SUBJUNCTIVE	diga, digas, diga, digamos, digáis, digan
PRESENT PERFECT SUBJUNCTIVE	haya dicho, hayas dicho, haya dicho, hayamos dicho, hayáis dicho, hayan dicho
PLUPERFECT SUBJUNCTIVE	hubiera dicho, hubieras dicho, hubiera dicho, hubiéramos dicho, hubiérais dicho, hubieran dicho
CONDITIONAL PERFECT	habría dicho, habrías dicho, habría dicho, habríamos dicho, habríais dicho, habrían dicho
TÚ COMMANDS	di; no digas

UD./UDS. COMMANDS	diga/digan
PRESENT PARTICIPLE	diciendo
	Verb like **decir: maldecir**

estar

PRESENT	estoy, estás, está, estamos, estáis, están
IMPERFECT	estaba, estabas, estaba, estábamos, estabais, estaban
PRETERIT	estuve, estuviste, estuvo, estuvimos, estuvisteis, estuvieron
PRESENT PERFECT	he estado, has estado, ha estado, hemos estado, habéis estado, han estado
PLUPERFECT	había estado, habías estado, había estado, habíamos estado, habíais estado, habían estado
FUTURE	estaré, estarás, estará, estaremos, estaréis, estarán
CONDITIONAL	estaría, estarías, estaría, estaríamos, estaríais, estarían
PRESENT SUBJUNCTIVE	esté, estés, esté, estemos, estéis, estén
PRESENT PERFECT SUBJUNCTIVE	haya estado, hayas estado, haya estado, hayamos estado, hayáis estado, hayan estado
PLUPERFECT SUBJUNCTIVE	hubiera estado, hubieras estado, hubiera estado, hubiéramos estado, hubierais estado, hubieran estado
CONDITIONAL PERFECT	habría estado, habrías estado, habría estado, habríamos estado, habríais estado, habrían estado
TÚ COMMANDS	está; no estés
UD./UDS. COMMANDS	esté/estén
PRESENT PARTICIPLE	estando

haber

PRESENT	hay
IMPERFECT	había
PRETERIT	hubo
PRESENT PERFECT	ha habido
PLUPERFECT	había habido
FUTURE	habrá
CONDITIONAL	habría
PRESENT SUBJUNCTIVE	haya
PRESENT PERFECT SUBJUNCTIVE	haya habido
PLUPERFECT SUBJUNCTIVE	hubiera habido
CONDITIONAL PERFECT	habría habido
PRESENT PARTICIPLE	habiendo

hacer

PRESENT	hago, haces, hace, hacemos, hacéis, hacen
IMPERFECT	hacía, hacías, hacía, hacíamos, hacíais, hacían
PRETERIT	hice, hiciste, hizo, hicimos, hicisteis, hicieron
PRESENT PERFECT	he hecho, has hecho, ha hecho, hemos hecho, habéis hecho, han hecho
PLUPERFECT	había hecho, habías hecho, había hecho, habíamos hecho, habíais hecho, habían hecho
FUTURE	haré, harás, hará, haremos, haréis, harán
CONDITIONAL	haría, harías, haría, haríamos, haríais, harían
PRESENT SUBJUNCTIVE	haga, hagas, haga, hagamos, hagáis, hagan
PRESENT PERFECT SUBJUNCTIVE	haya hecho, hayas hecho, haya hecho, hayamos hecho, hayáis hecho, hayan hecho
PLUPERFECT SUBJUNCTIVE	hubiera hecho, hubieras hecho, hubiera hecho, hubiéramos hecho, hubierais hecho, hubieran hecho
CONDITIONAL PERFECT	habría hecho, habrías hecho, habría hecho, habríamos hecho, habríais hecho, habrían hecho
TÚ COMMANDS	haz; no hagas
UD./UDS. COMMANDS	haga/hagan
PRESENT PARTICIPLE	haciendo
	Verb like **hacer: deshacerse**

ir

PRESENT	voy, vas, va, vamos, vais, van
IMPERFECT	iba, ibas, iba, íbamos, ibais, iban
PRETERIT	fui, fuiste, fue, fuimos, fuisteis, fueron
PRESENT PERFECT	he ido, has ido, ha ido, hemos ido, habéis ido, han ido
PLUPERFECT	había ido, habías ido, había ido, habíamos ido, habíais ido, habían ido
FUTURE	iré, irás, irá, iremos, iréis, irán
CONDITIONAL	iría, irías, iría, iríamos, iríais, irían
PRESENT SUBJUNCTIVE	vaya, vayas, vaya, vayamos, vayáis, vayan
PRESENT PERFECT SUBJUNCTIVE	haya ido, hayas ido, haya ido, hayamos ido, hayáis ido, hayan ido
PLUPERFECT SUBJUNCTIVE	hubiera ido, hubieras ido, hubiera ido, hubiéramos ido, hubierais ido, hubieran ido
CONDITIONAL PERFECT	habría ido, habrías ido, habría ido, habríamos ido, habríais ido, habrían ido
TÚ COMMANDS	ve; no vayas
UD./UDS. COMMANDS	vaya/vayan
PRESENT PARTICIPLE	yendo

morirse

PRESENT	me muero, te mueres, se muere, nos morimos, os morís, se mueren
IMPERFECT	me moría, te morías, se moría, nos moríamos, os moríais, se morían
PRETERIT	me morí, te moriste, se murió, nos morimos, os moristeis, se murieron
PRESENT PERFECT	me he muerto, te has muerto, se ha muerto, nos hemos muerto, os habéis muerto, se han muerto
PLUPERFECT	me había muerto, te habías muerto, se había muerto, nos habíamos muerto, os habíais muerto, se habían muerto
FUTURE	me moriré, te morirás, se morirá, nos moriremos, os moriréis, se morirán
CONDITIONAL	me moriría, te morirías, se moriría, nos moriríamos, os moriríais, se morirían
PRESENT SUBJUNCTIVE	me muera, te mueras, se muera, nos muramos, os muráis, se mueran
PRESENT PERFECT SUBJUNCTIVE	me haya muerto, te hayas muerto, se haya muerto, nos hayamos muerto, os hayáis muerto, se hayan muerto
PLUPERFECT SUBJUNCTIVE	me hubiera muerto, te hubieras muerto, se hubiera muerto, nos hubiéramos muerto, os hubierais muerto, se hubieran muerto
CONDITIONAL PERFECT	me habría muerto, te habrías muerto, se habría muerto, nos habríamos muerto, os habríais muerto, se habrían muerto
TÚ COMMANDS	muérete; no te mueras
UD./UDS. COMMANDS	muérase/muéranse
PRESENT PARTICIPLE	muriéndose
	Verbs like **morirse: dormir** (but with regular past participle)

poder

PRESENT	puedo, puedes, puede, podemos, podéis, pueden
IMPERFECT	podía, podías, podía, podíamos, podíais, podían
PRETERIT	pude, pudiste, pudo, pudimos, pudisteis, pudieron
PRESENT PERFECT	he podido, has podido, ha podido, hemos podido, habéis podido, han podido
PLUPERFECT	había podido, habías podido, había podido, habíamos podido, habíais podido, habían podido
FUTURE	podré, podrás, podrá, podremos, podréis, podrán
CONDITIONAL	podría, podrías, podría, podríamos, podríais, podrían
PRESENT SUBJUNCTIVE	pueda, puedas, pueda, podamos, podáis, puedan
PRESENT PERFECT SUBJUNCTIVE	haya podido, hayas podido, haya podido, hayamos podido, hayáis podido, hayan podido
PLUPERFECT SUBJUNCTIVE	hubiera podido, hubieras podido, hubiera podido, hubiéramos podido, hubierais podido, hubieran podido
CONDITIONAL PERFECT	habría podido, habrías podido, habría podido, habríamos podido, habríais podido, habrían podido
PRESENT PARTICIPLE	pudiendo

poner

PRESENT	pongo, pones, pone, ponemos, ponéis, ponen
IMPERFECT	ponía, ponías, ponía, poníamos, poníais, ponían
PRETERIT	puse, pusiste, puso, pusimos, pusisteis, pusieron
PRESENT PERFECT	he puesto, has puesto, ha puesto, hemos puesto, habéis puesto, han puesto
PLUPERFECT	había puesto, habías puesto, había puesto, habíamos puesto, habíais puesto, habían puesto
FUTURE	pondré, pondrás, pondrá, pondremos, pondréis, pondrán
CONDIITIONAL	pondría, pondrías, pondría, pondríamos, pondríais, pondrían
PRESENT SUBJUNCTIVE	ponga, pongas, ponga, pongamos, pongáis, pongan
PRESENT PERFECT SUBJUNCTIVE	haya puesto, hayas puesto, haya puesto, hayamos puesto, hayáis puesto, hayan puesto
PLUPERFECT SUBJUNCTIVE	hubiera puesto, hubieras puesto, hubiera puesto, hubiéramos puesto, hubierais puesto, hubieran puesto
CONDITIONAL PERFECT	habría puesto, habrías puesto, habría puesto, habríamos puesto, habríais puesto, habrían puesto
TÚ COMMANDS	pon; no pongas
UD./UDS. COMMANDS	ponga/pongan
PRESENT PARTICIPLE	poniendo
	Verbs like **poner: disponer, posponer**

querer

PRESENT	quiero, quieres, quiere, queremos, queréis, quieren
IMPERFECT	quería, querías, quería, queríamos, queríais, quierían
PRETERIT	quise, quisiste, quiso, quisimos, quisisteis, quisieron
PRESENT PERFECT	he querido, has querido, ha querido, hemos querido, habéis querido, han querido
PLUPERFECT	había querido, habías querido, había querido, habíamos querido, habíais querido, habían querido
FUTURE	querré, querrás, querrá, querremos, querréis, querrán
CONDITIONAL	querría, querrías, querría, querríamos, querríais, querrían
PRESENT SUBJUNCTIVE	quiera, quieras, quiera, queramos, queráis, quieran
PRESENT PERFECT SUBJUNCTIVE	haya querido, hayas querido, haya querido, hayamos querido, hayáis querido, hayan querido
PLUPERFECT SUBJUNCTIVE	hubiera querido, hubieras querido, hubiera querido, hubiéramos querido, hubierais querido, hubieran querido
CONDITIONAL PERFECT	habría querido, habrías querido, habría querido, habríamos querido, habríais querido, habrían querido
TÚ COMMANDS	quiere; no quieras
UD./UDS. COMMANDS	quiera/quieran
PRESENT PARTICIPLE	queriendo

reducir

PRESENT	reduzco, reduces, reduce, reducimos, reducís, reducen
IMPERFECT	reducía, reducías, reducía, reducíamos, reducíais, reducían
PRETERIT	reduje, redujiste, redujo, redujimos, redujisteis, redujeron
PRESENT PERFECT	he reducido, has reducido, ha reducido, hemos reducido, habéis reducido, han reducido
PLUPERFECT	había reducido, habías reducido, había reducido, habíamos reducido, habíais reducido, habían reducido
FUTURE	reduciré, reducirás, reducirá, reduciremos, reduciréis, reducirán
CONDITIONAL	reduciría, reducirías, reduciría, reduciríamos, reduciríais, reducirían
PRESENT SUBJUNCTIVE	reduzca, reduzcas, reduzca, reduzcamos, reduzcáis, reduzcan
PRESENT PERFECT SUBJUNCTIVE	haya reducido, hayas reducido, haya reducido, hayamos reducido, hayáis reducido, hayan reducido
PLUPERFECT SUBJUNCTIVE	hubiera reducido, hubieras reducido, hubiera reducido, hubiéramos reducido, hubierais reducido, hubieran reducido
CONDITIONAL PERFECT	habría reducido, habrías reducido, habría reducido, habríamos reducido, habríais reducido, habrían reducido
TÚ COMMANDS	reduce; no reduzcas
UD./UDS. COMMANDS	reduzca/reduzcan
PRESENT PARTICIPLE	reduciendo
	Verb like **reducir: conducir**

romper

PRESENT	rompo, rompes, rompe, rompemos, rompéis, rompen
IMPERFECT	rompía, rompías, rompía, rompíamos, rompíais, rompían
PRETERIT	rompí, rompiste, rompió, rompimos, rompisteis, rompieron
PRESENT PERFECT	he roto, has roto, ha roto, hemos roto, habéis roto, han roto
PLUPERFECT	había roto, habías roto, había roto, habíamos roto, habíais roto, habían roto
FUTURE	romperé, romperás, romperá, romperemos, romperéis, romperán
CONDITIONAL	rompería, romperías, rompería, romperíamos, romperíais, romperían
PRESENT SUBJUNCTIVE	rompa, rompas, rompa, rompamos, rompáis, rompan
PRESENT PERFECT SUBJUNCTIVE	haya roto, hayas roto, haya roto, hayamos roto, hayáis roto, hayan roto
PLUPERFECT SUBJUNCTIVE	hubiera roto, hubieras roto, hubiera roto, hubiéramos roto, hubierais roto, hubieran roto
CONDITIONAL PERFECT	habría roto, habrías roto, habría roto, habríamos roto, habríais roto, habrían roto
TÚ COMMANDS	rompe; no rompas
UD./UDS. COMMANDS	rompa/rompan
PRESENT PARTICIPLE	rompiendo

saber

PRESENT	sé, sabes, sabe, sabemos, sabéis, saben
IMPERFECT	sabía, sabías, sabía, sabíamos, sabíais, sabían
PRETERIT	supe, supiste, supo, supimos, supisteis, supieron
PRESENT PERFECT	he sabido, has sabido, ha sabido, hemos sabido, habéis sabido, han sabido
PLUPERFECT	había sabido, habías sabido, había sabido, habíamos sabido, habíais sabido, habían sabido
FUTURE	sabré, sabrás, sabrá, sabremos, sabréis, sabrán
CONDITIONAL	sabría, sabrías, sabría, sabríamos, sabríais, sabrían
PRESENT SUBJUNCTIVE	sepa, sepas, sepa, sepamos, sepáis, sepan
PRESENT PERFECT SUBJUNCTIVE	haya sabido, hayas sabido, haya sabido, hayamos sabido, hayáis sabido, hayan sabido
PLUPERFECT SUBJUNCTIVE	hubiera sabido, hubieras sabido, hubiera sabido, hubiéramos sabido, hubierais sabido, hubieran sabido
CONDITIONAL PERFECT	habría sabido, habrías sabido, habría sabido, habríamos sabido, habríais sabido, habrían sabido
TÚ COMMANDS	sé; no sepas
UD./UDS. COMMANDS	sepa/sepan
PRESENT PARTICIPLE	sabiendo

ser

PRESENT	soy, eres, es, somos, sois, son
IMPERFECT	era, eras, era, éramos, erais, eran
PRETERIT	fui, fuiste, fue, fuimos, fuisteis, fueron
PRESENT PERFECT	he sido, has sido, ha sido, hemos sido, habéis sido, han sido
PLUPERFECT	había sido, habías sido, había sido, habíamos sido, habíais sido, habían sido
FUTURE	seré, serás, será, seremos, seréis, serán
CONDITIONAL	sería, serías, sería, seríamos, seríais, serían
PRESENT SUBJUNCTIVE	sea, seas, sea, seamos, seáis, sean
PRESENT PERFECT SUBJUNCTIVE	haya sido, hayas sido, haya sido, hayamos sido, hayáis sido, hayan sido
PLUPERFECT SUBJUNCTIVE	hubiera sido, hubieras sido, hubiera sido, hubiéramos sido, hubierais sido, hubieran sido
CONDITIONAL PERFECT	habría sido, habrías sido, habría sido, habríamos sido, habríais sido, habrían sido
TÚ COMMANDS	sé; no seas
UD./UDS. COMMANDS	sea/sean
PRESENT PARTICIPLE	siendo

tener

PRESENT	tengo, tienes, tiene, tenemos, tenéis, tienen
IMPERFECT	tenía, tenías, tenía, teníamos, teníais, tenían
PRETERIT	tuve, tuviste, tuvo, tuvimos, tuvisteis, tuvieron
PRESENT PERFECT	he tenido, has tenido, ha tenido, hemos tenido, habéis tenido, han tenido
PLUPERFECT	había tenido, habías tenido, había tenido, habíamos tenido, habíais tenido, habían tenido
FUTURE	tendré, tendrás, tendrá, tendremos, tendréis, tendrán
CONDITIONAL	tendría, tendrías, tendría, tendríamos, tendríais, tendrían
PRESENT SUBJUNCTIVE	tenga, tengas, tenga, tengamos, tengáis, tengan
PRESENT PERFECT SUBJUNCTIVE	haya tenido, hayas tenido, haya tenido, hayamos tenido, hayáis tenido, hayan tenido
PLUPERFECT SUBJUNCTIVE	hubiera tenido, hubieras tenido, hubiera tenido, hubiéramos tenido, hubierais tenido, hubieran tenido
CONDITIONAL PERFECT	habría tenido, habrías tenido, habría tenido, habríamos tenido, habríais tenido, habrían tenido
TÚ COMMANDS	ten; no tengas
UD./UDS. COMMANDS	tenga/tengan
PRESENT PARTICIPLE	teniendo
	Verb like tener: **mantener**

traer

PRESENT	traigo, traes, trae, traemos, traéis, traen
IMPERFECT	traía, traías, traía, traíamos, traíais, traían
PRETERIT	traje, trajiste, trajo, trajimos, trajisteis, trajeron
PRESENT PERFECT	he traído, has traído, ha traído, hemos traído, habéis traído, han traído
PLUPERFECT	había traído, habías traído, había traído, habíamos traído, habíais traído, habían traído
FUTURE	traeré, traerás, traerá, traeremos, traeréis, traerán
CONDITIONAL	traería, traerías, traería, traeríamos, traeríais, traerían
PRESENT SUBJUNCTIVE	traiga, traigas, traiga, traigamos, traigáis, traigan
PRESENT PERFECT SUBJUNCTIVE	haya traído, hayas traído, haya traído, hayamos traído, hayáis traído, hayan traído
PLUPERFECT SUBJUNCTIVE	hubiera traído, hubieras traído, hubiera traído, hubiéramos traído, hubierais traído, hubieran traído
CONDITIONAL PERFECT	habría traído, habrías traído, habría traído, habríamos traído, habríais traído, habrían traído
TÚ COMMANDS	trae; no traigas
UD./UDS. COMMANDS	traiga/ traigan
PRESENT PARTICIPLE	trayendo
	Verb like **traer: atraer**

venir

PRESENT	vengo, vienes, viene, venimos, venís, vienen
IMPERFECT	venía, venías, venía, veníamos, veníais, venían
PRETERIT	vine, viniste, vino, vinimos, vinisteis, vinieron
PRESENT PERFECT	he venido, has venido, ha venido, hemos venido, habéis venido, han venido
PLUPERFECT	había venido, habías venido, había venido, habíamos venido, habíais venido, habían venido
FUTURE	vendré, vendrás, vendrá, vendremos, vendréis, vendrán
CONDITIONAL	vendría, vendrías, vendría, vendríamos, vendríais, vendrían
PRESENT SUBJUNCTIVE	venga, vengas, venga, vengamos, vengáis, vengan
PRESENT PERFECT SUBJUNCTIVE	haya venido, hayas venido, haya venido, hayamos venido, hayáis venido, hayan venido
PLUPERFECT SUBJUNCTIVE	hubiera venido, hubieras venido, hubiera venido, hubiéramos venido, hubierais venido, hubieran venido
CONDITIONAL PERFECT	habría venido, habrías venido, habría venido, habríamos venido, habríais venido, habrían venido
TÚ COMMANDS	ven; no vengas
UD./UDS. COMMANDS	venga/vengan
PRESENT PARTICIPLE	viniendo
	Verb like **venir: prevenir**

ver

PRESENT	veo, ves, ve, vemos, veis, ven
IMPERFECT	veía, veías, veía, veíamos, veíais, veían
PRETERIT	vi, viste, vio, vimos, visteis, vieron
PRESENT PERFECT	he visto, has visto, ha visto, hemos visto, habéis visto, han visto
PLUPERFECT	había visto, habías visto, había visto, habíamos visto, habíais visto, habían visto
FUTURE	veré, verás, verá, veremos, veréis, verán
CONDITIONAL	vería, verías, vería, veríamos, veríais, verían
PRESENT SUBJUNCTIVE	vea, veas, vea, veamos, veáis, vean
PRESENT PERFECT SUBJUNCTIVE	haya visto, hayas visto, haya visto, hayamos visto, hayáis visto, hayan visto
PLUPERFECT SUBJUNCTIVE	hubiera visto, hubieras visto, hubiera visto, hubiéramos visto, hubierais visto, hubieran visto
CONDITIONAL PERFECT	habría visto, habrías visto, habría visto, habríamos visto, habríais visto, habrían visto
TÚ COMMANDS	ve; no veas
UD./UDS. COMMANDS	vea/vean
PRESENT PARTICIPLE	viendo

volver

PRESENT	vuelvo, vuelves, vuelve, volvemos, volvéis, vuelven
IMPERFECT	volvía, volvías, volvía, volvíamos, volvíais, volvían
PRETERIT	volví, volviste, volvió, volvimos, volvisteis, volvieron
PRESENT PERFECT	he vuelto, has vuelto, ha vuelto, hemos vuelto, habéis vuelto, han vuelto
PLUPERFECT	había vuelto, habías vuelto, había vuelto, habíamos vuelto, habíais vuelto, habían vuelto
FUTURE	volveré, volverás, volverá, volveremos, volveréis, volverán
CONDITIONAL	volvería, volverías, volvería, volveríamos, volveríais, volverían
PRESENT SUBJUNCTIVE	vuelva, vuelvas, vuelva, volvamos, volváis, vuelvan
PRESENT PERFECT SUBJUNCTIVE	haya vuelto, hayas vuelto, haya vuelto, hayamos vuelto, hayáis vuelto, hayan vuelto
PLUPERFECT SUBJUNCTIVE	hubiera vuelto, hubieras vuelto, hubiera vuelto, hubiéramos vuelto, hubierais vuelto, hubieran vuelto
CONDITIONAL PERFECT	habría vuelto, habrías vuelto, habría vuelto, habríamos vuelto, habríais vuelto, habrían vuelto
TÚ COMMANDS	vuelve; no vuelvas
UD./UDS. COMMANDS	vuelva/vuelvan
PRESENT PARTICIPLE	volviendo
	Verb like **volver**: envolverse

4. VERBS WITH SPELLING CHANGES

c → zc before **o** or **a**
conocer

PRESENT	conozco, conoces, conoce, conocemos, conocéis, conocen
IMPERFECT	conocía, conocías, conocía, conocíamos, conocíais, conocían
PRETERIT	conocí, conociste, conoció, conocimos, conocisteis, conocieron
PRESENT PERFECT	he conocido, has conocido, ha conocido, hemos conocido, habéis conocido, han conocido
PLUPERFECT	había conocido, habías conocido, había conocido, habíamos conocido, habíais conocido, habían conocido
FUTURE	conoceré, conocerás, conocerá, conoceremos, conoceréis, conocerán
CONDITIONAL	conocería, conocerías, conocería, conoceríamos, conoceríais, conocerían
PRESENT SUBJUNCTIVE	conozca, conozcas, conozca, conozcamos, conozcáis, conozcan
PRESENT PERFECT SUBJUNCTIVE	haya conocido, hayas conocido, haya conocido, hayamos conocido, hayáis conocido, hayan conocido
PLUPERFECT SUBJUNCTIVE	hubiera conocido, hubieras conocido, hubiera conocido, hubiéramos conocido, hubierais conocido, hubieran conocido
CONDITIONAL PERFECT	habría conocido, habrías conocido, habría conocido, habríamos conocido, habríais conocido, habrían conocido

TÚ COMMANDS	conoce; no conozcas
UD./UDS. COMMANDS	conozca/conozcan
PRESENT PARTICIPLE	conociendo
	Verbs like **conocer**: aborrecer, agradecer, aparecer, apetecer, crecer, desaparecer, embellecer, enfurecerse, enmudecerse, enrojecerse, merecer, nacer, obedecer, ofrecer, padecer, parecer, pertenecer

i→y between vowels
leer

PRESENT	leo, lees, lee, leemos, leéis, leen
IMPERFECT	leía, leías, leía, leíamos, leíais, leían
PRETERIT	leí, leíste, leyó, leímos, leísteis, leyeron
PRESENT PERFECT	he leído, has leído, ha leído, hemos leído, habéis leído, han leído
PLUPERFECT	había leído, habías leído, había leído, habíamos leído, habíais leído, habían leído
FUTURE	leeré, leerás, leerá, leeremos, leeréis, leerán
CONDITIONAL	leería, leerías, leería, leeríamos, leeríais, leerían
PRESENT SUBJUNCTIVE	lea, leas, lea, leamos, leáis, lean
PRESENT PERFECT SUBJUNCTIVE	haya leído, hayas leído, haya leído, hayamos leído, hayáis leído, hayan leído
PLUPERFECT SUBJUNCTIVE	hubiera leído, hubieras leído, hubiera leído, hubiéramos leído, hubierais leído, hubieran leído
CONDITIONAL PERFECT	habría leído, habrías leído, habría leído, habríamos leído, habríais leído, habrían leído
TÚ COMMANDS	lee; no leas
UD./UDS. COMMANDS	lea/lean
PRESENT PARTICIPLE	leyendo
	Verb like **leer**: creer

y before **o, e, a**
destruir

PRESENT	destruyo, destruyes, destruye, destruimos, destruís, destruyen
IMPERFECT	destruía, destruías, destruía, destruíamos, destruíais, destruían
PRETERIT	destruí, destruiste, destruyó, destruimos, destruisteis, destruyeron
PRESENT PERFECT	he destruido, has destruido, ha destruido, hemos destruido, habéis destruido, han destruido
PLUPERFECT	había destruido, habías destruido, había destruido, habíamos destruido, habíais destruido, habían destruido
FUTURE	destruiré, destruirás, destruirá, destruiremos, destruiréis, destruirán
CONDITIONAL	destruiría, destruirías, destruiría, destruiríamos, destruiríais, destruirían
PRESENT SUBJUNCTIVE	destruya, destruyas, destruya, destruyamos, destruyáis, destruyan

PRESENT PERFECT SUBJUNCTIVE	haya destruido, hayas destruido, haya destruido, hayamos destruido, hayáis destruido, hayan destruido
PLUPERFECT SUBJUNCTIVE	hubiera destruido, hubieras destruido, hubiera destruido, hubiéramos destruido, hubierais destruido, hubieran destruido
CONDITIONAL PERFECT	habría destruido, habrías destruido, habría destruido, habríamos destruido, habríais destruido, habrían destruido
TÚ COMMANDS	destruye; no destruyas
UD./UDS. COMMANDS	destruya/destruyan
PRESENT PARTICIPLE	destruyendo
	Verbs like **destruir: disminuir, huir**

z→c before e
cruzar

PRESENT	cruzo, cruzas, cruza, cruzamos, cruzáis, cruzan
IMPERFECT	cruzaba, cruzabas, cruzaba, cruzábamos, cruzabais, cruzaban
PRETERIT	crucé, cruzaste, cruzó, cruzamos, cruzasteis, cruzaron
PRESENT PERFECT	he cruzado, has cruzado, ha cruzado, hemos cruzado, habéis cruzado, han cruzado
PLUPERFECT	había cruzado, habías cruzado, había cruzado, habíamos cruzado, habíais cruzado, habían cruzado
FUTURE	cruzaré, cruzarás, cruzará, cruzaremos, cruzaréis, cruzarán
CONDITIONAL	cruzaría, cruzarías, cruzaría, cruzaríamos, cruzaríais, cruzarían
PRESENT SUBJUNCTIVE	cruce, cruces, cruce, crucemos, crucéis, crucen
PRESENT PERFECT SUBJUNCTIVE	haya cruzado, hayas cruzado, haya cruzado, hayamos cruzado, hayáis cruzado, hayan cruzado
PLUPERFECT SUBJUNCTIVE	hubiera cruzado, hubieras cruzado, hubiera cruzado, hubiéramos cruzado, hubierais cruzado, hubieran cruzado
CONDITIONAL PERFECT	habría cruzado, habrías cruzado, habría cruzado, habríamos cruzado, habríais cruzado, habrían cruzado
TÚ COMMANDS	cruza; no cruces
UD./UDS. COMMANDS	cruce/crucen
PRESENT PARTICIPLE	cruzando
	Verbs like **cruzar: abrazar, alcanzar, alzar, amenazar, analizar, aterrizar, avergonzarse, disfrazarse, empezar, familiarizarse, organizar, realizar, rechazar, rezar, tropezarse**

g→gu before e
llegar

PRESENT	llego, llegas, llega, llegamos, llegáis, llegan
IMPERFECT	llegaba, llegabas, llegaba, llegábamos, llegabais, llegaban
PRETERIT	llegué, llegaste, llegó, llegamos, llegasteis, llegaron
PRESENT PERFECT	he llegado, has llegado, ha llegado, hemos llegado, habéis llegado, han llegado

PLUPERFECT	había llegado, habías llegado, había llegado, habíamos llegado, habíais llegado, habían llegado
FUTURE	llegaré, llegarás, llegará, llegaremos, llegaréis, llegarán
CONDITIONAL	llegaría, llegarías, llegaría, llegaríamos, llegaríais, llegarían
PRESENT SUBJUNCTIVE	llegue, llegues, llegue, lleguemos, lleguéis, lleguen
PRESENT PERFECT SUBJUNCTIVE	haya llegado, hayas llegado, haya llegado, hayamos llegado, hayáis llegado, hayan llegado
PLUPERFECT SUBJUNCTIVE	hubiera llegado, hubieras llegado, hubiera llegado, hubiéramos llegado, hubierais llegado, hubieran llegado
CONDITIONAL PERFECT	habría llegado, habrías llegado, habría llegado, habríamos llegado, habríais llegado, habrían llegado
TÚ COMMANDS	llega; no llegues
UD./UDS. COMMANDS	llegue/lleguen
PRESENT PARTICIPLE	llegando
	Verbs like **llegar**: agregar, ahogar(se), alegar, apagar, cargar, castigar, colgar, despegar, entregar, interrogar, jugar, juzgar, negarse, pagar, regar, rogar, tragar, vengarse

g→j before **o** or **a**
recoger

PRESENT	recojo, recoges, recoge, recogemos, recogéis, recogen
IMPERFECT	recogía, recogías, recogía, recogíamos, recogíais, recogían
PRETERIT	recogí, recogiste, recogió, recogimos, recogisteis, recogieron
PRESENT PERFECT	he recogido, has recogido, ha recogido, hemos recogido, habéis recogido, han recogido
PLUPERFECT	había recogido, habías recogido, había recogido, habíamos recogido, habíais recogido, habían recogido
FUTURE	recogeré, recogerás, recogerá, recogeremos, recogeréis, recogerán
CONDITIONAL	recogería, recogerías, recogería, recogeríamos, recogeríais, recogerían
PRESENT SUBJUNCTIVE	recoja, recojas, recoja, recojamos, recojáis, recojan
PRESENT PERFECT SUBJUNCTIVE	haya recogido, hayas recogido, haya recogido, hayamos recogido, hayáis recogido, hayan recogido
PLUPERFECT SUBJUNCTIVE	hubiera recogido, hubieras recogido, hubiera recogido, hubiéramos recogido, hubierais recogido, hubieran recogido
CONDITIONAL PERFECT	habría recogido, habrías recogido, habría recogido, habríamos recogido, habríais recogido, habrían recogido
TÚ COMMANDS	recoge; no recojas
UD./UDS. COMMANDS	recoja/recojan
PRESENT PARTICIPLE	recogiendo
	Verbs like **recoger: corregir, encogerse, escoger, exigir, fingir, proteger**

c→ qu before **e**
sacar

PRESENT	saco, sacas, saca, sacamos, sacáis, sacan
IMPERFECT	sacaba, sacabas, sacaba, sacábamos, sacabais, sacaban
PRETERIT	saqué, sacaste, sacó, sacamos, sacasteis, sacaron
PRESENT PERFECT	he sacado, has sacado, ha sacado, hemos sacado, habéis sacado, han sacado
PLUPERFECT	había sacado, habías sacado, había sacado, habíamos sacado, habíais sacado, habían sacado
FUTURE	sacaré, sacarás, sacará, sacaremos, sacaréis, sacarán
CONDITIONAL	sacaría, sacarías, sacaría, sacaríamos, sacaríais, sacarían
PRESENT SUBJUNCTIVE	saque, saques, saque, saquemos, saquéis, saquen
PRESENT PERFECT SUBJUNCTIVE	haya sacado, hayas sacado, haya sacado, hayamos sacado, hayáis sacado, hayan sacado
PLUPERFECT SUBJUNCTIVE	hubiera sacado, hubieras sacado, hubiera sacado, hubiéramos sacado, hubierais sacado, hubieran sacado
CONDITIONAL PERFECT	habría sacado, habrías sacado, habría sacado, habríamos sacado, habríais sacado, habrían sacado
TÚ COMMANDS	saca; no saques
UD./UDS. COMMANDS	saque/saquen
PRESENT PARTICIPLE	sacando
	Verbs like **sacar: acercarse, arrancar, atacar, buscar, dedicar, destacar, explicar, identificar, indicar, marcar, picar, planificar, practicar, publicar, tocar**

Accents on weak vowels **(i, u)**: present, present subjunctive, and command forms
esquiar

PRESENT	esquío, esquías, esquía, esquiamos, esquiáis, esquían
IMPERFECT	esquiaba, esquiabas, esquiaba, esquiábamos, esquiabais, esquiaban
PRETERIT	esquié, esquiaste, esquió, esquiamos, esquiasteis, esquiaron
PRESENT PERFECT	he esquiado, has esquiado, ha esquiado, hemos esquiado, habéis esquiado, han esquiado
PLUPERFECT	había esquiado, habías esquiado, había esquiado, habíamos esquiado, habíais esquiado, habían esquiado
FUTURE	esquiaré, esquiarás, esquiará, esquiaremos, esquiaréis, esquiarán
CONDITIONAL	esquiaría, esquiarías, esquiaría, esquiaríamos, esquiaríais, esquiarían
PRESENT SUBJUNCTIVE	esquíe, esquíes, esquíe, esquiemos, esquiéis, esquíen
PRESENT PERFECT SUBJUNCTIVE	haya esquiado, hayas esquiado, haya esquiado, hayamos esquiado, hayáis esquiado, hayan esquiado
PLUPERFECT SUBJUNCTIVE	hubiera esquiado, hubieras esquiado, hubiera esquiado, hubiéramos esquiado, hubierais esquiado, hubieran esquiado

CONDITIONAL PERFECT	habría esquiado, habrías esquiado, habría esquiado, habríamos esquiado, habríais esquiado, habrían esquiado
TÚ COMMANDS	esquía; no esquíes
UD./UDS. COMMANDS	esquíe/esquíen
PRESENT PARTICIPLE	esquiando
	Verbs like **esquiar: actuar, enfriar, enviar, graduarse, reunirse**

u→ ü before e: preterit **yo** form, present subjunctive, **Ud./Uds.** commands
averiguar

PRESENT	averiguo, averiguas, averigua, averiguamos, averiguáis, averiguan
IMPERFECT	averiguaba, averiguabas, averiguaba, averiguábamos, averiguabais, averiguaban
PRETERIT	averigüé, averiguaste, averiguó, averiguamos, averiguasteis, averiguaron
PRESENT PERFECT	he averiguado, has averiguado, ha averiguado, hemos averiguado, habéis averiguado, han averiguado
PLUPERFECT	había averiguado, habías averiguado, había averiguado, habíamos averiguado, habíais averiguado, habían averiguado
FUTURE	averiguaré, averiguarás, averiguará, averiguaremos, averiguaréis, averiguarán
CONDITIONAL	averiguaría, averiguarías, averiguaría, averiguaríamos, averiguaríais, averiguarían
PRESENT SUBJUNCTIVE	averigüe, averigües, averigüe, averigüemos, averigüéis, averigüen
PRESENT PERFECT SUBJUNCTIVE	haya averiguado, hayas averiguado, haya averiguado, hayamos averiguado, hayáis averiguado, hayan averiguado
PLUPERFECT SUBJUNCTIVE	hubiera averiguado, hubieras averiguado, hubiera averiguado, hubiéramos averiguado, hubierais averiguado, hubieran averiguado
CONDITIONAL PERFECT	habría averiguado, habrías averiguado, habría averiguado, habríamos averiguado, habríais averiguado, habrían averiguado
TÚ COMMANDS	averigua; no averigües
UD./UDS. COMMANDS	averigüe/averigüen
PRESENT PARTICIPLE	averiguando
	Verb like **averiguar: avergonzarse (ue)**

Vocabulario español-inglés

The **Vocabulario español-inglés** contains all productive and receptive vocabulary from the text.

The numbers following each productive entry indicate the chapter and lesson in which the word is first introduced. The roman numeral I or II in parentheses indicates an entry introduced in Level 1 or 2 of **¡Acción!**

A

a at, (I); to, (I)

a causa de because of, (II)

a la izquierda to the left, (I)

a la una at one o'clock, (I)

a las (dos) at (two) o'clock, (I)

a lo mejor maybe, (II)

a mano by hand, (II)

a menos que unless, (II)

a mí me gusta I like, (I)

a pie on foot, (I)

¿A qué eres (es) alérgico (a)? What are you allergic to?, (II)

¿A qué hora es...? At what time is...?, (I)

a ti te gusta you like, (I)

a tiempo on time, (II)

a veces sometimes, (I)

a ver let's see, (I)

abajo below; downstairs, (I)

abandonar to abandon, 3.1

el **abanico** fan, 4.3

abierto(a) open, (II)

el/la **abogado(a)** lawyer, (I)

aborrecer (zc) to detest, 6.3

abrazar to hug, 3.1

el **abrazo** hug

el **abrelatas** can opener, 5.1

abreviar to abbreviate

el **abrigo** overcoat, (I)

abril April, (I)

abrir to open, (I)

abrochar to fasten, (II)

abruptamente abruptly, 6.3

absoluto(a) absolute

la **abuela** grandmother, (I)

el **abuelo** grandfather, (I)

los **abuelos** grandparents, (I)

abundante abundant, 6.1

aburrido(a) boring, (I); bored, (I)

acabar de to have just, (II)

acalorado(a) argumentative, 6.1

acampar to camp, (II)

acaso perhaps, 5.3

el **aceite** oil (car), 1.3; oil (cooking), (II)

el **acelerador** accelerator, 1.3

aceptar to accept, 5.3

la **acera** sidewalk, (II)

acercarse to grow closer, 3.2; to get near, (II)

el **acero** steel, 5.2

acertar to guess right

aclamado(a) acclaimed

acomplejado(a) suffering from complexes

aconsejar to advise, (II)

acontecer to happen

acordarse (ue) (de) to remember, (II)

acostarse (ue) to lie down, (II)

acostumbrado(a) accustomed

acostumbrarse to get used to, (II)

la **actitud** attitude, 1.2

la **actividad** activity, (II)

el **actor** actor, (I)

la **actriz** actress, (I)

actual actual, 1.1

actualmente nowadays, (II)

actuar to act, work, 5.2

acudir to turn to, rely on, 2.1

acumulado(a) accumulated

acumular to gather

acurrucado(a) curled up, 6.3

adaptación adaptation

adecuadamente sufficiently

adecuado(a) adequate

adelantar to pass, to move ahead, 1.3

adelante forward, 6.3

adelgazar to become thin, 1.1

además besides, (II)

adentro indoors; inside, (I)

el **adicto(a)** addict

adiós goodbye, (I)

la **adivinanza** guess, 2.1

adivinar to guess

el **adjetivo** adjective

adjunto(a) enclosed

la **adolescencia** adolescence, 4.1

¿adónde? (to) where?, (I)

adquirir to acquire

la **aduana** customs, (II)

la **adversidad** adversity, misfortune

adverso(a) adverse

advertencia warning

advertido(a) notified

el **aerobismo** aerobic, 1.1

la **aerolínea** airline, (II)

la **aeronave** espacial spaceship, (II)

el **aeropuerto** airport, (II)

los **aerosoles** aerosols, (II)

afable pleasant, 6.1

afectado(a) affected

afeitarse to shave, (II)

la **afición** hobby, 2.3

afirmar to affirm, assert

afortunadamente fortunately, (II)

el **África** Africa, (II)

africano(a) African, 6.1

afuera outside, (I)

agarrar to catch, (II)

agarrotar to tie, bind

el/la **agente** airline agent, (II)

el/la **agente de tráfico** traffic police

agitado(a) agitated, shaken, (II)

agosto August, (I)

agotado(a) exhausted, (II)

agotar to exhaust, 5.2

agradable pleasant, (II)

agradecer (zc) to be grateful, 6.1

agregar to add, 4.2

agresivo(a) aggressive, 6.1

agrícola agricultural

el/la **agricultor/a** farmer, (I)

la **agricultura** agriculture

agridulce sweet and sour

agrio(a) sour, (II)

agrisado(a) grayish

el/la **agrónomo(a)** agronomist

el **agua** (f.) water, (I)

el **aguacate** avocado, (II)

aguantar to tolerate, put up with, 6.2

agudo(a) sharp, 6.1

el **águila** (f.) eagle, (II)

aguileño(a) curved (nose), **6.1**

ahí there, **6.1**

ahogar to overwhelm, **6.3**

ahogarse to drown, (II)

ahora now, (I)

ahorrar to save, (I)

el **aire acondicionado** air-conditioning, (II)

aislado(a) isolated, **1.2**

el **aislamiento** isolation, **5.2**

el **ajedrez** chess, (I)

ajeno(a) foreign, hostile, **4.3**

el **ajo** garlic, (II)

ajustado(a) tight

ajustar to adjust

al (a + el) to the, (I)

  al aire libre outdoors, (I)

  al fondo de at the end of (II)

  al lado de next to, beside, (I)

  al/en el extranjero abroad, (II)

el **ala** (f.) wing, **5.1**

el **alambre** wire, **5.1**

alargado(a) extended, elongated, **5.1**

alarmista alarmist, (II)

el **alcance** reach

alcanzar to reach, **3.3**

alegar to state, declare, **4.2**

alegrarse que to be glad that, to feel happy that, (II)

alegre cheerful, **6.1**

la **alegría** happiness, (II)

alejarse to go far away, **1.2**

el **alemán** German (language), (I)

alemán(ana) German, (I)

alentar to encourage

alérgico(a) allergic, (II)

la **alfombra** rug, (I)

el **álgebra** algebra, (I)

algo something, (I)

el **algodón** cotton

alguien somebody, (II)

alguna vez ever, sometime, (II)

alguno(a) some, any, (II)

los **alicates** pliers, **1.3**

la **alimentación** food, **5.2**

el **alimento** food, (II)

el **alimento en conserva** canned food

el **alivio** relief, **6.2**

el **alma** (f.) soul, **3.1**

  el/la **amigo (a) del alma** soulmate, best friend, **3.1**

el **almacén** department store, (II)

almacenar to store, **5.1**

la **almendra** almond, (II)

almendrado(a) almond-shaped, **6.1**

la **almohada** pillow, (II)

almorzar (ue) to eat lunch, **2.2**

el **almuerzo** lunch, (I)

aló hello, (II)

alpinismo: hacer alpinismo to go mountain climbing, (II)

alpino alpine

alquilar to rent, (I)

los **alrededores** surroundings, **5.2**

el **altavoz** loud speaker

la **altivez** arrogance, **6.3**

altivo(a) arrogant, **6.1**

alto(a) high, (II); tall, (I)

el **aluminio** aluminium, (II)

el **alumnado** student body

el/la **alumno(a)** student, **2.2**

el/la **alumno(a) principiante** freshman, **2.2**

alzar to raise, **6.2**

allí there, (I)

el **ama de casa** (f.) homemaker, (I)

amable kind, (I)

el **amanecer** sunrise, **5.3**

amar to love, **3.1**

amarillo(a) yellow, (I)

amazónico(a) Amazon, Amazonian, (II)

ambicioso(a) bold, **1.2**

ambientado(a) set in, **1.1**

el **ambiente** environment, **2.2**

  el **medio ambiente** environment (outdoors), (II)

ambos(as) both, **2.2**

la **ambulancia** ambulance, (II)

la **amenaza** threat

amenazar to threaten, **4.2**

el/la **amigo(a)** friend; (I)

  el/la **amigo(a) del alma** soulmate, best friend, **3.1**

la **amistad** friendship, **3.1**

amistoso(a) friendly, **1.2**

amonestar to warn, **4.2**

amoroso(a): el **asunto amoroso** love matter

el **amortiguador** shock absorber

amplio(a) broad, **6.1**

amurrarse to sulk, **4.2**

el **analfabetismo** illiteracy, **5.2**

anaranjado(a) orange, (I)

la **ancianidad** old age, **5.3**

el/la **anciano(a)** old person, **6.3**

ancho(a) vast, **4.3**

andar to amble, to go, to move, (II)

  andar con muletas to walk with crutches, (II)

  andar en monopatín to skateboard, (I)

  andar en silla de ruedas to use a wheelchair, (II)

la **anfetamina** amphetamine

el **ángel** angel, **3.2**

angosto(a) narrow, **6.1**

la **angustia** anguish

angustiado(a) anxious

anhelar to hope, wish

el **anillo** ring, (I)

el **animal** animal, (I)

animar to cheer up

anoche last night, (I)

el **anónimo** anonym

ansiado(a) longed for

la **Antártida** Antartica, (II)

anteayer the day before yesterday, (I)

antemano: de antemano beforehand, **5.1**

la **antena** antenna, **5.1**

los **anteojos** eyeglasses, (I)

  los **anteojos de sol** sunglasses, (I)

el **antepasado** ancestor

anterior previous

antes before, previously

antes de before (time), (I)
antes que before (II)
los **antibióticos** antibiotics, (II)
anticuado(a) old fashion
antiguamente formerly, in the past (II)
la **antigüedad** antique
antiguo(a) old (object), (I)
antipático(a) unpleasant (person), (I)
el **antojo** snack, (II)
anual annual
anunciar to announce, (II)
el **anuncio** advertisement, (I); announcement
el **anuncio comercial** commercial ad, **1.1**
el **año** year, (I)
¿En qué año naciste? What year were you born?, (I)
el **año pasado** last year, (I)
el **año que viene** next year, (I)
el **Año Nuevo** New Year, (II)
el **Año Viejo** New Year's Eve, (II)
la **añoranza** nostalgia
añorar to miss, **4.3**
los **años: a los... años** at... years old, **3.1**
apagar to turn off, (II); put out (fire), (II)
el **apagón** blackout, (II)
el **aparato** gadget, machine, (I)
aparecer (zc) to appear, **3.3**
la **apariencia** appearance, (II)
el **apartamento** apartment, (I)
el **apellido** last name
apenas scarcely, **6.1**
apetecer (zc) to feel like it, **1.1**
el **apio** celery, (II)
aplicado(a) industrious, studious, (I)
el **apodo** nickname
apoyar to lean; to support, (II)
el **apoyo** support, **4.1**
aprender (a) to learn (how

to), (I)
el **aprendizaje** learning process
apretar (ie) to push, press, **5.1**
aprobado passing grade
aprobar to pass (an exam)
apropiado(a) appropriate
aproximadamente aproximately
la **aptitud** aptitude
apuntar to point, **6.2**
el **apunte** note, **2.1**
apurarse to hurry up, (II)
aquel: en aquel entonces at that time, **3.2**
aquel (m.) that, (II)
aquella (f.) that, (II)
aquellos(as) (f.) those, (II)
aquí here, (I)
árabe Arab, **1.1**
la **araña** spider, (II)
el **árbitro** referee, (II)
el **árbol** tree, (II)
la **arboleda** forest, **1.2**; grove, **6.3**
el **arco** bow, **4.3**
el **arco iris** rainbow, **3.3**
archivar to file, **5.1**
el **archivo** file
el **archivo en disco fijo** hard drive
la **arena** sand, (II)
el **arete** earring, (I)
argentino(a) Argentinian, (I)
el **argumento** story, **1.1**
el **arma** (f.) weapon, **5.3**
armar to build, (II)
el **armario** dresser, (I); closet, (II)
armarse to arm oneself
el **aroma** aroma, fragrance, (II)
el **arquetipo** archetype
el/la **arquitecto(a)** architect, (I)
arrancar el motor to start the engine, **1.3**
arreglado(a) tidy
arreglar to fix, (I)
arreglarse to get (oneself) ready, (II)
el **arreglo** arrangement, **1.2**
el **arreglo floral** floral

arrangement, **1.2**
arrepentido(a) sorry, **6.2**
el **arrepentimiento** repentance
arrepentirse (ie, i) to be sorry, **4.2**
arriba up, upstairs, (I)
arriesgado(a) bold, **1.2**
arrogante arrogant, (I)
arrojar to throw, **5.2**
el **arroyo** brook, **3.3**
el **arroz** rice, (I)
arrugado(a) wrinkled, **4.1**
el **arte** (f.) art, (I)
la **artesanía** craft, (II)
el **artículo** article, (II)
artificial artificial
el/la **artista** artist (I); actor/actress, **1.1**
artístico(a) artistic, **1.2**
asado(a) grilled, (II)
la **asamblea** assembly, (II)
el **ascensor** elevator, (I)
el **aseo** cleanliness
asesinar to murder
el/la **asesino(a)** murderer, **5.3**
el **asesor/a** counsellor
el **asfalto** asphalt
así like this, this way, (II)
así como as well as; **5.3**
así que so, therefore, (II)
asiático(a) Asian, **6.1**
el **asiento** seat, (II)
el/la **asistente** assistant
el/la **asistente dental** dental assistant, (II)
el/la **asistente legal** assistant, (II)
el/la **asistente médico** medical assistant, (II)
asistir a to attend, (I)
el **asma** (f.) asthma, (II)
asociar to associate, relate
asomar to show, appear
asombrado(a) astonished, (II)
asombrar to amaze, **6.3**
el **asombro** amazement, **6.2**
asombroso(a) astonishing, (II)
la **aspiración** aspiration, **2.3**
la **aspiradora** vacuum cleaner, (I)
el/la **aspirante** applicant, **2.3**

la **aspirina** aspirin, (II)

la **astilla** splinter, **5.2**

el **astro** star

el/la **astronauta** astronaut, (II)

la **astucia** shrewdness

asturiano(a) from Asturias (Spain)

el **asunto** matter, affair

el **asunto amoroso** love matter

asustado(a) frightened, (II)

asustar to frighten, **3.2**

atacar to attack, **4.3**

la **atadura** restriction, ties

atar to tie, bind, **6.3**

el **atasco** obstruction

la **atención** attention

poner atención pay attention, (II)

atento(a) attentive, polite, (II)

aterrador/a terrifying

aterrizar to land, (II)

atestado(a) crowded, **1.2**

el **ático** attic, **4.1**

el/la **atleta** athlete, **3.2**

la **atmósfera** atmosphere, **5.2**

atónito(a) aghast, **2.1**

atraer to attract, **1.1**

atraído(a) attracted

atrás backward, **6.3**

atrasarse to be late, **2.3**

atreverse (a) to dare, **1.2**

atrevido(a) daring, **1.2**

atroz atrocious

el **atún** tuna, (II)

el **auditorio** auditorium

el **aula** (f.) classroom, **2.1**

aullido howl

aumentar to increase, (II)

aunque although, (II)

la **ausencia** absence, **3.2**

el **auto** car, **4.1**

el **autobús** bus, (I)

la **autoestima** self-esteem

el **autómata** automaton, robot, **5.1**

la **autopista** highway, **1.3**

autorizado(a) authorized

el **autorretrato** self-portrait

el/la **auxiliar** assistant

el/la **auxiliar de vuelo** flight attendant, (II)

auxilios: los primeros

auxilios first aid, (II)

la **avena** oatmeal, (II)

la **avenida** avenue, (I)

la **aventura** adventure

el **programa de aventuras** adventure program, (I)

la **aventura-supervivencia** "Outward Bound", **1.2**

el/la **aventurero(a)** adventurer

aventurero(a) adventurous, **3.1**

avergonzarse (por) (ue) to be embarrassed about, **3.1**

la **avería** breakdown, **1.3**

averiguar to find out, **2.3**

el **avión** airplane, (I)

avisar to inform

el **aviso** want ad, (II)

ayer yesterday, (I)

la **ayuda** help

el/la **ayudante** helper

el/la **ayudante de cocina** kitchen helper, (II)

el/la **ayudante de construcción** construction helper, II)

el/la **ayudante de laboratorio** lab assistant, (II)

el/la **ayudante de oficina** office assistant, (II)

ayudar to help, (I)

el **azúcar** (f.) sugar

azul blue, (I)

azulado(a) bluish, **6.1**

B

bailar to dance, (I)

el/la **bailarín(ina)** dancer, (I)

el **baile** dance, (I)

bajar to lower, **6.2**; to go down, (II)

bajar de to get off, (II)

bajar el río en balsa to go rafting, (II)

bajar la guardia to let one's guard down, **2.3**

bajo(a) low; short (person), (I)

el **balcón** balcony, (II)

el **balneario** seaside resort, **1.2**

el **baloncesto** basketball, (I)

la **balsa** raft, (II)

bajar el río en balsa to go rafting, (II)

la **ballena** whale, (II)

el **banco** bank, (I)

la **banda** music band, (II)

el/la **banquero(a)** banker

el **banquete** banquet

bañarse to go for a swim, **5.2**; to take a bath, (II)

el **baño** bathroom, (I)

barato(a) inexpensive, cheap, (I)

la **barba** beard, (I)

el **barco** boat, ship, (I)

el **bardal** thatched fence

la **barraca** shack

barrer to sweep, (I)

la **barrera** barrier

el **barrio** neighborhood, (II)

el **barro** clay, **5.2**

básico(a) basic, **5.2**

¡Basta! Enough!, **4.2**

bastante fairly; enough, (I)

la **basura** trash, (I)

la **batalla** battle, **5.3**

la **batería** battery, **1.3**; percussion instrument, drums, (II)

el **baúl** chest, **4.1**

la **bebida** beverage, (I)

la **beca** scholarship, (II)

el **béisbol** baseball, (I)

bélico(a) warlike

bello(a) beautiful, **3.2**

la **bendición** blessing

besar to kiss, **3.1**

el **beso** kiss, (II)

el **besuqueo** smooching

la **biblioteca** library, (I)

la **bicicleta** bicycle, (II)

montar en bicicleta to ride a bicycle, (I)

bien fine, well, (I)

pasarlo bien to have a good time, **3.1**

el **bienestar** well-being, **5.3**

el **bigote** mustache, (I)

la **billetera** billfold, wallet, (I)

la **biografía** biography, **1.1**

la **biología** biology, (I)

el/la **bisabuelo(a)** great-grandfather, great-grandmother, (II)

blanco(a) white,(I)

blanquear to whiten

el **bloqueo**: el **bloqueo mental** mental block, 2.1

la **blusa** blouse, (I)

la **boca** mouth, (II)

la **bodega** grocery store, (II)

la **bolera** bowling alley

el **boliche** bowling, (I)

    jugar boliche to bowl, (I)

el **bolígrafo** ballpoint pen, (I)

boliviano(a) Bolivian, (I)

los **bolos** bowling pins

la **bolsa** handbag, (I); bag,

el **bolsillo** pocket, (I)

el/la **bombero(a)** firefighter, (I)

bondadoso(a) kind, (II)

bonito(a) pretty, (I)

boquiabierto(a) flabbergasted, (II)

borracho(a) drunk

borrar to erase, 5.3

el **bosque** forest, woods, (I)

el **bostezo** yawn, 1.1

botar to throw away, 5.2

las **botas** boots, (I)

    las **botas de explorador** hiking boots, (II)

el **bote** boat, (II)

la **botella** bottle, (II)

la **botica** pharmacy

el/la **boticario(a)** pharmacist

el **botón** button, 5.1

el **botones** bellboy, (II)

Brasil Brazil, (II)

brasileño(a) Brazilian, (II)

el **brazo** arm, (II)

la **brisa** breeze, (II)

    la **brisa de mar** sea breeze, (II)

brizna string, fiber

el **bróculi** broccoli, (II)

la **broma** joke, 6.2

broncearse to get a tan, (II)

la **bronquitis** bronchitis, (II)

brotar to sprout, bud

el **brote** bud

la **brujería** witchcraft, 1.1

la **brújula** compass, (II)

brusco(a) brusque, rough

bucear to skin-dive, (I)

bueno(a) good, (I); excellent, kind, (II)

la **bufanda** scarf, (I)

la **bujía** spark plug, 1.3

burbujear to bubble

burlarse de to make fun of, 3.2

buscar to look for, (I)

C

la **caballería** knighthood

el **caballero** gentleman, man, (I); la **ropa de caballeros** men's clothing, (I)

el **caballo** horse, (I)

    montar a caballo to ride horseback, (I)

cabe: no cabe duda no doubt about it, 6.3

el **cabello** hair, 3.2

caber to fit, 2.2

la **cabeza** head, (II)

la **cabra** goat, (II)

los **cacahuetes** peanuts, (II)

cada each

cada uno(a) each one, I .4

la **cadena de televisión** TV network

la **cadera** hip

caer bien (mal) to like (dislike) (someone), 1.1

caerse to fall down, (II)

el **café** coffee, (I)

    de color café brown, (I)

la **cafetería** cafeteria, (I)

la **caja** box, (II)

el/la **cajero(a)** cashier, (II)

la **calabaza** squash, (II)

los **calcetines** socks, (I)

la **calcomanía** decal, 4.1

el **calculador solar** solar calculator, 5.1

la **calculadora** calculator, (I)

el **caldo** broth

    el **caldo de ave** chicken broth, (II)

la **calefacción** central heating, (II)

calentar: calentar (ie) el examen to cram, 2.1

calentarse (ie) to get warm, (II)

la **calidad** quality, (II)

caliente hot, (II)

la **calma** calmness, calm, 2.1

calmarse to calm down, (II)

el **calor** heat (I)

    hace calor it's hot, (I)

    tener calor to be hot, (I)

la **calvicie** baldness, 5.3

la **calzada** street

callado(a) quiet, silent, (II)

callarse to keep quiet, 3.2

la **calle** street, (I)

la **cama** bed, (I)

la **cámara** camera, (I)

el/la **camarero(a)** chamberman, chambermaid, (II)

los **camarones** shrimp, (II)

el **camastro** cot

el **cambalache** barter, swapping

cambiante changing

cambiar to change, (I)

el **cambio** change

    en cambio on the other hand, 2.2

el **camello** camel, (I)

caminar to walk, (II)

la **caminata** hike, (I)

    dar una caminata to take a hike, (I)

el **camino** road, 1.3

la **camioneta** pick-up truck, (I)

la **camisa** shirt, (I)

la **camisería** shirt shop, (II)

la **camiseta** T-shirt, (I)

la **campanilla** bell

la **campaña** campaign, (II)

el/la **campeón(ona)** champion, (II)

el **campeonato** championship, (II)

el **campo** the countryside, (I); field

    el **aire de campo** country air, (II)

Canadá Canada, (II)

canadiense Canadian, (I)

el **canario** canary, (I)

el **cáncer** cancer, 5.3

la **canción** song, 3.3

la **cancha** court (sports)

    la **cancha de tenis** tennis court, (II)

el/la **candidato(a)** candidate, (II)

el **cangrejo** crab, (II)

canoso(a) gray hair, **4.1**
cansado(a) tired, (I)
el **cansansio** weariness, **2.1**
el/la **cantante** singer, (I)
cantar to sing, (I)
la **cantimplora** canteen, (II)
el **caos** chaos
la **capa** cape, **4.3**; layer, **5.2**
   la **capa de ozono** ozone
     layer, **5.2**
la **capacidad** capacity
capaz capable, **5.1**
el **capote** cape
la **cápsula** capsule
   la **cápsula del tiempo**
     time capsule, (II)
la **cara** side, **2.2**; face (I)
el **caracol** snail, **3.2**
el **carácter** character,
   personality, **6.1**
la **caravana** caravan
las **carcajadas: reírse a**
   carcajadas to laugh
   uncontrollably, **3.2**
la **cárcel** jail, **5.3**
carcomer to consume
el **cardenal** bruise, (II)
cargado(a) loaded
el **cargamento** shipment
cargar to charge (battery),
   1.3
el **Caribe** Caribbean, (II)
el **cariño** love, affection
cariñoso(a) affectionate,
   loving
el **carnaval** carnival, (II)
la **carne** meat (I); flesh
   la **carne asada** grilled
     meat, (II)
   la **carne de cerdo** pork,
     (II)
   la **carne de res** beef, (II)
el **carnet de conducir**
   driver's license, **1.3**
la **carnicería** butcher shop, (II)
carnoso(a) full (lips), **6.1**
caro(a) expensive, (I)
la **carpa** tent, (II)
el/la **carpintero(a)** carpenter, (I)
la **carrera** career, **6.3**; race (II)
la **carretera** highway, (II)
el **carril** lane, **1.3**
la **carroza** carriage, float, (II)
el **carrusel** carrousel, **4.1**

la **carta** letter (I)
   la **carta de**
     recomendación
     reference letter, (II)
las **cartas** playing cards, (I)
   jugar cartas to play
     cards, (I)
el **cartel** poster, (I)
la **cartilla de Seguridad**
   Social Social Security
   card
el **cartón** cardboard, (II)
la **casa** house, home, (I)
   ir a casa to go home, (I)
el **casamiento** marriage
casarse (con) to marry, (II)
el **cascabel** jingle bell, **4.1**
la **cáscara** peel, shell, rind,
   5.2
casero(a) referring to the
   home, (II)
caseros: los remedios
   caseros home remedies,
   (II)
el **casete** cassette, (I)
casi almost, (I)
el **caso** case
   en caso de in case of, (II)
   hacer caso to pay
     attention, **3.2**
castaño(a) brown (hair),
   6.1
castigar to punish
el **castigo** punishment
el **catarro** a cold, (II)
la **catástrofe** catastrophe
catorce fourteen, (I)
la **causa** cause
   a causa de because of,
     (II)
el/la **cazador/a** hunter, **4.3**
la **cebolla** onion, (II)
ceder el paso to yield the
   right of way, **1.3**
la **ceja** eyebrow, **6.1**
la **celebración** celebration,
   (II)
los **celos** jealousy, **3.1**
   tener celos to be jealous,
     3.1
celoso(a) jealous, **1.2**
el **cementerio** cemetery, (II)
la **cena** supper, dinner, (I)
la **ceniza** ash, **3.2**

el **centímetro** centimeter
el **centro comercial**
   shopping center, (I)
el **centro** downtown, (I);
   middle; center, (I)
cepillarse to brush
   cepillarse los dientes to
     brush one's teeth, (II)
el **cepillo** brush, (II)
el **cepillo de dientes**
   toothbrush, (II)
la **cerámica** pottery, (II)
cerca de near, (I)
cercano(a) near, close
el **cerdo** pig, **3.2**
el **cereal** cereal, (I)
el **cerebro** brain, **5.1**
cero zero, (I)
cerrado(a) closed, (II)
cerrar (ie) to close, (II)
el **cerro** hill, **1.2**
la **certeza** certainty
el **certificado** certificate, (II)
   el **certificado de notas**
     report card
   el **certificado de vacuna**
     vaccination
     certificate, (II)
cesar to cease, stop
el **césped** lawn, (I)
la **cesta** basket
el **ciclismo a campo**
   mountain biking, **1.2**
el/la **ciclista** bike rider
ciego(a) blind, **3.2**
el **cielo** sky, (II)
cien(to) one hundred, (I)
la **ciencia** science (I)
   la **ciencia ficción**
     science fiction, (I)
   el **programa de ciencia**
     ficción science
     fiction program, (I)
las **ciencias** science(s), (I)
el **cigarrillo** cigarette, (II)
el **cigarro** cigar
el **cilindro** cylinder
cinco five, (I)
cincuenta fifty, (I)
el **cine** movie theater, (I)
cinematográfico(a)
   cinematographic
la **cinta** tape, **4.1**
la **cintura** waist, (II)

el **cinturón** belt, (I)
  el **cinturón de seguridad** seat belt, (II)
el **circuito** circuit, 5.1
la **circulación** traffic, 1.3
  circular to circulate
la **ciruela** plum, (II)
el **cisne** swan, (II)
la **cita** appointment
  hacer una cita make an appointment, (II)
la **ciudad** city, (I)
el/la **civil** civilian, 5.2
  clandestino(a) clandestine
la **claridad** light, 3.2
  claro(a) light (color), 6.1
la **clase** class (I)
  ¿Qué clase de...? What kind of...?, (I)
  clavar la mirada to stare, 6.2
  clavar la mirada con saña to look daggers at, 6.2
el **clavel** carnation, (II)
el **clavo** nail, 6.3
el/la **cliente** customer, (II)
el **clima** climate, 1.2
el **cloro** bleach, (II)
el **club** club, (I)
  cobarde cowardly, (II)
  cobrar to collect, obtain
el **cobre** copper, (II)
  cocido(a) cooked, (II)
la **cocina** cooking, 1.1; kitchen, (I); cuisine
  cocinar to cook, (I)
el/la **cocinero(a)** cook, (I)
el **coche** car, (I)
el **codo** elbow, (II)
la **coeducación** coeducation, 2.2
el **cohete** rocket, 5.3
  coincidir to coincide
  cojo(a) lame, 6.1
la **cola** line, (I)
  hacer cola to stand in line, (I)
la **colaboración** contribution (to a newspaper)
  colaborar to contribute, collaborate
el **colchón** mattress

el **colchón inflable** inflatable mattress, (II)
la **colección** collection, (I)
  coleccionar to collect, (II)
el **colegio** school
el **colgador** clothes hanger, (II)
  colgar (ue) to hang, (II)
la **coliflor** cauliflower, (II)
el **colmo** the final straw, 4.2
  colocar to place, (II)
  colombiano(a) Colombian, (I)
la **colonia** cologne, (II)
el **color** color, (I)
  colores: a colores in color, 2.2
la **columna** column
el **columpio** swing, 4.1
el **collar** necklace, (I)
el **combustible** fuel, 5.2
la **combustión** combustion
el/la **comediante** actor; comedian; actress; comedienne
  No seas comediante Stop exaggerating, (II)
el **comedor** dining room, (I)
el **comentario** commentary, 1.1
  el **comentario político** political commentary, 1.1
  comer to eat, (I)
  cometer to commit, 2.1
  cometer errores to make errors, 2.1
  cómico: el **programa cómico** comedy (program), (I)
  cómico(a) funny, (I)
la **comida** food, (I); meal
  ¡Cómo!: ¡Cómo no! Of course!, (I)
  como as, like, (I)
  tan... como as. . . as, (I)
  como si as if, (II)
  ¿Cómo? what?; how?, (I)
  ¿A cómo está? how much is it?, (II)
  ¿Cómo es...? What is he/she/it like?, (I)
  ¿Cómo te llamas? What

is your name (fam.)?, (I)
la **cómoda** chest of drawers, (II)
  cómodo(a) comfortable, (I)
el/la **compañero(a) de clase** classmate, (I)
el/la **compañero(a)** pal
la **compañía** company, (I)
  compartir to share, (II)
  compatible compatible
la **competencia** competition, (II)
  competir to compete
  competitivo(a) competitive, 2.2
  complejo(a) complex
  completamente completely, (II)
  complicado(a) complicated, 1.1
el **comportamiento** behavior
  comportarse to act, behave, 5.1
la **composición** composition, (I)
  comprar to buy, (I)
  compremetido(a): estar comprometido(a) to be engaged, (II)
  comprender to understand
la **compresa** compress, (II)
la **comprobación** verification
  comprobar (ue) to check, 2.1
  comprometido(a) engaged
la **computadora** computer, (I)
  común y corriente common, ordinary, 5.1
  comunicar to communicate
  comunicativo(a) communicative, 6.1
  con with, (I)
  con él (ella) This is he (she), (II) (telephone)
el **concepto** concept, 2.1
el **concierto** concert, (I)
el **concurso** game show, (I); contest, (II)
  condicionar to condition, prepare
las **condiciones** conditions, (II)
  conducir (zc) to drive, 1.3
el/la **conductor/a** driver, (I)

el **conector** connector

el **conejo** rabbit, (I)

la **confianza** trust, **6.2**

confiar en to trust, **3.1**

el **confín** boundary, limit

confundido(a) confused, **2.1**

confundir to confuse, **2.1**

la **confusión** confusion, **2.1**

confuso(a) confused

congelado(a) frozen, (II)

congestionado(a) congested, (II)

cónico(a) conical, conic, **5.1**

el **conjunto folclórico** folkloric group, (II)

el **conjunto** musical group, (I)

conocer (zc) to know (a person), (I); to meet; to get to know, (II)

conocerse to meet (one another), (II)

la **conquista** conquest

el **conquistador** conqueror

conseguir (i) to get, (II)

el/la **consejero(a)** counselor, (II)

el **consejo** advice (I)

dar consejos a to give advice to, (I)

conservacionista conservationist

considerado(a) considerate, (II)

considerar to consider, **3.2**

la **constelación** constellation, (II)

el **consuelo** consolation

consultar to consult, **2.1**

el **consultorio: el consultorio del corazón** advice column

consumir to consume

el **consumo** consumption, **5.2**

contacto: mantenerse en contacto to keep in touch, **3.1**

la **contaminación** pollution, (II)

contaminar to pollute, **5.2**

contar (ue) to count, (II); to tell, (II)

contar con to rely on, **3.1**

contemplar to contemplate, reflect, **3.3**

contemporáneo(a) contemporary

contento(a) happy, (I)

la **contestadora de teléfono** answering machine, **5.1**

contestar to answer, (I)

el **contexto** context

la **continuación** sequel, **1.1**

contra against, (II)

el **contrabajo** double bass (musical instrument), (II)

contrastante contrasting

contratar to contract

el **control** control, **2.1**

conveniente advisable, (II)

convenir (ie) to agree, **3.1**

convertirse (ie, i) to become, **1.1**

convivir to cohabit, live together, **5.3**

la **cooperación** cooperation, **5.2**

coordinar to coordinate, **5.1**

coquetear to flirt, **3.2**

el **coraje** courage, **1.2**

el **corazón** heart, (II)

la **corbata** necktie, (I)

Corea Korea, (II)

coreano(a) Korean, (II)

la **corona** crown, **4.3**

la **corona del Inca** poinsettia, (II)

correctamente correctly, (II)

corregir (i) to correct, **5.1**

el **correo** post office, (I)

correr to run; to jog, (I)

correr riesgos to take risks, **1.2**

la **cortadura** cut, (II)

el **cortaplumas** penknife, (II)

cortar(se) to cut, (II)

cortarse el pelo to get a haircut, (II)

cortarse las uñas to cut one's nails, (II)

la **corte** court, **5.2**

cortés polite, (II)

corto(a) short (object), (I)

la **cosa** thing, (I)

coser to sew, **1.2**

los **cosméticos** cosmetics, (II)

cosmopolita cosmopolitan, **1.2**

costar (ue) to cost, (II); to be difficult, **2.2**

costar trabajo to be difficult, (II)

¿Cuánto cuesta? How much is it?, (II)

costarricense Costa Rican, (I)

la **costumbre** custom, **1.2**

de costumbre usually, **3.2**

el **cráter** crater

creativo(a) creative

crecer (zc) to grow, (II)

la **creencia** believe

creer to think, to believe (I)

creerse to believe oneself to be, **4.3**

crespo(a) curly, **6.1**

el **crisantemo** chrysanthemum, (II)

la **crítica** criticism

la **cronología** chronology

el **cruce de caminos** intersection, **1.3**

el **crucero** cruise

hacer un crucero to go on a cruise, (II)

cruel cruel, **3.2**

el **crujido** crackling, (II)

cruzar to cross, (II)

el **cuaderno** notebook, (I)

la **cuadra** city block, (I)

cuadrado(a) square, (I)

cuadro: de cuadros plaid, (I)

el **cuadro** picture, (I)

¿cuál? which?, what?, (I)

cualquier any, **5.2**; **en cualquier parte** everywhere, **5.1**

cuando: de vez en cuando once in awhile, **3.2**

¿cuándo? when?, (I)

cuanto: en cuanto a regarding, **2.2**

¿cuánto(a)? how much?, (I)

cuarenta forty, (I)

cuarto: y cuarto quarter past the hour, (I)

el **cuarto** a fourth, **5.1**
el **cuarto** room (of a house), (I)
cuarto(a) fourth, (I)
cuatrocientos(as) four hundred, (I)
cubano(a) Cuban, (I)
los **cubiertos** place setting, (I)
cubrir to cover
cubrirse to cover oneself, (II)
la **cuchara** spoon, (II)
el **cuchillo** knife, (II)
el **cuello** neck, (II)
la **cuenta** bill, (II)
el/la **cuentista** storyteller
el **cuento** short story
el **cuento de hadas** fairy tale, **1.1**
la **cuerda de nilón** nylon cord, (II)
la **cuerda** rope, (II); cord, string, (II)
cuerdo(a) sensible, (II)
el **cuero** leather, (I)
el **cuerpo** body, (II)
el **cuervo** crow, (II)
la **cueva** cave, (II)
el **cuidado** care, caution, (II)
tener cuidado to be careful, (II)
cuidadosamente carefully, (II)
cuidadoso(a) careful, **1.2**
cuidar to take care of, (I)
la **culebra** snake, **3.2**
la **culpa** guilt, fault
echar la culpa to blame, (II)
cultivar to cultivate (land), **1.2**; to cultivate (friendship)
el **cultivo** cultivation, **5.2**
la **cultura** culture, **1.2**
el **cumpleaños** birthday, (I)
la **cuneta** ditch, gutter
el/la **cuñado(a)** brother-in-law (sister-in-law), (II)
curar to cure, **4.3**
curioso(a) curious, **1.2**
la **curita** adhesive bandage, (II)
el **curso** class
la **curva** curve

CH

el **chaleco** jacket
el **chaleco salvavidas** life jacket, (II)
el **champú** shampoo, (II)
Chanukah Jewish holiday, (II)
la **chaqueta** jacket, (I)
chato(a) flat, **6.1**
el **chato** small glass
el **cheque** check, (I)
hacer un cheque to write a check, (I)
el **cheque** de viajero traveler's check, (I)
la **chica** girl, **1.1**
el **chicle** gum, **4.1**
el **chico** boy, **1.1**
los **chícharos** peas, (II)
la **chifladura** craziness
chileno(a) Chilean, (I)
chillar to scream, **4.2**
el **chillido** screech, (II)
China China, (II)
el **chino** Chinese (language), (I)
chino(a) Chinese, (I)
el **chisme** gossip, **3.2**
chismear to gossip, **6.2**
chismoso(a) gossipy, **3.2**
el **chiste** joke
el **choque** (car) crash, (II)
el **chorizo** Spanish sausage
la **chuleta** chop, cutlet, (II)
el **chupa-chup** lollipop, **4.1**

D

dado que given that, considering, **5.2**
las **damas** ladies, (I)
para damas for ladies, (I)
danés(esa) Danish, (II)
la **danza** dance
dar to give (I)
dar asco to disgust, **1.1**
dar bostezos to make one yawn, **1.1**
dar consejos a to give advice to, (I)
dar de comer a to feed, (I)
dar igual to be all the same, not matter, **1.1**

dar la vuelta al mundo to go around the world, (II)
dar miedo to frighten, **1.1**
dar pánico to cause to panic, (II)
dar pena to make sad, **1.1**
dar rabia to enrage, **1.1**
dar risa to make laugh, **1.1**
dar susto to scare, to terrify, (II)
dar terror to terrify, **1.1**
dar un caderazo to push with the hip, **6.2**
dar un codazo to poke with an elbow, **6.2**
dar un golpazo to hit, bang, **6.2**
dar un mordiscazo to bite into, **6.2**
dar un paseo to go for a walk, (I)
dar un portazo to slam the door, **6.2**
dar un puñetazo to punch, **6.2**
dar un suspiro to sigh, **6.2**
dar un vistazo to keep an eye on, **6.2**
darse cuenta de to realize, (II)
darse la media vuelta to turn around, **6.2**
los **datos** data, **5.1**
de of, from, for (I)
de acuerdo OK, (I)
de nada you're welcome, (I)
¿De parte de quién? Who is speaking/calling?, (II)
¿De qué es? What's it made of?, (I)
¿De quién es/son? Whose is it/are they?, (I)
de repente suddenly, (II)
debajo de underneath, (II)
el **debate** debate, (II)
el **deber** obligation, **2.2**
deber should, ought, (I)

debido a due to, 5.2

débil weak, (II)

la **debilidad** weakness, 6.2

el **deceso** death

decidirse to decide, 2.2

décimo(a) tenth, (I)

decir to say, to tell, (I)

  es decir in other words, (II)

  decir mentiras to tell lies, (II)

  decisión: tomar una decisión to make a decision, (II)

la **decisión** decision, (II)

la **declaración** declaration

dedicar to dedicate, devote, 2.1

  dedicar tiempo to devote time, 2.1

el **dedo del pie** toe, (II)

el **dedo** finger, (II)

el **defecto** defect, 2.3

defectuoso(a) defective

defender (ie) to defend, (II)

la **defensa** defense

el/la **defensor/a** defender

definido(a) defined, 6.1

degradable degradable, (II)

dejar to let, allow, 6.2; to leave something (behind), (II)

  dejar atrás to leave behind, 1.2

  dejar de + inf. to stop, 2.1

  dejar en paz to leave alone, 4.2

  del (de + el) from the, of the, (I)

el **delantal** apron, 4.3

delante de in front of, (II)

deletrear to spell out

el **delfín** dolphin, (II)

delgado(a) thin, (I)

la **delicadeza** gentleness

delicado(a) delicate

la **delicia** delight

el **delito** crime, 5.3

los **demás** (the) others, (II)

demasiado too, too much

la **demora** delay, (II)

demostrar (ue) to show, 2.3

el/la **dentista** dentist, (I)

dentro de in, (II); inside, (I)

  por dentro inside, 6.3

depender (de) to depend (on), (II)

el/la **dependiente** shop clerk, (II)

el **deporte** sport, (I)

el/la **deportista** athlete, (I)

deportivo(a) sporty, casual; related to sports, (I)

  el **programa deportivo** sports program, (I)

el **depósito** gasoline tank

deprimente depressing, (I)

deprimido(a) depressed, (I)

el **derecho** right, 2.2

derecho straight ahead, (I)

  sigue derecho go straight ahead (fam sing. com.), (I)

derecho(a) straight, 4.1; right, (I)

  a la derecha to the right, (I)

derivado(a) derivative

derramar to spread, 5.3

el **derrame** spill, (II)

derrochar to waste, 5.2

desafortunadamente unfortunately, (II)

desagradable unpleasant, (II)

desagradar to dislike, 1.1

el **desagrado** displeasure, discontent, 6.2

desaliñar to make untidy

el **desamparo** helplessness, 5.3

desaparecer (zc) to disappear, 4.3

desarrollar to develop, 1.2

el **desarrollo** growth

el **desastre** disaster

desastroso(a) disastrous

el **desayuno** breakfast, (I)

descalzo(a) barefoot, 6.1

descansar to rest, (I)

el **descanso** rest, 1.2

descarado(a) insolent, 6.3

descomponer to break

descompuesto(a) broken, not working, 1.3

desconcertado(a) bewildered, 2.1

el **desconcierto** confusion, 2.1

desconectar to disconnect

desconfiado(a) distrusting

el/la **desconocido(a)** stranger

desconocido(a) unknown, 1.2

desconsiderado(a) inconsiderate, (II)

el **descubridor** discoverer

descubrir to discover, 1.2

descuidadamente carelessly, (II)

descuidar to neglect

desde from, since, (I)

desear to want, (II)

el **desecho** waste, 5.2

el/la **desempleado(a)** person out of work, unemployed, 5.2

el **desempleo** unemployment, 5.3

el **desenlace** ending, 1.1

el **deseo** wish, 6.3

el **desequilibrio** imbalance, 4.1

la **desesperación** desperation, 2.1

desesperado(a) desperate

desfallecer to faint

el **desfile** parade, (II)

desgarbado awkward, uncoordinated, 6.3

desglosar to detach

deshacerse de to get rid of, 3.1

el **desierto** desert, (I)

desinflado(a) deflated, 1.3

el **desinterés** selflessness, 5.2

desleal disloyal, (II)

desobediente disobedient, (II)

el **desodorante** deodorant, (II)

el **desorden** mess, disorder, 6.1

desordenado(a) messy, (II)

desorientarse to become disoriented, (II)

despacio slow, (II)

despachar to wait on or help customers, 6.3

desparramado(a) scattered

la **despedida** farewell, **2.2**

despedirse (i, i) (de) to say goodbye, (II)

despegar to take off (airplane), (II)

el **desperdicio** trash, garbage, **5.2**

despertarse (ie) to wake up, (II)

despistado(a) absent minded, confused, (II)

desplazarse to move

después de after, (I)

destacado(a) prominent, **1.1**

destacar(se) to stand out, **5.3**

el **destino** destiny

el **destornillador** screwdriver, **1.3**

la **destrucción** destruction, (II)

destruir (y) to destroy, (II)

desvelar to keep awake, **6.1**

el **desvío** detour

el **detalle** detail, **2.2**

el **detectarradar** radar detector, **5.1**

el/la **detective** detective

detener (ie) to stop, (II)

determinar to determine

detrás de behind, (I)

la **deuda** debt, **5.3**

devolver (ue) to return

el **día** day, (I)

el **Día de Acción de Gracias** Thanksgiving, (II)

el **Día de la Independencia** Independence Day, (II)

el **Día de la Raza** Hispanic Pride Day, (II)

el **Día de las Brujas** Halloween, (II)

el **Día de los Enamorados** St. Valentine's Day, (II)

el **Día del Trabajo** Labor day

el **Día del Veterano** Veteran's Day

el **diablo** devil, **1.1**

el **diagrama** diagram, **2.1**

los **días feriados** holidays

dibujado(a) outlined, revealed, **6.1**

dibujar to draw, (I)

el **dibujo animado** cartoon, (II)

diciembre December, (I)

los **dientes** teeth, (I)

los **frenos en los dientes** (dental) braces, (I)

la **dieta** diet, (II)

diez ten, (I)

diez y nueve nineteen, (I)

diez y ocho eighteen, (I)

diez y seis sixteen, (I)

diez y siete seventeen, (I)

la **diferencia** difference, **5.3**

diferente different, (I)

difícil difficult, (I)

difícilmente with difficulty, (II)

la **dificultad** difficulty, (II)

dificultar to impede, hinder

la **dignidad** dignity

diminutivo(a) diminutive, small

Dinamarca Denmark, (II)

el **dinero** money, (I)

el **dinero en efectivo** cash, **1.3**

la **diosa** goddess, **3.2**

dirán: el qué dirán what people will say, **6.3**

la **dirección** address, (I); direction

directo(a) direct

el **vuelo directo** non-stop flight, (I)

el **disco** record, (I)

el **disco rojo** red light

la **discordia** disagreement, discord

la **discoteca** discotheque

disculpar to forgive, **4.2**

el **discurso** speech, (II)

la **discusión** discussion, **4.2**

discutir to argue, **4.2**

diseñar to design, **1.2**

el **diseño** design

el **disfraz** (pl. **los disfraces**) costume, disguise, (II)

disfrutar to enjoy, **2.2**

disgregar to disperse

disimular to pretend, feign, **3.2**

la **disminución** decrease

disminuir (y) to diminish, **1.3**

disparar to shoot, **4.3**

disponer de to have available, **2.3**

la **disposición** disposition

dispuesto(a) willing, **2.3**

distante distant, **3.2**

diverso(a) different, **2.2**

divertido(a) fun, (I)

la **diversión** diversion, amusement, **1.2**

divertirse (ie, i) to have fun, to enjoy oneself, (II)

divino(a) divine, **4.1**

doblar to turn (a corner) (I)

el **doble** double, **5.1**

doce twelve, (I)

la **docena** dozen, (II)

dócil docile, (II)

el/la **doctor/a** doctor, (I)

el **documental** documentary, **1.1**

los **documentos** documents

los **documentos de viaje** traveling papers, (II)

el **dólar** dollar, (I)

doler (ue) to hurt, (II)

el **dolor** pain, **3.3**

doloroso(a) painful

dominar to control, rule

el **domingo** Sunday, (I)

dominical dominical, pertaining to Sunday

dominicano(a) Dominican, (I)

¿dónde? where? (I)

¿Dónde te (le, les) duele? Where does it hurt?, (II)

dorado(a) golden, **3.3**

dormir (ue, u) to sleep, (I)

dormirse (ue, u) to fall asleep, (II)

dos two, (I)

doscientos(as) two hundred, (I)

el **dragón** dragon, (II)

el/la **dramaturgo(a)** playwright

la **droga** drug, **5.3**

la **ducha** shower, (II)

ducharse to take a shower, (II)

la **duda** doubt
el/la **dueño(a)** owner, (I)
el **dulce** sweet (candy)
dulce sweet, (II)
durar to last, **3.1**
el **durazno** peach, (II)
la **dureza** insensitivity, **4.3**
duro(a) tough, (II)

E

el **eco** echo, (II)
la **ecología** ecology, **1.2**
ecológico(a) ecological, (II)
económico(a) inexpensive, (II)
el **ecoturismo** ecological vacation, **1.2**
ecuatoriano(a) Ecuadorian, (I)
echar to throw, **4.2**
  echar a la calle to throw out, **4.2**
  echar de menos to miss, (II)
  echar la culpa to blame, (II)
  echar una mirada to take a look, **6.2**
echarse to put on, (II)
  echarse una siesta to take a nap, **6.3**
  echarse a + inf. to burst out, **6.1**
la **edad** age, **4.1**
el **edificio** building, (I)
la **educación** education, **2.2**
  la **educación física** physical education, (I)
  la **educación primaria** elementary education
  la **educación secundaria** high school
  la **educación separada** single sex education, **2.2**
educativo(a) educational, (I)
  el **programa educativo** educational program, (I)
los **efectos especiales** special effects, **1.1**
la **eficacia** effectiveness

Egipto Egypt, (II)
el **egoísmo** selfishness, **3.1**
egoísta selfish, (II)
el/la **ejecutivo(a)** executive
el **ejemplo** example
  por ejemplo for example, (II)
ejercer to exercise one's right
el **ejercicio** exercise, (I)
  hacer ejercicio to exercise, (I)
él he, (I)
el the (m.), (I)
las **elecciones** elections, (II)
la **electricidad** electricity, **5.1**
el/la **electricista** electrician, (I)
eléctrico(a) electric, (II)
electrónico(a) electronic, **5.1**
el **elefante** elephant, (I)
la **elegancia** elegance, (II)
elegante elegant, (I)
elegir (i) to choose, **2.2**
el **elemento** element, **4.3**
ella she, her, (I)
ellas they, them (f.), (I)
ellos they, them (m.), (I)
emanar to arise from
embargo: sin embargo however, (II)
el **embarque** boarding
  la **tarjeta de embarque** boarding pass, (II)
embellecer (zc) to beautify, **5.2**
la **emisión** emission
emocionado(a) excited, (I)
emocionante exciting, (I)
el/la **empacador/a** packer, (II)
empatado(a): quedar empatado(a) to be tied (sports), (II)
empezar (ie) to start, (I)
el/la **empleado(a)** employee, (I)
el **empleo** job, (II)
empobrecerse (zc) to become poor, **1.1**
emprendedor/a enterprising, **1.2**
emprender viaje to take a trip, **1.3**
la **empresa** company; enterprise, **2.3**

empujar to push, **4.2**
en at; in; on, (I)
  en caso de in case of
  en el/al extranjero abroad, (II)
  en punto on the dot, (I)
  en seguida right away, (II)
enamoradizo(a) easily infatuated
enamorado(a) in love, (I)
enamorarse (de) to fall in love (with), (II)
el/la **enano(a)** dwarf, **4.3**
encantado(a) enchanted
encantar to delight, (II)
encender (ie) to light, turn on, (II)
el **encendido** ignition
encendido(a) turned on
encerrar(se) (ie) to lock oneself in, **4.2**
encima above
  encima de on top of, (II)
encogerse: encogerse de hombros to shrug, **6.2**
encontrar (ue) to find, (II)
encorvado(a) hunched, **4.1**
la **encuesta** opinion poll, **2.2**
enchufar(se) to plug in, **5.1**
la **energía** energy
  la **energía del viento** wind power, (II)
  la **energía solar** solar energy, (II)
enero January, (I)
enfadado(a) angry, **2.1**
enfadarse to get angry, **2.2**
enfermarse to get sick, **2.2**
la **enfermedad** sickness, (II)
el/la **enfermero(a)** nurse, (I)
enfermo(a) sick, (I)
enfrentar(se) to face, **5.1**
enfrente de in front of, (I)
enfriar to cool, **1.3**
enfurecerse (zc) to become furious, **6.1**
engañar to fool, deceive, **5.1**
el **engaño** deception
engañoso(a) deceptive, **3.2**

engordar to become fat, **1.1**

enhorabuena congratulations

enjugar (ue) to dry, wipe a tear

enmudecer (zc) to become dumbfounded, **6.1**

enojado(a) mad, angry, (I)

enojarse (con) to get mad (at), (II)

enojón(ona) irritable, touchy

enriquecerse (zc) to become rich, **1.1**

enrojecerse (zc) to blush, **1.1**

enrollarse to get involved, **3.1**

la **ensalada** salad, (I)

la **enseñanza** education, **5.2**

enseñar a to show, teach (how to) (I)

ensombrecer to cast a shadow

ensuciar to soil, **5.2**

el **ensueño** dream

entender (ie) to understand, (I)

enterarse de to find out, (II)

enterrar (ie) to bury, **5.2**

el **entierro** burial

entonces then, (I)

en aquel entonces at that time, **3.2**

la **entrada** admission ticket, (I)

entrañable very affectionate

entrar to enter

entre between, (I)

entregar to hand over, (II)

el/la **entrenador/a** trainer, coach, (II)

entrenarse to train, (II)

entretenido(a) entertaining, **1.1**

la **entrevista** interview, (II)

el/la **entrevistador/a** interviewer

entrometido(a) nosy, **1.2**

entusiasmado(a) excited

entusiasmarse (con) to become excited, **6.3**

entusiasta enthusiastic, **1.2**

envejecer (zc) to become old, **1.1**

envenenar to poison, **5.2**

enviar to send, **2.2**

la **envidia** envy, (II)

verde de envidia green with envy

envidioso(a) envious, **6.2**

el **envío** shipment

la **envoltura** wrapping, **5.2**

envolver(se) (ue) to wrap oneself, **4.3**

enyesar to put a cast on, (II)

la **epidemia** epidemic, **5.2**

el **epígrafe** epigraph, inscription

el **episodio** episode

la **época** period (of time), (II)

el **equilibrio** equilibrium, balance, **5.2**

equipado(a) equipped, **2.2**

el **equipaje** luggage, (II)

el **equipaje de mano** hand luggage, (II)

el **equipo** team, (I); equipment, (II)

equivocado(a) mistaken, (I)

erróneo(a) erronous

el **error** error, **2.1**

cometer errores to make errors, **2.1**

la **erupción** rash, (II)

la **erupción volcánica** volcanic eruption, (II)

escabullirse to sneak away

la **escala** stopover, (II)

hacer escala to make a stopover, (II)

escalar to climb

la **escalera** stairs, (I)

el **escalofrío** chill, **4.1**

escaparse to run away; to escape (II)

la **escasez** shortage, **5.2**

escaso(a) thin (eyebrows), **6.1**

el **escenario** scenery

el/la **esclavo(a)** slave, **5.1**

la **escoba** broom, **4.3**

escocés(esa) Scottish, (II)

Escocia Scotland, (II)

escoger to choose, (II)

esconderse to hide, (II)

el **escondite** hideout, hiding place

jugar al escondite to play hide-and-seek, (II)

escribir to write, (I)

el/la **escritor/a** writer, (I)

el **escritorio** desk, (I)

escrutar scrutinize

escuchar to listen to, (I)

la **escuela** school, (I)

ese(a) that (f.)

en ese tiempo at that time, **3.2**

esos(as) those (f.), (I)

el **esfuerzo** effort, **2.2**

el **espacio** outer space, **1.1**; space

la **espada** sword, **4.3**

la **espalda** back, (II)

espantar to scare, **4.3**

el **español** Spanish (language), (I)

español/a Spanish, (I)

espasmódico(a) spasmodic

especial special, **5.1**

especialmente especially, (II)

la **especie** species

espectacular spectacular, **1.1**

el **espectáculo** performance

el **espejo** mirror, (I)

la **esperanza** hope, **5.3**

esperar to wait for, (I); to hope, (II)

las **espinacas** spinach, (II)

el **espionaje** espionage, **1.1**

el **espítitu** spirit, **4.3**

la **espontaneidad** spontaneity

el **esquema** outline, **2.1**

el **esquí acuático** water skiing, (I)

practicar el esquí acuático to waterski, (I)

esquiar to ski, (I)

la **esquina** street corner, (I)

establecer to establish

el **establo** stable, (II)

la **estación** season, (I); train station, (II)

el **estacionamiento** parking lot, (II)

estacionar to park, (II)

el **estadio** stadium, (I)

el **estado de ánimo** state of mind

los **Estados Unidos** the United States

estadounidense from the United States, (I)

estallar to blow up, **4.3**

la **estancia** stay, sojourn

el **estante** bookcase, (II)

estar to be, (I)

  está a it costs, (II)

  está nublado it's cloudy

  está prohibido it is prohibited, (II)

  estar a favor (de) to be in favor of, **2.2**

  estar de acuerdo (con) to be in agreement, **2.2**

  estar a + distancia to be + distance from, (I)

  estar de mal humor to be in a bad mood, (II)

  estar dispuesto(a) a to be ready to, **2.3**

  estar en contra (de) to be against, **2.2**

  estar en desacuerdo (con) to disagree (with), **2.2**

  estar en el primer puesto to be in the first place, (II)

la **estatura** height, **5.1**

estos(as) those

el **este** east, **1.1**

este(a) this (I)

el **estéreo** stereo, (I)

el **estereotipo** stereotype

el **estilo** style

estima: se estima to have a high opinion of another

el **estimulante** stimulant

estimulante stimulating

estirado(a) smooth, **4.1**

estival estival, pertaining to summer

el **estómago** stomach, (II)

el **estornudo** sneeze, (II)

estrafalario(a) eccentric, bizarre, **6.3**

la **estrechez** tightness

la **estrella** star, (II)

estrellado(a) starry

el **estreno** first-run film, **1.1**

estrictamente strictly

estropear to ruin, **2.3**

el/la **estudiante** student, (I)

estudiantil pertaining to students, (II)

estudiar to study, (I)

  estudiar para to study to be a, (I)

  estudiar para un examen to study for an exam, (I)

la **estufa** stove, (I)

estupendo(a) terrific, (I)

la **estupidez** stupidity, **6.3**

el **éter** ether

eterno eternal

ético(a) ethical

Europa Europe, **1.1**

europeo(a) European, **6.1**

evitar to avoid, (II)

evocar to evoke

exactamente exactly, (II)

exacto(a) exact

exaltar to exalt, glorify

el **examen** exam, test, (I)

  el **examen final** final exam, **2.1**

  el **examen semestral** semester exam, **2.1**

excelente excellent, (I)

la **excusa** excuse

exigente demanding, **1.1**

exigir to demand, **4.2**

el **éxito** successful

  tener éxito to be successful, (II)

exitoso(a) successful, **1.1**

exótico(a) exotic, **1.2**

la **experiencia** experience, (II)

experimentar to experience, feel, **1.2**

experto(a) expert

la **explicación** explanation, **6.2**

explicar to explain, (I)

explorar to explore, (II)

exquisito(a) exquisite, (II)

extenderse to extend

exterior outer

la **extinción** extinction

el **extranjero: al/en el extranjero** abroad, (II)

extranjero(a) foreign, (I)

extrañeza oddness

extraño(a) strange, (II)

el **extraterrestre** extraterrestial

extrovertido(a) extrovert

F

la **fábrica** factory, (I)

el **fabricante** maker

la **faceta** facet

fácil easy, (I)

fácil para el usuario user-friendly

fácilmente easily, (II)

facturar to check (luggage), (II)

la **facultad** ability

la **falda** skirt, (I)

falso(a) false

la **falta (de)** lack (of), **6.3**

faltar: faltar el respeto to be disrespectful, **3.1**

la **familia** family, (I)

familiarizarse to become familiar with, **2.1**

famoso(a) famous, **1.1**

la **fantasía** fantasy, **4.3**

el **fantasma** ghost, **4.3**

la **farmacia** drugstore, (II)

el **fármaco** medicine

el **faro** headlight

el **farol** street lamp

fascinante fascinating, (II)

fascinar to fascinate, (II)

la **fatiga** fatigue

el **favor** favor, (I)

favorito(a) favorite, (I)

febrero February, (I)

fecundo(a) fertile

la **fecha** date

feliz happy, **6.1**

fenomenal phenomenal, remarkable, **1.2**

feo(a) ugly, (I)

feroz ferocious, **4.3**

la **ferretería** hardware store

el **festival** festival, (II)
el **fichero** index
la **fiebre** fever, (II)
fiel faithful, **3.1**
la **fiesta** party, (I)
fijarse to notice, **3.2**
fijo(a) fixed
las **Filipinas** Philippine Islands, (II)
filipino(a) Philippine, (II)
el **filtro** filter, **1.3**
el **fin** end
al fin y al cabo after all, **6.3**
por fin at last, **3.1**
el **fin de semana** weekend, (I)
la **finca** farm, (II)
los **fines: a fines de** at the end of
fingir to pretend, feign, **3.2**
fino(a) thin (lips), **6.1**
firmar to sign, (II)
fisico(a) physical
la **educación fisica** physical education, (I)
el **flan** baked custard, (II)
la **flecha** arrow, **4.3**
el **flechazo** sudden love
el **flequillo** bang, **6.1**
flojo(a) lazy, **3.2**
la **flor** flower, (II)
la **fobia** phobia, **5.3**
el **folleto** pamphlet, (II)
fomentar to promote, (II)
el **fondo** back
en el fondo deep inside, **6.3**
al fondo de in the back, rear, **2.1**
formativo(a) formative, **2.2**
formidable terrific, great, (I)
el **formulario** form (document), (I)
fortalecer to fortify, strengthen
la **fortuna** fortune
el **fósforo** match, (II)
fósil fossil, **5.2**
la **foto** picture, photograph

sacar fotos to take pictures, (I)
el **fracaso** failure, **5.3**
el **fragmento** fragment, **5.2**
el **francés** French (language)
francés(esa) French
la **franqueza** frankness, **6.3**
la **frase** phrase
la **frecuencia** frequency
¿Con qué frecuencia? How often?, (II)
frecuentemente frequently, (II)
frenar to brake, **1.3**
los **frenos** brakes, **1.3**
los **frenos en los dientes** dental braces, (I)
la **frente** forehead, **6.1**
la **fresa** strawberry, (II)
el **fresco** coolness, (I)
hace fresco it's cool, (I)
fresco(a) fresh, (II)
la **frescura** freshness
el **frigorífico** refrigerator
los **frijoles** beans, (I)
el **frío** cold (I)
hace frío it's cold, (I)
tener frío to be cold, (I)
frío(a) cold, (II)
frío(a) hasta la médula chilled to the bone, (II)
frito(a) fried, (II)
frotar to rub
fruncir: fruncir las cejas to frown, **6.2**
la **frustración** frustration, **2.1**
la **fruta** fruit, (I)
el **fuego** fire, (II)
los **fuegos** artificiales fireworks, (II)
la **fuente** source, **5.2**
fuera de outside, (II)
fuera out
el **fuerte** fort, **4.3**
fuerte strong, **1.2**
la **fuerza** strength
fumar to smoke, (II)
funcionar to work, (II)
la **furia** anger, **6.2**
furioso(a) furious, (II)
furioso(a) conmigo mismo(a) furious with myself, **2.1**

el **fútbol americano** football, (I)
el **fútbol** soccer, (I)
el **futuro** future, **1.1**

G

la **galleta** cookie, (II)
la **gallina** hen, **3.2**
ganador/a winning, **1.1**
el/la **ganador/a** winner, (II)
ganar to earn (money); to win, (I)
la **ganga** bargain, (II)
el **garaje** garage, **4.1**
la **garganta** throat, (II)
las **gárgaras: hacer gárgaras** to gargle, (II)
el **gas** gas
el **gas natural** natural gas, (II)
la **gaseosa** soft drink, soda, (I)
la **gasolina** gasoline, (II)
gastar to use, expend, **5.1**; to spend (money), (I)
gatear to crawl, (II)
el **gato** cat, (I); jack, **1.3**
la **gaveta** locker, (I)
el/la **gemelo(a)** twin, **6.1**
general: por lo general in general, **3.2**
generalizado(a) generalized
generalmente generally, (II)
generar to produce
el **género** genre
generoso(a) generous, (I)
genial ingenious, **4.1**
la **gente** people, (II)
la **geometría** geometry, (I)
el **gesto** gesture
el/la **gigante** giant, **3.2**
gigantesco(a) gigantic, (II)
el **gimnasio** gymnasium, (I)
la **ginebra** gin
girar to turn
el **girasol** sunflower
gitano(a) gypsy, **1.2**
la **glándula** gland, (II)
global global, (II)
el **globo** balloon, **4.1**
glorioso(a) glorious, **6.3**
el **gobierno** government, (II)

el **gol** goal, (II)
   marcar un gol to score a goal
   goloso(a) sweet-toothed
   golpearse to hit oneself, (II)
la **goma** rubber, (I)
   gordo(a) fat, (I)
la **gordura** fat, fatness, **5.3**
el **gorila** gorilla, (I)
la **gorra** cap, (I)
   la **gorra visera** visor cap, **6.3**
las **gotas** drops, (II)
   las **gotas de los ojos** eyedrops
la **grabadora** tape player, (I)
   grabar to record (music), (II)
   gracias (por) thank you, thanks (for), (I)
   gracioso(a) funny, (II)
el/la **graduado(a)** graduate, **2.2**
   graduarse to graduate, (II)
el **gramo** gram, (II)
   grande great, large, (II)
el/la **granjero(a)** farmer
la **grasa** fat, (II)
   gratis free, **2.2**
   grave serious, grave, (II)
   Grecia Greece, (II)
   griego(a) Greek, (II)
la **grieta** crevice, **1.2**
la **gripe** influenza, cold, (II)
   gris gray, (I)
   gritar to scream, (II)
el **grito** scream, **3.2**
   llorar a gritos to cry one's eyes out, **3.2**
   gruñir to grumble, **4.2**
el **grupo** group, **6.3**
la **gruta** grotto, cave
los **guantes** gloves, (I)
   guapo(a) good-looking, (I)
el **guardajoyas** jewelry box
   guardar cama to stay in bed (sick), (II)
   guardar to keep, store (I)
   guardar un secreto to keep a secret, (II)
   guatemalteco(a) Guatemalan, (I)
la **guerra** war, **1.1**
   la **guerra civil** civil war, **1.1**

la **guía** guide
   la **guía de teléfonos** phonebook
   la **guía de viaje** travel guide, (II)
   guiar to guide
   guiñar: guiñar el ojo to wink, **6.2**
el/la **guionista** scriptwriter
el **guiso** stew
la **guitarra** guitar, (I)
   la **guitarra eléctrica** electric guitar, (II)
el/la **guitarrista** guitar player, (I)
el **gusano** worm, **3.2**
   gustar to like

H

   había there was (were), (II)
la **habichuela** bean; string beans, (II)
la **habitación** bedroom, (I); room
el **hábito** habit
   habitual customary
   hablador/a talkative, (II)
   hablar to speak, talk, (I)
   hablar en voz baja to speak quietly, (II)
   hablar por teléfono to talk on the telephone, (II)
   hace: hace buen tiempo the weather is nice, (I)
   hace + time (with preterit) ago, (II)
   hace... que it has been.... since, (I)
   hace calor it's hot, (II)
   hace fresco it's cool, (I)
   hace frío it's cold, (I)
   hace mal tiempo the weather is bad, (I)
   hace sol it's sunny, (I)
   hace un tiempo regular the weather is so-so, (II)
   hace viento it's windy, (II)
   hacer to do, (I)
   hacer alpinismo to go mountain climbing, (II)
   hacer caso to pay attention, **3.2**
   hacer cola to stand in line, (I)

   hacer daño to hurt, **4.2**
   hacer ejercicio to exercise, (I)
   hacer el papel to play the role, **1.1**
   hacer escala to make a stopover, (II)
   hacer las maletas pack (suitcases), (I)
   hacer las paces to make up, **4.2**
   hacer paracaidismo to go skydiving, (II)
   hacer reparaciones to make repairs, **1.3**
   hacer reservaciones to make reservations, **1.3**
   hacer un crucero to take a cruise, (II)
   hacer un cheque to write a check, (I)
   hacer un presupuesto to make a budget, **1.3**
   hacer un viaje to go on a trip, **1.2**
   hacer un viaje to take a trip, (II)
   hacer una caminata to hike, (I)
   hacer una pregunta to ask a question, (I)
   hacerse to become, **1.1**
   hacerse cargo de to take charge of, **4.2**
   hacerse lenguas (de) to rave about, **6.2**
   hacia toward, (II)
el **hacha** ax (f.), (II)
el **hada** (f.) fairy
   halagar to flatter
la **hamaca** hammock, (II)
el **hambre** (f.), hunger, (I)
   tener hambre to be hungry, (I)
la **hamburguesa** hamburger, (I)
   haragán(ana) lazy, **6.3**
la **harina de trigo** wheat flour, (II)
   harto(a) fed up, **1.2**
   hasta until; as far as; even, (I)
   hasta luego see you later, (I)

hasta pronto see you soon

hasta que until, (II)

hay there is, there are, (I)
(no) hay que one must (not), (II)

la **hazaña** accomplishment, **4.1**

el **hecho** fact, **5.2**
de hecho as a matter of fact, **6.3**

hecho(a) made
hecho a mano hand made, (II)

hedonista hedonistic

la **heladería** ice cream shop, (II)

el **helado** ice cream, (I)

el **helecho** fern, (II)

el **hemisferio (norte, sur)** hemisphere (northern, southern), (II)

heredar to inherit, **5.2**

la **herida** wound, (II)
herido(a) hurt
herir (ie, i) to hurt, **5.3**

el/la **hermanastro(a)** step brother (stepsister), (II)

el/la **hermano(a)** brother (sister), (I)

los **hermanos** siblings (brothers and sisters), (I)
hermosísimo(a) most beautiful, (II)
hermoso(a) beautiful, **1.2**

la **hermosura** beauty, (II)

la **herramienta** tool, **1.3**

el **hielo** ice, (I)
patinar sobre hielo to ice-skate, (I)

la **hierba** pasture, grass, **5.2**
la **hierba venenosa** poison ivy, (II)

el **hierro** steel, iron, **5.2**

el/la **hijastro(a)** stepson (stepdaughter), (II)

el/la **hijo(a)** son (daughter) (I)

los **hijos** children (sons and daughters), (I)
hinchado(a) swollen, (II)

el **hipo** hiccup, (II)
hispano(a) Hispanic, **1.1**

el/la **hispanohablante** Spanish speaker

histérico(a) hysterical, (II)

la **historia** story, **1.1**; history, (I)
histórico(a) historic, **1.1**

la **historieta** comic strip, (I)
hogareño(a) homebody, **1.2**

la **hoja** leaf, (II)

las **hojuelas** pancakes
hola hi, hello, (I)

el **hombre** man, (I)
el **hombre de negocios** businessman, (I)
el **hombre lobo** wolfman

el **hombro** shoulder, (II)
encogerse de hombros to shrug, **6.2**
hondureño(a) Honduran, (I)

la **honestidad** honesty

la **hora** hour, (I)
por hora per hour, (II)

el **horario** schedule, (II)

las **horas extraordinarias** overtime

el **horizonte** horizon, **1.2**

la **hormiga** ant, (II)

el **hornillo** portable stove, (II)

el **horno** oven, **5.1**
el **horno microondas** microwave oven, **5.1**
horrible horrible, awful, (I)

el **horror: ¡Qué horror!** How horrible!, (I)
horrorizado(a) horrified, (II)
hospitalario(a) hospitable, **4.3**
hoy today, (I)
hoy día nowadays, (II)
huele smells
huele a it smells like, (II)

la **huelga** strike, **5.3**

el **huevo** egg, (I)
los **huevos fritos** fried eggs, (II)
los **huevos revueltos** scrambled eggs, (II)
los **huevos tibios** soft boiled eggs, (II)
huir (y) to run away, (II)

las **humanidades** humanities

la **humildad** humility, (II)
humilde humble, (II)

el **humo** smoke, (II)

el **humor** mood
estar de mal humor to be in a bad mood, (II)

I

la **idea** idea, **1.2**
idealista idealist
idéntico(a) identical
identificar to identify, **1.3**

el **idioma** language, (I)
idiota idiot

la **iglesia** church, (I)
ignorar to ignore, **3.1**
ilusorio(a) illusory, deceptive

la **imagen** image, **2.3**

la **imaginación** imagination
imaginario(a) imaginary
imaginarse to imagine, (II)
imaginativo(a) imaginative, **1.2**
imbécil imbecil
imitar to imitate, **5.1**

la **impaciencia** impatience, **2.1**
impaciente impatient, (I)
impartir to impart, grant
imperceptible imperceptible

el **impermeable** raincoat, (I)
implantar to implant, introduce
imponer to impose
importante important, (II)
importar to matter, (I)
impotente powerless
imprecindible essential
impresionante amazing, impressive, (II)

la **impresora** printer, **2.2**
la **impresora calidad carta** letter quality printer
la **impresora de rayos láser** laser printer, **2.2**
imprevisto(a) unexpected

el **impuesto** tax, **5.3**
impulsivo(a) impulsive, **1.2**
inaguantable unbearable
inalterable unchangeable

el **Inca** Inca king
la **corona del Inca** poinsettia, (II)

incapaz not capable

el **incendio** fire, (II)

inclinar to bend, incline, **6.2**

inclinar la cabeza to move one's head up and down, **6.2**

incomodar to make uncomfortable

el **inconveniente** inconvenience, **2.2**

incorporarse to incorporate oneself

increíble incredible, (I)

indefenso(a) defenseless

indefinible indefinable

la **independencia** independence, (II)

independiente independent, **1.2**

indeterminado(a) indefinite

India India, (II)

indicar to indicate, show, **6.2**

la **indiferencia** indifference, **6.3**

indígena native, **6.1**

indio(a) Indian (of Asia), (II)

inesperado(a) unexpected

inevitable unavoidable

la **infancia** infancy, **4.1**

la **infección** infection, (II)

la **infelicidad** unhappyness

infiel unfaithful, **3.1**

la **infinidad** infinity, **5.1**

inflable inflatable

la **balsa inflable** inflatable raft (II)

la **inflamación** inflammation, (II)

inflamado(a) sore, swollen, (II)

inflar to blow up

inflexible inflexible, firm

la **influenza** influenza, flu, (II)

la **información** information, **5.1**

el **informe** report

la **infusión de hierbas** hot herbal drink, (II)

el/la **ingeniero(a)** engineer, (I)

ingenioso(a) clever, **6.1**

el **inglés** English (language)

inglés(esa) English, (I)

el **ingreso** to enter the university (as a student)

la **iniciativa** initiative

la **injusticia** injustice, **5.3**

injusto(a) unfair, **4.2**

inmediatamente immediately, (II)

la **inmortalidad** immortality, **5.3**

la **inocencia** innocence, (II)

inolvidable unforgettable, **1.2**

inquieto(a) restless, **6.1**

insalubre unhealthy

la **inscripción** enrollment

el **insecto** insect, (II)

inseguro(a) insecure

inseparable inseparable

insignificante insignificant

insistir (en) to insist (on), **4.2**

insolente insolent, haughty, (II)

insólito(a) unusual

la **instalación** facility, **2.2**

la **instalación deportiva** sports facility, **2.2**

el **instinto** instinct

el **instituto** institute

las **instrucciones** instructions, (II)

el **instrumento** musical instrument, (II)

integral whole

inteligente intelligent, (I)

intenso(a) intense

intentar to make an effort to, **2.1**

el **interés** interest, **5.2**

interesante interesting, (I)

interesar to interest, (II)

el/la **intérprete** interpreter, (II)

interrogar to interrogate, **6.2**

interrumpir to interrupt, **4.2**

intrépido(a) intrepid

intrigado(a) intrigued

introvertido(a) introvert

intuitivo(a) intuitive, **1.2**

la **inundación** flood, (II)

invadir to invade

inventar to invent, make up

el **invierno** winter, (I)

invitar to invite, (I)

la **inyección** injection, (II)

poner una inyección to give a injection, (II)

ir to go, (I)

ir a pie to go on foot, walk, (I)

ir de pesca to go fishing, (I)

ir de vacaciones to go on vacation, (I)

Irlanda Ireland, (II)

irlandés(esa) Irish, (II)

irreal unreal

la **irritación** irritation, bad mood, **2.1**

irritar to irritate, **1.1**

irse to leave, to go away, (II)

la **isla** island, (II)

Italia Italy, (II)

el **italiano** Italian (language), (I)

italiano(a) Italian, (II)

el **itinerario** itinerary, route, (II)

la **izquierda** left, (I)

a la izquierda to (on) the left, (I)

J

el **jabón** soap, (II)

el **jamón** ham, (I)

Japón Japan, (II)

el **japonés** Japanese (language), (I)

japonés(esa) Japanese, (II)

el **jarabe** cough syrup, (II)

el **jardín de infantes** preschool

el **jardín** garden, (II)

el/la **jardinero(a)** gardener, (II)

la **jaula** cage

el/la **jefe** boss, **2.3**

jerárquico hierarchical

la **jirafa** giraffe, (II)

la **jornada** journey

joven young, (I)

los **jóvenes** young people, (I)

la **joya** jewel, (pl. jewelry), (I)

la **joyería** jewelry store, (II)

la **jubilación** retirement, **5.3**

el **juego** game, (I)

el juego de mesa board game, (I)

el **jueves** Thursday, (I)

el/la **jugador/a** player, (II)

jugar (ue) to play, (I)

jugar al escondite to play hide-and-seek

el **jugo** juice, (I)

jugoso(a) rare (meat), (II)

el **juguete** toy, (II)

el **juicio** judgement, 4.3

juicioso(a) sensible, 6.3

julio July, (I)

juntarse to get together, 3.1

las **juntas** couplings

juntos(as) together, 2.2

Júpiter Jupiter, (II)

la **juventud** youth, 4.1

juzgar to judge, 5.3

K

el **kerosén** kerosene

la **lámpara de kerosén** kerosene lamp, (II)

el **kilo** kilogram, (II)

el **kilómetro** kilometer

L

la it, her (f., pron.), (II)

la the (f.), (I)

el **labio** lip, 3.3

laboral pertaining to work

el **laboratorio** laboratory, 2.2

lacio(a) straight (hair), (I)

la **ladera** mountain side, 1.2

el **lado** side (I)

al lado de next to; beside, (I)

el **ladrido** barking, (II)

el **ladrillo** brick, 5.2

el/la **ladrón(ona)** thief

la **lagartija** lizard, (II)

el **lagarto** lizard, (II)

el **lago** lake, (I)

la **lágrima** tear, 3.2

la **lámpara** lamp, (I)

la **lana** wool, (I)

la **langosta** lobster, (II)

lánguido(a) languid, listless, 6.1

el **lápiz** pencil, (I)

largo(a) long, (I)

las them (f., pl., pron.), (II)

la **lástima** pity

lástima que it's too bad that, (II)

lastimarse to hurt oneself, (II)

la **lata** can, (II)

¡Qué lata! What a bore!

el **latido** heartbeat, 4.1

el **lavabo** wash basin, (II)

la **lavandería** laundromat, (II)

el/la **lavaplatos** dishwasher (person), (II)

lavar to wash, (I)

lavarse to wash oneself, (II)

le him, her, (s., pron.), you (formal, pron.), (I)

leal loyal, (II)

la **lealtad** loyalty, 6.3

el/la **lector/a** reader

la **lectura** reading, 2.1

la **leche** milk, (I)

la **lechuga** lettuce, (I)

leer to read, (I)

legal legal

el/la **asistente legal** legal assistant, (II)

las **legumbres** vegetables, (I)

lejano(a) far away, 1.2

lejos de far; far from, (I)

la **lengua** language

lentamente slowly, (II)

los **lentes** lenses, eyeglasses

los **lentes de contacto** contact lenses, (I)

lento(a) slow, 3.2

el **león** lion, (I)

les them (pl., pron.); you (formal, pl., pron.), (I)

la **letra cursiva** italics

el **letrero** sign, (II)

levantar to lift

levantar pesas to lift weights, (II)

levantarse to get up, (II)

la **ley** law

la **leyenda** legend, 1.1

liado(a) con hanging out with, 6.1

la **libertad** freedom, 2.2

la **libra** pound, (I)

libre free, (I)

al aire libre outdoors (I)

los **ratos libres** free time, (I)

la **librería** bookstore, (II)

la **libreta** notebook

la **libreta de direcciones** address book, (II)

el **libro** book, (I)

la **licencia** license

la **licencia de manejar** driver's license, (II)

la **liebre** hare, (II)

la **limitación** limitation, 2.2

el **límite de velocidad** speed limit, 1.3

el **limón** lemon, (II)

el **limonero** lemon tree

el **limpiaparabrisas** windshield wiper, 1.3

limpiar to clean, (I)

limpiarse los zapatos to shine one's shoes, (II)

limpio(a) clean, (II)

la **linterna** flashlight, (II)

el **lío: ¡Qué lío!** What a mess!

la **liquidación** clearance (sale), (I)

el **líquido** liquid, 1.3

liso(a) straight (hair), 6.1

listo(a) ready, (II); smart, (I)

el **litro** liter, (II)

liviano(a) light-hearted, 1.1; light (weight), (I)

lo it, him (m., s., pron.), (I)

el **lobo** wolf, (II)

la **loción** lotion, (II)

la **loción protectora (contra el sol)** sunscreen lotion

la **loción repelente** insect repellent lotion, (II)

loco(a) crazy, (II)

como loco(a) like crazy

la **locura** madness, insanity, 4.1

lograr to achieve, 5.2

el **lomo** back (of an animal)

el **loro** parrot, 3.2

los them (m., pl., pron.), (I)

luchar to fight, 4.3

luego then, later, (I)

el **lugar** place, (I)

el **lugar de nacimiento** birthplace

el **lujo** luxury
   de lujo deluxe, (II)
   lujoso(a) luxurious, **1.2**
   luminoso(a) bright
la **Luna** the Moon (planet)
la **luna** moon, (II)
   la **luna de miel**
      honeymoon
el **lunes** Monday, (I)
el **lustre** shine
la **luz** light, (II)

LL

la **llama** flame, **3.2**
la **llama** llama, (I)
   llamar to call, (I)
   llamarse to be called,
      named
el **llanto** tears, **4.3**
la **llave** key (I)
   la **llave inglesa** wrench,
      1.3
la **llegada** arrival, (II)
   llegar to arrive, (I)
   llegar a ser to become,
      1.1
   llegar a tiempo to be on
      time, **2.3**
   llenar to fill, (II); to fill up,
      1.3
   lleno(a) de gente
      crowded, (II)
   llevar to take; to carry; to
      wear, (I)
   llevarse bien con to get
      along well with, (II)
   llorar to cry, (II)
   llorar a gritos to cry one's
      eyes out, **3.2**
   lloriquear to whine, **4.2**
   llover to rain
   llueve it's raining, (I)

M

el **machete** machete, (II)
la **madera** wood, (I)
la **madrastra** stepmother, (II)
la **madre** mother, (I)
la **madrugada** dawn
   madrugador/a early riser,
      6.1
la **maduración** maturation
la **madurez** maturity, **2.3**

maduro(a) mature, (II)
el/la **maestro(a)** teacher, (I)
la **magia** magic, **4.3**
   mágico(a) magical, (II)
   magnético(a) magnetic
   magnífico(a) magnificent
la **magnitud** magnitude, **5.2**
el/la **mago(a)** wizard
el **maíz** corn, (II)
   majestuoso(a) majestic,
      (II)
el **mal ánimo** bad mood, **2.1**
el **mal genio** bad mood, **6.2**
la **maldad** wickedness
   maldecir to curse, **4.2**
la **maldición** curse
   maldito(a) wicked, bad
la **maleta** suitcase, (I)
   hacer las maletas to
      pack, (I)
el **maletero** trunk (of a car),
      1.3
el **maletín de primeros**
      auxilios first-aid kit, (II)
   malhumorado(a) bad
      tempered, **1.2**
   malo(a) bad, (I)
   malvado(a) evil, **4.1**
la **mamá** mom, (I)
   manco(a) one-armed, **6.1**
la **mancha** stain, **5.2**
   mandado: hacer
      mandados to run
      errands, **6.1**
   mandar to send, (I); to
      order, (II)
la **mandíbula** jaw, **5.1**
   mandón(ona) bossy, (II)
   manejar to drive, (I)
la **manera** manner, form
la **manga** sleeve, (I)
   maniobrar to maneuver
   manipular to manipulate,
      6.2
la **mano** (f.) hand, (II)
la **manta** blanket, (II)
   mantener (ie) to keep, (II)
   mantener el equilibrio
      to balance, (II)
   mantener la calma to
      keep calm, **2.1**
   mantenerse en
      contacto to keep in
      touch, **3.1**

la **mantequilla** butter, (I)
la **manzana** apple, (II)
la **mañana** morning, (I)
   mañana tomorrow, (I)
el **mapa** map, (I)
   maquillarse to put on
      makeup, (II)
la **máquina** machine, **5.1**
   la **máquina de afeitar**
      electric shaver, (II)
el **mar** sea, (I)
la **maratón** marathon, (II)
   maravillado(a) amazed,
      (II)
la **marca** brand name, (I);
      mark, (II)
   marcar to dial, (II); to score
      (sports), (II)
el **marco** setting, background
   marcharse to go, **6.3**
   mareado(a) dizzy,
      lightheaded, nauseated,
      (II)
el **maremoto** tidal wave, (II)
la **margarita** daisy, (II)
el **marido** husband
el **marino** sailor
la **mariposa** butterfly, (II)
los **mariscos** shellfish, (II)
   marroquí Moroccan
   Marte Mars, (II)
el **martes** Tuesday, (I)
   marzo March, (I)
   más more, (I)
las **matemáticas** math, (I)
el **material** material, (II)
el **matriarcado** matriarchy
   matricularse to register
      (for classes), (II)
el **matrimonio** marriage
el **maullido** meowing, (II)
   mayo May, (I)
el/la **mayor** eldest, **5.2**
   mayor older, (I); greatest
los **mayores** elders, **6.1**
   me (to, for) me, (II)
el/la **mecánico(a)** mechanic, (I)
la **mecanografía** typing
la **medalla** medal, (II)
la **media: y media** half past
      the hour, (I)
   mediados: a mediados a
      in the middle of
   mediano(a) medium, **6.1**

mediante by means of, **5.1**

el **medicamento** medication

el/la **médico(a)** doctor

el/la **asistente médico** medical assistant, (II)

médico(a) medical

la **medida: a medida que** as, at the same time, **1.2**

el **medio** mean, way

el **medio ambiente** environment (outdoors), (II)

la **mediocridad** mediocrity

meditar to meditate

la **médula** marrow

frío hasta la médula chilled to the bone, (II)

la **mejilla** cheek, **4.1**

mejor better, (I)

mejorar to improve, (II)

mejorarse to feel better, (II)

el **melodrama** melodrama, **1.1**

el **melón** melon, (II)

la **memoria** memory

el/la **mendigo(a)** moocher, beggar, **6.3**

menear to shake, **6.2**

menear la cabeza to move one's head from side to side, **6.2**

el/la **menor** youngest

menor younger, (I)

menos less, (I)

a menos que unless, (II)

echar de menos to miss, (II)

menospreciado(a) underrated

el **mensaje** message, **3.3**

la **menta** mint, (II)

la **mente** mind, **6.1**

mentir (ie, i) to lie, **2.3**

la **mentira** lie, (II)

mentiroso(a) liar, (II)

el **menú** menu, (II)

menudo: a menudo often, **2.1**

el **mercado** business market; market

el **mercado al aire libre** outdoor market, (II)

Mercurio Mercury, (II)

merecer (zc) to deserve, **1.1**

la **mermelada** jam, preserves, (I)

el **mes** month, (I)

el **mes pasado** last month, (I)

el **mes que viene** next month, (I)

la **mesa** table, (I)

la **mesada** monthly allowance, **4.2**

el/la **mesero(a)** waiter (waitress), (II)

la **meta** goal, **2.2**

el **metal** metal, (I)

metálico(a) metallic, **5.1**

meter to put in, **3.1**

meter la pata to put one's foot in one's mouth, **3.1**

meterse en la cabeza to put in one's head, **2.2**

el **metro** subway, (II)

mexicano(a) Mexican, (I)

la **mezcla** mixture

mezclar to mix, **4.3**

mí me (prep., pron.)

mi my, (I)

el **miedo** fear, (I)

tener miedo to be scared, (I)

la **miel** honey, (II)

mientras while, **3.2**

mientras tanto in the meantime, **5.1**

el **miércoles** Wednesday, (I)

la **migaja** crumb, **4.1**

mil one thousand, (I)

el **milagro** miracle, **5.3**

el/la **militar** army man, army woman, **5.2**

la **milla** mile, (I)

el **millón (de)** million, (I)

el/la **millonario(a)** millionaire, (II)

mimado(a) pampered, spoiled, **6.3**

minúsculo(a) tiny, very small, **5.1**

el **minuto** minute, (I)

la **mirada** glance, **3.3**; look, **6.1**

mirar to look at, to watch, (II)

mirarse to look at oneself, (II)

la **miseria** misery, **5.3**

misma: si misma oneself, herself, **3.1**

mismo: si mismo oneself, himself, **3.1**

mismo(a) same, **2.2**

el **misterio** mystery, **1.1**

misterioso(a) mysterious, (II)

la **mitad** half, **5.1**

la **mochila** bookbag, knapsack, (I)

la **moda** fashion, (I)

de moda in fashion, (I)

los **modales** manners

el/la **modelo** model, (II)

moderno(a) modern, (I)

el **modo** way, (II)

mojarse to get wet, (II)

el **molde** mold, mould

molestar to bother, (II)

la **molestia** discomfort, bother

el **momento** moment, (II)

la **momia** mummy

la **moneda** coin, (I)

el **mono** monkey, (I)

la **mononucleosis** mononucleosis, (II)

el **monopatín** skateboard, (I)

andar en monopatín to skateboard, (I)

el **monosílabo** monosyllable, **2.3**

el **monstruo** monster, (II)

el monstruo acuático deep-sea monster, (II)

la **montaña** mountain, (I)

montar to ride

montar a caballo to ride horseback, (I)

montar en bicicleta to ride a bicycle, (I)

montar en la montaúa rusa to ride a roller coaster, (II)

el **monte** hill

el **montón** pile, **5.2**

morado(a) purple, (I)

la **moraleja** moral (of a story)

morder (ue) to bite, 6.2

morderse (ue): morderse la lengua to bite one's tongue, 6.2

moreno(a) dark, 6.1

morirse (ue, u) to die

morirse de ganas to be very anxious to

morirse de hambre to be very hungry, (II)

morirse de sueño to be very sleepy, (II)

la **mosca** fly, (II)

el **mosquito** mosquito, (II)

el **mostrador** counter, (II)

mostrar (ue) to offer, show, 5.2

el **motivo** motive

la **moto** motorcycle, (I)

el/la **motociclista** motorcyclist

el **motor** engine, (II)

mover(se) (ie) to move, 5.1

la **muchacha** girl, (I)

el **muchacho** boy, (I)

la **muchedumbre** mob

mucho gusto nice to meet you, (I)

mucho(a) a lot; many, (I)

mudarse to move, (II)

mudo(a) mute, 6.1

la **mueblería** furniture store, (II)

la **muela** molar tooth, (II)

el **muelle** spring

la **muerte** death, (II)

el **mugido** bellow (of a cow)

la **mujer** woman, (I)

la **mujer de negocios** businesswoman, (I)

la **mujer policía** female police officer, (I)

las **muletas** crutches, (II)

andar con muletas to use crutches, (II)

la **multa** (traffic) ticket, (II)

la **multitud** multitude

la **muñeca** doll; wrist, (II)

el **muñeco** figure, 1.2

la **muralla** city wall, 5.2

la **musculatura** musculature, 6.1

la **música** music, (I)

el/la **músico(a)** musician, (I)

mutuo(a) mutual

muy very, (I)

N

nacer (zc) to be born, (II)

el **nacimiento** birth

la **nacionalidad** nationality

nada nothing, (I)

de nada you're welcome, (I)

nadar to swim, (I)

nadie nobody, (II)

la **naranja** orange, (II)

el **nardo** spikenard, (II)

la **nariz** nose, (II)

Me corre la nariz. My nose is running., (II)

la **naturaleza** nature, 5.2

la **naturalidad** naturalness

la **náutica** art of navigation

la **nave** ship, 4.3

la **nave espacial** space ship

el/la **navegante** navigator

navegar to navigate, sail

la **Navidad** Christmas, (II)

necesario(a) necessary, (II)

la **necesidad** need, 5.2

necesitar to need, (I)

la **negación** negation

negarse (a) (ie) to refuse, 4.2

negativo(a) negative

negociar to negotiate

negro(a) black, (I)

Neptuno Neptune, (II)

el **nerviosismo** nervousness, 2.1

nervioso(a) nervous, (I)

neto net (salary)

el **neumático** tire, 1.3

neutro(a) neutral

nevar (ie) to snow

nieva it's snowing, (I)

la **nevazón** blizzard, (II)

ni... ni neither... nor, 6.1

nicaragüense Nicaraguan

la **niebla** fog, (II)

el/la **nieto(a)** grandchild

la **nieve** snow

ninguno(a) not any, none, (II)

el/la **niñero(a)** baby sitter, (II)

la **niñez** childhood, 4.1

el/la **niño(a)** child, (I)

el **nivel** level, 1.3

no no, not, (I)

nocivo(a) harmful

nocturno(a) nocturnal

la **noche** night, (I)

la **Nochebuena** Christmas Eve, (II)

nómada nomad

el **nombre** name, (I)

el **norte** north, 1.1

norteamericano(a) North American, (I)

Noruega Norway, (II)

noruego(a) Norwegian, (II)

nos us (pron.), (II)

nosotros(as) we, (I)

la **nota** note, 4.1; grade, (I)

sacar buenas notas to get good grades, (I)

notar to notice, 6.3

las **noticias** news, (I)

novecientos(as) nine hundred, (I)

la **novedad** latest fad, 1.2

la **novela** novel, (I)

noveno(a) ninth, (I)

noventa ninety, (I)

el **noviazgo** courtship, 3.1

noviembre November, (I)

el/la **novio(a)** steady boy (girl) friend, fiancé(e), (II)

el **nubarrón** storm cloud

la **nube** cloud, (II)

nuclear nuclear, 5.2

el/la **nudista** nudist

nuestro(a) our, (I)

nueve nine, (I)

nuevo(a) new, (I); another, (II)

el **número** number, (I)

el **número de teléfono** telephone number, (I)

nunca never, (I)

O

o or, (I)

o sea in other words (that is to say), (II)

obedecer (zc) to obey, (II)

la **obligación** obligation, 2.3

obligado(a) obliged, compelled
obligatorio(a) obligatory
la **obra** literary work
observar to observe
obsesionado(a) obsessed
obstante: no obstante however, 2.2
la **ocasión** occasion, (II)
el **ocio** spare time, 1.1
octavo(a) eighth, (I)
octubre October, (I)
ocultar to conceal, 3.1
ocupado(a) busy, (I)
el/la **ocupante** occupant
ocupar to occupy
ocurrir to happen, 5.2
ochenta eighty, (I)
ocho eight, (I)
ochocientos(as) eight hundred, (I)
el **odio** hate
el **oeste** west, 1.1
ofendido(a) insulted, offended, 6.2
la **oficina** office, (I)
ofrecer (zc) to offer, (II)
el **oído** hearing (sense); ear, (II)
oír to hear, (I)
ojalá que I wish that, (II)
ojo eye, (I)
la **ola** wave (ocean) (I)
saltar las olas to ride the waves, (I)
el **olfato** smell
las **olimpiadas** Olympic games, (II)
oliváceo(a) olive-colored, 6.1
el **olmo** elm, (II)
el **olor** smell, (II)
oloroso(a) smelly, 3.3
olvidar to forget, (I)
olvidarse (de) to forget, (II)
el **olvido** forgetfulness, 3.3
once eleven, (I)
ondulado(a) wavy, 6.1
la **onza** ounce, (II)
la **opción** option, 2.2
operar to operate, 4.3
el/la **operario(a)** machine operator, (II)

optar por to choose, 2.2
optimista optimistic, 1.2
opuesto(a) opposite
el **orbe** orb, world
el **ordenador** computer, 5.1
ordenar to arrange, pick up, (II)
organizado(a) organized, (II)
organizar to organize, (II)
el **orgullo** pride, (II)
orgulloso(a) proud, 1.2
oriental Oriental, 1.1
orientarse to find one's way, (II)
el **oro** gold, (I)
la **orquesta** orchestra, (II)
la **orquídea** orchid, (II)
osado(a) daring
el **Oscar** Oscar award, 1.1
oscilar to oscillate
la **oscuridad** darkness, 3.2
oscuro(a) dark, 4.3
el **oso** bear, (I)
la **ostentación** ostentation, boast
el **otoño** autumn, (I)
el/la **otro(a): el uno al otro (la una a la otra)** each other, 3.1
otro(a) another, other, (I)
la **ovación** ovation
el **OVNI (Objeto Volador No Identiticado)** UFO (Unidentified Flying Object), (II)
oxigenado(a) bleached, 6.1
el **oxígeno** oxygen
¡oye! hey!, listen!, (I)
el **ozono** ozone, (II)

P

las **paces: hacer las paces** to make up (after a quarrel)
paciente patient, (II)
el **Pacífico** Pacific Ocean, 1.1
padecer to suffer
el **padrastro** stepfather, (II)
el **padre** father, (I)
los **padres** parents, (I)
los **padrinos** godparents, (II)
pagado(a) paid, 2.2
pagar to pay, (I)

la **página** page, (I)
el **país** country, (I)
el **paisaje** scenery, 1.2; landscape, (II)
la **paja** straw, 5.2
el **pájaro** bird
la **palabra** word, (I)
la **palanca de mando** control stick, 5.1
palidecer (zc) to become pale, 1.1
pálido(a) pale, (II)
la **palmera** palm tree
el **palo** wooden stick
el **pan** bread, (I)
el **pan tostado** toast, (I)
la **panadería** bakery, (II)
panameño(a) Panamanian, (I)
el **panecillo** roll, (II)
el **pánico** panic
dar pánico to panic, (II)
los **pantalones** pants, (I)
la **pantalla** screen
la **pantalla chica** television, 1.1
el **pantano** swamp
las **pantimedias** nylons, (I)
el **pañal** diaper
el **pañuelito de papel** tissue, (II)
el **pañuelo** handkerchief
el **pañuelo de papel** tissues, 4.1
el **papá** dad, (I)
las **papas fritas** french fries, (I)
los **papás** mom and dad, (I)
el **papel** role, 1.1; paper, (I)
hacer el papel to play the role, 1.1
la **papelería** stationery store, (II)
para for; to (I)
para que in order to, (II)
el **parabrisas** windshield, 1.3
el **paracaidismo** skydiving
hacer paracaidismo to go skydiving, (II)
la **parada** bus stop, (II)
el **paraguas** umbrella, (I)
paraguayo(a) Paraguayan, (I)
el **paraíso** paradise, 1.2
el **paraje** place, spot

paralizado(a) paralysed, (II)

parar to stop, (II)

parecer (zc) to seem, (I)

parecido(a): ser parecido(a) a resembles, looks like, **6.1**

la **pared** wall, (I)

la **pareja** partner

el/la **pariente(a)** relative, (I)

el **párpado** eyelid, **6.2**

los **párpados caídos** eyes cast downward, **6.2**

el **parque** park, (I)

el **parque zoológico** zoo, (I)

la **parte** part, **2.2**; place

¿**De parte de quién?** Who is calling?, (II)

en cualquier parte everywhere, **5.1**

por todas partes everywhere, **5.1**

participar to participate, (II)

partidario(a) supporter

el **partido** game, match, (I)

partir to leave

el **pasado** past, **1.1**

pasado mañana the day after tomorrow, (I)

pasado(a) last, (I)

el **año pasado** last year, (I)

la **semana pasada** last week, (I)

el **pasaje** ticket (travel), (II)

el **pasaje de ida y vuelta** round-trip ticket, (II)

el/la **pasajero(a)** passenger, (II)

el **pasaporte** passport, (I)

pasar to pass, **3.3**; to happen; to spend (time), (I)

pasarlo bien to have a good time, **3.1**

pasar la aspiradora to vacuum, (I)

pasar por to pass through, (II)

pasear en velero to go sailing, (I)

el **paseo** stroll, walk, (I); boulevard, promenade, (I)

dar un paseo to go for a walk, (I)

el **pasillo** corridor; aisle, (II)

la **pasión** passion

la **pasta de dientes** toothpaste, (II)

el **pastel** pastry, (I)

la **pastilla** tablet, (II)

el **pasto** pasture, grass

la **pata** foot (of an animal or thing), **5.1**

meter la pata to put one's foot in one's mouth, **3.1**

patear to kick, (II)

patinar to skate, (I)

patinar sobre hielo to ice-skate, (I)

el **patio** patio, courtyard, (II)

la **patita** leg (of an animal), **4.1**

patitieso(a) stunned, (II)

el **pavo real** peacock, (II)

el **pavo** turkey, (II)

el **payaso** clown, (II)

la **paz** peace, (II)

el/la **peatón(ona)** pedestrian, (II)

pecador/a sinful, **4.1**

el/la **pecador/a** sinner

el **pecho** chest

pedagógico pedagogical

el **pedazo** piece, **4.1**

pedir (i) to ask for, (II)

pedir prestado(a) to borrow, **5.2**

peinarse to comb one's hair, (II)

el **peine** comb, (II)

pelear to fight, (II)

pelearse to quarrel, **3.1**

el **pelele** simpleton, **6.3**

la **película** movie, (I); film (camera), (II)

el **peligro** danger, **5.2**

peligroso(a) dangerous, **1.2**

pelirrojo(a) red-headed, (I)

el **pelo** hair, (I)

tomar el pelo to tease, **3.2**

la **pelota** ball, (II)

la **pena** pain

¡**Qué pena!** What a shame!, (I)

valer la pena to be worth it (II)

la **penicilina** penicillin, (II)

penoso(a) distressing

el **pensamiento** thought, **3.3**; pansy (II)

pensar (ie) to plan, to intend, (I)

pensar en to think about, (II)

pensativo(a) pensive, **4.1**

la **pensión** hotel meal plan

la **media pensión** hotel plan including two meals a day, (II)

la **pensión completa** American plan, hotel plan including three meals a day, (II)

la **peña** rock, **1.2**

peor worse, (I)

pequeño(a) small, (I)

la **pera** pear, (II)

el **percance** mishap, **1.3**

el/la **perdedor/a** loser, (II)

perder (ie) to lose, (I)

perder (ie) el hilo to go off on a tangent, **2.3**

perder (ie) los estribos to lose one's temper, **6.2**

perderse (ie) to get lost, (II)

el **perdón** forgiveness

perdón excuse me, (I)

perdonador/a forgiving, **4.3**

perdone excuse me (formal, com.), (II)

la **pereza** laziness, **5.3**

perezoso(a) lazy, (I)

la **perfección** perfection

perfectamente perfectly, (II)

el **perfume** perfume, (II)

el **periódico** newspaper, (I)

el/la **periodista** journalist, (I)

el **periquito** parakeet, (I)

perjudicar to harm

el **permiso** permission, (I)

con permiso excuse me, (I)

pedir permiso to ask for permission, (I)

permitir to allow, permit, (I)

pero but, (I)

el **perro** dog, (I)

perseguir (i) to

la **persona** person, (II)

el **personaje** character, 1.1

pertenecer (zco) a to belong to, (I)

peruano(a) Peruvian, (I)

la **pesadez** dullness

la **pesadilla** nightmare, 2.1

pesado(a) heavy, (I); annoying, (II)

el **pésame** condolences

pesar to weigh, (I)

   a pesar de que in spite of, 6.3

la **pesca** fishing, (I)

   ir de pesca to go fishing, (I)

la **pescadería** fish store

el **pescado** fish (to be eaten), (I)

la **peseta** monetary unit of Spain, (I)

pesimista pessimistic, (II)

el **peso** weight

la **pestaña** eyelash, 6.1

pestañear to blink, 6.2

la **petición** petition

el **petróleo** oil, (II)

el **pez** fish, (I)

   el **pez dorado** goldfish, (I)

el **piano** piano, (II)

la **picadura** bite, sting, (II)

picante spicy, (II)

picar to sting, (II)

pícaro(a) rascal, 4.1

el **pie** foot (measurement), (I); foot, (II)

   ir a pie to go on foot, to walk, (I)

la **piedad** compassion, piety, 4.3

la **piedra** stone, (II)

la **piel** skin, (II)

la **pierna** leg, (II)

el **pigmento** pigment

la **pila** battery, (II)

pilotear to pilot, (II)

pillar to catch, (II)

la **pimienta** pepper, (II)

el **pinchazo** blowout, 1.3

el **pingüino** penguin, (I)

el **pino** pine tree, (II)

la **pinta** look, appearance, 6.3

pintado(a) painted, 4.1

el/la **pintor/a de casa** house painter, (II)

la **piña** pineapple, (II)

la **pirámide** pyramid, (II)

el **pirata** pirate, 4.3

pisar to step on, 5.2

la **piscina** swimming pool, (I)

el **piso** story, floor (of a building), (I); floor, (I)

la **pista** clue, 2.1; track

los **pistones** pistons

la **placa** license plate, 1.3

placentero(a) pleasant, 1.2

el **placer** pleasure, 4.1

el **plan** plan, 6.3

planchar to iron, (I)

planear to plan, (I)

el **planeta** planet, (II)

planificar to plan, 1.3

la **planta** floor; plant, (II)

plantar to plant, 5.2

plantear to raise, pose

el **plástico** plastic, (I)

la **plata** silver, (I)

el **plátano** banana, (II)

platicar to talk

los **platillos voladores** flying saucers

el **plato** plate, (II); dish, (II)

la **playa** beach, (I)

la **plaza** plaza, (public) square, (I)

el **plazo** deadline, 2.3

plena full, complete

plenamente completely

Plutón Pluto, (II)

la **población** population

pobre poor, penniless; pathetic, (II)

la **pobreza** poverty, 5.3

la **poción** concoction, potion, 4.3

poco(a) little, small (amount), (I)

   un poco a little, (I)

pocos(as) few, (I)

poder (ue) to be able, (I)

el **poder** power, (II)

poderoso(a) powerful, 5.1

podrido(a) rotten, (II)

el **poema** (m.) poem, 1.1

el/la **poeta** poet, 3.3

polaco(a) Polish, (II)

polémico(a) polemic

el **polen** pollen, (II)

el **policía** male police officer, (I)

policial: la película policial detective movie, (I)

el/la **político(a)** politician, (I)

el **polo** pole

Polonia Poland, (II)

el **polvo** dust, (II)

el **pollo** chicken, (I)

poner to put, (II)

   poner a prueba to test, 1.2

   poner a punto to make perfect

   poner atención to pay attention, (II)

   poner en marcha to begin, 1.3

   poner la mesa to set the table, (I)

   poner una inyección give a shot (medical), (II)

ponerse to put on, (II); to become, get, (II)

   ponerse en forma to get in shape, (II)

popular popular (I)

por about, for, by

   por ejemplo for example, (II)

   por eso therefore, that's why, (I)

   por favor please, (I)

   por fin at last, 3.1

   por la mañana in the morning, (I)

   por la noche at night, (I)

   por la tarde in the afternoon, (I)

¿por qué? why? (I)

porque because, (I)

portarse to behave, (II)

el **portazo** slam (of a door)

portentoso(a) amazing
el porvenir future, 5.2
la posada inn
poseer to possess
posponer to postpone, 2.3
el postre dessert, (I)
postular to apply
potente powerful
el pozo well
practicar to play, to
practice (I)
practicar el esquí
acuático to water-ski
practicar la tabla
hawaiana to surf, (II)
práctico(a) practical
la pradera field, 1.2
el prado field
el precio price, (II)
precioso(a) precious,
beautiful, 3.2
preciso(a) necessary, (II)
precoz precocious, 4.1
predecir to predict
la predicción prediction
predicho(a) predicted
predominar to stand out
preferir (ie) to prefer, (I)
la pregunta question, (I)
hacer una pregunta to
ask a question, (I)
preguntar por to ask for,
2.3
preguntarse si to wonder
if, (II)
el prejuicio prejudice, 1.2
el premio prize, (II)
la prensa press, 5.2
la preocupación worry
preocupado(a) worried, (I)
preocupar to worry
preocuparse (por) to
worry (about), (II)
preparar to prepare, to get
ready, (I)
prepararse (para) to get
ready (for), (II)
los preparativos preparations,
1.3
presagiar to predict,
foretell
la presencia presence, 3.2
presentar to introduce (I);
to present

presentarse a to show up,
2.3; to go to, (II)
el presente present, 1.1
el/la presidente president, (II)
la presión pressure; tire
pressure, 1.3
la presión alta high
blood pressure
presionar to pressure, 4.2
el/la preso(a) prisoner
prestar to lend, (I)
el presupuesto budget, 1.3
pretencioso(a) conceited,
(II)
la pretensión pretension
preveer to foresee
prevenir to prevent, 5.2
la previsión foresight, 6.3
previsto(a) foreseen
la primavera spring, (I)
primer: en primer lugar
in the first place, 2.2
primero(a) first, (I)
de primera first rate, 1.1
los primeros auxilios first aid,
(II)
el/la primo(a) cousin, (I)
primordial fundamental
la princesa princess, 3.2
principal main, 1.1
el príncipe prince, 3.2
la prisa: tener prisa to be in
a hurry, (I)
los prismáticos binoculars, (II)
privado(a) private, (II)
el privilegio privilege, 2.2
pro: en pro in favor
probar (ue) to try
(something new), (II)
el problema problem, (II)
proceder to proceed
la procesión procession, (II)
el proceso process
procurar to try
la producción production,
1.1
profesional professional
el/la professor/a teacher,
professor, (I)
profundo(a) deep
el programa program, (I)
la programación program
schedule

prohibido(a) prohibited,
(II)
prohibir to prohibit, 4.2
la prolongación prolongation
prometedor/ora
promising
prometer to promise, (I)
la promiscuidad promiscuity
la propina tip, (II)
propio(a) own, 1.2
proponer to propose, 5.3
el propósito purpose
el/la protagonista main
character, 1.1
proteger (j) to protect, (II)
el provecho: buen provecho
Enjoy your meal!, (II)
el proverbio proverb
la prueba test, 1.2
la prueba bimestral midterm
exam, 2.1
la psicología psychology
publicar to publish, (II)
el pueblo people, nation, 5.3
el pueblo village, town, (I)
el puente bridge, (II)
la puerta gate, (II); door, (I)
puertorriqueño(a) Puerto
Rican, (I)
pues well, (I)
el puesto job, position, (II);
ranking, place, (II)
la pulga flea, (II)
la pulgada inch, (I)
la pulmonía pneumonia, (II)
la pulsera bracelet, (I)
puntiagudo(a) sharp-
pointed
el punto dot
en punto on the dot, (I)
el punto de vista point
of view, 2.2
el punto stitch, (II)
poner puntos to put in
stitches (medical), (II)
puntual punctual, (II)
la puntualidad punctuality,
2.3
la pupila pupil (of the eye)
el pupitre desk
puro(a) pure, fresh (air),
(II); plain

Q

que that (I)

qué what; how, (I)

  ¿Qué tal? How are you?, (I)

  ¡Qué... tan...! what a(n) + adjective + person/thing, (II)

  ¡Qué va! No way!, (I)

la **quebrada** ravine, **1.2**

quebrarse (ie) to break, (II)

quedar to stay

  quedar empatado(a) to be tied (sports), (II)

  no quedar más remedio to have no other choice, **2.2**

  quedarse to stay, remain; to be (as a reaction to something) (II)

el **quehacer** chore, task, (I)

la **queja** complaint

quejarse to complain, (II)

la **quemadura** burn, (II)

quemarse del sol to get sunburned, (II)

querer (ie) to love, **3.1**; to want, (I)

querido(a) dear, (II)

la **quesería** cheese shop

el **queso** cheese, (I)

¿quién? who?, (I)

quieto(a) still

la **química** chemistry, (I)

el/la **químico(a)** chemist, **4.3**

quince fifteen, (I)

quinientos(as) five hundred, (I)

quinto(a) fifth, (I)

quisiera I/he/she would like, (I)

quitar de encima to free or get rid off, **6.2**

quitarse to remove, take off, (II)

quizás maybe, **6.3**

R

el **rábano** radish, (II)

la **rabia** rage

  rojo(a) de rabia red with rage, (II)

la **rabieta** tantrum, **4.2**

el **racimo** bunch, (II)

el **radiador** radiator, **1.3**

el **radio** radio

  el **radio portátil** portable radio, (II)

  el **radio walkman** walkman radio, **5.1**

la **radio** radio (broadcasting, as a medium), (I)

radioactivo(a) radioactive, **5.2**

la **radiografía** X-ray

  tomar radiografías to take X-rays, (II)

la **rama** branch (tree), (II)

la **rana** frog, (II)

rápidamente quickly, (II)

rápido(a) fast, (II)

raro(a) weird, (I)

  raras veces seldom, **3.2**

rasgado(a) slanted, **6.1**

el **rasgo** feature, **6.1**

el **rato** time, while, **3.3**

el **ratón** mouse, **3.2**

el **ratoncito** mouse, (I)

los **ratos libres** free time, (I)

el **rayo** ray, beam

la **raza** race

razonar to reason, **5.1**

la **realidad** reality, **4.3**

realista realistic

la **realización** production, **1.1**

realizar to do, **2.2**

  realizar encuestas to take opinion polls, **2.2**

realizarse to fulfill, accomplish

rebajar to lower (the price), (II)

rebelde rebel, **4.1**

el **recado** message, (II)

el/la **recepcionista** receptionist, (II)

recetar to prescribe, (II)

recibir to receive, (I)

el **recibo de equipaje** luggage claim ticket, (II)

el **reciclaje** recycle

reciclar to recycle, (II)

el **recipiente** container

la **recitación** recitation

recitar to recite

reclamar to claim (luggage), (II)

recoger to pick up, (II)

recomendable advisable

recomendar (ie) to recommend, (II)

reconcentrado(a) concentrated

recordar (ue) to remember, (I)

  recordar (a) to remind (of), **3.3**

recorrer to tour, travel, **1.2**

la **recreación** recreation, (II)

rectangular rectangular, (I)

recto(a) straight

el **recuerdo** remembrance, **3.3**; memory; souvenir, (I)

el **recurso natural** natural resource, **5.2**

rechazar to reject, resist, **1.2**

el **rechazo** rejection

redondo(a) round, (I)

reducido(a) reduced

reducir (zc) to reduce, (II)

la **referencia** reference

reflejado(a) reflected

reflejar to reflect

reflexivo(a) reflective, thoughtful, **6.1**

reforzar (ue) to reinforce

el **refresco** noncarbonated soft drink, (I)

el **refrigerador** refrigerator, (I)

el **refrigerante** coolant, **1.3**

refugiarse to take shelter, (II)

el **regalo** gift, (I)

regar (ie) to water, (II)

regatear to bargain, (II)

el **regazo** lap, **4.3**

regional regional, **5.2**

la **regla** rule, **2.2**

  la **regla del tránsito** traffic rule, (II)

regresar to return, (I)

el **regreso** return

regular so-so, fair, (I)

la **reina** queen, **1.1**

reírse (i, i) to laugh, (II)

  reírse a carcajadas to laugh uncontrollably, **3.2**

relacionarse to relate (to someone)

la **relajación** relaxation, 2.1
relajado(a) relaxed
el **relámpago** lightning
religioso(a) religious, (II)
el **reloj** clock, (I)
   el **reloj despertador**
      alarm clock, (II)
la **relojería** watch and clock
   store, (II)
el **remedio** remedy, cure, (II)
el **remo** oar, (II)
el **remordimiento** remorse
remoto(a) remote, 1.2
el **renacimiento** rebirth
el/la **repartidor/a** delivery
   person, (II)
el **reparto** distribution
repasar to review, 2.1
el **repaso** review, 2.1
repetir to repeat
replicar to reply
la **reponsabilidad**
   responsibility
el **reportaje** report, special
   feature
reprender to reprimand,
   scold, 6.1
el **reproche** reproach
el **requisito** requirement, 6.3
la **res: la carne de res** beef,
   (II)
resbalarse to slip, (II)
rescatar to rescue, 4.3
el **rescate** rescue
reservado(a) reserved, 6.1
resfriado(a) chilly
   Me siento resfriado(a).
      I have a cold., (II)
resolver (ue) to solve, 5.1
el **respaldo: el respaldo del
   sillón** back of seat
   (chair), 6.3
respetar to respect, to
   obey, (II)
respetarse to respect
   oneself, each other
el **respeto** respect, 3.1;
   faltar el respeto to be
      disrespectful, 3.1
respetuoso(a) respectful,
   4.2
respingado(a) turned up,
   6.1
respirar to breathe, (II)

resplandor glare, light
responder (a) to respond,
   answer, 5.2
responsable responsible
la **respuesta** answer, 2.1
el **restaurante** restaurant, (I)
la **restricción** restriction, 2.2
el **resultado** result, (II)
el **resumen** summary, 2.1
retirarse to leave, 6.2
retorcido(a) twisted
el **retrato** image, 6.1
el **retrete** toilet, (II)
retroceder to go back
la **reunión** get-together,
   meeting, (I)
   la **reunión familiar**
      family get-together,
      (II)
reunirse to get together, (II)
la **revelación** revelation
revelar to reveal
revisar to check, examine,
   (II)
la **revista** magazine, (I)
el **rey** king, 1.1
rezar to pray, 5.3
rico(a) rich, 4.3; tasty, (II)
el **riesgo** risk, 1.2
el **rincón** corner, 6.3
el **río** river, (I)
la **risa** laughter, 1.1
risueño(a) smiling, 6.1
rival rival
rizado(a) curly, (I)
el **robo** robbery, (II)
el **robot** robot, 5.1
el **rocío** dew, 3.3
rodear to surround, 1.2
la **rodilla** knee, (II)
rojo(a) red, (I)
el **rollo** roll
   el **rollo de película** roll
      of film, (II)
romántico(a) romantic, (I)
   el **programa romántico**
      love story, (I)
romper to break up, 3.1; to
   break, (II)
ronco(a) hoarse, (II)
el **ronroneo** purring, (II)
la **ropa** clothes, clothing, (I)
   la **ropa para caballeros**
      men's clothing, (I)

la **ropa para damas**
   ladies' clothing, (I)
la **rosa** rose, (II)
rosado(a) pink, (I)
el **rostro** face, 3.2
rubio(a) blonde, (I)
la **rueda de repuesto** spare
   tire, 1.3
el **rugido** roaring, (II)
el **ruido** noise, (II)
el **rumor** rumor, 3.1
Rusia Russia, (II)
el **ruso** Russian (language), (I)
ruso(a) Russian, (II)
la **ruta: en ruta** in route, 1.3
la **rutina** routine, 1.2
rutinario(a) adhere to
   routine, 1.2

S

el **sábado** Saturday, (I)
la **sábana** sheet, (II)
saber to know, (I)
la **sabiduría** wisdom, 4.1
sabio(a) wise, 5.3
el **sabor** taste
el **sacapuntas** pencil
   sharpener, 5.1
sacar to take out, (I); to get,
   receive, (II); to extract (a
   tooth), (II)
   sacar la lengua to stick
      one's tongue, 6.2
   sacar buenas notas to
      get good grades, (I)
   sacar el título to get a
      degree (diploma), (II)
   sacar fotos to take
      pictures, (I)
el **saco de dormir** sleeping
   bag, (II)
el **sacrificio** sacrifice
la **sal** salt, (II)
la **sala** living room, (I)
   la **sala de urgencia**
      emergency room, (II)
salado(a) salty, (II)
la **salida** departure, (II); exit
   la **salida de emergencia**
      emergency exit
salir to go out, (II)
   salir bien/mal (en) to
      come out well/badly
      (in), (II)

el **salón** room

    el **salón de juego** game room, (II)

la **salsa** sauce, (II)

saltar to jump, (I)

    saltar a la cuerda to jump rope, (II)

    saltar las olas to jump, ride the waves, (I)

la **salud** health, (II)

salvadoreño(a) Salvadoran, (I)

salvar to save

el/la **salvavidas** lifeguard, (II)

las **sandalias** sandals, (II)

la **sandía** watermelon, (II)

el **sandwich** sandwich, (I)

la **sanidad** health, 5.2

sano(a) healthy, (II)

la **sartén** frying pan, (II)

la **sastrería** tailor's shop, (II)

satisfecho(a) satisfied, 6.2

Saturno Saturn, (II)

el **saxofón** saxophone, (II)

se: se puede one can, (II)

se himself, herself, itself, yourself(selves), themselves (reflexive pronoun) (II)

secar to dry, (II)

secarse to get dry, (II)

seco(a) dry, (II)

el/la **secretario(a)** secretary, (II)

el **secreto** secret, (II)

la **sed** thirst, (I)

    tener sed to be thirsty, (I)

la **seda** silk, (I)

la **seda dental** dental floss, (II)

seguir (i) to follow, (II); to continue, to keep on, (II)

según according, 2.2

segundo(a) second, (I)

la **seguridad** safety, (II); security, (II)

    el **cinturón de seguridad** seat belt, (II)

seguro(a) certain, (I)

seis six, (I)

seiscientos(as) six hundred, (I)

la **selección** selection

la **selectividad** selectivity

la **selva** jungle, (II)

el **sello** stamp, (I)

el **semáforo** traffic light, (II)

la **semana** week, (I)

    la **semana pasada** last week, (I)

    la **semana que viene** next week, (I)

la **Semana Santa** Easter Week, (II)

la **semejanza** resemblance

la **senda** route, 1.3

el **senderismo** hiking, 1.2

el **sendero** path

sensacional sensational, great, 1.1

sensible sensitive, (II)

el **sensor** sensor, 5.1

sentarse (ie) to sit down, (II)

el **sentido común** common sense, 5.3

sentido(a) felt

el **sentimiento** feeling, 1.2

sentir (ie, i) to be sorry (II)

sentirse (ie, i) to feel, (II)

la **señal** sign, 1.3

    la **señal del tránsito** traffic sign, 1.3

    las **señales de dirección** turn signals, 1.3

el **señor** Mr., sir, (I)

la **señora** Mrs., ma'am, (I)

la **señorita** Miss, (I)

separado(a) separated, 2.2

septiembre September, (I)

séptimo(a) seventh, (I)

la **sequía** drought, 5.2

ser to be, (I)

la **serenata** serenade

la **serie** series, 1.1

la **seriedad** seriousness

serio(a) serious, (II)

la **serpiente** snake, (I)

servicial diligent, helpful

el **servicio** restroom, (I); service

la **servilleta** napkin, (II)

servir (i) to serve, (II)

    ¿Para qué sirve? What is it used for?, (I)

sesenta sixty, (I)

setecientos(as) seven hundred, (I)

setenta seventy, (I)

la **severidad** severity

sexto(a) sixth, (I)

los **shorts** shorts (pants), (I)

si if, (I)

    si tan sólo if only, 5.1

sí yes, (I)

el **SIDA** AIDS, 5.3

siempre always, (I)

la **sierra** mountain range, sierra, (II)

siete seven, (I)

el **siglo** century

el **signo** sign

sigue go on, continue (fam., sing., com.)

    sigue derecho go straight (fam., sing., com.), (I)

    Sigue ocupado. It is still busy., (II)

silbar to whistle, 6.1

el **silencio** silence, (II)

la **silla** chair, (I)

    la **silla de ruedas** wheelchair, (II)

simpático(a) nice, pleasant, (I)

simple simple

    a simple vista at a glance

sin without, (I)

    sin mangas sleeveless, (I)

sin embargo however, (II)

la **sinagoga** synagogue, (I)

la **sinceridad** sincerity, 3.1

siniestro(a) sinister

sino (que) but rather, 6.3

el **síntoma** symptom, (II)

sobrar to be too much, not be necessary, 6.2

sobre about, 2.3

    sobre todo especially, 1.1

el **sobre** envelope, (I)

sobresaliente outstanding

sobrevivir to survive, 5.2

sociable sociable, friendly, (I)

el **sofá** sofa, (I)
el **sol** sun, (I)
solar solar, (II)
el **soldado** soldier, 4.3
la **soledad** loneliness
soler (ue) to be in the habit of, 2.1
solicitar to apply for, (II)
la **solicitud** application, (II)
sólo only, 3.1
solo(a) alone, 3.1
solterón old bachelor
la **solución** solution, 5.2
la **sombra** shadow, 3.2
la **sombrilla de playa** beach umbrella, (II)
sombrío(a) dark, somber
someterse a to obey, 2.2
el **sonambulismo** sleepwalking
el/la **sonámbulo(a)** sleepwalker, 5.1
sondar to explore
el **sonido** sound
la **sonoridad** sonority
sonreír (i) to smile, 6.2
la **sonrisa** smile, 3.3
sonrosado(a) rosy, 4.1
soñador/a dreamer, dreamy, 1.2
soñar (ue) con to dream about, (II)
la **sopa** soup, (I)
sórdido(a) sordid, miserable
sordo(a) deaf, 3.3
sorprender to surprise, 1.1
sorprendido(a) surprised, 2.1
la **sorpresa** surprise, 2.1
sortear to avoid, evade
sospechar to be suspicious, 3.2; to suspect, 5.3
el **sótano** basement (of a house), (I)
su his, her, your (formal), their, (I)
suave soft, gentle, 3.3
la **subida** rise
subir to go up, (II)
subir a to get on, to board (bus, train), (II)
súbito(a) sudden

sucio(a) dirty, (II)
sudar to sweat
Suecia Sweden, (II)
sueco(a) Swedish, (II)
la **suela** sole, 6.3
el **sueldo** salary, (II)
el **suelo** soil, 5.2; floor, (II); ground, (II)
el **suelo lunar** moon surface
el **sueño** sleep, (I); dream
tener sueño to be sleepy, (I)
la **suerte** luck, (I)
el **suéter** sweater, (I)
sugerencia suggestion
superarse to get ahead, (II)
superior superior
el **supermercado** supermarket, (I)
la **superpotencia** superpower, 5.2
supersticioso(a) superstitious, (II)
el/la **supervisor/a** supervisor, (I)
el **sur** south, 1.1
el **suspenso** suspense, 1.1; failing grade
el **suspiro** sigh
el **sustantivo** noun
el **susto** scare
dar susto to scare, (II)

T

la **tabla hawaiana** surfboard
practicar la tabla hawaiana to surf, (II)
tacaño(a) stingy, (I)
el **tacto** touch, 3.3
tajante cutting
tal(es) como such as, 5.2
tal vez perhaps, 1.2
el **talento** talent
el **taller** shop
el **taller de reparaciones** repair shop, (II)
el **taller mecánico** car repair shop, 1.3
el **tamaño** size, 5.1
también also, too, (I)
tampoco neither, either, (II)
tan so

tan... como as... as, (I)
tan pronto como as soon as, (II)
el **tanque** tank, 1.3
el **tanto** point (score), (II)
tanto so much
tanto como... as much as..., (I)
tanto(as) so many
tantos(as) como... as many as..., (I)
tapado(a) plugged, (II)
la **nariz tapada** stuffed nose
tapar to fill (a tooth), (II)
tardar en... to take time..., (I)
la **tarde** afternoon, (I)
tarde late, (I)
más tarde later, (II)
la **tarea** homework assignment, (I)
la **tarjeta** card, (I)
la **tarjeta de crédito** credit card, (I)
la **tarjeta de embarque** boarding pass, (II)
la **tarjeta de inmigración** immigration card, (II)
la **tarjeta postal** postcard, (I)
tartamudo(a) stutterer, 6.1
la **taza** cup, (II)
el **té** tea, (I)
te you (fam., pron.), (II)
el **teclado** keyboard
la **técnica** technique, 2.2
tejer to knit, 1.2
la **tele** TV, (I)
ver la tele to watch TV, (I)
el **teléfono** telephone, (I)
el **número de teléfono** telephone number, (I)
hablar por teléfono to talk on the phone, (I)
la **telenovela** soap opera, (I)
el/la **televidente** TV viewer
el **televisor** television (set), (I)
el **tema** (m.) theme, 1.1
temer to be afraid of
el **temor** fear, 5.3

la **temperatura** temperature, (II)

temprano early, (I)

el **tenedor** fork, (II)

tener to have, (I)

tener calor to be hot, (I)

tener celos to be jealous, **3.1**

tener cuidado to be careful, (II)

tener dificultad para to have difficulty with, (II)

tener éxito to be successful, (II)

tener frío to be cold, (I)

tener ganas de to have a desire to, feel like, **2.3**

tener hambre to be hungry, (I)

tener lugar to take place, **1.1**

tener miedo to be afraid, (I)

tener paciencia to be patient, (II)

tener prisa to be in a hurry, (I)

tener que + inf. to have to, (I)

tener rabieta to have temper tantrums, **4.2**

tener sed to be thirsty, (I)

tener sueño to be sleepy, (I)

tener vergüenza to be embarrased, ashamed, (II)

los **tenis** sneakers, (I)

el **tenis** tennis, (I)

la **tensión** tension, **1.2**

tenso(a) smooth

la **tentación** temptation, **3.3**

teñido(a) dyed, **6.1**

el **teorema** theorem, **2.1**

el/la **terapista** therapist, (II)

tercero(a) third, (I)

el **tercio** a third, **5.1**

terco(a) stubborn, (II)

terminar to end, finish, (I)

el **termo** thermos bottle, (II)

la **ternera** veal, (II)

la **ternura** tenderness

el **terremoto** earthquake, (II)

el **terror** horror, (I)

la **película de terror** horror movie, (I)

el/la **tesorero(a)** treasurer, (II)

el **tesoro** treasure, **3.2**; treasure chest, **4.1**

ti you, yourself (prep., pron.)

a ti te gusta you like, (I)

para ti for you

la **tía** aunt, (I)

el **tiburón** shark, **3.2**

el **tiempo** time, (I); weather, (I)

a tiempo on time, (II)

en ese tiempo at that time, **3.2**

el **tiempo completo** full-time work

el **tiempo libre** spare time

el **tiempo parcial** part-time work

la **tienda** store, (I)

la **Tierra** Earth, (II)

la **tierra** land, (II)

tieso(a) straight, **6.1**

el **tigre** tiger, (I)

las **tijeras** scissors, (II)

la **timidez** shyness

tímido(a) timid, shy, (II)

tintinear to ting-a-ling

la **tintorería** dry cleaners, (II)

tiñoso(a) scabby

el **tío** uncle, (I)

los **tíos** aunt(s) and uncle(s), (I)

la **tira cómica** comic strip, (II)

el/la **tirano(a)** tyrant, **6.3**

tirar to throw, (II)

el **títere** puppet, **4.1**

el **titular** headline

el **título** title; degree (academic), (II)

la **toalla** towel, (II)

el **tobillo** ankle, (II)

toca: me (te, le, etc) toca it's up to me (you, him, her, etc), **5.2**

el **tocadiscos compacto** compact disc player, **5.1**

tocar to play (an instrument), (I); to touch

tocarle a uno to be one's turn, **2.3**

el **tocino** bacon, (II)

todavía yet

todavía no not yet, **3.2**

todo(a) every, all, (I); whole

todos los días every day, (I)

tomar to take, (I)

tomar medidas to take measures, **5.2**

tomar algo to drink something, (I)

tomar el pelo to tease, **3.2**

tomar en broma to take as a joke, **2.3**

tomar en serio to take seriously, **2.3**

tomar preso(a) to take prisoner, **4.3**

tomar radiografías to take X-rays, (II)

tomar sol to sunbathe

tomar una decisión to make a decision, (II)

el **tomate** tomato, (I)

la **tonalidad** tonality

el **tono** tone

tonto(a) silly, foolish, (I)

el **tope** top, limit

torcerse (ue) to twist, sprain, (II)

la **tormenta** storm, (II)

el **tornado** tornado, (II)

el **tornillo** screw, **5.1**

el **toro** bull, (II)

la **toronja** grapefruit, (II)

la **torpeza** clumsiness

la **torta** cake, pie, (II)

la **tortuga** turtle, (I)

la **tos** cough, (II)

trabajador/a hardworking, (II)

trabajar to work, (I)

trabajar en equipo to work in a team, **2.3**

el **trabajo** work, job, (I)

el **trabajo de medio tiempo** part-time work, (II)

el **trabajo de tiempo parcial** part-time work, (II)

el **trabajo escrito** composition, **5.1**

traer to bring, (I)
tragar to swallow, (II)
el **traje** suit, (I)
   el **traje de baño** bathing suit, (I)
el **trama** plot
   tranquilo(a) calm, relaxed, (I)
   transatlántico(a) transatlantic
   transformado(a) transformed
el **tránsito** traffic, (II)
el **transporte** transportation
   el **transporte público** public transportation, (II)
   tras after
   trasladar to transfer
   traspasar to go over
   tratar de to try to, (II)
   tratar(se) de to be about, 1.1
   travieso(a) mischievous, (II)
el **trayecto** journey
   trece thirteen, (I)
   treinta thirty, (I)
el **tren** train, (I)
   trenzar to braid
   trepar a to climb, (II)
   tres three, (I)
   triangular triangular, 6.1
el **trigo** wheat, (II)
el **triple,** 5.1
la **tripulación** crew
   tripulado(a) manned, 5.3
   triste sad, (I)
la **tristeza** sadness, (II)
la **trivialidad** triviality
el **trofeo** trophy, (I)
la **trompeta** trumpet, (II)
   tropezar (ie) to trip over, bump into, 5.1
   tropical tropical, (II)
el **trozo** piece, 5.2
el **truco** strategy, trick, 2.1
la **trucha** trout, (II)
   tú you (fam.), (I)
   tu your, (I)
el **tubo** tube, 5.1
la **tuerca** nut (tool), 5.1
el **tulipán** tulip, (II)
el **túnel** tunnel, 6.3

la **turbulencia** turbulence, (II)
   turístico(a) of or for a tourist, 1.3
   turnarse to take turns
el/la **tutor/a** tutor

U

   ubicar to locate, (II)
   últimamente lately
   último(a) last, 1.2
      a última hora at the last minute, 2.1
el **ulular** howling, (II)
   un/a a, an; one (I)
      una vez a la semana (al mes, al año) once a week (a month, a year) (II)
   único(a) only; unique, (II)
      lo único que faltaba that tops it all, 4.2
el **uniforme** uniform, 2.2
la **universidad** university, 2.2
el **uno: el uno al otro (la una a la otra)** each other, 3.1
   uno one, (I)
la **uña** fingernail, (II)
   Urano Uranus, (II)
   urgente urgent, (II)
   uruguayo(a) Uruguayan, (I)
   usar to wear, 2.2; to use, (I)
el **uso** use, (II)
   usted you (formal), (I)
   ustedes you (pl.), (I)
   útil useful
la **uva** grape, (II)

V

la **vaca** cow
las **vacaciones** vacation, (I)
      ir de vacaciones to go on vacation, (I)
   vacilar to hesitate
el **vacío(a)** empty, void, 3.3
la **vacuna** vaccine, vaccination, (II)
   vago(a) vague
   valer to cost, (I)
      valer la pena to be worthwhile, 2.2
      valer la pena to be worth it, (II)

   valiente brave, 1.2
   valorar to value
la **válvula** valve
el **valle** valley, (II)
el **vaquero** cowboy, 4.1
los **vaqueros** jeans
la **varicela** chicken pox, (II)
   varios(as) various, several, (I)
la **varita** wand, 4.3
el **varón** boy
   varonil virile, 3.2
el **vaso** glass, (II)
las **veces: raras veces** seldom, 3.2
      a veces sometimes, (I)
el/la **vecino(a)** neighbor, (I)
el **vehículo** car
   veinte twenty, (I)
la **vejez** old age, 4.1
la **vela** sail
el **velero** sailboat, (I)
      pasear en velero to go sailing, (I)
la **velocidad** speed, (II)
el **velorio** wake, vigil
la **vena** vein
la **venda** bandage, (II)
   vendar to bandage, (II)
el/la **vendedor/a** salesperson, (II)
   vender to sell, (I)
   venenoso(a) poisonous, (II)
   venezolano(a) Venezuelan, (I)
   vengarse to get even, 4.2
   venir (ie) to come, (I)
la **ventaja** advantage, 2.2
la **ventana** window, (I)
la **ventanilla** window (plane, bus), (II)
   Venus Venus, (II)
   ver to see, to watch, (I)
      ver la tele to watch TV, (I)
   veraniego(a) pertaining to summer
el **verano** summer, (I)
   ¿verdad? right?, (I)
la **verdad** truth
   verde green, (I)
      estar verde unripe
las **verduras** vegetables, (II)

la **vergüenza** shame
  tener vergüenza to be
    embarrassed, ashamed
el **vestido** dress, (I)
la **vestimenta** wardrobe
  vestirse (i) to get dressed,
    (II)
el/la **veterinario(a)**
  veterinarian, (I)
la **vez** time, (II)
  de una vez once and for
    all, **4.2**
  de vez en cuando once
    in awhile, **3.2**
  en vez de instead of, **5.1**
  tal vez perhaps, **1.2**
  una vez once, (II)
  viajar to travel, (I)
  hacer un viaje to go on
    a trip, (II)
el **viaje** trip, **1.1**
el **viajero: el cheque de**
  viajero traveler's check,
    (I)
las **vías públicas** public
  thoroughfare
el/la **vicepresidente** vice
  president, (II)
la **vida** life, (II)
el **vídeo** video, (I)
la **videocasetera** VCR, (II)
el **videojuego** video game, (I)
el **vidrio** glass (material), (II)
  viejo(a) old, (I)
el **viento** wind (II)
  hace viento it's windy,
    (I)
el **viernes** Friday, (I)
  Vietnam Vietnam, (II)
  vietnamita (m., f.)
    Vietnamese, (II)
la **vigilancia** watch
  vigilar to watch, keep an
    eye
el **vinagre** vinegar, (II)
el **vino** wine
la **violeta** violet, (II)
la **virilidad** virility
la **virtud** virtue, **2.3**
la **visión** vision, **5.3**; eyesight
  visitar to visit, (I)
la **vista** view, (II)
  a simple vista at a
    glance

la **vivencia** personal
  experience
  vivir to live, (I)
  vivo(a) live
  el **vivo retrato** spitting
    image, **6.1**
la **vocación** vocation
el **volante** steering wheel, **1.3**
  volar (ue) con alas delta
    hang gliding, **1.2**
el **volcán** volcano, (II)
el/la **voluntario(a)** volunteer,
  (II)
  volver (ue) to go back
  volverse to become, **1.1**
  volver a to do again, (II)
  volver la espalda (ue)
    to turn one's back, **6.2**
  volver loco(a) to drive
    crazy, **1.1**
  vosotros(as) you (fam., pl),
    (I)
el **voto** vote, (II)
la **voz** voice, (II)
el **vuelo** flight, (II)
  el/la **auxiliar de vuelo**
    flight attendant, (II)
  el **vuelo directo** non
    stop flight, (II)
  el **vuelo libre** flying in
    a glider, **1.2**

Y

  y and, (I)
  ya already, (I)
  ya no not anymore, **3.2**
  yo I, (I)
el **yodo** iodine, (II)
  Yom Kippur Jewish
    holiday, (II)

Z

  zambullirse to dive, (II)
la **zanahoria** carrot, (II)
la **zapata** brake shoe
la **zapatería** shoe store, (II)
los **zapatos** shoes, (I)
el **zodiaco** zodiac
el **zorro** fox, **3.2**
el **zumaque** ivy
el **zumaque venenoso**
  poison sumac, (II)
el **zumbido** buzzing, (II)

Vocabulario inglés-español

The **Vocabulario inglés-español** contains all productive vocabulary from the text. The numbers following each entry indicate the chapter and lesson in which the word is first introduced.

A

abandon abandonar, **3.1**
about sobre, **2.3**
abroad en el extranjero, **1.1**
abruptly abruptamente, **6.3**
absence la ausencia, **3.2**
abundant abundante, **6.1**
accelerator el acelerador, **1.3**
to **accept** aceptar, **5.3**
accomplishment la hazaña, **4.1**
according to según, **2.2**
to **act** actuar, **5.2**
actual actual, **1.1**
to **achieve** lograr, **5.2**
to **add** agregar, **4.2**
adolescence la adolescencia, **4.1**
advantage la ventaja, **2.2**
adventurous aventurero(a), **3.1**
aerobics el aerobismo, **1.1**
African africano(a), **6.1**
after all al fin y al cabo, **6.3**
age la edad, **4.1**; **at ... the age of** a los... años, **3.1**; **old age** la vejez, **4.1**
aggresive agresivo(a), **6.1**
aghast atónito(a), **2.1**
to **agree** estar de acuerdo (con), **2.2**; convenir (ie), **3.1**
AIDS el SIDA, **5.3**
almond-shaped almendrado(a), **6.1**
alone solo(a), **3.1**
although aunque, **2.2**
aluminum el aluminio, **5.2**
to **amaze** asombrar, **6.3**
amazement el asombro, **6.2**
amusement la diversión, **1.2**
angel el ángel, **3.2**
anger la furia, **6.2**
angry enfadado(a), **2.1**
answer la respuesta, **2.1**
to **answer** responder (a), **2.3**
answering machine la contestadora telefónica, **5.1**
ant la hormiga, **3.2**

antenna la antena, **5.1**
any cualquier/a, **5.2**
anymore: not anymore ya no, **3.2**
to **appeal to** apetecer (zc), **1.1**
to **appear** aparecer (zc), **3.3**
appearance la apariencia, **6.3**
applicant el/la aspirante, **2.3**
apron el delantal, **4.3**
Arab árabe, **1.1**
to **argue** discutir, **4.2**
argumentative acalorado(a), **6.1**
arrogance la altivez, **6.3**
arrogant altivo(a), **6.1**
arrow la flecha, **4.3**
artistic artístico(a), **1.2**
as a medida que, **1.2**
ash la ceniza, **3.2**
Asian asiático(a), **6.1**
to **ask for** preguntar por, **2.3**
aspiration la aspiración, **2.3**
athlete el/la atleta, **3.2**; el/la deportista, **1.2**
atmosphere la atmósfera, **5.2**
to **attack** atacar, **4.3**
attic el ático, **4.1**
attitude la actitud, **1.2**
to **attract** atraer, **1.1**
automaton el autómata, robot, **5.1**
awhile: once in awhile de vez en cuando, **3.2**
awkward desgarbado(a), **6.3**

B

back of (chair, seat) el respaldo, **6.3**
backward atrás, **6.3**
bad malo, **2.1**
bad mood el mal ánimo, **2.1**; el mal genio, **6.2**
bad-tempered malhumorado(a), **1.2**
balance el equilibrio, **5.2**
baldness la calvicie, **5.3**
balloon el globo, **4.1**

bang (hair) el flequillo, **6.1**
barefoot descalzo(a), **6.1**
basic básico(a), **5.2**
battery la batería, **1.3**
battle la batalla, **5.3**
to **be about** tratar(se) de, **1.1**
to **be against** estar en contra (de), **2.2**
to **be all the same** dar igual, **1.1**
to **be difficult** costar (ue), **2.2**
to **be disrespectful** faltar el respeto, **3.1**
to **be embarrassed (about)** avergonzarse (por) (ue), **3.1**
to **be in agreement** estar de acuerdo (con), **2.2**
to **be in favor of** estar a favor de, **2.2**
to **be in the habit of** soler (ue), **2.1**
to **be jealous** tener celos, **3.1**
to **be late** atrasarse, **2.3**
to **be on time** llegar a tiempo, **2.3**
to **be one's turn** tocarle a uno, **2.3**
to **be ready** estar dispuesto(a), **2.3**
to **be sorry** arrepentirse (ie, i), **4.2**
to **be suspicious** sospechar, **3.2**
to **be too much** sobrar, **6.2**
to **be very grateful** agradecer (zc), **6.1**
to **be worthwhile** valer la pena, **2.2**
beautiful hermoso(a), **1.2**; bello(a), precioso(a), **3.2**
to **beautify** embellecer (zc), **5.2**
to **become** convertirse (ie, i); hacerse; llegar a ser; volverse (ue), **1.1**
to **become dumbfounded** enmudecer (zc), **6.1**
to **become familiar** familiarizarse, **2.1**
to **become fat** engordar, **1.1**
to **become furious** enfurecerse (zc), **6.1**

to **become old**
envejecer (zc), **1.1**

to **become pale**
palidecer (zc), **1.1**

to **become red**
enrojecerse (zc), **1.1**

to **become rich**
enriquecerse (zc), **1.1**

to **become thin**
adelgazar, **1.1**

beforehand de antemano,
5.1

beggar el/la mendigo(a),
6.3

to **begin** poner en marcha,
1.3

to **behave** comportarse, **5.1**

to **believe oneself to be**
creerse, **4.3**

bewildered
desconcertado(a), **2.1**

to **bind** atar, **6.3**

biography la biografía, **1.1**

to **bite** morder (ue), **4.1**

to **bite into** dar un
mordiscazo, **6.2**

to **bite one's tongue**
morderse la lengua, **6.2**

bizarre estrafalario, **6.3**

bleached oxigenado(a), **6.1**

blind ciego(a), **3.2**

to **blink** pestañear, **6.2**

block: mental block el
bloqueo mental, **2.1**

to **blow up** estallar, **4.3**

blowout el pinchazo, **1.3**

bluish azulado(a), **6.1**

to **blush** enrojecerse (zc), **6.1**

bold arriesgado(a), **1.2**

to **borrow** pedir prestado(a),
5.2

boss el/la jefe, **2.3**

both ambos(as), **2.2**

bow el arco, **4.3**

boy el chico, **1.1**

brain el cerebro, **5.1**

to **brake** frenar, **1.3**

brakes los frenos, **1.3**

brave valiente, **1.2**

to **break up** romper, **3.1**

breakdown (car) la avería,
1.3

brick el ladrillo, **5.2**

broad amplio(a), **6.1**

broken descompuesto(a),
1.3

brook el arroyo, **3.3**

broom la escoba, **4.3**

brown (hair) castaño(a),
6.1

budget el presupuesto, **1.3**

to **bump (into)** tropezar (ie)
(con), **5.1**

to **burn** arder, **4.1**

to **burst out laughing**
echarse a reír, **6.1**

to **bury** enterrar (ie), **5.2**

butterfly la mariposa, **3.3**

button el botón, **5.1**

C

calm la calma, **2.1**

to **keep calm** mantener la
calma, **2.1**

can opener el abrelatas,
5.1

cancer el cáncer, **5.3**

capable capaz, **5.1**

cape la capa, **4.3**

car el auto, **4.1**

car repair shop el taller
mécanico, **1.3**

career la carrera, **6.3**

careful cuidadoso(a), **1.2**

carrousel el carrusel, **4.1**

cash el dinero en efectivo,
1.3

to **cast: eyes cast downward**
los párpados caídos, **6.2**

cave la cueva, **4.1**

character el personaje,
1.1; el carácter, **6.1**

main character el/la
protagonista, **1.1**

to **charge** cargar (la batería),
1.3

to **check** comprobar (ue), **2.1**

cheek la mejilla, **4.1**

cheerful alegre, **6.1**

chemist el/la químico, **4.3**

chest el baúl, **4.1**

to **chew** masticar, **4.1**

childhood la niñez, **4.1**

chill el escalofrío, **4.1**

to **choose** elegir (i), **2.2**; optar
por, **2.2**

circuit el circuito, **5.1**

civil war la guerra civil, **1.1**

civilian el/la civil, **5.2**

classroom el aula (f.), **2.1**

clay el barro, **5.2**

clever ingenioso(a), **6.1**

climate el clima, **1.2**

**close: to get close to,
near** acercarse, **3.2**

cloud la nube, **3.3**

clown el payaso, **3.2**

clue la pista, **2.1**

code: in code en clave,
4.1

coeducation la
coeducación, **2.2**

color: in color a colores,
2.2

commentary el
comentario, **1.1**

commercial el anuncio
comercial, **1.1**

to **commit** cometer, **2.1**

common común, **5.1**

common sense el
sentido común, **5.3**

communicative
comunicativo(a), **6.1**

compact disc player el
tocadiscos compacto, **5.1**

company la empresa, **2.3**

compassion la piedad, **4.3**

competitive
competitivo(a), **2.2**

complicated
complicado(a), **1.1**

composition el trabajo
escrito, **5.1**

computer el ordenador,
5.1

to **conceal** ocultar, **3.1**

concept el concepto, **2.1**

to **confuse** confundir, **2.1**

confused confundido(a),
2.1

confusion la confusión, el
desconcierto **2.1**

conical cónico(a), **5.1**

to **consider** considerar, **3.2**

considering dado que, **5.2**

to **consult** consultar, **2.1**

consumption el consumo,
5.2

to **contemplate** contemplar,
3.3

control control, **2.1**

cooking la cocina, 1.1
to **cool** enfriar, 1.3
coolant el refrigerante, 1.3
cooperation la cooperación, 5.2
to **coordinate** coordinar, 5.1
corner el rincón, 6.3
to **correct** corregir (i), 5.1
cosmopolitan cosmopolita, 1.2
courage el coraje, 1.2
court la corte de justicia, 5.2
cowboy el vaquero, 4.1
crazy: to drive crazy volver (ue) loco(a), 1.1
to **cram** calentar (ie) el examen, 2.1
to **crawl** gatear, 5.1
craziness la locura, 4.1
crazy: to drive crazy volver (ue) loco(a), 1.1
crevice la grieta, 1.2
crime el delito, 5.3
crow el cuervo, 4.1
crowded atestado(a), 1.2
crown la corona, 4.3
cruel cruel, 3.2
crumb la migaja, 4.1
to **cry: to cry one's eyes out** llorar a gritos, 3.2
to **cultivate** cultivar (tierra), 1.2
cultivation el cultivo, 5.2
culture la cultura, 1.2
to **cure** curar, 4.3
curious curioso(a), 1.2
curled up acurrucado(a), 6.3
curly crespo(a), 6.1
to **curse** maldecir, 4.2
curved (nose) aguileño(a), 6.1
custom la costumbre, 1.2

D

danger el peligro, 5.2
dangerous peligroso(a), 1.2
to **dare** atreverse (a), 1.2
daring atrevido(a), 1.2
dark moreno(a) (skin), 6.1; oscuro(a), 4.3

darkness la oscuridad, 3.2
data los datos, 5.1
dawn el amanecer, 5.3
deadline el plazo, 2.3
deaf sordo(a), 3.3
death la muerte, 3.3
debt la deuda, 5.3
decal la calcomanía, 4.1
to **deceive** engañar, 5.1
deceptive engañoso(a), 3.2
to **decide** decidirse, 2.2
to **declare** alegar, 4.2
to **dedicate** dedicar, 2.1
deep down en el fondo, 6.3
defect el defecto, 2.3
to **defend** defender (ie), 4.3
defined definido(a), 6.1
deflated desinflado(a), 1.3
to **demand** exigir, 4.2
demanding exigente, 1.1
to **deserve** merecer (zc), 1.1
to **design** diseñar, 1.2
desperation la desesperación, 2.1
detail el detalle, 2.2
detest aborrecer (zc), 6.3
to **develop** desarrollar, 1.2
devil el diablo, 1.1
to **devote** dedicar, 2.1
dew el rocío, 3.3
diagram el diagrama, 2.1
difference la diferencia, 5.3
different diverso(a), 2.2
difficult: to be difficult costar (ue), 2.2
to **diminish** disminuir (y), 1.3
disadantage el inconveniente, 2.2
to **disagree with** estar en desacuerdo con, 2.2
to **disappear** desaparecer (zc), 4.3
to **discover** descubrir, 1.2
discussion la discusión, 4.2
disguise: to wear a disguise disfrazar(se), 4.1
to **disgust** dar asco, 1.1
to **dislike** desagradar, 1.1
disorder el desorden, 6.1

displeasure el desagrado, 6.2
disrespectful: to be disrespectful faltar el respeto, 3.1
distant distante, 3.2
diversion la diversión, 1.2
divine divino(a), 4.1
to **do** realizar, 2.2
doctor el/la médico(a), 4.3
documentary el documental, 1.1
double el doble, 5.1
doubt la duda, 6.3; **no doubt about it** no cabe duda, 6.3
dreamer el/la soñador/a, 1.2
dreamy soñador/a, 1.2
to **dress up** disfrazar(se), 4.1
to **drive** conducir(zc), 1.3
driver's license el carnet de conducir, 1.3
drought la sequía, 5.2
drug la droga, 5.3
due to debido a, 5.2
dumbfounded: to become dumbfounded enmudecer (zc), 6.1
dwarf el/la enano(a), 4.3
dyed teñido(a), 6.1

E

each other el uno al otro (la una a la otra), 3.1
early riser madrugador/a, 6.1
east el este, 1.1
to **eat lunch** almorzar (ue), 2.2
eccentric estrafalario, 6.3
ecological vacation el ecoturismo, 1.2
ecology la ecología, 1.2
education la educación, 2.2; la enseñanza, 5.2
effort el esfuerzo, 2.2
to make an effort intentar, 2.1
elders los mayores, 6.1
eldest el/la mayor, 5.2
electricity la electricidad, 5.1

electronic electrónico(a), 5.1

element el elemento, 4.3

elongated alargado(a), 5.1

embarrassed: to be embarrassed (about) avergonzarse (por) (ue), 3.1

empty vacío(a), 3.3

ending el desenlace, 1.1

to **enjoy** disfrutar, 2.2

Enough! ¡Basta!, 4.2

to **enrage** dar rabia, 1.1

enterprise la empresa, 2.3

enterprising emprendedor/a, 1.2

entertaining entretenido(a), 1.1

enthusiastic entusiasta, 1.2; **to be enthusiastic about** entusiasmarse con, 6.3

envious envidioso(a), 6.2

environment el ambiente, 2.2

envy la envidia, 6.2

epidemic la epidemia, 5.2

equipped equipado(a), 2.2

to **erase** borrar, 5.3

error el error, 2.1

to **make errors** cometer errores, 2.1

especially sobre todo, 1.1

espionage el espionaje, 1.1

Europe Europa, 1.1

European europeo(a), 6.1

even: to get even vengarse, 4.2

everywhere por todas partes, 5.1

evil malvado(a), 4.1

exam el examen, 2.1

final exam el examen final, 2.1

midterm exam la prueba bimestral, 2.1

semester exam el examen semestral, 2.1

excited: to become excited about entusiasmarse con, 6.3

to **exhaust** agotar, 5.2

exotic exótico(a), 1.2

to **experience** experimentar, 1.2

explanation la explicación, 6.2

extended alargado(a), 5.1

eyebrow la ceja, 6.1

eyelash la pestaña, 6.1

eyelid el párpado, 6.2

eyes: eyes cast downward los párpados caídos, 6.2

F

face el rostro, 3.2

to **face** enfrentar(se), 5.1

facility la instalación, 2.2

fact el hecho, 5.2

fad: latest fad la última novedad, 1.2

failure el fracaso, 5.3

fairy el hada (f.), 1.1

fairy tale el cuento de hadas, 1.1

faithful fiel, 3.1

familiar: to become familiar with familiarizarse con, 2.1

famous famoso(a), 1.1

fan el abanico, 4.3

fantasy la fantasía, 4.3

far: to go far away alejarse, 1.2

farewell la despedida, 2.2

fat la gordura, 5.3

to **get fat** engordar, 1.1

favor: to be in favor of estar a favor de, 2.2

fear el temor, 5.3

feature el rasgo, 6.1

fed up harto(a), 1.2

to **feel** experimentar, 1.2

to **feel like** tener ganas de, 2.3

feeling el sentimiento, 1.2

ferocious feroz, 4.3

field la pradera, 1.2

to **fight** luchar, 4.3

figure el muñeco, 1.2

to **file** archivar, 5.1

filter el filtro, 1.3

to **fill up** llenar, 1.3

to **find out** averiguar, 2.3

fire el incendio, 5.2

first: in the first place en primer lugar, 2.2

first rate de primera, 1.1

first-run film el estreno, 1.1

to **fit** caber, 2.2

flame la llama, 3.2

flat chato(a), 6.1

to **flirt** coquetear, 3.2

floral arrangement el arreglo floral, 1.2

to **fly** volar (ue), 4.1

flying in a glider el vuelo libre, 1.2

food la alimentación, 5.2

to **fool** engañar, 5.1

foot la pata (de un animal o cosa), 5.1

forehead la frente, 6.1

foreign ajeno(a), 4.3

foresight la previsión, 6.3

forest la arboleda, 1.2

forgetfulness el olvido, 3.3

to **forgive** disculpar, 4.2

forgiving perdonador/a, 4.3

formative formativo(a), 2.2

fort el fuerte, 4.3

forward adelante, 6.3

fossil fósil, 5.2

fourth el cuarto, 5.1

fox el zorro, 3.2

fragment el fragmento, 5.2

fragrant oloroso(a), 3.3

frankness la franqueza, 6.3

free gratis, 2.2

freedom la libertad, 2.2

freshman el/la alumno(a) principiante, 2.2

friendly amistoso(a), 1.2

friendship la amistad, 3.1

to **frighten** asustar, 3.2; dar miedo, 1.1

from desde, 3.3

to **frown** fruncir las cejas, 6.2

frustration la frustración, 2.1

fuel el combustible, 5.2

full (lips) carnoso(a), 6.1

furious furioso(a), 2.1

Vocabulario inglés-español **481**

furious with myself
furioso(a) conmigo
mismo(a), **2.1**
to become furious
enfurecerse (zc), **6.1**
future el futuro, **1.1**; el
porvenir, **5.2**

G

game el juego, **4.1**
garage el garaje, **4.1**
garbage el desperdicio, **5.2**
general: in general por lo
general, **3.2**
gentle suave, **3.3**
to **get angry** enfadarse, **2.2**
to **get even** vengarse, **4.2**
to **get involved** enrollarse,
3.1
to **get rid of** deshacerse de,
3.1
to **get rid of** quitar de encima,
6.2
to **get sick** enfermarse, **2.2**
to **get together** juntarse
ghost el fantasma, **4.3**
giant el gigante, **3.2**
gifted genial, **4.1**
girl la chica, **1.1**
given that dado que, **5.2**
glance la mirada, **3.3**
glider: flying a glider el
vuelo libre, **1.2**
glorious glorioso(a), **6.3**
to **go** marcharse, **6.3**
to **go far away** alejarse,
1.2
to **go off on a tangent**
perder (ie) el hilo, **2.3**
to **go on a trip** hacer un
viaje, **1.2**
goal la meta, **2.2**
goddess la diosa, **3.2**
golden dorado(a), **3.3**
to **gossip** chismear, **6.2**
gossip el chisme, **3.2**
gossipy chismoso(a), **3.2**
graduate el/la
graduado(a), **2.2**
grass la hierba, **5.2**
grateful: to be grateful
agradecer (zc), **6.1**
gray hair canoso(a), **4.1**
group el grupo, **6.3**

gruñir to grumble, **4.2**
guess la adivinanza, **2.1**
gum el chicle, **4.1**
gypsy gitano(a), **1.2**

H

hair el cabello, **3.2**
half la mitad, **5.1**
hang gliding volar (ue) con
alas deltas, **1.2**
hanging out with liado(a)
con, **6.1**
happy feliz, **6.1**
to **have a good time** pasarlo
bien, **3.1**
to **have a desire to** tener
ganas de, **2.3**
to **have all one can take**
estar hasta la corona, **4.2**
to **have available** disponer
de, **2.3**
to **have no other choice** no
quedar más remedio, **2.2**
to **have temper tantrums**
tener rabieta, **4.2**
health la sanidad, **5.2**
heartbeat el latido, **4.1**
height la estatura, **5.1**
helplessness el delito, **5.3**
hen la gallina, **3.2**
herself sí misma, **3.1**
to **hide: to hide one's**
feelings disimular, **3.2**
highway la autopista, **1.3**
hiking el senderismo, **1.2**
hill el cerro, **1.2**
himself sí mismo, **3.1**
Hispanic hispano(a), **1.1**
historic histórico(a), **1.1**
to **hit** dar un golpazo, **6.2**
hobby la afición, **2.3**
homebody hogareño(a),
1.2
hope la esperanza, **5.3**
horizon el horizonte, **1.2**
hospitable hospitalario(a),
4.3
hostile ajeno(a), **4.3**
however no obstante, **2.2**
to **hug** abrazar, **3.1**
hunched encorvado(a), **4.1**
hunter el/la cazador/a, **4.3**
to **hurt** hacer daño, **4.2**; herir
(ie, i), **5.3**

I

idea la idea, **1.2**
to **identify** identificar, **1.3**
if only si tan sólo, **5.1**
to **ignore** ignorar, **3.1**
illiteracy el analfabetismo,
5.2
image la imagen, **2.3**; el
retrato, **6.1**
spitting image el vivo
retrato, **6.1**
imaginative
imaginativo(a), **1.2**
to **imagine** imaginarse, **4.3**
imbalance el desequilibrio,
4.1
to **imitate** imitar, **5.1**
immortality la
inmortalidad, **5.3**
impatience la impaciencia,
2.1
impulsive impulsivo(a), **1.2**
in: in other words es
decir, **2.2**
independent
independiente, **1.2**
to **indicate** indicar, **6.2**
indifference la
indiferencia, **6.3**
infancy la infancia, **4.1**
infinity la infinidad, **5.1**
information la
información, **5.1**
ingenious genial, **4.1**
to **inherit** heredar, **5.2**
injustice la injusticia, **5.3**
insensitivity la dureza, **4.3**
inside por dentro, **6.3**
to **insist (on)** insistir (en), **4.2**
insolent descarado(a), **6.3**
instead of en vez de, **5.1**
insulted ofendido(a), **6.2**
interest el interés, **5.2**
to **interrogate** interrogar, **6.2**
to **interrupt** interrumpir, **4.2**
intersection el cruce de
caminos, **1.3**
intuitive intuitivo(a), **1.2**
iron el hierro, **5.2**
to **irritate** irritar, **1.1**
irritation la irritación, **2.1**
isolated aislado(a), **1.2**
isolation el aislamiento,
5.2

J

jack el gato, 1.3
jail la cárcel, 5.3
jaw la mandíbula, 5.1
jealous celoso(a), 1.2,
   to be jealous
     tener celos, 3.1
jealousy los celos, 3.1
jingle bell el cascabel, 4.1
joke la broma, 6.2
joy stick la palanca
   de mando, 5.1
to **judge** juzgar, 5.3
judgement el juicio, 4.3

K

to **keep quiet** callarse, 3.2
to **keep an eye on** dar un
   vistazo, 6.2
to **keep awake** desvelar, 6.1
to **keep calm** mantener la
   calma, 2.1
to **keep in touch** mantenerse
   en contacto, 3.1
king el rey, 1.1
to **kiss** besar, 3.1
kiss el beso, 3.3
to **knit** tejer, 1.2

L

laboratory el laboratorio,
   2.2
lack (of) la escasez (de),
   5.2; falta de, 6.3
lame cojo(a), 6.1
land la tierra, 1.2
lane el carril, 1.3
languid lánguido(a), 6.1
lap el regazo, 4.3
laser printer la impresora
   de rayos láser, 2.2
to **last** durar, 3.1
   last último(a), 1.2
   at the last minute a
     última hora, 2.3
   late: to be late atrasarse,
     2.3
to **laugh uncontrollably**
   reírse a carcajadas, 3.2
laughter la risa, 1.1
layer capa, 5.2
laziness la pereza, 5.3
lazy flojo(a), 3.2;
   haragán(ana), 6.3

to **leave** retirarse, 6.2
to **leave alone** dejar en
   paz, 4.2
to **leave behind** dejar
   atrás, 1.2
leg (of an insect) la
   patita, 4.1
legend la leyenda, 1.1
lejano(a) far away, 1.2
to **let** dejar, 6.2
to **let one's guard down**
   bajar la guardia, 2.3
level el nivel, 1.3
license plate la placa, 1.3
to **lie** mentir (i, ie), 2.3
light la claridad, 3.2;
   claro(a) (color), 6.1
light-hearted liviano(a),
   1.1
limitation la limitación, 2.2
lip el labio, 3.3
liquid el líquido, 1.3
to **live together** convivir, 5.3
to **lock oneself in**
   encerrar(se) (ie), 4.2
lollipop el chupa-chup, 4.1
look la apariencia, 6.3; la
   mirada, 6.1
to **look daggers at** clavar
   la mirada con saña, 6.2
to **look like** ser parecido(a) a,
   6.1
to **lose one's temper**
   perder(ie) los estribos, 6.2
to **love** amar; querer (ie), 3.1
to **lower** bajar, 6.2
loyalty la lealtad, 6.3
luxurious lujoso(a), 1.2
lynx el lince, 4.1

M

machine la máquina, 5.1
magic la magia, 4.3
magnitude la magnitud,
   5.2
main principal, 1.1
to **make a budget** hacer un
   presupuesto, 1.3
to **make an effort to**
   intentar, 2.1
to **make dizzy** dar vértigo,
   4.1
to **make fun of** burlarse de,
   3.2

to **make laugh** dar risa, 1.1
to **make one yawn** dar
   bostezos, 1.1
to **make repairs** hacer
   reparaciones, 1.3
to **make reservations** hacer
   reservaciones, 1.3
to **make sad** dar pena, 1.1
to **make up** hacer las paces,
   4.2
to **manipulate** manipular, 6.2
match el fósforo, 5.2
matter: as a matter of
   fact de hecho, 6.3
to **matter** importar, 1.1
   to **not matter** dar igual,
     1.1
maturity la madurez, 2.3
maybe quizá, 6.3
means: by means of
   mediante, 5.1
meantime: in the
   meantime mientras
   tanto, 5.1
medium mediano(a), 6.1
melodrama el melodrama,
   1.1
mess el desorden, 6.1
message el mensaje, 3.3
metallic metálico(a), 5.1
microwave oven el horno
   de microondas, 5.1
military personnel el/la
   militar, 5.2
mind la mente, 6.1
miracle el milagro, 5.3
mischievous travieso(a),
   3.2
misery la miseria, 5.3
mishap el percance, 1.3
to **miss** añorar, 4.3
to **mix** mezclar, 4.3
monosyllable el
   monosílabo, 2.3
monster el monstruo, 3.2
monthly allowance la
   mesada, 4.2
moocher el/la mendigo(a),
   6.3
mountain biking el
   ciclismo a campo, 1.2
mountain side la ladera,
   1.2
mouse el ratón, 3.2

to **move** mover(se) (ue), 5.1
to **move one's head up and down** inclinar la cabeza, 6.2
murderer el/la asesino(a), 5.3
musculature la musculatura, 6.1
mute mudo(a), 6.1
mystery el misterio, 1.1

N

narrow angosto(a), 6.1
nation el pueblo, 5.3
native indígena, 6.1
natural resource el recurso natural, 5.2
nature la naturaleza, 5.2
necessary: to not be necessary sobrar, 6.2
need la necesidad, 5.2
neither... nor ni... ni, 6.1
nervousness el nerviosismo, 2.1
nightmare la pesadilla, 2.1
north el norte, 1.1
nosy entremetido(a), 1.2
note el apunte, 2.1; la nota, 4.1
to **notice** fijarse, 3.2; notar, 6.3
nuclear nuclear, 5.2
nut la tuerca, 5.1

O

to **obey** someterse, 2.2
obligation la obligación, 2.2
to **occur** ocurrir, 5.2
to **offer** mostrar (ue), 5.2
often a menudo, 2.1
oil el aceite, 1.3
old age la ancianidad, 5.3
old person el/la anciano(a), 6.3
olive-colored oliváceo(a), 6.1
on the other hand en cambio, 2.2
once: once and for all de una vez, 4.2
once in awhile de vez en cuando, 3.2
one-armed manco(a), 6.1

oneself sí mismo(a), 3.1
only sólo, 3.1
to **operate** operar, 4.3
opinion poll la encuesta de opinión, 2.2
optimistic optimista, 1.2
option la opción, 2.2
ordinary corriente, común, 5.1
Oriental oriental, 1.1
Oscar award el Oscar, 1.1
other: each other el uno al otro (la una a la otra), 3.1
in other words es decir; 2.2
outer space el espacio, 1.1
outline el esquema, 2.1
outlined dibujado(a), 6.1
"Outward Bound" la aventura-supervivencia, 1.2
oven el horno, 5.1
to **overwhelm** ahogar, 6.3
own propio(a), 1.2
ozone ozono, 5.2
ozone layer la capa de ozono, 5.2

P

Pacific Ocean el Pacífico, 1.1
paid pagado(a), 2.2
pain el dolor, 3.3
painted pintado(a), 4.1
pale: to become pale palidecer (zc), 6.1
pampered mimado(a), 6.3
paradise el paraíso, 1.2
parrot el loro, 3.2
part la parte, 2.2
to **pass** adelantarse, 1.3; pasar, 3.3
past el pasado, 1.1
pasture la hierba, 5.2
to **pay: to pay attention** hacer caso, 3.2
peace la paz, 3.3
peel la cáscara, 5.2
pencil sharpener el sacapuntas, 5.1
pensive pensativo(a), 4.1
people el pueblo, 5.3

perhaps tal vez, 1.2; acaso, 5.3
pessimistic pesimista, 1.2
pet: exotic pet animalito exótico, 1.2
phenomenal fenomenal, 1.2
phobia la fobia, 5.3
piece el pedazo, 4.1 el trozo, 5.2
pig el cerdo, 3.2
pile el montón, 5.2
pirate el pirata, 4.3
plan el plan, 6.3
to **plan** planificar, 1.3
to **plant** plantar, 5.2
to **play the role** hacer el papel, 2.3
pleasant placentero(a), 1.2; afable, 6.1
pleasure el placer, 4.1
pliers los alicates, 1.3
to **plug (in)** enchufar(se), 5.1
poem el poema, 1.1
poet el/la poeta, 3.3
to **point** apuntar, 6.2
point of view el punto de vista, 2.2
to **poison** envenenar, 5.2
poisonous venenoso(a), 4.3
to **poke: to poke with an elbow** dar un codazo, 6.2
political commentary el comentario político, 1.1
to **pollute** contaminar, 5.2
to **postpone** posponer, 2.3
potion la poción, 4.3
poverty la pobreza, 5.3
powerful poderoso(a), 5.1
to **pray** rezar, 5.3
precious precioso(a), 3.2
precocious precoz, 4.1
prejudice el perjuicio, 1.2
preparations los preparativos, 1.3
presence la presencia, 3.2
present el presente, 1.1
to **press** apretar (ie), 5.1
press la prensa, 5.2
to **pressure** presionar, 4.2
to **pretend** disimular; fingir (j), 3.2

to **prevent** prevenir, **5.2**
prince el príncipe, **3.2**
princess la princesa, **3.2**
printer la impresora, **2.2**
privilege el privilegio, **2.2**
production la producción;
la realización, **1.1**
prominent destacado(a),
1.1
to **propose** proponer, **5.3**
proud orgulloso(a), **1.2**
punctuality la puntualidad,
2.3
to **punch** dar un puñetazo,
6.2
to **punish** castigar, **4.1**
puppet el títere, **4.1**
to **push** empujar, **4.2**
to **push with the hip** dar
un caderazo, **6.2**
to **put one's foot in one's
mouth** meter la pata, **3.1**
to **put in one's head** meterse
en la cabeza, **2.2**

Q

to **quarrel** pelearse, **3.1**
queen la reina, **1.1**

R

radar detector el
detectarradar, **5.1**
radiator el radiador, **1.3**
radioactive radioactivo(a),
5.2
rage la rabia, **1.1**
rainbow el arco iris, **3.3**
to **raise** alzar, **6.2**
rascal pícaro(a), **4.1**
rather: but rather sino
(que), **6.3**
to **rave: to rave about**
hacerse lenguas de, **6.2**
ravine la quebrada, **1.2**
to **reach** alcanzar, **3.3**
reading la lectura, **2.1**
ready: to be ready estar
dispuesto(a) (a), **2.3**
reality la realidad, **2.2**
to **reason** razonar, **5.1**
rebel rebelde, **4.1**
to **record** grabar, **5.1**
to **reflect** contemplar, **3.3**
reflective reflexivo(a), **6.1**

to **refuse** negarse (ie) (a), **4.2**
regarding en cuanto a, **2.2**
regional regional, **5.2**
to **reject** rechazar, **1.2**
relaxation la relajación,
2.1
relief el alivio, **6.2**
to **rely on** acudir, **2.1**;
contar (ue) con, **3.1**
remarkable fenomenal,
1.2
remembrance el recuerdo,
3.3
to **remind (of)** recordar (a),
3.3
remote remoto(a), **1.2**
to **reprimand** reprender, **6.1**
requirement el requisito,
6.3
to **rescue** rescatar, **4.3**
to **resemble** ser parecido(a)
(a), **6.1**
reserved reservado(a), **6.1**
to **respect** respetar, **3.1**
respectful respetuoso(a),
4.2
to **respond** responder (a), **5.2**
rest el descanso, **1.2**
restless inquieto(a), **6.1**
restriction la restricción,
2.2
result el resultado, **2.2**
retirement la jubilación,
5.3
review el repaso, **2.1**
to **review** repasar, **2.1**
rich rico(a), **4.3**
to become rich
enriquecerse (zc), **1.1**
right el derecho, **2.2**
rind la cáscara, **5.2**
risk el riesgo, **1.2**
road el camino, **1.3**
robot el robot, **5.1**
rock la peña, **1.2**
rocket el cohete, **5.3**
role el papel, **1.1**
to play the role hacer el
papel, **1.1**
rosy sonrosado(a), **4.1**
route la senda, **1.3**
en route en ruta, **1.3**
routine la rutina, **1.2**;
rutinario(a), **1.2**

to **ruin** estropear, **2.3**
rule la regla, **2.2**
rumor el rumor, **3.1**
to **run errands** hacer
mandados, **6.1**

S

same mismo(a), **2.2**
satisfied satisfecho(a), **6.2**
say: what people will say
el qué dirán, **6.3**
scarcely apenas, **6.1**
to **scare** espantar, **4.3**
scenery el paisaje, **1.2**
to **scold** reprender, **6.1**
to **scream** chillar, **4.2**
screw el tornillo, **5.1**
screwdriver el
destornillador, **1.3**
scholarship la beca, **2.2**
seaside resort el
balneario, **1.2**
to **seem** parecer (zc), **1.1**
seldom raras veces, **3.2**
selfishness el egoísmo,
3.1
selflessness el desinterés,
5.2
to **send** enviar, **2.2**
senility ancianidad, **5.3**
sensational sensacional,
1.1
sensible juicioso(a), **6.3**
sensor el sensor, **5.1**
separated separado(a), **2.2**
sequel la continuación, **1.1**
series la serie, **1.1**
set in ambientado(a), **1.1**
to **sew** coser, **1.2**
shadow la sombra, **3.2**
to **shake** menear, **6.2**
shark el tiburón, **3.2**
sharp agudo(a), **6.1**
ship la nave, **4.3**
to **shoot** disparar, **4.3**
to **show** demostrar (ue), **2.3**;
mostrar (ue), **5.2**; indicar,
6.2
to **show up at**
presentarse (a), **2.3**
to **shrug** encogerse de
hombros, **6.2**
side la cara, **2.2**
to **sigh** dar un suspiro, **6.2**

sign la señal, **1.3**
silence el silencio, **3.3**
silk la seda, **3.2**
sincerity la sinceridad, **3.1**
sinful pecador/a, **4.1**
single sex education la educación separada, **2.2**
size el tamaño, **5.1**
to **slam** dar un portazo, **6.2**
slanted rasgado(a), **6.1**
slave el/la esclavo(a), **5.1**
sleep el sueño, **3.3**
sleepwalker el/la sonámbulo(a), **5.1**
slow lento(a), **3.2**
smile la sonrisa, **3.3**
smiling risueño(a), **6.1**
smooth estirado(a), **4.1**
snail el caracol, **3.2**
snake la culebra, **3.2**
to **snoop** curiosear, **4.1**
soft suave, **3.3**
soil el suelo, **5.2**
to **soil** ensuciar, **5.2**
soldier el soldado, **4.3**
solution la solución, **5.2**
to **solve** resolver (ue), **5.1**
song la canción, **3.3**
sorry arrepentido(a), **6.2**
  to be sorry arrepentirse (ie, i), **4.2**
soul el alma (f.), **3.1**
source la fuente, **5.2**
south el sur, **1.1**
spare time el ocio, **1.1**
spare tire la rueda de repuesto, **1.3**
spark plug la bujía, **1.3**
special especial, **5.1**
special effects los efectos especiales, **1.1**
spectacular espectacular, **1.1**
speed limit el límite de velocidad, **1.3**
spirit el espíritu, **4.3**
spite: in spite of a pesar de (que), **6.3**
splinter la astilla, **5.2**
spoiled mimado(a), **6.3**
sports facility la instalación deportiva, **2.2**
to **spread** derramar, **5.3**
stain la mancha, **5.2**

to **stand out** destacar(se), **5.3**
to **stare** clavar la mirada, **6.2**
to **start the engine** arrancar el motor, **1.3**
to **state** alegar, **4.2**
to **steal** robar, **4.1**
steel el acero, **5.2**
steering wheel el volante, **1.3**
to **step on** pisar, **5.2**
to **stick: to stick out one's tongue** sacar la lengua, **6.2**
to **stop** dejar de + inf., **2.1**
to **store** almacenar, **5.1**
story el argumento; la historia, **1.1**
straight derecho, **4.1**; tieso(a), **6.1**; **(hair)** liso(a), **6.1**
strategy el truco, **2.1**
straw la paja, **5.2**
  the final straw el colmo, **4.2**
strike la huelga, **5.3**
strong fuerte, **1.2**
student el/la alumno(a), **2.2**
stupidity la estupidez, **6.3**
stutterer tartamudo(a), **6.1**
successful exitoso(a), **1.1**
such as tal(es) como, **5.2**
to **sulk** amurrarse, **4.2**
summary el resumen, **2.1**
superpower la superpotencia, **5.2**
support el apoyo, **4.1**
surprise la sorpresa, **2.1**
to **surprise** sorprender, **1.1**
surprised sorprendido(a), **2.1**
to **surround** rodear, **1.2**
surroundings los alrededores, **5.2**
to **survive** sobrevivir, **5.2**
to **suspect** sospechar, **5.3**
suspense el suspenso, **1.1**
suspicious: to be suspicious sospechar, **3.2**
sweet dulce, **4.3**
to **swim** bañarse, **5.2**
swing el columpio, **4.1**
sword la espada, **4.3**

T

to **take a look** echar una mirada, **6.2**
to **take a nap** echarse una siesta, **6.3**
to **take a trip** emprender viaje, **1.3**
to **take as a joke** tomar en broma, **2.3**
to **take charge** hacerse cargo de, **4.2**
to **take measures** tomar medidas, **5.2**
to **take opinion polls** realizar encuestas, **2.2**
to **take place** tener lugar, **1.1**
to **take prisoner** tomar preso(a), **4.3**
to **take risks** correr riesgos, **1.2**
to **take seriously** tomar en serio, **2.3**
tank el tanque, **1.3**
tape la cinta, **4.1**
taste el sabor, **6.2**
tax el impuesto, **5.3**
tear la lágrima, **3.2**
tears el llanto, **4.3**
to **tease** tomar el pelo, **3.2**
technique la técnica, **2.2**
television la pantalla chica, **1.1**
temper tantrum la rabieta, **4.2**
temptation la tentación, **3.3**
tension la tensión, **1.2**
terrific fenomenal, **1.2**
to **terrify** dar terror, **1.1**
test la prueba, **1.2**
to **test** poner a prueba, **1.2**
theme el tema, **1.1**
theorem el teorema, **2.1**
there ahí, **6.1**
thief el/la ladrón(ona), **5.3**
thin (eyebrows) escaso(a), **6.1**
thin: to become thin adelgazar, **1.1**
thin (lips) fino(a), **6.1**
third el tercio, **5.1**
thought el pensamiento, **3.3**
thoughtful reflexivo(a), **6.1**

to **threaten** amenazar, **4.2**
to **throw** arrojar, **5.2**
    to **throw out** echar a la calle, **4.2**; botar, **5.2**
to **tie** atar, **6.3**
    time el rato, **3.3**
        at that time en aquel entonces; en ese tiempo, **3.2**
        on time a tiempo, **2.3**
    tiny minúsculo(a), **5.1**
    tire el neumático, **1.3**
        tire pressure la presión, **1.3**
    tissue el pañuelo de papel, **4.1**
    together juntos(as), **2.2**
to **tolerate** aguantar, **6.2**
    tool la herramienta, **1.3**
    tops: that tops it all lo único que faltaba, **4.2**
    touch el tacto, **3.3**
to **tour** recorrer, **1.2**
    tourist: of or for a tourist turístico(a), **1.3**
    toward hacia, **3.3**
    traffic la circulación, **1.3**
        traffic sign la señal de tráfico, **1.3**
to **travel** recorrer, **1.2**
    treasure el tesoro, **3.2**
    triangular triangular, **6.1**
    trick el truco, **2.1**
    trip el viaje, **1.1**
        to **trip (over)** tropezar (ie) (con), **5.1**
    triple el triple, **5.1**
    tripulado(a) manned, **5.3**
    trunk el maletero **(of car)**, **1.3**; el baúl **(chest)**
to **trust** confiar en, **3.1**
    trust la confianza, **6.2**
    tube el tubo, **5.1**
    tunnel el túnel, **6.3**
to **turn to** acudir, **2.1**
    to **turn one's back** volver la espalda, **6.2**
    to **turn around** darse la media vuelta, **6.2**
    turn signals las señales de dirección, **1.3**
    turned up (nose) respingado(a), **6.1**
    twin el/la gemelo(a), **6.1**

U

unemployed desempleado(a), **5.2**
unemployment el desempleo, **5.3**
unfair injusto(a), **4.2**
unforgettable inolvidable, **1.2**
uniform el uniforme, **2.2**
university la universidad, **2.2**
unknown desconocido(a), **1.2**
up: it's up to me (you, him, her, etc) Me (Te, le, etc) toca, **5.2**
to **use (up)** gastar, **5.1**
usually de costumbre, **3.2**;
to **usually (do something)** soler (ue) (+ inf), **2.1**

V

vast ancho(a), **4.3**
virile varonil, **3.2**
virtue la virtud, **2.3**
vision la visión, **5.3**
void vacío(a), **3.3**
volunteer el/la voluntario(a), **5.2**

W

walkman radio el radio walkman, **5.1**
wall: city wall la muralla, **5.2**
wand la varita, **4.3**
war la guerra, **1.1**
to **warn** amonestar, **4.2**
to **waste** derrochar, **5.2**
waste el desecho, **5.2**
wavy ondulado(a), **6.1**
weakness la debilidad, **6.2**
weapon el arma (f.), **5.3**
to **wear** usar, **2.2**
weariness el cansancio, **2.1**
well: as well as así como, **5.3**
well-being el bienestar, **5.3**
west el oeste, **1.1**
which? ¿cuál(es)?, **5.2**
while mientras, **3.2**; el rato, **3.3**

to **whine** lloriquear, **4.2**
to **whistle** silbar, **6.1**
willing dispuesto(a), **2.3**
windshield el parabrisas, **1.3**
windshield wiper el limpiaparabrisas, **1.3**
wing el ala (f.), **5.1**
to **wink** guiñar el ojo, **6.2**
winning ganador/a, **1.1**
wire el alambre, **5.1**
wisdom la sabiduría, **4.1**
wise sabio(a), **5.3**
wish el deseo, **6.3**
witchcraft la brujería, **1.1**
to **work: to work as a team** trabajar en equipo, **2.3**
worm el gusano, **3.2**
worthwhile: to be worthwhile valer la pena, **2.2**
to **wrap oneself up** envolver(se) (ue), **4.3**
wrapping la envoltura, **5.2**
wrench la llave inglesa, **1.3**
wrinkled arrugado(a), **4.1**

Y

yawn el bostezo, **1.1**
yet: not yet todavía no, **3.2**
to **yield: to yield the right of way** ceder el paso, **1.3**
youth la juventud, **4.1**

Grammar Index

Grammar Summary

Articles

Definite Articles

	Masculine	Feminine
Singular	el señor	la señora
Plural	los señores	las señoras

Indefinite Articles

	Masculine	Feminine
Singular	un señor	una señora
Plural	unos señores	unas señoras

Adjectives

		Masculine	Feminine
adjectives ending in **-o**	Sing.	señor cubano	señora cubana
	Pl.	señores cubanos	señoras cubanas
adjectives ending in **-e**	Sing.	señor amable	señora amable
	Pl.	señores amables	señoras amables
adjectives ending in a consonant	Sing.	señor popular	señora popular
	Pl.	señores populares	señoras populares
adjectives ending in **-ista**	Sing.	señor realista	señora realista
	Pl.	señores realistas	señoras realistas
Certain adjectives of nationality	Sing.	señor español	señora española
	Pl.	señores españoles	señoras españolas

Adjectives in this category: **alemán** and adjectives of nationality ending in -**és.**

Demonstrative Adjectives

	Masculine	Feminine
Singular	este / ese / aquel	esta / esa /aquella
Plural	estos / esos / aquellos	estas / esas / aquellas

Possessive Adjectives

Short Forms

	Masculine	Feminine
Singular	mi amigo tu amigo su amigo nuestro amigo	mi amiga tu amiga su amiga nuestra amiga
Plural	mis amigos tus amigos sus amigos nuestros amigos	mis amigas tus amigas sus amigas nuestras amigas

Long Forms

	Masculine	Feminine
Singular	el amigo mío el amigo tuyo el amigo suyo el amigo nuestro	la amiga mía la amiga tuya la amiga suya la amiga nuestra
Plural	los amigos míos los amigos tuyos los amigos suyos los amigos nuestros	las amigas mías las amigas tuyas las amigas suyas las amigas nuestras

Pronouns

Subject	Direct Object	Indirect Object	Double Object	Objects of Prepositions
yo	me	me	me lo (los, la, las)	mí
tú	te	te	te lo (los, la, las)	ti
él	lo	le	se lo (los, la, las)	él
ella	la	le	se lo (los, la, las)	ella
usted	lo (la)	le	se lo (los, la, las)	usted
nosotros(as)	nos	nos	nos lo (los, la, las)	nosotros(as)
ellos	los	les	se lo (los, la, las)	ellos
ellas	las	les	se lo (los, la, las)	ellas
ustedes	los (las)	les	se lo (los, la, las)	ustedes

Design and Art Direction

Morgan-Cain & Associates, Tucson, AZ.

Photography

Front Cover: Curt Fischer
            Map © Hallwag Publishers, Berne/Switzerland.
Back Cover: Robert Frerck and Gerhard Gscheidle.

Auerbach, Gary/Swanstock: 386; Barrow, Scott/Barrow: viii(Latin bride), 25(girl snorkeling), 29; Barrow, Scott/Superstock: 13; Briere, A./Superstock: 273; Chester, Sharon/Comstock, Inc.: 257(Indian girls in parade); CLI Collection/Superstock: xii(El Alcazar); Comstock, Inc: 151, 186, 187(autumn trees), 370; John Dodds: 281(Optica aircraft); Four by Five/Superstock: 198; Frerck, Robert: iv(Calle del la carreta), vi, xi(tiles), 71(students on steps), 163(couple on bench); Frerck, Robert/Glencoe: iv(statue), 58(freeway traffic), 79, 99, 171(child in bucket), 173, 178, 189, 192; Frerck, Robert/Odyssey: xi(Mexico City stock exchange), 45(beach scene), 132, 172(Halloween, Fourth of July), 175, 176, 202, 325(volunteer checking crops), 396(biology class), 397(Spanish beach); Fuller, Tim/Tim Fuller Photography: iii, v, vii, ix, x, xii, xvi, 1, 5, 15, 25(teens hiking, sandals), 26, 45(teens packing, camera), 58, 66, 70, 71(students at lockers, calculator), 84, 85, 93, 106, 110, 114, 115, 119, 127, 129, 140, 141, 145, 153, 154, 155, 156, 158, 159, 163(couple hugging, couple at cafe, leaves), 171(girl in mother's clothes), 180, 181, 183, 185(large seashell, sand with seashells), 197, 199, 210, 211(kids on slide, teens playing), 212(father reading to children, mother helping son), 213(grandmother reading to grandchild), 216, 230, 235, 236, 237, 249, 252, 257(cascarones), 260, 265, 266, 267, 280, 281(computer hard drive), 282(boy acting like robot), 298, 303(aerosol can), 304, 325(babies, tree seedling), 326, 327, 350, 351(chili pepper), 353(Hispanic girl), 354, 362, 363, 364, 365, 368, 373, 374, 375(boy looking at girl with suspicion), 377, 381, 384, 385, 388, 395(female judge, gavel), 396(grandmother with teens), 397(carnival ride), 398; Glencoe: iv(reading newspaper), v, vii, viii(statues, tiled building), xi(painter), xiii, 4, 152, 168, 172(Palm Sunday), 212(woman at sewing machine), 213(two boys), 214, 215, 222, 351(rural Columbians, store), 352, 353(two boys), 399; Gscheidle, Gerhard: 211(people at park bench), 351(Madrid book fair), 353(park ranger); Hartman-DeWitt/Comstock, Inc.: 187(sun breaking through clouds); Koner, Marvin/Comstock, Inc.: 32; Morgan, Francis: 395(old Spanish woman); NASA: 281(robot), 282(robot); Neill, William/William Neill Photography: 231; Orrico, Charles/Superstock: 111; Proser, Larry/Superstock: 39; Rosenthal, Tom/Superstock: 13(two boys studying); Schuster/Superstock: 187(Iguassu Falls, Argentina), 191(Zihuatanejo beach), 257(little boy on horse, Aztec Indian girl); Smith, Jeff/TWF Photography: 375(crowd scene); Snyder, D.P./Biosphere Ventures: 318; Thom, Wayne/Biosphere 2: 281(Biosphere 2); Unlimited Collection/Superstock: 38; Viola, Franklin/Comstock, Inc.: 40; Warberg, Lynne/Swanstock: 400; Werner, Mike and Carol/Comstock, Inc.: 185(moonlight seascape).

Illustration

Davis, Don: 303(planet); Fong, Andrea: 36, 37, 268, 355; Gates, Randy: xiv, xv, 73, 143, 196, 211, 238, 297, 302, 304, 305, 307, 308, 314, 338; Jaekel, Susan: 164, 165, 233, 323; Johnson, B.E.: 283; McCreary, Jane: 91, 94, 95, 240, 255, 275, 345, 415; Meyer, John: 144, 147, 150, 151; Morgan, Francis: 58, 62, 89; Morgan, John: 27, 48, 100, 361; Poor, Kim: 282; Sanfilippo, Margaret: 50, 51, 65, 226, 227, 320, 407, 408; Thomas, Charles: 316; Voutas, Nora: 144, 147, 150, 151, 258, 259, 358.

Readings

16: Época, Jaime Campany; 20: Cambio 16, José Manuel Fajardo; 36: *; 40: Entre estudiantes, No. 4; 41: *; 58: *; 68: *; 84: Entre estudiantes, No. 4; 89: *; 106: *; 110: *; 111: *; 128: Universitarios hoy; 132: *; 151: Editorial Lumen; 154: *; 175: *; 180: *; 198: *; 202-3: *; 203: "Te quiero", Editorial Lumen; 225: Historias de la Artamila, Ediciones Destino; 230: "Todo pasa y todo queda", *; 230: "Canción de otoño en primavera", An Anthology of Spanish American Literature, Simon & Schuster; 231: F. H. Pinzón Jiménez; 248: *; 253: *; 268: Experiencias: Lectura y cultura, Harper Row,1990; 272: Editorial América, S. A.; 279: *; 294: *; 299: *; 316: *; 320: *; 321: Horizontes culturales y literarios, Harper and Row, 1984; 338: *; 343: *; 364: Octavio Paz; 369: Horizontes culturales y literarios, Harper and Row, 1984; 386: *; 390: F. H. Pinzón Jiménez; 391: *; 407: *; 413: *; 419: *.

*Efforts have been made to locate the copyright holder; Glencoe will provide appropriate acknowledgment in all future reprints.

Realia

Aeromexico: 371; American Airlines: 223; Apple Computers: 284; AT&T: 403; Avensa Airlines: 26; Bancomer: 40; Belice Tourism Council: 28; Biblioteca Era: 3; Caja de Madrid: 104; Cartografía RHEA: 46; Circulo de Lectores: 21; Conrad International Hotel/Hilton USA: 103; Coqueta Magazine: 270; Cosmopolitan: 256; Ecart. Ltda.: 404; Disney Publishing Group: 224; El Comercio: 115,116; Eres Magazine: 11, 96; Guía del Ocio: 1; Hoteles Artistos: 78; IBM: 285; King Features, syndicate(Chris Browne): 10; Más Magazine: 369, 372; Mexico Tourism: 47; Minesterio de Educación y Ciencia: 98; Mita: 264; Morgan Creek/TRI Pictures: 355; Mujer Ejecutiva Magazine: 125; Peanuts/Media Home Entertainment: 23; Primor/Paramount Cards: 142, 143, 149, 342; Quino(© Joaquín Salvador Lavado): 10, 161, 205, 221, 239, 291; Recycled Paper Products, Inc.(All Rights Reserved/Reprinted by Permission): 142(bunny), 143(Cats–design by Sandra Boynton); Renfe: 38; Seix Barrel: 3(two books by Mario Vargas Llosa); Tele Guía: 24; TWA: 39; Universitarios Hoy: 76; Univion: 7; Xerox: 286.

Special thanks to the Center for Disability Related Resources, University of Arizona; Terry Kareiva; St. Mary's High School, Phoenix; Salpointe Catholic High School, Tucson; Special Olympics International, 1350 New York Avenue, N.W. Suite 500, Washington, D.C. 20005, (202) 628-3630; Third Street Kids, Marcia Berger; Tucson Unified School District.